商业银行抵质押评估方法与实务

蒋玉林　主编

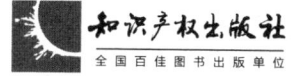

图书在版编目（CIP）数据

商业银行抵质押评估方法与实务 / 蒋玉林主编. —北京：知识产权出版社，2014.12
ISBN 978–7–5130–3285–8

Ⅰ.①商… Ⅱ.①蒋… Ⅲ.①商业银行–抵押贷款–评估方法 Ⅳ.①F830.5

中国版本图书馆 CIP 数据核字（2015）第 007683 号

责任编辑：刘 睿 刘 江	责任校对：董志英
特约编辑：王学树	责任出版：刘译文

商业银行抵质押评估方法与实务
Shangye Yinhang Dizhiya Pinggu Fangfa yu Shiwu
蒋玉林 主编

出版发行：知识产权出版社 有限责任公司	网　　址：http://www.ipph.cn
社　　址：北京市海淀区马甸南村1号	邮　　编：100088
责编电话：010–82000860 转 8113	责编邮箱：liurui@cnipr.com
发行电话：010–82000860 转 8101/8102	发行传真：010–82000893/82005070/82000270
印　　刷：保定市中画美凯印刷有限公司	经　　销：各大网上书店、新华书店及相关专业书店
开　　本：720mm×960mm 1/16	印　　张：26.5
版　　次：2014 年 12 月第一版	印　　次：2014 年 12 月第一次印刷
字　　数：460 千字	定　　价：66.00 元
ISBN 978–7–5130–3285–8	

出版权专有　侵权必究
如有印装质量问题，本社负责调换。

编 委 会

主　编：蒋玉林

编　者：王晓春　王怀宇　余　渊

前 言

押品价值评估是伴随信贷业务的不断发展应运而生的，在信贷流程和全面风险管理中发挥着重要作用，是实施巴塞尔新资本协议的基础环节，更是银行内部评级法高级法被认可的基本前提。

押品价值评估具有以下三个作用：(1) 量化押品担保能力，防范抵质押风险，避免虚抵或空抵；(2) 可降低违约损失率，减少风险资本占用；(3) 能支持金融创新，促进银行新产品、新业务的开发和利用。因此，押品价值评估成为贷前审查的必要程序，对促进企业融资、保护金融机构信贷资产安全和维护金融市场的健康发展也发挥了重要作用。

我国的资产评估是在改革开放和建设社会主义市场经济的过程中兴起的，起步于1989年，至今只有二十几年的历史，押品价值评估的历史则更短。与发达国家相比，我国押品价值评估理论还缺乏系统、深入的研究，远远滞后于实践的发展。显然这种局面不仅会影响整个评估行业的公信力，而且制约了金融机构内部经营管理机制和控制机制的完善，甚至威胁国家的经济金融安全。

在现实经济生活中，许多金融机构对押品价值评估不够重视，没有从理论上和实践上对押品价值评估进行深入研究。大多数银行对押品价值评估专业知识掌握不够，直接采用评估中介机构的评估结果，自身很难真正把控押品价值和评估风险。此外，我国尚未形成系统的诚信制度体系，一般情况下借款人都是评估中介机构的委托人和付费人，一些借款人和评估中介机构组成了共同利益体，当借款人采取弄虚作假、价值操纵等手段时，押品价值被虚高，对金融机构的资产安全构成了严重威胁。

为防范抵质押价值评估风险，提高银行押品评估人员的知识水平和工作技能，本书的编者们深入研究押品价值评估理论体系，总结各类型押品价值评估方法，借鉴国内外先进教学案例，结合抵押风险评估实践，从数万宗押品价值评估项目中精心筛选案例并加以分析。这些案例和评估实务基本涵盖了房地产、土地、机器设备、交通运输设备、资源资产、无形资产、长期投资、流动资产和收费权等商业银行涉及的全部押品类型。总体上看，本书对基本概念和评估方法的讲解细致、深入，案例选取具有典型性和代表性，风险分析全面到位，对商业银行押品价值评估和押品管理具有较好的借鉴作用。

从历史上看，不当的押品价值评估会造成巨大经济损失。20世纪70年代，英国由于不动产评估的不规范做法导致了不动产危机。80年代末，美国在尚未建立必要的审核监督机制的情况下，盲目开展抵押贷款业务，房地产泡沫诱发金融危机后，造成1 000多亿美元的损失。21世纪，押品价值评估引发的一系列问题，助推了美国次贷危机的不断扩大和升级。在我国，银行业押品价值评估也存在着一些较为严重的问题，防范和化解押品价值评估风险，应是我们长期努力从事的重要工作，必须认清形势，高度重视，避免外国因押品价值评估不当造成巨大经济损失的历史在中国上演。希望本书的出版能对所有从事和关心商业银行押品价值评估工作的读者有所启发和裨益。

2014年8月

目 录

第一章　抵质押价值评估与风险管理 …………………………………… 1
　　第一节　基本概念 ……………………………………………………… 1
　　第二节　价值类型 ……………………………………………………… 3
　　第三节　抵质押评估与信用风险分析 ………………………………… 7
　　第四节　抵押风险研究主要理论 ……………………………………… 10

第二章　房地产评估方法与实务 ………………………………………… 19
　　第一节　概述 …………………………………………………………… 19
　　第二节　房地产主要评估方法 ………………………………………… 27
　　第三节　房地产评估实务及风险分析 ………………………………… 54

第三章　建设用地使用权评估方法与实务 ……………………………… 82
　　第一节　概述 …………………………………………………………… 82
　　第二节　建设用地使用权主要评估方法 ……………………………… 85
　　第三节　建设用地使用权评估实务与风险分析 ……………………… 101

第四章　收费权评估方法与实务 ………………………………………… 132
　　第一节　概述 …………………………………………………………… 132
　　第二节　公路收费权主要评估方法 …………………………………… 136
　　第三节　评估实务及风险分析 ………………………………………… 145

第五章　流动资产评估方法与实务 ……………………………………… 156
　　第一节　概述 …………………………………………………………… 156
　　第二节　流动资产主要评估方法 ……………………………………… 164

第三节　流动资产评估实务及风险分析 …………………………… 168

第六章　长期投资评估方法与实务 ……………………………………… 177
　　第一节　概述 ………………………………………………………… 177
　　第二节　长期投资评估方法 ………………………………………… 179
　　第三节　长期投资评估实务 ………………………………………… 189

第七章　机器设备评估方法与实务 ……………………………………… 240
　　第一节　概述 ………………………………………………………… 240
　　第二节　机器设备主要评估方法 …………………………………… 242
　　第三节　机器设备评估实务及风险分析 …………………………… 258

第八章　交通运输设备评估方法与实务 ………………………………… 271
　　第一节　概述 ………………………………………………………… 271
　　第二节　交通运输设备主要评估方法 ……………………………… 276
　　第三节　交通运输设备评估实务及风险分析 ……………………… 291

第九章　无形资产价值评估方法与实务 ………………………………… 311
　　第一节　概述 ………………………………………………………… 311
　　第二节　无形资产价值评估方法 …………………………………… 314
　　第三节　无形资产价值评估实务及风险分析 ……………………… 322

第十章　资源资产评估方法与实务 ……………………………………… 338
　　第一节　概述 ………………………………………………………… 338
　　第二节　资源资产主要评估方法 …………………………………… 345
　　第三节　资源资产评估实务及风险分析 …………………………… 361

第十一章　有关担保物权的法律法规及其解读 ………………………… 383

参考文献 …………………………………………………………………… 406

第一章
抵质押价值评估与风险管理

了 解

价值内涵;价值类型、抵押贷款价值、清算价值;新资本协议对抵质押管理的要求;有关资产定价和风险分析模型。

熟 悉

价值类型主要类别;商业银行抵押价值类型选择;抵质押品在信贷决策中的作用。

掌 握

抵押价值评估内涵;市场价值内涵;抵质押品在风险管理中的作用。

第一节 基本概念

抵质押品是商业银行信贷管理中一种重要的信用风险缓释(Credit Risk Mitgation)工具。在规范的信贷流程中,从信用等级评定、债项评级、授信、贷款定价、信贷审批和决策、贷后检查、日常信贷监控、不良资产处置到贷款的十二级分类等各环节都具有不可或缺的作用。随着银行信用风险控制意识的增强,国际活跃商业银行对抵质押单位和抵质押品信用等级开始进行明确规定,强调和深化了抵质押在商业银行内部信用风险控制中的重要地位。首先,介绍几个基本概念。

一、价值

价值的范畴比较宽。在资产评估中，价值是一个交换价值范畴，它反映了可供交易的商品、服务与其买方、卖方之间的货币数量关系。资产评估中的价值不是一个历史数据或事实，它只是专业人士根据特定的价值定义在特定时间内对商品、服务价值的估计。

资产评估的目标是判断评估对象的价值，而不是判断评估对象的实际成交价格。

二、抵押价值

因评估目的的不同，价值分为市场价值、投资价值、清算价值等，其中，抵押价值主要是建立在以抵押贷款为基础的评估价值。在银行借贷活动中，为保障债权的实现，债权人一般会要求债务人或者第三人将其有权处分并且不属于法律法规规定不得抵押的房地产抵押给债权人，要求贷款金额小于抵押房地产的价值。特别是商业银行出于业务发展及同行间竞争以及信贷安全的考虑，会追求客观合理的抵押价值。

目前，在资产评估中，我国仅房地产估价领域对抵押价值做出明确规定。根据《房地产抵押估价指导意见》，房地产抵押价值为抵押房地产在估价时点的市场价值，等于假定未设立法定优先受偿权利下的市场价值减去房地产估价师知悉的法定优先受偿款。

法定优先受偿款是指假定在估价时点实现抵押权时，法律规定优先于本次抵押贷款受偿的款额，包括发包人拖欠承包人的建筑工程价款，已抵押担保的债权数额，以及其他法定优先受偿款，但不包括诉讼费用、估价费用、拍卖费用、营业税及附加等拍卖、变卖的费用和税金。

抵押价值与贷款金额的关系如下：

抵押贷款金额＝抵押价值×贷款抵押率
抵押价值＝未设立法定优先受偿权下的价值－法定优先受偿款
　　　　＝未设立法定优先受偿权下的价值－拖欠建设工程价款－已抵押担保的债权数额－其他法定优先受偿款

三、抵押价值评估

抵押价值评估是在估价时点,为抵押贷款额度的确定提供参考依据,对(拟)抵押资产价值进行分析、估算和判定的活动。以房地产估价为例,《房地产抵押估价指导意见》中规定房地产抵押估价,是指为确定房地产抵押贷款额度提供价值参考依据,对房地产抵押价值进行分析、估算和判定的活动。在实际操作中,因为估价时考虑的是估价时点的市场价值减去法定优先受偿款的价值,未考虑处置相关因素,因此,在估价报告中,还要求估价对"估价对象变现能力""市场状况等因时间变化对抵押价值可能产生的影响"等进行分析,并在报告中明确估价假设条件、限制条件。

第二节 价值类型

一、价值类型内涵

价值类型是对资产评估结果的质的规定,是指评估结果的价值属性及其表现形式,直接体现了评估目的,充分阐释了评估结果的经济内涵。不同的价值类型从不同的角度反映资产评估价值的属性和特征,不同属性的价值类型所代表的资产评估价值不仅在性质上是不同的,在数量上往往也存在着较大差异。

具体评估实践中,评估师应根据评估目的选取合适的价值类型,并对采用的价值类型进行明确的定义和说明,并应当避免使用未经定义的笼统的价值类型概念。因为,一旦确定了合适的价值类型,就从本质上确定了本次评估的技术路线,从而决定了评估方法的采用和参数的选取。价值类型的明确,主要方便评估人员的技术评估行为,更有利于报告使用者正确理解和合理使用评估结果。

二、价值类型主要分类

从不同的分析角度出发,可以对资产评估价值类型有不同的分类方法:

一是以资产评估的估价标准形式表述的价值类型,具体包括:重置成本、收益现值、现行市价(或变现价值)和清算价格四种。该划分主要参考现代会计理论中关于资产计价标准的划分方法和标准，将资产评估与会计的资产计价紧密联系在一起。

二是从资产评估假设的角度分类，具体包括：继续使用价值、公开市场价值和清算价值等三种。该划分有利于人们了解资产评估结果的假设前提条件，同时也强化了评估人员对评估假设前提条件的运用。

三是从资产评估的特定目的划分，具体包括：抵押价值、保险价值、课税价值、投资价值、清算价值、转让价值、保全价值、交易价值、兼并价值、拍卖价值、租赁价值和补偿价值等。该划分强调资产业务的重要性，认为有什么样的资产业务就应有什么样的价值类型。

四是以资产评估时所依据的市场条件以及被评估资产的使用状态划分资产评估结果的价值类型，具体包括市场价值（Market Value）和非市场价值（Non-market Value）。该划分注重了资产评估结果适用范围与评估所依据的市场条件及资产适用状态的匹配。

三、市场价值与非市场价值

从评估实践看，将评估价值划分为市场价值和非市场价值更有利于实现价值类型划分的目的。目前在评估界较为认可的，也是《国际资产评估准则》中推荐的分类方法是根据资产评估时所依据的市场条件和被评估资产的使用状态，将评估价值类型分为市场价值（Market Value）和非市场价值（Non-market Value）。市场价值是指"自愿买方与自愿卖方在评估基准日进行正常的市场营销之后所达成的公平交易中，某项资产应当进行交易的价值估计数额。当事人应当各自理性、谨慎行事，不受任何强迫、压制"[1]，非市场价值指不满足市场价值定义的价值类型[2]，主要包括在用价值、投资价值、持续经营价值、保险价值、课税价值和清算价值等。

市场价值和公允价值是两个不同层次的概念。资产评估中的公允价值是一个一般层次的概念，包含了正常市场条件和非正常市场条件两种情况下的合理

---

[1] International Valuation Standards Committee, International Valuation Standards Seventh Edition, 2005, p. 82.

[2] 对这种分类方法，美国专业评估执业统一准则（USPAP）、欧洲评估准则（EVS）、英国皇家特许测量师学会评估指南（RICS红皮书）等也都表示认同。

评估结果，而市场价值只是正常市场条件下资产处在最佳适用状态下的合理评估结果。评估实践中，市场价值更为具体，条件更为明确，评估人员更易把握。

（1）市场价值是正常市场条件下的公允价值，正常市场条件容易理解、容易把握；

（2）市场价值是资产正常使用（最佳使用）状态下的价值，正常使用（最佳使用）也容易理解和把握；

（3）明确了市场价值，就容易以此为基准，根据评估对象自身的状况及使用方式和状态偏离资产正常使用（最佳使用）的程度，以及评估时市场条件偏离正常市场条件的程度去把握非市场价值；

（4）市场价值的准确定位是准确把握非市场价值的基础，也是准确把握公允价值的基础。

四、抵押价值类型

目前，关于抵押价值类型的争论主要集中在应为市场价值、清算价值（Liquidation Value）还是单独的一个价值类型——抵押贷款价值（Mortgage Lending Value）上。当前资产评估主流观点，包括《国际资产评估准则》和我国陆续发布的一些规范，如《贷款风险分类指导原则（试行）》《房地产估价规范》《城镇土地估价规程》《房地产抵押估价指导意见》等都强调了抵押价值是市场价值。有些学者从抵押的作用出发认为应该为押品清算时所能够实现的价值。而以德国为代表的欧洲银行界则提出了不动产抵押贷款价值概念，认为抵押价值类型应为非市场价值中的一种。下面重点对抵押贷款价值和清算价值进行介绍。

（一）抵押贷款价值

抵押贷款价值指评估人员在评估时点，在综合考虑资产的内在持续发展因素、正常的和本区域的市场状况、当前用途和可选择的其他适宜用途基础上，对抵押资产的未来出售情况进行谨慎评估得出的资产价值。该价值衡量抵押资产在未来整个贷款期间预期出售时可实现的价值，其相对较为恒定，不受一些临时性因素，如短期经济或市场波动和投机性因素的影响。抵押贷款价值主要应用在商业银行内部信贷决策或风险管理上，提供一长期的可持续的资产价值上限。而目前资产评估是在一系列假设前提条件下，对评估时点的市场条件和资产状况下的价值的认定。从这个意义上讲，抵押贷款价值评估与当前使用的评估方法存有不同。与市场价值评估相比较，抵押贷款价值评估在评估对象、适用范围、评估过程、评估方法种类、对评估师资质等方面要求基本一致，但在具体评估方法选择、参数选取和评估结果处理方面存有不同，更多地体现了谨慎性和安全性的原则。

(二) 清算价值

清算价值，指"资产处于清算、迫售或快速变现等非正常市场条件下所具有的价值"❶，主要包括强制清算价格和有序清算价格，直接衡量了抵押资产的担保能力。《中华人民共和国物权法》（下称《物权法》）第170条规定"担保物权人在债务人不履行到期债务或者发生当事人约定的实现担保物权的情形，依法享有就担保财产优先受偿的权利，但法律另有规定的除外"。商业银行设定抵押权的一个主要目的就是在借款人发生违约时通过实现的资产清算价值保障自身债权损失的程度，从这个意义上讲，抵押价值应为清算价值。而清算价值评估方法也是金融资产管理公司或商业银行处置不良资产时用到的主要评估方法。但清算价值概念的提出在分析的着眼点上和评估方法上存在一定的问题。

首先，清算价值衡量的是抵押资产的最终担保能力，而非资产可实现的价格。这体现了传统意义上设定抵押的目的，即此时价值类型较好地体现了抵押的目的性。但对贷前的信贷决策和贷中的风险监测而言，抵押资产也在一定程度上起着信用增强的作用，而这是建立在借款人抵押资产正常可持续使用基础之上的。此时，结合一定风险因素综合考虑的抵押资产的市场价值对商业银行更具有实际的作用。

其次，清算价值评估方法尚不完善。由于抵押价值评估时点与抵押贷款期限的不匹配（Mismatch），尤其对项目贷款，二者之间距离5年甚至更长，而且清算价值评估只是在清算的假设前提下，对资产未来价格的一种预测。由于资产物理状况、市场条件、处置时间、处置方式、处置费用、优先受偿债权、职工安置费和或有负债等因素的不确定性，直接评估清算价值较为困难。清算价值本质上体现的仍是市场价值属性或经调整后的市场价值属性。

---

❶ 全国注册资产评估师考试用书编写组：《资产评估》，经济科学出版社2007年版，第11页。

五、商业银行抵押价值类型选择

抵押价值类型的选择应考虑与评估目的的适应性，与评估理论的对应性，评估数据及评估人员的支撑性。综上分析，商业银行抵押价值应选择市场价值类型。❶ 从服务评估目的角度考虑，通过评估时点市场价值与折扣率的综合考虑，可得出抵押资产在贷款期间的平均损失程度，从而可以进行科学合理的贷款定价和风险管理。从方法论的角度考虑，抵押贷款价值、清算价值的确定与此基本一致。市场价值评估也是当前理论最为成熟、方法体系完善、技术操作规范最为完整，也为广大评估人员所最熟悉的一种方法。而且采用该方法，有较为充足的市场数据来源，也便于商业银行进行实时价值监控，建立抵押资产的盯市价值调整模型，有利于及时进行风险管理措施的调整。最为重要的是，抵押资产的市场价值类型的确定，为评估人员提供了一种公认的计算基准，为商业银行提供了一种积累、搜集和整理抵押资产处置或回收数据的依据。

第三节　抵质押评估与信用风险分析

一、抵质押品在商业银行信贷决策中的作用

抵质押品在信贷流程，尤其贷款发放过程中可以有效解决信贷市场中的信息不对称问题。市场经济中，交易主体对信息的完全和对等的占有是顺利达成交易及有效配置资源的前提。信贷市场中的信息不对称将可能导致逆向选择（Adverse Selection）和道德风险（Moral Hazard）的产生。在贷款价格一定的前提下，融资企业的风险水平将高于商业银行对市场上融资企业可接受的平均风险预期，从而影响信贷资金的有效配置和商业银行的收益水平。而信贷合同影响借款人的行为，较高的利率偿付将导致借款人选择风险度更高的项目投资。担保品的采用则可起到信息甄别和信息传递的作用，最大限度减少不完全信息

---

❶ 对违约时抵押资产评估应采用清算价值类型。

信贷市场中资源浪费问题。❶

二、抵质押品在风险控制中的作用

抵质押品是商业银行信贷限额体系、定价、资产分类乃至更高层次的组合管理、监管和经济资本配置体系的基石。其中，担保品价值评估与管理，在促进科学化信用风险管理以及资本金、准备金计算及商业银行财务的各个方面都扮演着重要角色。

抵质押是一种减少违约损失的有效的信用风险缓释工具。实践证明，利用抵押和保证可增加银行在违约事件中的回收贷款数量，减少违约事件中的损失。只要信用质量恶化，协议就触发强制收购行为❷，从而保障债权人权益。历史数据也证明：优先担保的产品比优先无担保、次级或低级的产品可以期望更高的回收率，见表1–1。

加强对担保品的管理，区别对待无风险资产类担保品和风险资产类担保品，考虑作为担保品的资产价值的潜在波动，可以准确计量预期损失（Expected Loss，即EL）与非预期损失（Unexpected Loss，即UL）。而将EL和UL分解到各业务单位后，可进行以风险—收益为中心的考核。考核的指标是基于资本的风险调节收益（Risk Adjusted Return on Capital，即RAROC），然后可以设定国别、行业、地区和产品的风险限额，从而准确进行风险定价。抵质押品的价值评定及管理在商业银行风险控制中起着不可或缺的作用。

表1–1　平均回收率

优先等级	平均回收率（%）
优先担保	65.0
优先无担保	48.0
优先次级	40.0

---

❶ 贝斯特（Bester）（1985，1987），贝桑科（Besanko）、桑科（Thakor）（1987），斯蒂格里茨（Stiglitz J.）、威兹（Weiss A.）（1981，1983）和盖尔（Gale D.）、海尔威（Hellwig M.）（1985）对此进行了较详细的分析。

❷ 詹原瑞：《银行信用风险的现代度量与管理》，经济科学出版社2004年版，第75页。

续表

优先等级	平均回收率（%）
次级	30.0
低级次级	16.0

资料来源：Carty, Fons and Kaufman (1994), Corporate Bond and Default Rates 1970~1993, Moody's Investors Services Inc.

三、巴塞尔新资本协议对担保品管理的规定

新资本协议中将担保品作为最主要的风险缓释工具进行了规定。强调了加强对担保品的管理，注重其市场价值变现的便捷性和对担保品的定期价值评估等。主要从合格抵押品的确认范围和对资本的要求两方面进行了阐述。

标准法下抵押品范围受到严格限制，只认可金融抵押品。❶ 标准法对抵押品的处理分为简单法和综合法。简单法重点在于对抵押品风险权重的确定，其可以直接替换抵押品对冲的风险暴露部分的风险权重。综合法重点在于对抵押品折扣系数的确定，以此反映抵押品价值的波动。新协议规定银行有两种计算抵押品折扣系数的方法：标准化的监管折扣系数使用规定的数值；银行使用自己估计的折扣系数，但须达到监管当局特定的定性和定量要求。并提出了使用抵押品进行风险缓释后监管资本的计算方法，见式（1-1）。

$$E^* = \max\{0, [E \times (1 + He) - C \times (1 - Hc - Hfx)]\} \quad (1-1)$$

式中，E^*——风险缓释后的风险暴露；

E——风险暴露的当前价值；

He——风险暴露的折扣系数；

C——所接受押品的当前价值；

Hc——抵押品的折扣系数；

Hfx——处理抵押品和风险暴露币种错配。

内部评级法（IRB）下，对抵押品的合格标准及其在确定违约损失率中的作用进行了规定。初级法下除了标准法认定的抵押品外，其他形式的一些抵押

---

❶ 主要包括现金和国家、公共部门机构、银行、证券公司及企业发行的特定债券；某些在知名交易所交易的股票，某些集体投资的可转让证券和单位互助基金的投资以及黄金等。

品在满足一定条件的前提❶下,也视为合格的抵押品,主要包括应收账款、特定的商用或个人居住的房地产以及其他抵押品。新协议建议的起点是,对无认定的抵押品抵押的公司、主权和银行的高级债权,违约损失率定为45%,对公司、主权、银行的全部从属次级债权,违约损失率要更高一些为75%。对有金融抵押品的交易,有效的违约损失率确定公式,见式(1-2)。

$$LEG^* = \max\{0, LGD \times [(E^*/E)]\} \quad (1-2)$$

式中,LGD——考虑抵押之前,无担保贷款的损失率;

E——贷款的风险暴露;

E^*——标准法的综合法下风险缓释后的风险暴露。

高级法所认可的抵押品范围更广。不论采用哪种形式的抵押品,银行只要证明它能发挥实质性的、一致的和可靠的减少损失的作用,就能在自己的内部测算中予以考虑。同样只要银行能够用数据等证明其对违约损失率的测算是可靠的,而且与企业业务标准、风险管理的实际情况和银行所能得到的相关数据是一致的,也可以采用与初级法下不同的处理方法。LGD是抵质押品的价值、种类和价值波动、贷款期限、担保、合同条款等基本要素的函数,其测算是一个不断完善的过程。

第四节　抵押风险研究主要理论[*]

抵押是缓释贷款信用风险的主要手段,抵押受偿率决定抵押贷款风险溢价水平和最终的损失程度。从这个意义上看,贷款抵押风险的管理核心是价值管理,而抵押品的价值评估则是核心的核心。本节重点对有关资产评估、资产定价和抵押贷款定价等方面的有关理论进行总体回顾和介绍。

一、MPT 理论

1952年,马科维茨(Markowitz)创立了现代投资组合理论(Modern Portfo-

---

❶ 指应满足新巴塞尔资本协议第 509~524 条相关规定,主要从法律上的可实施性、抵押品的客观市值、经常性重估和次级留置(Junior Liens)上考虑。

[*] 于晨曦:"抵押风险分析和抵押贷款违约损失类研究",载《金融论坛》2007年02月。

lio Theory，MPT）标志着现代金融理论的诞生。现代投资组合理论（Modern Portfolio Theory，MPT），也称为均值—方差（Mean-Variance）理论。该理论指出理性投资者是同质的投资者，他们对证券的收益和风险的看法一致。证券的收益用均值表示，风险用方差或者标准差表示，他们在进行投资决策时，只考虑投资的收益和风险。在这些假设条件下，Markowitz 的现代投资组合理论可表述如式（1-3）。

$$\max_{\{x_1,x_2,\cdots,x_N\}} E\{U[E(r_p),\sigma(r_p)]\}$$
$$s.t.\ E(r_p)=\sum_{i=1}^{N}x_iE(r_i) \quad (1-3)$$
$$\sigma(r_p)=[\sum_{i=1}^{N}\sum_{i=1}^{N}x_ix_j\mathrm{cov}(r_i,r_j)]^{\frac{1}{2}}$$
$$\sum_{i=1}^{N}x_i=1$$

其中，$E\{U[x]\}$ 为投资者的期望效用函数，$E(x)$ 和 $\sigma(x)$ 表示投资的期望收益和风险，x_i 表示投资于风险资产 i 的权重。由该模型可知，投资者投资的目标就是使得其效用达到最大，投资者效用函数是由投资的风险和收益所定义的。

二、CAPM 和 CAPM 的扩展模型

20 世纪六七十年代是资产定价理论繁荣发展的时代。夏普（Sharpe, 1964）、林特纳（Lintncr, 1965）、莫辛（Mosin, 1966）在马科维茨（Markowitz）理论基础上各自独立而又几乎同时创立了 CAPM 模型，其模型表述如式（1-4）（即 CML 的线性方程）：

$$E(r_i)=r_f+\beta_i[E(r_M)-r_f] \quad (1-4)$$

式中，$\beta_i=\dfrac{\mathrm{Cov}(r_i,r_M)}{\sigma^2(r_M)}$

该模型将证券资产组合收益分成无风险收益与系统风险两部分。β 系数就能衡量投资组合的总风险，r_f 无风险收益率，$E(r_M)$ 为风险期望收益率。

1972 年，布莱克（Black）提出了无风险借入限制条件下的预期收益-β 均衡关系，即零 β 模型。该模型指出，在风险资产的有效边界上的任意一个资产组合，在双曲线的下半部分（无效部分）存在着一个与之相对应的资产组合，称为该有效资产组合的零 β 组合。

若 M 为风险资产的市场组合，市场组合对应的零 β 组合为 Z（M），则：$\text{Cov}(r_M, r_{Z(M)}) = 0$，则任意资产 i 的期望收益有：

$$E(r_i) = E[r_{Z(M)}] + E[r_M - r_{Z(M)}] \frac{\text{Cov}(r_i, r_M)}{\sigma^2(r_M)} \quad (1-5)$$

这就是在无风险借入限制条件下的资本资产定价模型，其中以 $E[r_{Z(M)}]$ 替代了原来的 r_f。

三、APT 理论

罗斯（Ross）在 1976 年创立了 APT 模型，APT 是 CAPM 的替代理论。它避开了 CAPM 理论所需要的很多很强的假设，从因素模型出发，运用无套利分析方法，也得出了风险资产的收益和风险之间的线性关系。

（1）套利定价理论的单因素模型：

$$E(r_i) = r_f + \beta_i [E(r_F) - r_f] \quad (1-6)$$

（2）套利定价理论多因素模型：

$$E(r_i) = r_f + \beta_a [E(r_{F2}) - r_f] + \beta_{i2} [E(r_{F2}) - r_f] + \cdots + \beta_{iN} [E(r_{FN}) - r_f] \quad (1-7)$$

其中，$\beta_{if} = \dfrac{\text{Cov}(r_i, r_{F_i})}{\sigma^2(r_{F_i})}$

四、期权定价模型（BSM 模型）

布莱克（Black）和斯科尔斯（Scholes，1973）以及默顿（Merton，1973）通过无套利分析创立了关于期权定价的 BSM 模型，具体表述如式（1-8）。

$$\begin{aligned} c &= SN(d_1) - Xe^{-r(T-t)}N(d_2) \\ d_1 &= \frac{\ln(S/X) + (r + \sigma^2/2)(T-t)}{\sigma\sqrt{T-t}} \\ d_2 &= \frac{\ln(S/X) + (r - \sigma^2/2)(T-t)}{\sigma\sqrt{T-t}} = d_1 - \sigma\sqrt{T-t} \end{aligned} \quad (1-8)$$

B-S 模型中 S 为股票价格，X 为期权执行价值，T 为期权到期日，$N(x)$ 为标准正态分布变量的累计概率分布函数，$N(d_2)$ 是在风险中性世界中 S 大于 X 的概率，或者说是欧式看涨期权被执行的概率，$e^{-r(T-t)}N(d_2)$ 是 X 的风险中性期望值的折现值。

五、抵押贷款的结构化定价模型

(一) 单经济状态模型

芬德勒（Findleg）等第一次把期权模型运用到贷款定价，提出了单经济状态模型，分析了可调利率贷款与固定利率贷款的借款人提前支付期权，单经济状态模型中比较有代表性的包括邓恩（Dunn）等、麦康奈尔（Mcconnell）等和斯坦顿（Stanton）等贷款定价模型。利用无套利原则得到的贷款价格 V (r, t) 的微分方程为：

$$\frac{1}{2}\sigma(r)^2 V_{rr} + [km - (k+\eta)r]V_r - V_t - rV + C(t) + \lambda(r,t)[F(t)-V] = 0 \quad (1-9)$$

其中：V 为贷款价格，V_{rr} 是 V (r, t) 对 r 的二阶偏导数，V_r 和 V_t 分别是 V (r, t) 对 r 和 t 的一阶偏导数，C 为借款者偿还率，k、m、η、σ 分别是 CIR 模型中的 4 个参数、其中 CIR 利率模型如下：

$$dr = k(m-\eta)dt + \sigma\sqrt{r}dw \quad (1-10)$$

k 表示利率均值回归速度，m 表示长期均值，η 表示瞬时均值，σ 表示波动率。

(二) 双经济状态模型

蒂特曼（Titman）等、卡乌（Kau）等和唐宁（Downing）等模型把房价和利率一起作为主要的状态变量建立了双经济状态模型。

首先设定房价的变化遵从一个几何布朗运动：$dH = (r-q)Hdt + \Phi Hdw$，q 是房屋租金，r-q 类似预期房价增值，Φ 为房价波动率，dw 是标准的维纳过程，根据房价或租金的历史数据可估计出模型参数 q、Φ，然后根据无套利模型和伊藤引理，得到双经济状态下有关抵押贷款 V (H, r, t) 的微分方程：

$$\frac{1}{2}\sigma^2 r V_{rr} + \rho H_t \sqrt{r}\varphi\sigma V_{Hr} + \frac{1}{2}\varphi^2 H^2 V_{HH} + [k(m-r) - \eta r]V_r + (r-q)H_t V_H + V_t - rV + C = 0 \quad (1-11)$$

其中，H_t 为房屋价值对时间的一阶导数，ρ 为 dz 与 dw 之间的相关系数，其余系数表述类似单经济模型。

六、抵押贷款定价简化形式模型

简化形式模型首先利用统计方法从历史数据中估计出提前支付或违约发生

的比例函数或概率函数,再把估计结果用到贷款定价模型中。施瓦兹(Schwartz)等的模型先提出了一个比例提前支付函数:$\pi = \pi_0 \exp(\beta v)$,$\pi_0$ 为基本的对数冒险函数;v 是影响提前支付的因素。施瓦兹等的贷款价格模型认为有 5 个变量影响贷款价值 V (r, l, x, y, t):瞬时短期利率 r,长期国债收益率 l,过去再融资利率对现在提前支付的影响 x (t),过去提前支付比例 y (t) 和时间 t,从标准的无套利原则出发可得到类似于结构化模型的偏微分方程:

$$\frac{1}{2}r^2\sigma_1^2 V_{rr} + rl\rho\sigma_1\sigma_2 V_{rl} + \frac{1}{2}l^2\sigma_2^2 V_{ll} + [q + b_1(l-r) - \lambda_1\sigma_1 r] V_r$$
$$+ l(\sigma_2^2 + l - r) v_1 + a(l-x) V_x - y(\pi + AP^{-1}(t) - c) V_y + V_t -$$
$$(r + \pi) v + \pi F(t) + A = 0 \qquad (1-12)$$

其中,q、b_1、σ_1 是瞬时短期利率 r 的随机过程模型参数,σ_2 是长期国债收益率 l 的标准差,ρ 使瞬时短期利率 r 与长期国债收益率 l 的相关系数,a 是 x (t) 的函数表达式中的参数,c 为贷款息票率。

七、抵押风险分析模型

(一)波佐洛(Pozzolo)模型

商业银行通过对抵押品的所有权或使用权的占有,增加了企业的违约成本,从而可以有效防范抵押风险。波佐洛(2002)的理论模型将抵押与信贷风险管理联系起来考虑,对抵押品和抵押风险的关系进行了较为系统的阐述。假定融资项目有两种结果:成功 R 和失败 0,借款人要对大小为 1 的项目向银行融资,该项目是有风险的:成功的概率为 P (σ, e),其收益为 x > 1。其中,σ 为项目自身的风险,$P'_\sigma < 0$;e 为借款人的努力程度,$P'_e > 0$;借款人努力所花的费用为 $f(e)$,f',$f'' > 0$;借款人需付的银行总利息为 R > 1;借款人提供的贷款担保价值为 $C \leq 1$。借款人为了实现最大化而选择最优的努力程度:

$$\max_e \Pi(e) = P(\sigma, e)(X - R) - [1 - P(\sigma, e)] C - f(e)$$
$$(1 - 13)$$

解决该最大化问题的首要条件是:

$$g(\sigma, e^*) = \frac{f'(e^*)}{P'_e(\sigma, e^*)} = X - R + C \qquad (1-14)$$

其中,e^* 为借款人的最优努力程度,最大化的必要条件是 $P''_e < 0$。

银行是竞争性的部门,风险中性的银行对该项目融资的预期收益等于对另

一无风险投资 ρ 的总收益,即:
$$P(\sigma, e) R + [1 - P(\sigma, e)] \alpha C = \rho \quad (1-15)$$

其中,$\alpha \in (0, 1)$ 指当借款人违约时属于银行的那部分动产担保。对式(1-14)、式(1-15)求解,可以得出银行贷款的总收益和借款人最适度努力程度下的担保水平:

$$R = \frac{\rho + [1 - P(\sigma, e^*)] \alpha [X - g(\sigma, e^*)]}{P(\sigma, e^*)(1-\alpha) + \alpha} \quad (1-16)$$

$$C = \frac{\rho - P(\sigma, e^*)[X - g(\sigma, e^*)]}{P(\sigma, e^*)(1-\alpha) + \alpha}$$

假定整个社会由 n 个借款人组成,每一个借款项目具有不同的风险水平 σ_i($i = 1, \cdots, n$),只要 $P'_{\sigma i}(\sigma_i e^*(\sigma_i)) < 0$,则银行会对高风险的项目既实行高利率政策又要求高水平的动产担保。这是因为,如果项目的成功概率给定的话,银行会在高利率和高贷款保证中进行选择,但是,当项目成功的概率下降时,银行会同时采取这两种工具来规避信用风险。希门厄斯(Jimenez)和萨里娜(Saurina,2004)通过分析西班牙银行 1988~2000 年的商业贷款数据,从实证研究的角度对担保与信贷违约率的正相关关系给予了支持。

但实际分析表明,不良贷款率与抵押品之间有着很强的相关性,上述模型并没有分析对这种相关性的影响,我们有必要对这一模型进行改进。很明显,抵押品最终能回收的价值与项目成功的概率有很强的相关性。企业作为抵押品的资本,在项目成功后,还能保持其原有的价值,但在项目失败其价格可能严重缩水的情况下,这一问题对银行的抵质押贷款的风险将会有巨大的影响,故我们有必要在研究中将这一问题其相关性进行详细考察。

假设两个随机变量 G 和 H,$G = 1$ 表示项目成功,$G = 0$ 表示项目失败,$H = 1$ 时,表明抵押资产还能保持其原有价值,$H = 0$ 则表明资产丧失全部价值,资产部分收回则可以用 $H = 1$ 和 $H = 0$ 各占一定比例来表示。$P(G = 1) = P(\sigma, e)$ 为项目成功的概率。在项目成功的情况下,抵押品对我们没有任何影响,其价格是保持原有价值还是完全丧失对银行来说完全不重要,为计算方便,我们完全可以假设在项目成功的情况下其资本的价值是完全保持的,也就是在 $G = 1$ 时,$H = 1$ 的概率是 1,$H = 0$ 的概率为 0,即 $P(H = 1 | G = 1) = 1$,$P(H = 0 | G = 1) = 0$。在项目失败的情况下,我们假设抵押品保持原有价值的概率为 β,也就是在 $G = 0$ 时,$H = 1$ 的概率是 β,$H = 0$ 的概率是 $1 - β$,在

这里 β 正好表示的是抵押品的回收率。即 $P(H=1|G=0) = β$，$P(H=0|G=0) = 1-β$。根据概率论的知识，我们知道 G 和 H 之间的相关系数为 $γ$：

$$γ = \frac{P(σ,e) - βP(σ,e)}{P(σ,e) + [1-P(σ,e)]β} \tag{1-17}$$

抵押品的回收率 β 可以写为：

$$β = \frac{(1-γ)P(σ,e)}{P(σ,e) + [1-P(σ,e)]γ} \tag{1-18}$$

借款人为了实现最大化而选择最优的努力程度，这一公式不需要修正：

$$\max_e Π(e) = P(σ,e)(X-R) - [1-P(σ,e)]C - f(e)$$

解决该最大化问题的首要条件是：

$$g(σ,e^*) = \frac{f'(e^*)}{P'_e(σ,e^*)} = X - R + C$$

银行是有竞争性的部门，风险中性的银行对该项目融资的预期收益等于对另一无风险投资 ρ 的总收益，所以有：

$$P(σ,e)R + [1-P(σ,e)]αβC = ρ \tag{1-19}$$

为了简化问题，在对银行的决策进行分析时，我们认为项目的成功率为一给定的值 P，同时取 $α=1$，即借款人违约时担保资产全为银行所有，这里有：

$$PR + (1-P)\frac{(1-γ)P}{P+(1-P)γ}C = ρ \tag{1-20}$$

可以得出如下结论：

（1）在项目的成功率相同，抵押品价值也相同的情况下，对比抵押品能否收回与项目能否成功完全相关（$γ=1$）和完全不相关（$γ=0$），银行利率选择有如下两种：

$$PR_1 + (1-P)C = ρ，γ=0，完全不相关$$
$$\Rightarrow R_1 = [ρ - (1-P)C]/P$$
$$PR_2 = ρ，γ=1，完全相关$$
$$\Rightarrow R_2 = ρ/P$$

在存在抵押品的情况下，$R_1 < R_2$，也就是完全不相关下的利率远小于完全相关下的利率。由式（1-20）我们可以进一步推出：

$$R = \left\{ρ - (1-P)\frac{(1-γ)P}{P+(1-P)γ}C\right\}/P \tag{1-21}$$

在成功率 P 相同、抵押品价值 C 相同的情况下，相关性越大，银行所需要定的利率越高。

（2）在项目的成功率相同，银行利率也相同的情况下，对比抵押品能否收回与项目能否成功相关系数对银行对抵押品的选择。

$$C = \frac{\rho - PR}{1 - P} \times \frac{P + (1 - P) \gamma}{(1 - \lambda) P} \qquad (1-22)$$

相关系数越大，银行则需要更高的抵押品价值。

（二）抵押风险缓释分析模型

违约损失率 LGD 是进行抵押风险分析的重要工具，也是影响抵押品质量的关键指标。通过分析抵押贷款违约损失率特征，建立银行抵押融资损失率模型，可以精确量化抵押融资风险敞口，进而判断抵押品覆盖融资风险的能力。目前对违约损失率的研究主要集中在对挽回率的研究上，因为违约损失率和挽回率之和为1。从定义上看，违约损失率表示违约事件发生时银行的损失；挽回是指当违约事件发生时银行可以获得的全部偿还款项，挽回率（Recovery Rate）是指挽回款项占贷款余额的比例。朗斯塔夫（Longstaff）和施瓦兹（Schwartz）(1995) 模型使用一个常数作为挽回率，以挽回率与无风险零息票的乘积作为模型中的挽回项，所以挽回项整体是一个常数。布莱斯（Brys）和瓦雷纳（Varenne）(1997) 指出，如果设定外生的门限值及挽回率，则信用风险资产的定价方程就不能保证债权人或者债券持有人在信贷违约发生时的支付不大于公司的价值，并且即使公司在债务到期时有偿付能力，也有可能使得公司的价值小于信贷额或债券的面值。故他建议采用一个常数的挽回比例表达在信贷到期时，发生违约事件情况下公司的价值以及在信贷未到期时发生违约情况的公司价值之间的比例。但科森（Cossin）和皮托（Pitotte, 2001）认为计算这一比例没有实际意义。在抵押担保与违约损失率的关系的研究中，比较一致的观点是抵押担保可以降低违约损失率。弗兰克斯（Franks）和萨斯曼（Sussman）(2003) 研究了542家英国中小企业的银行贷款数据，发现英国的中小企业银行贷款都是高抵押的，至少有80%的贷款是通过固定抵押品或流动抵押品进行担保，其结果之一是英国清算公司或销售破产公司具有较高的回收率（约75%）。

借款人发生违约时，银行的回收率主要依赖于贷款的抵押品价值。抵押品价值会随着经济运行状况而发生波动，如果经济下滑，则银行会遭受损失。传统的信用模型忽视了经济运行对抵押品价值的影响，只保有抵押品的平均价值以及平均的回收率。乔伊·弗赖伊（Joy Frye, 2000）考虑了经济运行下滑给抵押品价值造成的损失和抵押品价值的系统性风险，扩展了芬格（Finger, 1999）和戈迪（Gordy, 2000）的信用资本模型，得出违约损失率的大小与经济状况相关。假定借款人的风险暴露为1，在一年期末，抵押品的价值由三个变量决定：抵押品的数量 μ_j；抵押品价值的波动性 σ_j；抵押品对系统性风险的敏感度 q_j，则抵押挽回率

$$C_j = \mu_j(1 + \sigma_j C_j), \quad C_j = q_j X + \sqrt{1-q_j^2} Z_j \tag{1-23}$$

其中，Z_j 为个别风险，X、Z_j 为标准正态分布。

借款人的整体金融环境为：

$$A_j = p_j X + \sqrt{1-p_j^2} X_j$$

p_j 为抵押品对系统性风险的敏感性。两个借款人之间的相关性为：

$$\mathrm{Corr}[A_j, A_k] = \mathrm{Cov}[p_j X + \sqrt{1-p_j^2} X_j, p_k X + \sqrt{1-p_k^2} X_k] = p_j p_k$$

如果整体金融环境恶化到一定程度，则借款人将发生违约。

假定 D_j 为违约事件，则

$D_j = 1$，$A_j < \Phi^{-1}(PD_j)$；

$D_j = 0$，其他情况。

其中，PD_j 表示借款人的违约概率，则 $P[D_j=1] = E[D_j] = PD_j$。

如果借款人违约，银行的回收额为 $R_j = \min[1, C_j]$；

即 $LGD_j = \max[0, 1-C_j]$。

如果抵押品价值大于风险暴露额，则银行不会有损失；如果抵押品价值小于0，银行的损失将大于1。为简化起见，模型得出：损失额仅仅与违约相关，其计算方法为：

$$Loss_j = D_j LGD_j \tag{1-24}$$

其中，D_j 由 X、X_j 决定，LGD_j 由 X、Z_j 决定，在 $X=x$ 的条件下：

$$E[Loss_j | X=x] = E[D_j | X=x] \times E[LGD_j | X=x]$$
$$= E[PD_j | X=x] \times E[LGD_j | X=x]$$

经济运行情况 x 的提高会同时降低 PD 和预期损失率 ELGD，因此，当 X 为 α 时，EL 即为 $(1-\alpha)$。

第二章
房地产评估方法与实务

了 解

房地产的定义,建筑物定义,房屋价格构成,在建工程的含义和特点;房地产类型。

熟 悉

房地产的实物、权益和区位,房地产估价对象,土地利用限制及其基本概念,影响土地价值的因素,建筑物基本概念,房屋价格影响因素、在建工程评估特点及其评估范围的界定;评估原则;外部评估报告审查要点和抵押风险分析要求。

掌 握

评估方法;评估实务。

第一节 概 述

一、房地产的资产特性

(一)房地产的概念

房地产指土地、建筑物、固定在地面或建筑物上不可分离的附着物及其附带的各种权益。其中,土地指地球的表面及其上下一定范围的空间;建筑物指人工建筑而成，建筑材料、建筑构配件和设备（如供排水、燃气、照明、通信、电梯、卫生、防震防火等设备）组成的整体物，包括房屋和构筑物两大类；地上附着物指固定在土地或建筑物上，与土地、建筑物不可分割，虽然可以分离，但分离后会损坏土地或建筑物的完整性、使用价值、功能，如：种植在地面上的花草、树木、花园、围墙、地下管线、水塔、烟囱、设施等；权益指一束权益，如使用权、所有权、抵押权、租赁权、典权、地役权等。

房地产可划分为实物、权益、区位三个方面。实物是由土地、地上和地下的建筑物及其不可分离的附着部分组成，形成完整的功能。

权益是指与房地产有关的权利和利益的总称。区位指特定的房地产与其他房地产在空间方位和距离上的关系，包括可及性、往来便捷性、与重要场所（市中心、市场、学校、医院、机场、港口、车站等）距离、周围环境、景观、在城市或区域中的地位等。

（二）房地产估价对象

空地；有建筑物（包括尚未建成的建筑物）土地；地上建筑物；土地与建筑物的合成体；在建工程（包括停建工程）；房地产的局部；作为企业整体资产的一部分房地产；包含其他资产的房地产等。

（三）房地产基本认识

（1）坐落，所处的区域或具体要求地点。

（2）面积，依法确认的面积。一般以"平方米"表示，有的建筑物需用其他单位来说明，如停车场用"车位数"、酒店用"房间或床位数"，电影院用"座位数"表示。建筑物面积包括建筑面积、套内建筑面积、使用面积、其他面积（如出租房屋的可出租面积）等，以上面积须注意其计算口径和内容。

（3）四至，对其描述最好用"东、南、西、北"。

（4）地形与地势，地形指土地的形状，一般用图说明，如宗地图等。地势指具体房地产与相邻房地产的高低关系，包括自然供、排水状况，被洪水淹没的可能性等。一般来讲，地势高的土地价格高于地势低的土地价格。

（5）层数和高度，一般按照层数和高度，将建筑物分为低、多、高、超高层建筑。

（6）结构，指建筑物中由承重构件（基础、墙、柱、梁、屋架、支撑等）组成的体系结构。以主要建筑材料来划分，一般分为钢结构、钢筋混凝土结构、砖混结构、木结构等。

（7）设备，包括供排水、卫生、通信、照明、燃气、空调、电梯、防灾等设备。评估中需要了解它们的配置和性能。

（8）公共配套设施完备程度。

（9）平面布置，一般通过平面图、户型图等了解。

（10）外观，一般以图片来描述。

（11）建成年月，包括开工日期和竣工日期。

（12）维修、保养情况及完损程度，包括地基的稳定性、沉降情况等。

（13）利用现状，包括现状用途（土地或建筑物），土地上建筑物及其附着物情况（包括不同用途建筑物的面积分配和楼层分布等）。

（14）产权状况，土地性质（城镇建设用地、农民集体所有地等）、类型（出让、划拨等）、年限（剩余年限、是否可续期等）、土地取得手续是否完备；建筑物产权分独有、共有、区分所有，是否抵押、典当或为他人提供担保，是否涉案，产权是否有争议，是否为临时建筑，是否属于违章建筑，土地是否临时用地。

（15）用途，商业、工业、居住、办公等其他，建筑用途与土地用途是否一致，设计用途与实际用途是否一致。

（16）周围环境与景观，一般用图片说明或文字描述。

（17）其他，如通风、采光、隔音（热、振）、防灾（水、火、地震等）、物业管理等；土地涉及地质和水文状况、土地平整程度、土地使用管制（包括用途、建筑密度、建筑容积率、绿地率、建筑间距、建筑后退后红线等）、停车车泊等。

（四）房地产价值及其影响因素

房地产价格指房地产交易双方的实际成交价格，是一种历史事实。评估中的房地产价值不是历史事实，是评估人员根据估价对象自身状况、周边环境及市场条件，通过一系列假设或限定，对估价对象符合客观实际的公正性价值判断。

影响房地产价值的因素包括一般因素、区域因素和个别因素。一般因素指对房地产价格及其变化具有普遍性和共同性的因素。

1. 一般因素

（1）行政因素，指影响房地产价格的制度、政策、法规、行政措施等方面的因素。如土地制度、住房制度、房地产价格政策、税收政策、城市规划、交通管制等。

（2）经济因素，包括国民经济的发展速度、发展规模、居民收入和消费水平、政府财政收入和支出的规模和结构、金融环境及状况、物价水平等。以上因素一般集中表现在房地产的供求状况上，通过供求关系影响房地产价格。

（3）社会因素，指社会发展状况、社会安定程度、社会环境等。社会发展好、社会安定和社会环境好对房地产价格的提高有利。

2. 区域因素

区域因素指房地产所在地区的自然条件、社会条件、经济发展状况和行政条件相结合所形成的地区性特点。这些特点集中体现在区域的繁华程度、交通通达程度、公共配套设施状况、地区环境、城市规划限制等。城市规划限制包括建筑高度、建筑容积率、建筑密度等。

建筑高度指地上建筑物可达及的最高限度，建筑物的实际高度应等于或小于城市规划限定的建筑高度。

建筑容积率指地面上建筑物面积与建筑占地面积之比。即：容积率 = 地面上建筑物面积/建筑占地面积×100%。

建筑密度指房地产的底层建筑面积与建筑占地总面积之比。即：建筑密度 = 建筑物底层面积/建筑占地总面积×100%。

楼面地价是平均到每单位建筑面积上的土地价格。一般指土地单价（一般以元/平方米表示）与容积率之比或土地总价格与建筑总面积之比。即：楼面地价 = 土地单价/容积率或楼面地价（元/平方米） = 土地总价格/建筑总面积。

3. 个别因素

个别因素指房地产具体的个别特性。如面积大小、地形地貌、临街状况、容积率、建筑结构、装修水平、朝向、楼层、土地使用年限、土地生熟程度、新旧程度等。

（五）房屋价值构成及其影响因素

1. 房屋价值的构成

（1）建筑工程费。房屋或建筑物的结构部分和装饰部分，包括永久性和临时性的房屋、建筑物和造价。

（2）安装工程费。包括永久性和临时性的各种设备的装配、装置工程等。

（3）设备购置费。对投资建设收取的各项费用，包括供水、供电、供气、通信、排水、排污、道路、绿化等配套工程费。

（4）其他费用。包括勘察设计费、管理费、配套费和贷款利息。

（5）税金。在房屋建设过程中需交纳的各种税项，如营业税、固定资产投资方向调节税、土地增值税、国家规定的其他税费。

（6）建设利润。房屋开发建设企业应得的正常利润。

2. 影响房屋价格的因素

（1）房屋本身的条件因素。包括房屋装修标准，房屋设备，房屋附属设施，地段、层次和朝向（这三个因素对房屋使用价值影响极大）。

（2）房屋价格的外在因素。包括土地因素，区域因素（主要指交通、繁华程度、道路、公共设施、绿化、污染状况、社会安定等），行政因素。

（六）在建工程

1. 在建工程的含义

在建工程指未完工或已完工但未通过竣工验收的工程项目。在建工程的表现形式多种多样，既可以是处于建设过程中的项目，也可以是已停工多年的"烂尾楼"。

2. 在建工程的特点

（1）所有权的相对确定性。在建工程在主管机关正式颁发所有权证书之前，其所有权处于相对确定的状态。

（2）合法性。在建工程，必须是经国家法定机关或有权部门在其职权范围内，依照法律规定的程序进行审批后取得相关批文的合法工程，未经审批并取得规划红线图、施工许可证等合法手续的违章建筑不受法律保护，更不得以抵偿法律文书确定的债务。

（3）可变价性。由于在建工程处于法律上或事实上的未完成状态，尤其是事实上未完成而停止建设的工程，其价值能否以交换价值体现出来，即该在建工程是否具有可变价性，只有在市场上能够变价的、抵偿金钱债权的在建工程，才能纳入银行抵押物的范围，列为押品评估的对象。

（4）可比性差。在建工程涵括了从刚刚投资兴建的工程到已完成建设但尚未交付使用的工程，这就造成了在建工程之间可比性差。

（5）形象进度与实际投资额较难一致。在建工程实际投资额，其账面价值包括预付材料款和预付设备款，同时也记录在建工程中应付材料款及应付设备款等,因此,在建工程投资不能完全体现在建工程的形象进度。

(6) 在建工程造价差异大。同种用途、同种结构的在建工程,由于地基差异等特殊原因,工程造价不同。

(7) 法定受偿权优先于约定抵押权。根据《中华人民共和国合同法》第286条规定,承包人的法定受偿权优先于银行与抵押人的约定抵押权。

3. 在建工程评估特点

(1) 在建工程的范围十分广,情况复杂。在建工程的个性差异比较突出,不同工程之间的可比性较差,评估时不易找到合适的参照物。对在建工程评估要建立在对其全面分析了解的基础上。

(2) 在建工程资金投入与工程实际进度存在时差和量差。在建工程上的实际费用支出与其形象进度不尽一致,有时偏差还很大。

(3) 在建工程存在着债权债务问题和投资风险问题。在其竣工投产之前表现为投资的积累,一般无收益可言,且未来预期收益难以确定。

(4) 对于工期较长或停建的在建工程可能存在经济性、功能性贬值。须查明其原因,确因项目还没建成在市场上就已经落后,市场价值远低于实际投入的或因工程的产、供、销及工程技术等原因停建的,评估时须考虑在建工程的功能性及经济性贬值。

(5) 在建工程的价值不是各项投入的累加。要根据其具体情况和市场情况综合分析,体现出其潜在的利润。

(6) 注意土地费用和不构成工程实体的前期费用。以上两项与工程的实际进度无关,在评估时不可遗漏或重复估算。

(7) 评估方法一般采用成本法和假设开发法。由于其预期收益可能明显高于或低于社会平均水平,故对在建工程的评估应针对特定的评估目的运用到其他评估方法,以便综合考虑该在建工程超额收益或减额收益对其评估值的影响。

4. 在建工程价值评估范围的界定

与房屋建筑物以房屋所有权证的形式体现了完整的权益(占有、使用、收益、处分)不同,在建工程将来能否取得合法权证存在不确定因素。因此,在建工程价值科学评估应建立在对在建工程评估范围的准确界定上。

(1) 土地权属。在建工程的土地权属性质及其情况,性质包括国有土地使用权和集体所有制土地使用权。取得方式:出让、划拨、租赁等。

（2）项目权属。抵押人对在建项目整体或部分是否确实拥有所有权。在建项目是否属联建项目或是否有参建单位。若在建项目是联建或有参建单位，则应核实抵押人对在建项目拥有的权利部分是多少，并搞清楚项目公司组成各方的权利状况以及各方之间的经济合同在法律上是否有效等。

（3）工程进度。对在建工程评估，必须准确地把握在建工程项目的实际完成进度，即把握其已完成的实物工程量，包括在建工程质量是否符合相关规定，在建工程的各组成部分是否存在缺陷及待修理的因素，建筑材料是否过关，在建工程是否按规划要求进行建设，在建工程工期是否符合建设计划等。对于那些未安装并固定在建筑物主体上的材料和设备，不得纳入在建项目的评估范围。

（4）销售状况。若在建项目已领有商品房预售许可证，并已预售了部分楼盘，评估价值时，必须清楚地把握两个问题，一是预售许可证所允许预售的楼层及其建筑面积，即可售部分；二是开发商已实际出售了多少建筑面积。评估时必须将已售部分的在建实物工程量价值和相应的土地使用权价值从整个在建房地产项目的评估值中扣除。

（5）回迁房情况。若在建项目在建设之前存在回迁协议或合同，必须清楚地把握回迁房建筑面积及其分摊土地面积、回迁房协议价格等事项，评估必须将回迁房的在建实物工程量价值和相应的土地使用权价值从整个在建房地产项目的评估值中扣除，然后加上按实际完成进度同比例确认的回迁房协议价格（部分）。

（6）优先受偿款项。必须弄清楚在建项目是否存在在建项目抵押前以法律文书确定的债务或国家法律法规规定优先于抵押权益受偿的款项，如拖欠土地价款、税款、补偿安置费及拆迁费；建设工程价款优先权；消费者购房优先权等。评估必须将优先受偿款项从整个在建项目的评估值中扣除。

二、房地产类型

（一）按用途划分的类型

（1）居住房地产：包括普通住宅、高档公寓、别墅等。
（2）商业房地产：包括商场、购物中心、商业店铺、超市、批发市场等。
（3）办公房地产：包括商务办公楼（写字楼）、政府办公楼等。
（4）餐饮房地产：包括酒楼、美食城、餐馆、饭店、快餐店等。

(5) 娱乐房地产：包括游乐场、娱乐城、康乐中心、俱乐部。

(6) 工业和仓储房地产：包括工业厂房、仓库等。

(7) 旅馆房地产：包括酒店、宾馆、度假村、旅店、招待所等。

(8) 特殊用途房地产：包括车站、机场、医院、学校、教堂、寺庙等。

(9) 农业房地产：包括农地、农场、林场、牧场、果园等。

(10) 综合房地产：具有两种或两种以上用途的房地产。

(二) 按开发程度划分的类型

(1) 生地，指不具有城市基础设施的土地，如荒地、农地等。

(2) 毛地，指具有一定城市基础设施，但地上有待拆迁房屋的土地。

(3) 熟地，指具有完善的城市基础设施、土地平整、能直接在其上进行开发建设的土地。

(4) 在建工程，指地上建筑物尚未建成或虽已完工但尚未办理移交验收，不具备使用条件的房地产，包括停建的建筑物项目。

(5) 现房（包含土地），指地上建筑物已建成，可直接使用的房地产。

(三) 按是否产生收益来划分的类型

可分为收益性房地产和非收益性房地产。

(四) 按经营使用方式来划分的类型

可分为出售性房地产（评估方法适用于市场法）、营业性房地产（评估方法适用于收益法）、出租型房地产（评估方法适用于收益法）、自用性房地产（评估方法适用于收益法）。

三、房地产估价原则

(一) 合法原则

合法原则指房地产评估必须以评估对象的合法权益为前提，合法权益包括合法取得、合法使用、合法交易、合法处分、评估价格符合国家的价格政策。合法取得一般以房地产的合法产权证明文件为依据；合法使用通常以城市规划为准，房地产用途、容积率、绿化率、建筑面积和高度等必须符合城市规划要求和政府相关规定。

(二) 最高最佳使用原则

最高最佳使用原则指法律上允许、技术和功能上可能、经济上可行，经过充分合理的论证，能使评估对象的价值达到最大的一种最可能的使用。

（三）替代原则

替代原则指房地产估价结果应不得明显偏离类似房地产在同等条件下的正常价格。

类似房地产指与评估对象在同一供求圈内，并在用途、规模、档次、建筑结构等方面相同或相近的房地产。

（四）谨慎原则

谨慎原则指评估人员应充分考虑评估对象在评估基准日和未来可能受到的限制、可能发生的风险和损失，不高估市场价格，也不低估评估人员知悉的法定优先受偿款数额。

（五）估价时点原则

估价时点原则指房地产评估结果是评估对象在评估基准日时的客观、合理的价值或价格。

（六）公平原则

公平原则指评估人员应深入了解房地产所在地供求状况和影响房地产价格的各种因素。

第二节　房地产主要评估方法

评估方法的选用应在合法原则、客观真实原则和最佳使用原则的基础上，根据评估目的、价值类型、评估对象、评估方法的适用条件及所搜集资料的数量和质量情况，确定所采用的评估方法。

房地产评估的基本方法主要包括成本法、市场法、收益法。一般来讲，自建自用房或市场流动性较差的非收益性房地产适用于成本法评估；当房地产市场发达、有充足的具有可比性房地产交易实例时，宜采用市场法评估；可独立经营获利的收益性房屋建筑物适用于收益法评估。

（一）成本法

按照资产再取得途径判断评估对象的价值（亦称"积算价值"）。

基本公式：评估值 = 重置价 × 成新率

或　评估值 = 重置价 − 折旧（贬损）

具体估价中估价对象的重置价与成新率（或折旧）构成内容，应根据估价对象的实际情况，在构成内容的基础上酌情予以增减。

在现实中，决定房地产价格的是其效用，而非实际成本，实际成本的增减只有对效用有所作用才能形成价格，故在评估时，应采用客观成本（指在开发建设过程中大多数开发商的正常花费）。

建筑物贬损包括物质贬损、功能贬损（消费观念变更、规划设计更新、技术进步、建筑用途与使用强度不合理、设计及结构上的缺陷、装修和设备与其总功能不协调等）和经济贬损（供给过量、需求不足、自然环境恶化、城市规划改变、政府政策变化、经济不景气时期、高税率、高失业率等），在评估过程中应将物质贬损、功能性贬值和经济性贬值与重置价格及成新率一并统筹考虑，避免出现重复考虑或漏评。

1. 重置价

重置价又称重置成本或重新购建价格，是采用评估基准日时的材料、技术、标准、配件、设备和价格水平重新建造与原房地产具有相同效用、全新状态下的房地产正常价格。重置价不同于复原成本（重建成本），复原成本是采用原房地产建造时的材料、技术、标准、配件和设备，按照评估基准日时的价格水平，重新建造与原房地产完全相同、全新状态下的房地产正常价格。

（1）适用于新开发土地的重置价。

新开发土地的重置价 = 土地取得费用 + 土地开发成本 + 管理费用 +
资金利息 + 土地开发利润

土地取得费用一般由土地价款、所需费用、由买方缴纳的税费（交易手续费、契税）构成。

土地开发成本一般指由生地或毛地整理成熟地所花费的合理费用。如果土地取得时已经是熟地，则土地开发成本为零。

管理费用一般包括在土地整理过程中人员工资、办公费、差旅费等。在评估时，通常可按土地取得费用和土地开发成本之和的1%～3%来估算。在1%～3%取值应依据土地开发程度和其实际情况合理确定。如果土地取得时已经是熟地，则管理费用忽略不计。

资金利息可按照资金在土地开发期内均匀投入和评估基准日正在执行的同

期贷款利率计算,但土地取得费用在开发前要全部付清,计息期应为整个开发期。其计算公式为:

资金利息 = 土地取得费用 × 贷款利率 × 开发期 + 土地开发成本 ×
贷款利率 × 开发期 × 1/2

如果土地取得时已经是熟地,则土地开发成本的利息不计。

开发利润,指正常条件下开发商的平均利润。

开发利润 = (土地取得费用 + 土地开发成本) × 直接成本利润率

(2)新建或旧房地产的重置价。

重置价 = 土地取得费用 + 开发成本 + 管理费用 + 资金利息 +
销售税费 + 土地开发利润

土地取得费用,一般有3种途径:

①征用农地。其费用一般包括农地、土地使用权出让金等。

②在城市进行房屋拆迁取得。其费用包括城市房屋拆迁安置补偿费和土地出让金等。

③市场购买。其费用包括购买土地的价款和由买方缴纳的税费(交易手续费、契税)。

开发成本指开发建设所需的直接费用和税金等。

①勘察设计和前期工程费。一般包括可行性研究、规划、勘察、设计和三通一平等工程前期所发生的费用。

②基础设施建设费。一般包括道路、给水、排水、电力、通信、燃气、热力等建设费用。

③建筑安装工程费。包括建造房屋及附属工程所发生的土建费和安装费。

④公共配套设施建设费。一般指非营业性的公共配套设施建设费。

⑤开发过程中的税费。

管理费用一般包括开发商的人员工资、办公费、差旅费等。在评估时,通常可按土地取得费用和开发成本之和的 1% ~ 3% 来估算。在 1% ~ 3% 取值应依据开发项目的实际情况合理确定。

资金利息主要指土地取得费用、开发成本和管理费用的利息。可按照资金在建设期内均匀投入和评估基准日正在执行的同期贷款利率计算,但土地取得费用在建设前要全部付清,计息期应为整个建设期和销售期。其计算公式为:

资金利息=土地取得费用×贷款利率×合理建设工期（含销售期）+
（土地开发成本+管理费用）×贷款利率×合理建设工期×1/2

销售税费指销售房地产所需的费用和由开发商缴纳的税费。一般包括销售费用（广告宣传、销售代理费）、销售税费及附加（营业税、城市维护建设税和教育费附加）、其他销售税费（由开发商负担的交易手续费）。

开发利润，一般可根据省、自治区、直辖市人民政府相关规定或当地行业（类型相同）正常平均利润确定。其计算基础和相应的利润有下列四种情况：

①开发利润=（土地取得费用+开发成本）×直接成本利润率

②开发利润=（土地取得费用+开发成本+管理费用）×投资利润率

③开发利润=（土地取得费用+开发成本+管理费用+销售费用）×成本利润率

④开发利润=开发完成后的房地产价值×销售利润率

在评估开发利润时要注意：计算基数与利润率相匹配，即不同的计算基数，应选用相对应的利润率。

在确定新建房地产重置价时，应注意区分归属于土地和房屋的管理费用、资金利息、销售税费和开发利润，避免重复计算或漏算。

新开发的土地和新建的房地产选用成本法评估，一般不扣除折旧，但应综合考虑其工程质量、规划设计、周围环境、房地产市场状况等因素对价格的影响程度，给予适当的增减修正。

旧房地产选用成本法评估，如果建筑物已没有效用（如待拆迁等），其重置价不应包括建筑物价值，同时，应考虑由于建筑物的存在而导致的土地价值减损。

如果单独评估建筑物或房屋价值（如房地分估等情况），其重置价不应包括其分摊土地价值。对经济适用法应依据保本微利原则确定，其利润率一般确定在3%以下。

（3）在建工程重置价。

①形象进度法。

若实际付款额与形象进度一致，且付款额中不含资金成本，则：

重置价=已付款额−不合理费用+资金成本

若实际付款额与形象进度不符，则按形象进度对在建工程的评估结果扣除应付未付且未列负债的款项。其公式如下：

重置价＝按形象进度的评估结果－按形象进度应付未付且未列负债的款项
在建建筑工程按形象进度的评估结果
＝（在建建筑工程预算价＋变更）×在建工程完工程度
在建工程完工程度＝∑［各部位完成进度（％）×
各部位占建筑工程总预算的比例（％）］

②剩余法。

$$重置价 = A - (B + C + D + E + F)$$

式中，A——开发完成后的不动产总价；
　　　B——续建成本（土建工程费用、设施设备及安装费用、内外装修工程费用、专业费及不可预见费）；
　　　C——投资利息（续建工程部分）；
　　　D——税金；
　　　E——续建投资利润；
　　　F——租售费用。

开发完成后的不动产总价，对于出售的不动产，可按同区域同类型的不动产在评估时点市场交易价格采用市场法确定；对于出租的不动产，可按同区域同类型的不动产在评估时点租金水平（客观租金）采用收益法确定。

续建成本可根据设计要求、建筑工程概预算、实际工程量和工程形象进度确定。

专业费用，一般已在前期工程中投入，估算后续成本中的专业费用可按照未完工比例分摊计算。

不可预见费一般为总建筑费和专业费之和的2%～5%。

确定后续开发建设周期，估算预付资本利息。后续开发建设周期指自评估基准日至工程竣工并出租或出售完毕的这一段时间。

税金主要指工程建成后不动产销售的营业税、工商统一税、印花税、契税等，应根据当前的政府税收政策估算，一般以不动产总价的一定比例计算。

租售费用主要指建成后不动产销售或出租的中介代理费、市场营销广告费、买卖手续费等，一般以不动产总价或租金的一定比例计算。

开发商的合理利润指后期投入应计的开发商利润。

在建工程必须具备合法建造手续方能抵押。如果存在联建单位，且联建单位未同意抵押，应扣除联建单位权利价值部分；如果存在预售房、回迁房、优先受偿款项，应据实扣除相应建筑面积及其分摊土地面积价值；在建工程评估一般不考虑折旧，但对工期较长或停建多年的工程，应考虑在建工程的功能性、经济性贬值，进行风险系数调整。

2. 折旧（贬损）

这里的折旧是指在估价上的折旧，估价上的折旧是各种原因造成的价值损失，也是建筑物在评估基准日的市场价值与其重新购建价格之间的差额。建筑物折旧包括物质折旧、功能折旧和经济折旧。在房地产评估中，折旧通常运用成新率这一概念，成新率可在计算折旧率的基础上计算得到，即成新率 = 1 - 折旧率。

(1) 年限法。

成新率 = （经济耐用年限 - 已使用年限）/ 经济耐用年限 × 100%

经济耐用年限一般在参考 GB/T 50291—1999《房地产估价规范》给出的各种结构房屋经济耐用年限参考值的基础上，根据建筑物的结构、用途和维护保养情况，结合市场状况、周围环境、经营收益等综合判断。建筑物的经济耐用年限必须从建筑物竣工验收合格之日起计。当建筑物经济耐用年限早于土地使用年限结束时，应按建筑物的经济耐用年限计算损耗；当建筑物经济耐用年限晚于土地使用年限结束时，应按建筑物实际经过年数加上土地使用权的剩余年限计算损耗。

已使用年限指有效经过年限。当建筑物的维护保养、市场状况等各因素属于正常，有效经过年数与实际经过年数相当；当建筑物的维护保养、市场状况等各因素很好或经过更新改造，有效经过年数短于实际经过年数；当建筑物的维护保养、市场状况等各因素很好，有效经过年数短于实际经过年数；当建筑物的维护保养、市场状况等各因素较差，有效经过年数长于实际经过年数，剩余经济耐用年限相应较短。

(2) 实际观察法（打分法）。

押品价值评估人员通过现场勘察，从结构部分（见表 2-1）、装修部分、设备部分估算建筑物在物质、功能及经济等方面的折旧因素所造成的损耗。

成新率 =（结构部分合计得分 × 装修部分评分修正系数 + 装修部分合计得分 × 结构部分评分修正系数 + 设备部分合计得分 × 设备部分评分修正系数）/100 × 100%

表2-1 不同结构类型房屋成新率评分权重系数参考

结构\层数	钢筋混凝土结构			混合结构			砖木结构			其他结构		
	结构部分G	装修部分S	设备部分B	结构部分G	装修部分S	设备部分B	结构部分G	装修部分S	设备部分B	结构部分G	装修部分S	设备部分B
单层	0.85	0.05	0.1	0.7	0.2	0.1	0.8	0.15	0.05	0.87	0.1	0.03
2~3层	0.8	0.1	0.1	0.6	0.2	0.2	0.7	0.2	0.1	—		
4~6层	0.75	0.12	0.13	0.55	0.15	0.3	—			—		
7层以上	0.8	0.1	0.1	—			—			—		

注：具体应结合评估对象实际来确定各部分权重。

建筑物各部分得分根据建筑物建成年代，结合经济寿命、使用强度、市场状况、经营收益等各种折旧因素综合判断。

（3）综合成新率。

如果采用以上两种方法估算建筑物成新率，对建筑物在物质、功能及经济等方面的折旧因素考虑不是很充分，可按以下计算公式估算建筑物损耗。

$$成新率 = 现场勘察成新率 \times 60\% + 理论成新率 \times 40\%$$

其中：

$$理论成新率 = （经济耐用年限 - 已使用年限）/经济耐用年限 \times 100\%$$

对现场勘察成新率与理论成新率以6:4权重取值不是固定不变的，对权重的取值应根据以上两种方法在估算过程中对物质、功能及经济等方面的折旧因素考虑程度而定。

【案例1】

估价对象是位于××市××区××街×号的××大厦第11~28层的房地产。××大厦原用途为集商场、公寓和写字楼为一体的综合二楼，钢混结构，建筑总面积83 594.27m^2。其中，第11~28层为公寓。××大厦自1994年6月开工，于1995年12月停建，停建时大厦主体与外墙面装修已完工，室内装饰和装修、设施设备安装未完成。

根据现场勘察，本次估价对象基本状况如下：

11~28层平面布置相同，各层建筑面积相同，均为918.22m^2，层高2.8m。各层平面内分别有三室一厅双卫户型4户，二室一厅单位户型2户。装修：四周外墙面为釉面砖，窗户为黄色滤光玻璃，花岗石挑檐。室内客厅、房门均为木质门框，混凝土地面未找平。墙面、顶棚刮白。给排水管道、管线、供电管线等均未安装。

设定估价对象开发完成后的价值为 8 499.37 万元（设定该项目折现率18%）。

【解析】

一、估价对象改造续建成本分析测算

（一）续建成本包括内容

为使估价对象续建完成后实现分析预测的价值和相应的功能与效用，经分析认为估价对象续建的主要内容包括：（1）原有外墙装饰装修工程的拆除；（2）室内原装修的拆除；（3）室内原安装房屋设备管线的拆除；（4）外墙装修；（5）室内各房屋精装修与设备安装等。

（二）续建费用测算的假定

(1) 估价对象原装修工程内容全部拆除。

(2) 为保证估价对象续建完成后使用，地下一层应通过施工保证停车与房屋设备运行的需要。

(3) 11~28 层为小户型公寓。

（三）续建工程内容与费用

(1) 外墙面刷高档涂料，安装平开断桥铝中空玻璃窗。

(2) 客厅、卧室：地面铺复合地板，墙面刮大白刷乳胶漆，适当部位做吊顶，安装窗帘盒，配备有线电视、电话、宽带线路与插座，安装必要的开关、插座与灯具等。

(3) 厨房：地面铺设中档防滑地砖，墙面贴瓷砖，做吊顶。配备整套橱柜，如灶台、油烟机、洗菜盆、水龙头、各类碗柜，安装必要的开关、插座与灯具等。

(4) 卫生间：地面铺设中档防滑地砖，墙面贴瓷砖，做吊顶。卫生洁具配备齐全，如坐便、洗手盆、淋浴器、热水器、毛巾架、换气扇，安装必要的开关、插座与灯具等。

(5) 安装进户防盗门，安装对讲机，户内房间门坚固、美观。

经分析，按当前建筑市场检查与设备价格情况和劳动力价格状况，11~28层住宅室内装修工程平均每平方米造价1 000元。因此，11~28层住宅续建工程室内装修工程费为：

$$1\ 000\ 元/m^2 \times 16\ 527.96\ m^2 = 1\ 652.80\ （万元）$$

（四）11~28层续建工程其他工程费用

为保证11~28层住宅续建后的正常使用，还应进行下列续建工程。

1. 电梯费

为满足续建后使用要求，客梯应为中速梯、载重1 000kg，国内品牌产品，共3部。经调查，一部28层梯包括安装费用为50万元，3部电梯共计150万元。

2. 外装修工程费用

为保证外墙面装修质量，外装修工程内容主要有：

（1）原外墙瓷砖铲运除运输费。包括脚手架、安拆费，经测算折合建筑面积为12.50元/m^2。

（2）重抹水泥砂浆找平和抹防水砂浆费用。为保证后刷高档防水装饰涂料质量，续建工程在外墙面需重抹水泥砂浆找平和抹防水砂浆。经测算折合建筑面积为10.42元/m^2。

（3）刷高档防水涂料。经测算折合建筑面积为3.27元/m^2。

（4）整体外墙装饰装修费用。

$$(12.5+10.42+3.27)\ 元/m^2 \times 22\ 955.50\ m^2 = 60.12\ （万元）$$

（5）外窗费用。按目前开发建造住宅外窗施工情况，估价东西外墙应安装断桥铝中空玻璃窗，经测算折合建筑面积外窗每平方米工程费用为66.94元。11~48层外窗更换费用为：

$$66.94\ 元/m^2 \times 16\ 527.96\ m^2 = 110.64\ （万元）$$

（6）外装修工程费用合计为：

$$60.12\ 万元 + 110.64\ 万元 = 170.76\ （万元）$$

3. 11~28层土建改造费用

结合实地查勘，为适合小户型需要，续建中应将平面进行适当的户型改造，即墙体改造，对某些部位重新确定套型，增加卫生间、厨房，增加不同类型的门框等。经测算每平方米改造费用为60元。则土建改造费用为：

$$60\ 元/m^2 \times 16\ 527.96\ m^2 = 99.17\ （万元）$$

4. 11~28层室内房屋设备安装费用

经实地查勘，安装室内房屋设备如给水、采暖、消防、煤气管道系统、铺设电气线路等，需要全面安装。经测算室内房屋设备工程单方造价为176.06元/m²，则室内房屋设备安装费用为：

$$176.06 元/m^2 \times 16\,527.96\ m^2 = 290.99（万元）$$

5. 裙房顶部及檐口部位、顶部及檐口改造工程费用

经实地查勘，裙房顶部杂草植物丛生，防水层已发生个别破损和渗漏。估价中按清除房屋杂草，拆除原防水层，重新进行修正檐口部位考虑。经测算，裙房顶部面积为3 450m²，顶部为918m²，两个部位拆除费用分别为15元/m²、25元/m²，防水层费用分别为80元/m²和100元/m²，工程费用为44.25万元。

11~28层续建工程其他工程费用合计=755.17万元。

6. 地下室改造其他费用

为保证11~28层投入后的正常使用，续建工程中应对地下室进行一定程度的改造，用作停车场、设备用房。估价中只考虑地下一层进行改造，建筑面积为4 063.38m²，若地下室每平方米改造费用为100元，则地下一层改造工程费用为：

$$100 元/m^2 \times 4\,063.38\ m^2 = 40.63（万元）$$

7. 室外配套工程费用

室外配套工程费用是指在估价对象室内外改造完成后与市政设施、地下电缆、通信、燃气、供热工程等连接的室外管道、管线费用。估价中确定该费用每平方米为100元，则估价对象室外配套工程费用为：

$$100 元/m^2 \times 33\,213.33\ m^2 = 332.13（万元）$$

8. 专业费用

根据估价对象续建工程内容、建设工期、建筑形态复杂程度等原因，取续建工程费专业费用率为5%，则该项费用计为：

$$(1\,652.80 + 755.17 + 40.63 + 332.13) \times 5\% = 139.04（万元）$$

9. 基础设施配套费

（1）市政基础设施配套费。根据委托人提供的资料，原建设单位在建设过程中尚未缴纳市政基础设施配套费，根据《××市城市基础设施配套费征收办法》规定，估价对象须补交的市政基础设施配套费为：

$$200 元/m^2 \times 16\,527.96m^2 = 330.56（万元）$$

(2) 新建住宅供电工程费。住宅部分的新建住宅供电工程费按照××省物价局《关于新建住宅供电工程配套费收费标准的有关规定》，计算为：

$$90 \text{元}/m^2 \times 16\,527.96/m^2 = 148.75 \text{（万元）}$$

(3) 基础设施配套费用。

$$\text{上述各项费用合计} = 479.31 \text{万元}。$$

10. 其他行政事业性费用

根据国家、××省、××市有关规定，估价对象在建设中还需要发生白蚁防治、新型墙体材料费、沙石费、河道维护费、工程质量监督费等行政事业性收费。经测算，总额为317.62万元。

11. 续建改造成本

上述各项成本合计 = 3 736.70 万元。

根据估价对象的规模以及建设内容，正常改造建设周期为1年，假设改造投资在建设期内均匀投入，则续建改造成本折现到估价时点的价值为：

$$C = 3\,736.70/(1+18\%) \times 1/2 = 3\,439.91 \text{（万元）}$$

二、管理费用

管理费用按社会一般水平计算，取续建改造成本的3%，则该项费用计为：

$$3\,439.91 \text{万元} \times 3\% = 196.06 \text{（万元）}$$

三、销售费用

销售费用按社会一般水平计算，取售价的2%，则该项费用计为：

$$8\,499.37 \text{万元} \times 2\% = 446.15 \text{（万元）}$$

四、销售税金

营业税金及附加为售价的5.5%，卖方需缴纳的交易手续费非住宅为销售价格的0.25%，住宅为3元/m²。则该销售税金为：

$$8\,499.37 \text{万元} \times 5.5\% + 3 \text{元}/m^2 \times 16\,527.96\,m^2 = 472.42 \text{（万元）}$$

五、买房购买待改造房地产税费

根据估价对象实际情况，买房取得该房地产的总费用（包括契税等）约占购买价格的8%，因而，该项费用为0.08V。

六、估价结果确定

根据前面各项分析估算,待改造的估价对象总价值为:

$V = 8\,499.37 - 3\,439.91 - 196.06 - 446.15 - 472.42 - 0.08V$

$V = 3\,343.51$(万元)

(二)市场法

市场法(市场比较法)的理论依据是房地产价格形成的替代原理,通过与市场参照物比较的途径获得评估对象的价值(亦称"比准价值")。其适用的对象是具有交易性的房地产,对于很少发生交易的房地产,则难以采用市场法。其适用的条件是在同一供求圈内存在着较多相同或类似房地产的交易。

基本公式:

$$评估值\ Pf = PB \times A \times B \times C \times D$$

式中,Pf——待估房地产的价格;

PB——可比实例房地产价格;

A——交易情况修正系数;

B——交易日期修正系数;

C——区域因素修正系数;

D——个别因素修正系数。

如果土地容积率、土地使用年期限需要单独修正,则计算公式为:

$Pf = PB \times A \times B \times C \times D \times$ 容积率修正系数 $\times$ 土地使用年期限修正系数

运用市场法评估的工作重心是选取可比实例,建立价格可比基础。

1. 选取的可比实例应符合下列要求

(1) 可比案例与评估对象所处地段相同,或是在同一供需圈内的类似地段。

(2) 用途相同:大类用途相同,最好小类也相同。大类用途一般分为:居住、商业、办公、旅馆、工业、农业等。

(3) 结构相同:无论按建筑材料还是按受力情况划分均应相同,按建筑材料可分为:钢结构、钢筋混凝土结构、砖混结构、砖木结构等。

(4) 权利性质相同。

(5) 交易类型相同,且与估价目的吻合。

(6) 成交日期与评估基准日相近,一般为1年内,最长不超过3年。

（7）评估对象的类似房地产，包括在区位、权益、实物三个方面相同或相近。

（8）可比实例的成交价格应为正常价格或可修正为正常价格。

（9）除此之外，还应统一付款方式、单价、币种和货币单位、面积内涵和面积单位等五个方面。

2. 交易情况修正

交易情况修正指排除交易行为中的特殊因素所造成的可比实例成交价格偏差，将可比实例的成交价格调整为正常价格。

（1）造成成交价格偏差的因素。

①有利害关系人之间的交易。如父子之间、亲友之间、有利害关系的公司之间、公司与其职员之间的房地产交易价格，通常都低于正常的市价。

②急欲出售或者购买情况下的交易。前者易造成价格偏低，后者则往往偏高。

③受债权债务关系影响的交易，如抵押、典当等，一般交易价格偏低。

④交易双方或者一方获取的市场信息不全。如果买方不了解市场信息行情，盲目购买，往往交易价格偏高。相反，卖方不了解市场行情，盲目出售，则交易价格偏低。

⑤交易双方或者一方有特别动机或者特别偏好的交易。

⑥相邻宗地的合并交易。成交价格往往高于该宗地单独存在时的正常价格。

⑦特殊方式的交易。如以拍卖、招标等方式成交的价格往往导致非正常价格，一般拍卖价格多高于市场价格；招标则注意其整体方案效用，故招标的成交价格可能偏高，也可能偏低。

⑧交易税费非正常负担的交易。如土地增值税本应由卖方负担，却转嫁给了买方；契税本应由买方负担，却转嫁给卖方等，这些都会造成交易价格的不正常。

以上交易实例不宜选为可比实例，如果不得不选用，则必须对造成成交价格偏差的原因非常清楚，且能对其进行合理的修正。

$A = $ 待估房地产正常交易情况指数 / 可比实例房地产交易情况指数

（2）交易日期修正。

交易日期修正指将可比实例在其成交日期时的价格调整为评估基准日时的价格。

B＝评估基准日房地产价格指数/可比实例房地产交易日期房地产价格指数

房地产价格指数宜选用本地区同类房地产价格指数。

3. 区域因素修正

区域因素修正指将构成可比实例与评估对象区域因素的各因子逐项进行比较，分析出由于区域因素不同所造成的价格差异，并确定修正系数。

区域因素修正的内容主要包括：繁华程度，交通便捷程度，环境，景观，公共配套设施完备程度，临路状况，土地使用年限，城市规划限制等影响房地产价格的因素。

C＝被评估房地产区域因素条件指数/可比实例房地产区域因素条件指数

4. 个别因素修正

个别因素修正指将构成可比实例与评估对象个别因素的各个因子逐项进行比较，分析得出由于个别因素不同所造成的价格差异，确定修正系数。

个别因素修正的内容主要包括有关土地方面和有关建筑物方面的个别因素。有关土地方面个别因素修正的内容主要包括：面积大小，形状，基础设施完备程度，土地平整程度，地势，地质水文状况，规划管制条件（建筑容积率、建筑密度等），土地使用权年限等；有关建筑物方面个别因素修正的内容主要包括：新旧程度，装修，维修保养，设施设备，平面布置，工程质量，建筑结构，楼层，朝向等。

D＝被评估房地产个别因素条件指数/可比实例房地产个别因素条件指数

对区域和个别因素修正的方法是：

(1) 列出对评估对象这类房地产的价格有影响的各个方面的因素（包括区位、权益、实物）；

(2) 判定评估对象和可比实例在这些因素方面的状况；

(3) 将可比实例和评估对象在这些因素方面的状况进行逐项比较，找出它们之间的差别造成价格差异程度；

(4) 对不同使用性质的房地产，影响其价格的区位和实物因素不同，在进行区位状况和实物状况的比较修正时，具体比较修正的内容和权重应有所不同，如居住房地产讲究宁静、安全、舒适，商业房地产着重繁华程度、交通条件，工业房地产强调对外交通运输条件；

(5) 可比实例房地产状况（区位、权益、实物）都应是可比实例房地产在其成交日期的状况；

(6) 根据差异程度对可比实例的价格进行修正。

5. 容积率修正

容积率修正可按照下式计算：

经容积率修正后的可比实例价格 = 可比实例价格 ×
待估宗地容积率修正系数/可比实例价格容积率修正系数

式中：容积率系数可从当地城市基准地价体系中查取。

6. 土地使用年期限修正

土地使用年期限修正可按照下式计算：

$$k = [1 - 1/(1+r)m] / [1 - 1/(1+r)n]$$

式中：k——将可比实例年期修正到被估对象使用年期的年期修正系数；

　　　r——还原利率；

　　　m——被估对象的使用年限；

　　　n——可比实例的使用年限。

土地使用年限修正后地价 = 比较实例价格 × k

选取的多个可比实例的价格经过上述各种修正之后，应根据具体情况按照简单算术平均数法或加权算术平均数法或其他统计法计算求出一个综合结果作为被评估对象的评估单价，进而计算出被评估对象评估值。

在建工程一般不宜选用市场法进行评估。

【案例2】

估价对象所在大楼为一幢钢筋混凝土结构30层（另有2层地下室）的综合楼，外墙面部分为玻璃幕墙、部分贴花岗石；大厦大堂位于首层南侧，大楼东西两侧各设一趟走火梯、一部货梯及三部客梯，客梯分单双层停，最高到达层数为29层，单层客梯设在东侧，双层客梯设在西侧；大楼东西侧各有一洗手间；大厦内部设有中央空调系统、烟感喷淋消防设备；装修、设备维护状况较好。估价对象现部分出租，签有短期租约（2年以内），据估价人员到当地房地产市场了解，该地区写字楼需求量很大，估价对象现租金水平符合当地客观租金标准。实地查勘，××大厦出租情况良好，平均出租率在90%左右。

估价对象位于××大厦的第9、10层，内部装修情况：走廊地面铺釉面砖、花岗石；室内地面铺地毯；内墙面油乳胶漆；天花板面部分吊矿棉板天花板，部分吊铝扣板天花板；部分装木夹板门，部分落地玻璃门；铝合金玻璃窗；水电管线暗铺设。

【解析】

一、选择可比实例

对与估价对象在同一区域内类似的物业进行了市场调查，针对估价对象的功能及特点，收集了有关的成交资料，进行分析比较，从中选择了可比性较强的实例，详见表2-2。

表2-2 可比案例概况

	估价对象	实例A	实例B	实例C
坐落地点	×××大厦10楼1002房	×××大厦12楼××房	××大厦13楼××房	××广场11楼××房
商务繁华度	位于××北CBD，商务氛围较浓厚，周边有众多甲级写字楼和高尚住宅，还有众多高级食肆及麦当劳、肯德基和一些中式快餐店和连锁超市等，商务氛围繁华	所处的××北、××体育东路是××市商务氛围最浓厚的地段之一，周边有中信广场、大都会广场等数十家××甲级写字楼，还有中森名菜、潮皇食府等众多高级食肆及麦当劳、肯德基和一些中式快餐店，同时还有众多的星级酒店和大量商务公寓。商务繁华度比估价对象略好	周边拥有众多的甲级写字楼、高级公寓小区和成熟的街区配套设施。以××体育中心、××城广场、维多利亚广场、××购书中心等的商业群，形成一个庞大的，集金融、商贸、旅游、休闲、娱乐于一体的黄金购物商圈。商务繁华度比估价对象好	其位于××大道北、水荫二横路及××北交汇处，临近××北CBD，商务办公氛围一般，商务繁华度比估价对象略差
交通便捷度	东望五山路，南临××北路，西临龙口东路，北近天润路；有191、813、197、22等多路公交车经过，交通较便捷	南临林乐路，西为林和东路；临近××火车东站，122、183、130、89等公交车经过，交通便捷度比估价对象略好	东望××东路，南临××路，西近体育东路；为地铁三号线上盖建筑物，临近地铁一号线体育中心站，18、50、234、269、296、545等多路公交车经过，交通便捷度比估价对象好	东临××大道北，正对××北路，南为水荫二横路；有78、27、51、56、85、183等多路公交车经过，交通便捷度比估价对象略好

续表

	估价对象	实例A	实例B	实例C
市政配套	有中信广场、大都会广场、××国际交流中心、高科大厦××体育中心、万佳超市市场、华南师范大学等，市政配套设施较完善	附近有怡桥大厦、侨林苑、荟雅苑、远晖商厦、××省社会科学院、紫荆苑、××区妇幼保健院、市场、学校等，市政配套完善度与估价对象相同	附近有壬丰大厦、财富大厦、金利来数码网络大厦、丰兴广场、××外经贸大厦、正佳广场、××体育中心、××酒家、××电脑城等，市政配套完善度比估价对象好	附近有时代广场、正升大厦、冰花酒店、××体育学院、东风公园更与新达城连为一体，业主可免费进出公园，市政配套完善度比估价对象略差
写字楼档次及物业管理	高级写字楼，专业物业管理，物业管理较好	高级写字楼，专业物业管理，物业管理水平与估价对象相同	高级写字楼，专业物业管理，物业管理水平与估价对象相同	高级写字楼，专业物业管理，物业管理水平与估价对象相同，但物业管理费略便宜
设施设备	安装有高速电梯，中央空调，消防设施，高速光纤宽带接入，负一至二层为地下停车场	高速电梯，配备光纤视频网络设备，自身配套有户式中央空调，楼盘配套有餐饮、酒店、私人会晤室、投影厅、桌球房、网球场等康体设施，设施设备条件比估价对象略好	配有自动收费系统的大型地下停车库，6台上海三菱高速电梯，豪华轿箱，配自动报警、自动喷淋、广播系统，高速宽带接入，设施设备条件比估价对象略好	高速电梯，配备光纤、视频网络设备，独特户式空调，实现24小时全天候运作，大厦门前广场为大型露天停车场，再加上三层地下车库共计300个车位，设施设备条件比估价对象略好
朝向	北	北	南	西北
景观	望内街	望内街	望东站广场	望内街
平面布局	四正，好	四正，好	四正，好	四正，好
建筑面积（m²）	118.9296	138	150	120
剩余使用年限（年）	42.94年	45年	46年	45年
内部装修	精装修	简单装修	简单装修	毛坯
成交日期	2011.9.13	2011.8.××	2011.8.××	2011.8.××
成交价（元/m²）		9 550	10 900	9 200

二、对可比实例进行因素修正

1. 交易情况修正：经过调查，比较物业概况表中交易实例为正常交易，没有特殊行为造成的交易价格偏差，交易情况修正系数为100/100。

2. 交易日期修正：可比实例交易时间与估价时点较近，交易日期修正系数为100/100。

3. 区域因素修正：通过分析可比实例概况表中市里的成交价格，需进行区域因素修正。经过分析，影响办公用房价格的主要区域因素为商务繁华度、交通便捷程度、配套完备度、规划前景等，根据这些因素对办公用房价格的影响程度确定其各自权重，详见表2-3。

表2-3 区域因素比较

比较项目	估价对象	实例A	实例B	实例C
商业繁华度权重	30	32	34	28
交通便捷程度权重	30	33	35	32
市政配套完备度权重	25	25	27	24
规划前景权重	15	15	15	15
合计	100	105	111	99

4. 个别因素修正：通过分析可比实例概况表中可比实例的成交价格，需要进行个别因素修正。经过分析，影响写字楼价格的主要个别因素为写字楼档次及物业管理收费合理性、设施设备、装修情况、平面布局、成交面积、楼宇成新度、楼层、朝向、景观等，根据这些因素对其价格的影响程度确定其各自权重，详见表2-4。

表2-4 个别因素比较

可比项目	估价对象	实例A	实例B	实例C
写字楼档次及物业管理收费合理性权重	15	15	15	16
设施设备权重	10	12	12	12
装修情况权重	10	9	9	8
平面布局权重	10	10	10	10

续表

可比项目	估价对象	实例A	实例B	实例C
成交面积权重	10	10	10	10
楼宇成新度权重	15	17	18	17
楼层权重	10	12	13	11
朝向权重	10	10	12	11
景观权重	10	10	12	10
合计	100	105	111	105

三、估算估价对象比准单价

比准单价 = 可比实例价格 × 交易情况修正系数 × 交易日期修正系数 × 区域因素修正系数 × 个别因素修正系数

表 2-5 比准单价计算

可比实例	实例A	实例B	实例C
可比实例单价	9 550	10 900	9 200
交易情况修正系数	100/100	100/100	100/100
交易日期修正系数	100/100	100/100	100/100
区域因素修正系数	100/105	100/111	100/99
个别因素修正系数	100/105	100/111	100/105
修正后的单价（元/m²）	8 662	8 847	8 850
平均比准单价（元/m²）	8 786		

（三）收益法

根据资产预期收益折现途径获得评估对象的价值（亦称"收益现值"）。收益法适用于有收益或潜在收益的房地产估价，不限于房地产本身现在是否有收益。其基本公式为：

$$Pv = \sum_{i=1}^{n} \frac{Ri}{(1+r)^i}$$

式中，Pv——评估值；

Ri——未来第 i 年的净（纯）收益；

r——折现率；

n——未来可获收益的年限。

Ri = 房地出租年总收入 – 房地出租年总费用

或 Ri = 有效毛收入 – 运营费用

或 Ri = 潜在毛收入 – 空置等造成的收入损失 – 运营费用

1. 净（纯）收益

房地出租年总收入，是指房地一起出租过程中，出租方从承租方取得的租金及有关收益。一般应根据租赁合同金额和当地的房地产租赁市场状况，确定客观收益水平。有租约限制的，租约期内的租金宜采用租约所确定的租金，租约期外的租金应采用正常客观的租金。但如果租约约定的收益水平与当时、当地同类房地产租金水平存在明显差异，应分析原因，并结合正常客观的租金水平进行调整。

潜在毛收入，假定房地产在充分利用、无空置状况下可获得收入。

有效毛收入，由潜在毛收入扣除空置、拖欠租金以及其他原因造成的收入损失后所得到的收入。

房地出租年总费用，主要包括管理费、维修费、保险费、税金、其他费用。

其中，保险费指房屋建筑物重置全价或现值乘以保险费率，房屋保险费率一般为 1.5‰ ~ 2‰。

税金一般包括房产税、营业税、城市维护建设税、教育附加等。

其他费用需要根据当地具体情况确定。

运营费用，维持房地产正常生产、经营或使用必须支出的费用及归属于其他资本或经营的收益。运营费用是从估价角度出发的，与会计上的成本费用有所不同，如不包含所得税、房地产抵押贷款偿还额、建筑物折旧费、土地摊提费、房地产改建扩建费用等，而包含其他资本或经营的收益，如商业、餐饮、工业等经营者的正常利润。

评估中采用的潜在毛收入、有效毛收入、运营费用、净收益等均应采用正常客观收益。

实际收益是在现状下实际取得的收益，一般来说，实际收益不能用于估价。

客观收益是排除收益中属于特殊的、偶然的因素后所能得到的一般正常收益，它才能作为估价的依据。

在求取净（纯）收益时，应根据净收益过去、现在和未来情况及可获得收益的年限，确定未来净收益流量，并判断未来净收益流量属于下列哪种类型，以便选择相应的计算公式进行计算：

（1）每年基本上固定不变；

（2）每年基本上按某个固定的比率递增或递减；

（3）每年基本上按某个固定的数额递增或递减；

（4）其他有规则的变动情形。

计算收益价格时应根据未来净收益流量的类型，选用对应的收益法计算公式。

2. 收益年限

（1）对于单独土地和单独建筑物的估价，应分别根据土地使用权年限和建筑物经济寿命确定未来可获收益的年限，选用对应的有限年的收益法计算公式，净收益中不扣除建筑物折旧费和土地摊提费。

（2）对于土地和建筑物合成体的评估对象，如果建筑物的经济寿命不早于（晚于或同时）土地使用权年限结束的，应根据土地使用年限确定未来可获收益的年限，选用对应的有限年的收益法计算公式，净收益中不扣除建筑物折旧费和土地摊提费。

（3）对于土地和建筑物合成体的评估对象，如果建筑物的经济寿命早于土地使用权年限结束的，应先根据建筑物的经济寿命确定未来可获收益的年限，选用对应的有限年的收益法计算公式，净收益中不扣除建筑物折旧费和土地摊提费；然后再加上土地使用权年限超出建筑物经济寿命的土地剩余使用年限价值的折现值。

3. 折现率 r（资本化率）

不同地区、不同时期、不同性质、不同用途的房地产，由于投资的风险不同，资本化是不同的，因此，在评估中并不存在一个统一不变的资本化率（折现率），求取资本化率的方法较多，以累加法确定资本化率比较常见。

累加法又称安全利率加风险调整值法，是以安全利率为基础，加上风险调整值作为资本化率的方法，其基本公式为：

r = 安全利率 + 投资风险补偿 + 管理负担补偿 + 缺乏流动性补偿 − 投资带来的优惠

安全利率，可选用同一时期的一年期国债年利率或一年期的银行定期存款利率代替安全利润。

根据评估对象及其所处的社会、经济环境等，确定在安全利率基础上加或扣减，包括对投资风险、管理负担和投入资金缺乏流动性的各项补偿。这些补偿应根据评估对象所在地区现在和未来的经济状况、评估对象的用途及新旧程度来确定。

投资带来的优惠，是指投资评估对象可能会得到某些额外的好处，投资者会因此降低收益值。从评估上讲，应扣除这种投资所带来的优惠，其中投资带来的优惠相当于一年定期存款所带来的优惠。

在建工程评估不宜选用收益法。

【案例3】

××酒店占地面积 3 691m²，总高 22 层，地下 1 层，总建筑面积为 28 105.32m²，于 2003 年 9 月开始营业，并取得《中国四星级饭店证书》。该酒店是一家集客房、餐饮、娱乐、休闲为一体的多功能商务型酒店。

酒店自开业以来经营收益稳定上升，年经营收入从 2003 年的 2 100 余万元上升至 2005 年的 1.38 亿元。酒店各功能部分经营状况良好，客房入住率在××市同档次酒店中处于较高水平，年均入住率可达到 85% 左右，酒店平均房价在 350 元左右。通过市场调查，××市同档次酒店平均价格在 400~450 元，考虑到本酒店的规模及地域因素，我们认为本酒店的客房定价合理，有较强的市场竞争力，预计本酒店的长期发展前景良好。

酒店的功能分布情况如下：

1 层：接待大堂佛罗伦萨西餐厅大堂吧、商务中心、工艺精品店、停车场、发廊。其中：

工艺精品店，约 50m²，出租经营，月租金 15 000 元；

停车场：约 50 个车位；

发廊：月租金 10 000 元；

商务中心：出租经营，约 35.1m²，月租金为 5 500 元；

佛罗伦萨西餐厅：设有餐位 80 个。

2层：餐厅，整体出租，经营中餐（龙腾海鲜酒楼）和西餐，面积合计约 1 980m²。其中：

中餐厅：设有大厅和25间不同大小的包房，总餐位数550个，该餐厅的人均消费在100~150元之间。

西餐厅：设有80个座位。

3层：整体出租，KTV俱乐部，营业面积约1 980m²。共设有各类型豪华包房42间，其中小包房5间，中包房17间，大包房7间，豪华大包房9间，总统包房4间。小包房最低消费为900元/间，豪华包房的最低消费为2 800元/间，所有包房平均消费约为2 500元/间。该层的小商品店出租经营，月租金为9 200元。

4层：樱之恋康乐部（桑拿中心），该层设有日式按摩房67间，目前有57间正在营业，其余在装修中，预计8月可以对外营业。根据介绍该桑拿房的平均消费在484元左右。

5层、7~22层：全部为客房，共10种类型客房，客房总数为221间。其中21层为行政楼层客房。

6层：设有2个大型会议室，目前正在装修中，预计在当年8月可以营业。

地下室：该层为设备用房及洗衣房等配套设施用房。

【解析】

一、酒店年经营收入的计算

（一）客房部分收入

根据市场调查，××市四星级酒店的客房价格平均折扣率一般在45%~65%，客房入住率一般在50%~80%。根据本酒店管理人员介绍及企业提供的近三年会计报表，本酒店的折扣房价约为350元/间，另外加收10%的客房服务费，平均折扣率在55%~60%，由于酒店配套齐全，位于××市的中心区域，且客房定价合理，本酒店的年平均入住率在80%左右，属于××市酒店行业中的较高水平。在本次评估中，考虑到酒店成新率、档次等，我们最终取客房价格平均折扣率为60%，年均入住率为80%。客房部分年收益具体计算见表2-6。

表 2-6　客房部年收益

客房类型	间数（间）	收费（元/间·天）	房价折扣率（%）	折后价（元/间·天）	客房服务费率（%）	服务费（元/间·天）	日收入（元）
高级房	144	530	60	318	10	31	50 256
豪华房	18	600	60	360	10	36	7 128
行政房	10	630	60	378	10	37	4 150
高级行政房	12	680	60	408	10	40	5 376
蜜月房	16	730	60	438	10	43	7 696
高级套房	17	780	60	468	10	46	8 738
行政套房	2	980	60	588	10	58	1 292
海逸套房	1	1 380	60	828	10	82	910
总统套房	1	3 880	60	2 328	10	232	2 560
小计	221						88 106
日收入（元）				88 106			
平均入住率				80%			
年收入（万元）				2 572.70			

注：年经营收益按每年365个经营日计算，以后的计算均取365日。

（二）中餐厅收入

考虑到本酒店的中餐厅为海港城，该餐厅定位档次较高，人均消费一般在100~150元，酒店分午餐和晚餐，午餐平均上座率一般在50%左右，晚餐平均上座率在70%左右，因此我们取酒店中餐厅的每天上座率为120%，人均消费为130元。中餐厅年收益计算见表2-7。

表 2-7　中餐厅年收益

项　目	收费（元/人）	座位数	上座率	日收入（元/天）
中餐	130	550	120%	85 800
日收入总计（元）				85 800
年收入总计（万元）	3 131.70			

（三）西餐厅收入

酒店佛罗伦萨西餐厅的人均消费在120元左右，分早餐、午餐、晚餐，每天平均上座率在200%左右。西餐厅年收益计算见表2-8。

表2-8 西餐厅年收益

项 目	收费（元/人）	座位数	上座率	日收入（元/天）
西 餐	120	80	200%	19 200
日收入总计（元）				19 200
年收入总计（万元）	700.80			

（四）桑拿收入

根据酒店管理人员介绍，本酒店的日式按摩房平均消费在484元，这里我们按照市场平均价格450元计算，每日平均营业时间为12小时，一般为每双钟计费，平均开房率在350%左右。年收益计算见表2-9。

表2-9 桑拿年收益

客房类型	收费（元/房间）	间数（间）	平均开房率	日收入（元/天）
日式按摩房	450	57	350%	89 775
日收入总计（元/天）				89 775
年收入总计（万元）	3 276.79			

（五）KTV俱乐部收入

本酒店KTV俱乐部，共设有各类型豪华包房42间，其中小包房5间，中包房17间，大包房7间，豪华大包房9间，总统包房4间。小包房最低消费为900元/间。平均开房率为90%，年收益计算见表2-10。

表2-10 KTV俱乐部年收益

项 目	收费（元/间）	间数（间）	平均开房率	日收入（元/天）
包间	2 500	42	90%	94 500
日收入总计（元）				94 500
年收入总计（万元）	3 449.25			

（六）铺位出租收入

由于本酒店仅有少量的铺位进行出租经营，且出租租金收益稳定，故本次计算出租铺位收益是根据租赁合同计算,目前出租铺位共 4 个,其中包括一层工艺精品店、停车场内发廊及士多店、三层 KTV 俱乐部商品销售铺位,年收入合计为 47.64 万元。

(七) 会议中心收入

目前本酒店会议中心正在装修中,预计当年 8 月可投入使用,考虑到从估价时点至预计投入经营日期间隔较短,对酒店长期收益价值影响不大,故本次评估按照正常营业计算其收益价值。

根据酒店管理人员介绍,本会议中心的定价为每天 800~1 000 元/间,根据市场调查,该定价合理,会议中心的平均使用率一般在 50% 左右,则会议中心的年收益计算如表 2-11 所示。

表 2-11 会议中心年收益

会议室类型	收费 (元/间·天)	间数 (间)	平均使用率	日收入 (元)
会议室	1 000	2	50%	1 000
年收入总计 (万元)	36.5			

(八) 其他收入

其他收入是指酒店其他配套设施的有偿服务,该部分配套设施主要服务于入住酒店的客户,如大堂吧等设施,这里我们按客房收入的 10% 计算,则年收入为 257.27 万元。

以上八个部分构成本酒店的全部收益,则本酒店年经营收入为:

酒店年经营收入 = 客房部分收入 + 中餐厅收入 + 西餐厅收入 + 桑拿收入 + KTV 俱乐部收入 + 铺位出租收入 + 会议中心收入 + 其他收入

= 2 572.70 + 3 131.70 + 700.80 + 3 276.79 +

3 449.25 + 47.64 + 36.50 + 257.27 = 13 472.65 (万元)

二、总营业支出

(一) 营业成本

根据酒店财务分类,营业成本包括:耗用食品、香烟、酒水等;饮料的原材料、调料、配料成本;餐馆等耗用的材料;洗衣房耗用的材料成本等;客房用品等。一般四星级酒店的营业成本占年经营收入的 20%~30%,根据酒店近三年的会计报表，该项目占年经营收入的18%~25%，属于行业正常水平，在此我们以经营收入的25%计取。则营业成本为3 368.16万元。

(二) 营业费用估算

营业费用包括：工资、福利、燃料费、摊销低值易耗品、服装费、洗涤费、水电费、邮电费、保险费、包装费、运杂费、保管费、展览费、广告宣传费、差旅费、清洁卫生费、工作餐费、专修折旧、其他等。

四星级酒店一般的经营费用约为经营收入的25%~30%，根据本酒店近三年会计报表，该项目占总收入的30%~35%，考虑到估价时不及建筑物折扣费用，我们在此取总经营收入的33%，则营业费用为4 445.97万元。

(三) 管理费用及财务费用估算

管理费用包括：公司经费，工会经费，培训教育经费，劳动保险费，待业保险费，审计费，咨询费，诉讼费，排污费，绿化费，开办费，聘请会计，审计师费用，修理费，交际应酬费，坏账损失，存货盘亏，上级管理费，其他费用等。财务费用包括：银行手续费、信用卡手续费及其他。一般酒店的管理费用和财务费用占经营收入的8%~10%，我们以经营收入的10%计取。则管理费用和财务费用合计为1 347.26万元。

(四) 有关税费

依照××市交税标准，经营酒店物业每年缴纳的相关税费如表2-12所示。

表2-12 酒店物业年税费

税　项	缴税标准	税率（占经营收入的比例）
营业税	营业额的5%	5%
城市维护建设税	营业税的5%	0.25%
教育费附加	营业税的3%	0.15%
印花税	按实际资本和资本公积两项合计金额万分之五贴花	0.05%
房产税	原建构价的70%的1.2%	0.84%
城镇土地使用税	××为5元/m²	0.314%
堤围防护费	按营业收入的千分之五计算缴纳	0.50%
文化事业建设费	娱乐业按3%征收	仅KTV属于娱乐业
税费合计		约为经营收入的7.554%

则有关税费为 1 017.72 万元。

本次评估的酒店的年经营支出由以上 4 部分构成，合计为 10 179.11 万元。

三、酒店房地产年净收益计算

酒店年净收益为酒店年经营总收益扣除酒店年经营支出在扣除属于酒店行业带来的商业利润后的收益，根据市场调查，酒店旅游行业的平均利润率在 9%~15% 之间，考虑到本酒店经营效益良好，我们取商业利润为 11%，则本酒店属于房地产带来的年净收益为：

房地产年净收益 = 酒店年经营收益 − 酒店年经营支出 − 酒店商业利润
          = 13 472.65 − 10 179.11 − 10 179.11×11%
          = 2 174（万元）

四、房地产的收益价值

房地产年净收益为 2 174 万元，土地剩余使用年期为 48.5 年。报酬率按目前银行一年期贷款利率及投资风险系数，并考虑到目前酒店经营收入随市场变化的不确定性等因素，我们确定房地产综合报酬率为 9%，该酒店的建筑面积共计 28 105.32m^2，则房地产收益价值为：

$$V = (A/Y) \times [1-(1+Y)-n] = 2\,174/9\% \times [1-1/(1+9\%)48.5]$$
$$= 24\,519（万元）$$

则，酒店单位面积收益价值为：24 519×10 000/28 105.32 = 8 724（元/m^2）

第三节　房地产评估实务及风险分析

一、资料搜集整理

（一）资料搜集整理准备工作

在资料搜集整理前，应先明确以下基本事项：

(1) 评估目的，具体可以通过了解评估报告的用途来确定，明确评估目的有助于更好地明确评估对象。

(2) 评估对象，明确评估对象的实物、权益和区位状况，具体包括评估对象的坐落位置、面积、用途、建筑结构、产权状况等。

(3) 评估时点，明确所要评估的价值是指哪个具体时间上的价值，同一个房地产在不同的时间，其价值会有所不同。评估时点是现值，还是过去或未来某个具体时间点上的价值，是由评估目的决定的。评估时点采用公历表示，精确到日。

(二) 资料的范围

评估所需资料主要包括4个方面：

(1) 对房地产价格有普遍影响的资料；
(2) 对评估对象所在地区的房地产价格有影响的资料；
(3) 类似房地产交易、成本、收益实例资料；
(4) 反映评估对象状况的资料。

对于所有直接或间接影响房地产价格因素的资料都应尽量搜集，包括产权状况、政治、法律、经济（经济形势、产业政策等）、文化教育、自然条件、城市规划、基础设施等方面的资料以及房地产供求方面的资料。如土地使用权或房地产行业最新政策，政策的变化会对评估过程中参数选择、计算程序产生影响。

搜集的实例资料主要取决于拟采用的评估方法。对市场法，主要是交易实例资料；对成本法，主要是成本实例资料；对收益法，主要是收益实例资料。而具体搜集的内容，需要针对评估方法计算所需要的资料数据进行。如：出租型写字楼拟采用收益法进行评估，则需要搜集可供出租的面积、租金水平、出租率或空置率、运营费用等方面的资料；待开发土地拟采用假设开发法进行评估，则需要搜集规划限定的用途、建筑高度、建筑容积率、规划设计方案、开发费用等方面的资料。

搜集资料也要受评估对象自身的物理特性和搜集的难易程度限制，如：不同用途、不同物理特性的房地产所搜集资料，其资料搜集的重点和内容也不尽相同。

产权归属证明文件，搜集的资料应包括房地产证（或房产证和土地证）、土地出让合同或房屋购置合同、土地价款或房屋购置支付凭证、土地宗地图或房屋平面图、到土地或房产主管部门进行权属核实的证明材料，对存在有出租、查封、冻结、抵押和担保等情况的资产应给予特别关注。

对所搜集的实例资料，均应关注实例价格是否正常，是否受到不正常的或人为因素的影响。对于价格不正常的实例，一般不能采用，除非能够确定不正常的或人为因素的影响程度，且能够量化修正为正常价格才可采用。

（三）搜集资料的渠道

（1）抵押人提供。

（2）实地查勘获得。

（3）到政府有关部门查阅。

（4）查阅报纸杂志有关房地产相关信息。

（5）咨询有关当事人、咨询公司等。

（四）资料整理

1. 建立押品清单

其包括但不限于房地产名称及坐落位置、建筑结构及特征、面积、账面原值、账面净值等。

2. 按照以下模块对资料进行分类整理、分析

（1）总体资料。相关法律、法规、政策和借款人偿债能力以及宏观经济因素对评估对象价值的影响资料。

（2）产权状况资料。产权证明文件资料以及权利状况可能存在对评估对象价值的负面影响资料。

（3）实例资料。交易实例、成本实例以及收益实例资料（实例资料均应为正常价格或可修正为正常价格的资料）。

（4）评估估算资料。取价标准（有关部门颁布的定额标准、费率、基准价格等）和参数（一般包括价格变动指数、折现系数和风险系数等）资料。取价标准和价格变动指数（一般出自政府机关、行业管理部门及公开媒体等）应注意其出处和有效期；折现系数和风险系数应注意其风险因素构成及技术处理的客观性和合理性。

（5）现场勘察资料。评估现场调查表、房地产类押品现场勘察表、照片等资料。

（6）其他资料。中介机构评估报告等相关资料、抵押人同意提供抵押担保的书面文件等与押品价值评估相关资料。

二、现场勘察

现场勘察是我行押品价值评估人员到抵押物所在地进行调查了解、清查核实,感受抵押物的位置、周围环境、景观的优劣;查勘抵押物的外观、建筑结构、装修、设备等状况;核查所收集的有关抵押物坐落、四至、面积、产权等资料;搜集补充评估所需的其他资料,了解当地房地产市场行情和特征;对抵押物、周围环境、临路状况等进行拍照。

现场勘察时一般需要抵押人中熟悉情况的人员陪同,评估人员应认真听取介绍,详细询问评估中需要了解的问题,做好相关情况和数据的记录。

(一)核查《房屋所有权证》《国有土地使用权证》和平面图等,了解房地产类押品相关信息

1. 了解权利状况

(1)权利人。房屋产权人与土地使用权人是否一致。如不一致,则存在违反房地不可分原则的可能。

(2)权利内容。所有权、使用权、处置权等。

(3)权利归属。独有、共有、区分所有等。

区分所有是部分房屋区分所有出售后,土地使用权仍登记在原开发商或原单位的一种房屋所有权形式。

(4)权利限制。权利的时间约束、空间约束、规制约束。

时间约束是指基于资产的权利时效或受制于契约安排,或受制于法律规定。

空间约束是指资产权利因空间壁垒或受到保护,或受到限制。

规制约束是指权利的行使既与被评估资产权利的内部约定相关,也与该项权利赖以实现的外部规制相关。

2. 关注产权瑕疵

产权瑕疵有显性和隐性之分。产权的显性瑕疵是指被评估的资产已经发生产权纠纷;产权的隐性瑕疵是指被评估资产存在但尚未发生的纠纷。

(1)房地产价款是否足额支付。核查土地出让合同、房屋购置(建造)合同、价款支付凭证等相关费用、税款是否足额支付。

(2)核查相关发票。核查相关发票的合法性、真实性、金额的准确性。

(3)关注合同约定事项。应认真阅读土地出让合同、房屋购置(建造)

合同，着重了解约定事项，如规划、开发建设与利用、转让、抵押及其他约定。

（4）是否存在违反房地产产权证办理原则和程序，形式上合法，实质上违法。如未进行征地实际补偿，只在手续、形式上符合发证要求；在集体土地上不按要求征地出让，而仅为满足房地产抵押的要求进行分割，并办理征地出让手续。

（5）房地产证载用途。房地用途证载与政府主管部门登记是否一致。

（6）房地产证载面积。土地面积，独有、公摊，建筑面积，使用面积。

（7）建筑物证载结构。砖混、框架等。

（8）房地产年限。土地年限、建筑物建成时间、已使用时间、剩余年限、证载面积、结构、年限等以政府主管部门登记簿为准，如存在不一致，应以政府主管部门核实为准，并建议其更正。

（二）房地产现场勘察要点

1. 证实是否相符

（1）产权人是否相符。房产证、土地证登记的所有权人、使用权人与实际的所有权人、使用权人是否相符。

（2）位置是否相符。对照平面图，房产证、土地证上记载的四至边界与实际是否相符。

（3）面积是否相符。房产证、土地证上记载面积与实际面积是否相符。

（4）用途是否相符。房产证、土地证上记载用途与实际用途是否相符；了解房地产现状用途是否与未来城市规划存在冲突等情况。

（5）建成年代是否相符。房产证记载的建成年代与实际状况是否相符，对证实不符的情况须查阅房地产档案。

2. 了解房地产的个别因素（实体）

建筑物：结构、楼层、层高、装修状况、街面位置、平面布局、交易价格或建造成本、建筑物基础设施（通水、电、气、视、讯、宽带网络等）、物业管理（是否专业物管）、工程质量（是否合格）、朝向、成新度、维护和保养情况等。

宗地：临街状况、宗地内基基础设施（场平、环境配套等）地块形状、地基承受力、容积率、建筑密度、绿地率、规划条件及相关规划要求等。

3. 了解区域因素（区位）

商业繁华程度或产业聚集度（工厂与相关企业配合协作聚集度和工厂与原材料地、销售市场配合生产情况）、周围土地类型、土地使用限制、道路等级、公交状况、对外交通、区域环境条件（自然灾害影响、大气污染、水污染、噪声污染）、城市规划（住宅区、工业区、商业区等）。区域因素着重关注的具体内容根据估价对象的用途确定，一般来说，居住房地产讲究宁静、安全、舒适；商业房地产着重繁华程度、交通条件；工业房地产强调对外交通运输等。

4. 了解建筑物折旧

（1）物质折旧。使用和自然损耗造成的贬值。

（2）功能折旧。消费观念变更、规划设计更新、技术进步、建筑用途与使用强度不合理、设计及结构上的缺陷、装修和设备与其总功能不协调等。

（3）经济折旧。供给过量、需求不足、自然环境恶化、城市规划改变、政府政策变化、经济不景气时期、高税率、高失业率等。

（三）拍照

（1）至少一张有银行调查人员入景的照片。

（2）建筑物内有代表性部分至少一张。

（3）建筑物外观正面和侧面至少各一张。

（4）建筑物外宗地内环境有代表性的地方至少各一张。

（5）房地产外观和周围建筑物及道路至少各两张。

三、评估测算

（一）外部评估报告的审核要点

1. 中介评估机构合法合规性审核

资质条件、执业范围和过程等是否符合国家有关法律法规以及银行中介评估机构管理的相关规定；评估报告的有效期和有效性。

2. 评估报告的逻辑性审核

评估目的、价值类型、评估中所依据的前提条件与评估方法选择之间是否一致；评估范围、对象与评估目的之间是否匹配，押品与评估对象是否一致；押品的属性、作价的前提条件与作价依据之间是否一致。

3. 评估结果的合理性审核

（1）评估依据可靠性。评估依据在评估基准日时点是否有效，评估中所依据的数据资料是否真实可靠,对数据资料的分析是否实事求是。

(2) 关键参数准确性。对参照价格、取价标准(指有关主管部门颁布的定额标准、费率、基准价格等)以及价格变动指数关注其出处和有效期限两方面;对折现系数和风险系数,分析研究风险因素构成及技术处理方法的客观性和合理性;对于根据历史数据分析得出的结论,重点审核其推断是否符合逻辑并结合了行业、地区与企业的现状和发展前景。

(3) 对评估计算、汇总情况的审核。评估中的计算公式、评估参数构成和内涵、评估方法、计算过程与结果是否正确,分项计算与汇总结果是否吻合、计算与汇总的实际情况与文字说明是否一致。

(4) 关注期后事项。对于评估基准日之后(截至评估报告出具日)发生的重大事项及对评估结论的影响应重点关注。

(二) 评估方法选择

房地产评估的基本方法主要包括成本法、市场法、收益法。一般来讲,自建自用房或市场流动性较差的非收益性房地产适用于成本法评估;当房地产市场发达、有充足的具有可比性房地产交易实例时,宜采用市场法评估;可独立经营获利的收益性房屋建筑物适用于收益法评估。

评估方法的选用应在合法原则、客观真实原则和最佳使用原则的基础上,根据评估目的、价值类型、评估对象、评估方法的适用条件及所搜集资料的数量和质量情况,确定所采用的评估方法。

(三) 押品描述基本要求

说明权证号或项目合法有效性的证明文件、数量、所处位置和使用状态。对于土地使用权,还应说明四至、性质、用途、级别、开发程度、规划条件、权利状况等。对于建(构)筑物,还应说明构建时间、分布地域、所处地址的地况、地貌等情况,建(构)筑物的资产管理情况、使用、维护保养状况,用途、建筑结构类型及特点、产权状况、账面值的构成等。

(四) 确定评估基准日

评估基准日可以是过去、现在或将来。一般来说,现场勘察日可直接确定为评估基准日。一旦确定了评估基准日,押品的物理状况、权利(或产权)状况、维护和使用状况等均是押品在评估基准日的状况;评估过程中所运用的参数、数据和资料在评估基准日是合法、有效的;评估结果是押品在评估基准日的价值。

（五）评估测算要点

（1）正确理解估算公式的构成和内涵，避免生搬硬套公式。

（2）估算公式中的各构成要素的匹配性必须保持一致。

（3）估算过程中所运用的数据资料必须真实可靠、合法有效。

（4）对数据的分析必须实事求是，推断过程符合逻辑。

（5）计算过程与结果必须正确，分项计算与汇总结果必须吻合，避免对评估结论产生重大影响的低级错误。

四、评估审查与审定

（一）评估审查要点

1. 权利状况审查

审看房地产证、国有土地证、出让合同、支付凭证（或其他方式取得土地证明材料）以及项目合法性的证明文件等相关资料，押品是否存在优先受偿款项及影响评估价值的不利因素。

2. 实物状况审查

审查押品清单、现场调查表、照片或其他资料（如租赁合同等），了解土地、建（构）筑物实物状况，明确评估对象。对需要进行现场勘察的，审查人须到现场了解影响押品价值的区域因素和个别因素。

3. 房地产市场行情及特征审查

根据国家房地产相关政策、法律法规，了解并分析类似房地产的市场状况，包括过去、现在和可预见的未来，是否充分考虑了类似房地产市场已经发生的变化及这种变化对押品价值的影响程度。

4. 评估方法、评估作价依据及评估参数审查

评估方法的选择是否适当，与评估目的、价值类型、评估对象、评估中所依据的前提条件及所收集的评估资料是否匹配。评估作价依据在评估基准日是否有效、合法、客观。对数据资料的分析是否实事求是，是否加强对借款人偿还能力、国际国内经济形势、国家和行业政策、押品变现能力等因素研究和预判，综合分析违约成本及抵押风险，增强押品价值认定的公允性。

5. 评估结果审查

基础数据是否准确，计算过程是否有误，是否符合评估原则，在估算结果

的基础上,是否考虑一些不可量化的价格影响因素,对该结果进行适当的调整,或取整,或认定该结果,作为最终的评估结果。对不同估价方法估算出的结果,是否进行比较分析,对结果差异较大的,是否寻找并排除出现差异的原因。

(二) 评估审定要点

(1) 核实评估流程的合规性。
(2) 确认评估参数和方法选择的合理性。
(3) 认定押品最终评估值。

【案例4】

一、个别因素分析

估价对象系××有限公司所有的,位于××市××街××号一层商业用房地产(房屋所有权证号:××字第××号,建筑面积为339.29m²;所在宗地国有土地使用证号:××字第××号,土地使用权类型:出让,土地用途:商业)。

(一) 实物状况

1. 房屋状况

估价对象所处房地产是一幢集商铺、酒楼、茶楼、客房、办公用房为一体的综合性大楼,该建筑于2007年建成并投入使用,为钢筋混凝土结构,共5层,其中1~2层为商铺和酒楼,3层为茶楼,4~5层为客房及办公用房。

大楼外墙粉色墙砖,1~3层为大面积玻璃窗,4~5层为玻璃幕墙;内部设备有中央空调、自动喷淋系统、一部电梯、两部消防楼梯。

估价对象位于大楼的第一层,建筑面积为339.29m²,层高为5.4m。目前出租用作酒楼,餐区及操作间地面铺地砖,墙面刷乳胶漆。

经估价人员实地查看,估价对象房屋主体结构完好,基础设施完备,维护保养较好,处于正常使用状态。

2. 土地状况

估价对象所在大楼占用的土地系出让商业用地,土地使用权面积:3 065.30m²,土地使用权终止日期为2046年4月20日,宗地形状规则,地势平坦。

(二) 权益状况

1. 房屋权属状况

估价委托人提供的《房屋所有权证》记载内容为：房屋所有权证号：××字第××号；房屋所有权人：××有限公司；房屋坐落：略；产别：私产；幢号：××；房号：××；结构：框架；房屋总层数：5层；所在层数：1层；建筑面积：339.29m²；设计用途：商业；登记日期：2007年6月6日。

2. 土地权属状况

估价委托人提供的估价对象所在大楼《国有土地使用证》记载内容为：土地证号：××字第××号；土地使用者：××有限公司；坐落：略；地号：略；地类（用途）：商业用地；使用权类型：出让；使用权面积：3 065.30m²；终止日期：2046年4月20日；登记日期：2006年4月21日。至估价时点2009年4月21日，估价对象土地使用权剩余年限为37年。

3. 其他相关说明

依据估价委托人提供的资料及估价人员实地查看情况，至估价时点，估价对象已出租用作酒楼，除此以外无其他权利限制。

二、区域因素分析（略）

三、市场背景分析（略）

四、最高最佳利用分析（略）

五、估价方法选用

在同一供需圈内，与估价对象类似商业用房地产市场转让和租赁较活跃，类似房地产转让和租赁案例较易收集，市场依据充分，客观收益易于把握，经综合分析，本次估价采用市场比较法和收益法综合求取估价对象房地产在估价时点的市场价值。

六、估价测算过程

(一) 收益法

收益法是基于预期原理，选用适当的报酬率将预期的估价对象房地产未来

各年的正常收益折算到估价时点的现值,求其之和得出估价对象房地产价格的一种估价方法。其基本计算公式为:

$$Pv = \sum_{i=1}^{n} \frac{Ri}{(1+r)^i}$$

式中,V——收益价格;

　　　Ri——相对于估价时点而言的未来第 i 期末的净收益;

　　　r——房地产的报酬率(折现率)。

1. 确定房地产收益

(1) 租约期内房地产收益

估价对象已出租,租约期至 2013 年 4 月 20 日。根据估价对象租赁合同,从估价时点起算,租约期内房地产年有效毛收入见表 2 - 13。

表 2 - 13　租约期内年有效毛收入一览　　　　　　　　　　　　(元/m²)

时　间	有效毛收入
2009.4.21 ~ 2010.4.20	50 × 12 = 600
2010.4.21 ~ 2011.4.20	55 × 12 = 660
2011.4.21 ~ 2012.4.20	60 × 12 = 720
2012.4.21 ~ 2013.4.20	60 × 12 = 720

注:租金按建筑面积计算,收入均为年末取得。

(2) 租约期外房地产收益

根据市场行情测算,目前估价对象按建筑面积计算的正常市场租金为 70 ~ 75 元/(m²·月)(计算过程略),且租金水平呈逐年递增趋势,递增比率为每年 2% ~ 5%,由此,预测估价对象租约期外第一年的客观毛租金为 100 元/(m²·月),且按每年 3% 的比率递增。根据当地市场一般情况,空置率取 2%,假设上述收益变化趋势在未来使用年限里相对稳定。则租约期外第一年的有效毛收入为 100 × 12 × (1 - 2%) = 1 176 (元/m²)。

(3) 确定年运营费用

运营费用包括:管理费、维修费、保险费、税金,计算结果见表 2 - 14 (计算过程略)。

(4) 确定年净收益

　　计算公式:估价对象年净收益 = 年有效毛收入 - 年运营费用

则估价对象年净收益见表2-14。

表2-14 估价对象年净收益计算一览 （元/m²）

时间	年有效毛收入①	管理费用②	维修费③	保险费④	税金⑤	年运营费用⑥=②+③+④+⑤	年收益⑦=①-⑥
2009.4.21~2010.4.20	600	18	18	1.2	105.6	142.8	457.2
2010.4.21~2011.4.20	660	19.8	18	1.2	116.16	155.16	504.84
2011.4.21~2012.4.20	720	21.6	18	1.2	126.72	167.52	552.48
2012.4.21~2013.4.20	720	21.6	18	1.2	126.72	167.52	552.48

2. 确定报酬率

综合考虑，确定报酬率为7%（计算过程略）。

3. 确定其收益年限

估价对象所在大楼为2007年建成并投入使用的钢筋混凝土结构5层综合大楼，其经济耐用年限为60年，至估价时点，已使用2年，维护保养较好，剩余经济耐用年限为58年，故估价对象可获收益年限按剩余经济耐用年限58年计算。

4. 估价对象收益价格为

$$V = 457.2/(1+7\%) + 504.84/(1+7\%)^2 + 552.48/(1+7\%)^3 + 552.48/(1+7\%)^4 + 1\,176/[(1+7\%)^5 \times (7\%-3\%)] \times [1-(1+3\%)^{54}/(1+7\%)^{54}] = 18\,284(元/m^2)$$

（二）市场比较法

市场比较法是估价对象与近期发生交易的类似实例进行对照比较，对已发生交易的类似实例的已知价格加以修正，得出估价对象最可能实现的合理价格的估价方法。其基本计算公式为：

比准价格 = 可比实例房地产的价格 × 交易情况修正系数 × 交易日期修正系数 × 区域因素修正系数 × 个别因素修正系数

1. 实例参考

可比实例相关情况见表2-15。

表2-15 可比实例比较因素一览

项　目	估价对象	可比实例1	可比实例2	可比实例3
房地产坐落	××街××号	××街××号	××街××号	××街××号
交易情况	正常交易	正常交易	正常交易	正常交易
交易日期	2009.4.21	2009.3.15	2009.4.1	2009.2.22
建成年代（年）	2007	2006	2006	2006
建筑结构	钢混	混合	混合	钢混
建筑总层数	5	7	6	9
所在楼层	1	1	1	1
建筑面积（m^2）	339.29	130	220	248
装修状况	中档装修	清水房	清水房	清水房
剩余土地出让年期	37	36	36	36
他项权利限制	带4年租约	无	无	无
交易价格（元/m^2）	/	17 000	15 500	25 000
币种	人民币	人民币	人民币	人民币

2. 建立可比价格基础（略）

3. 选取比较因素及因素条件说明

根据《房地产估价规范》（GB/T 50291—1999）及项目特点，本次比较因素选择交易情况、交易日期、区域因素和个别因素。

（1）交易情况。交易情况是指交易行为中是否包含特殊因素，是否为正常交易。

（2）交易日期。交易日期是指可比实例成交时间，由于房地产市场的波动，不同成交时间的类似房地产，其成交价格存在差异。

（3）区域因素和个别因素。估价对象为商业房地产，根据目前房地产市场特点，本次选取的区域因素包括所在商业区域、距区域中心距离、交通条件、道路通达度、商业聚集程度、基础设施和公共配套设施状况。个别因素包括建筑结构、成新率、临街状况、所在楼层、室内装饰、人气聚集度、设施设备等。

（4）估价对象与可比实例比较因素情况见表2-16。

表2-16 比较因素条件

	项 目	实例1	实例2	实例3	估价对象
	房地产坐落	××街××号	××街××号	××街××号	××街××号
	交易价格（元/m²）	17 000	15 500	25 000	—
	交易情况	正常交易	正常交易	正常交易	正常交易
	交易时间	2009.3.15	2009.4.1	2009.2.22	2009.4.21
区域因素	商业区域	小区级	小区级	小区级	小区级
	距区域中心距离	500米	700米	商业中心	500米
	交通限制	无限制	无限制	无限制	无限制
	道路通达度	双向四车道	双向四车道	双向四车道	双向四车道
	商业聚集程度	较好	较好	好	较好
	基础设施状况	六通一平	六通一平	六通一平	六通一平
	公共服务配套	完善	完善	完善	完善
个别因素	建筑结构	混合	混合	钢混	钢混
	建筑物成新率（%）	90	90	90	95
	建筑面积（m²）	130	220	248	339.29
	临街状况	一面临街	一面临街	一面临街	一面临街
	所在楼层	1层	1层	1层	1层
	室内装饰	清水	清水	清水	中档装修
	人气聚集度	较好	较好	好	较好
	设施设备	通水电、讯、电梯	通水电、讯、电梯	通水电、讯、电梯	通水电、讯、电梯

根据估价对象与可比实例比较因素条件表，以估价对象条件为基准，因素条件为100，对估价对象与可比实例影响价格的因素条件进行比较、分析（详见表2-17"比较因素条件指数表"），确定可比实例修正系数，求取估价对象房地产的比准价格（详见表2-18"比较因素修正系数表"）。

表 2-17 比较因素条件指数

项目		实例1	实例2	实例3	估价对象
房地产坐落		××街××号	××街××号	××街××号	××街××号
交易价格（元/m²）		17 000	15 500	25 000	—
交易情况		100	100	100	100
交易时间		100	100	100	100
区域因素	商业区域	100	100	100	100
	距区域中心距离	100	95	105	100
	交通限制	100	100	100	100
	道路通达度	100	100	100	100
	商业聚集程度	100	100	125	100
	基础设施状况	100	100	100	100
	公共服务配套	100	100	100	100
个别因素	建筑结构	100	100	100	100
	建筑物成新率	100	100	100	100
	建筑面积	100	100	100	100
	临街状况	100	100	100	100
	所在楼层	100	100	100	100
	室内装饰	100	100	100	100
	人气聚集度	100	100	105	100
	设施设备	100	100	100	100

表 2-18 比较因素修正系数

项目	实例1	实例2	实例3
房地产坐落	××街××号	××街××号	××街××号
交易价格（元/m²）	17 000	15 500	25 000
交易情况	100/100	100/100	100/100
交易时间	100/100	100/100	100/100

续表

项目		实例1	实例2	实例3
区域因素	商业区域	100/100	100/100	100/100
	距区域中心距离	100/100	100/95	100/105
	交通限制	100/100	100/100	100/100
	道路通达度	100/100	100/100	100/100
	商业聚集程度	100/100	100/100	100/125
	基础设施状况	100/100	100/100	100/100
	公共服务配套	100/100	100/100	100/100
个别因素	建筑结构	100/100	100/100	100/100
	建筑物成新率	100/100	100/100	100/100
	建筑面积	100/100	100/100	100/100
	临街状况	100/100	100/100	100/100
	所在楼层	100/100	100/100	100/100
	室内装饰	100/100	100/100	100/100
	人气聚集度	100/100	100/100	100/105
	设施设备	100/100	100/100	100/100
	比准价格（元/m²）	17 000	16 316	18 141

以可比实例比准价格的平均值作为市场比较法的比准结果，即估价对象比准价格为：

（17 000 + 16 316 + 18 141）/3 = 17 152（元/m²）

（三）估价结果确定

综合考虑收益法、市场法的测算结果，结合估价人员经验，决定采用两种方法测算结果的简单算术平均值作为估价对象的房地产市场价值评估结果，即：

评估单价 =（18 284 + 17 152）/2 = 17 718（元/m²）

评估总价 = 17 718 × 339.29 = 601.15（万元）

总价大写：人民币陆佰零壹万壹仟伍佰元整。

二〇〇九年五月二十二日

点评：

1. 估价对象土地状况描述不全，缺宗地内外土地开发程度和宗地四至描述。

2. 估价方法选用分析中，缺未选用的估价方法的分析和理由。

3. 收益法测算。

①租约期外估价对象第一年客观毛租金为100元/（m²·月）确定无依据，根据报告现市场租金调查情况，估价对象第一年客观毛租金应确定为70~75元/（m²·月）范围内；

②租约期外收益变化趋势在未来使用年限相对稳定的假设缺乏依据和相关说明；

③租约期外净收益确定错误，未扣除运营费用；

④空置率取2%的理由不充分；

⑤租约期外房地产收益每年递增比率取3%理由不充分；

⑥收益年限按建筑物剩余经济耐用年限58年计算错误；至估价时点，估价对象土地使用权剩余年限为37年，短于建筑物剩余经济耐用年限，故收益年限应按土地使用权剩余年限37年计算；

⑦等比递增计算中租约期外的折现期5年错误，应为4年。

4. 市场比较法测算。

①可比实例交易价格未说明付款方式；

②可比实例3位于区级商业中心，与估价对象不在同一供需圈，不宜作为可比实例；

③比较、修正项目不全，缺土地使用年限的修正和带租约权利限制的修正；

④可比实例3"商业聚集程度"单项修正为25%，综合修正超过30%，超出估价规范"每项修正对可比实例成交价格的调整不得超过20%，综合调整不得超过30%"的规定；

⑤可比实例与估价对象结构不同未作修正或缺相应说明；

⑥可比实例与估价对象成新率不同未作修正或缺相应说明；

⑦可比实例与估价对象面积不同未作修正或缺相应说明；

⑧可比实例与估价对象室内装饰不同未作修正；

⑨比准结果取三个可比实例价格的简单算术平均值缺乏理由。

5. 估价结果取收益法和市场比较法测算结果的简单算术平均值缺乏理由。

6. 技术报告缺"七、估价结果确定"章节，在该章节中，应分析确定估价对象市场价值、房地产估价师知悉的法定优先受偿款额、估价对象抵押价值。

【案例5】

一、个别因素分析

本次估价对象系××股份有限公司所有的位于××市中区×××路××号工业用房地产（总建筑面积：5 089.81m^2，出让工业用地土地使用权面积：48 952.71m^2）。

（一）估价对象物质实体状况

1. 估价对象房屋物质实体及使用状况

经委托方指界、本公司估价人员现场实勘，估价对象房屋共计2幢，房屋总建筑面积：5 089.81m^2；各幢房屋物质实体及使用状况为：

（1）办公楼：估价对象办公楼系1989年修建的砖混结构5层楼房，建筑面积：2 445.9m^2，层高约3m。办公楼位于厂区北面，坐南朝北，呈内走廊式布局；大楼北面和南面外墙贴黄色瓷砖，其余外墙水砂石抹面；楼梯位于大楼西头，水泥砂浆踏步，木扶手、铁栏杆，钢窗，白色涂料墙面，红色油漆踢脚线；每层楼走廊水泥地面，白色涂料墙面，红色油漆踢脚线，石膏板吊顶；办公室内水泥地面，局部地面有裂缝，白色涂料墙面，红色油漆踢脚线，木门、铝合金窗，财务室安装防盗门；有一小会议室做中档装修，木质包门，铝合金窗，红色地砖地面，内墙面贴浅色墙布，石膏吊顶，装艺术吊灯；厕所位于大楼东面，马赛克地面，墙面贴约1.5米高瓷砖，其余墙面刷白色涂料；大楼通水、电、视、讯。

（2）铸造车间：估价对象铸造车间系1988年修建的框架结构单层厂房，建筑面积：2 643.91m^2，层高约7m。铸造车间位于厂区西面，南北朝向，外墙水泥砂浆抹面，铁门、钢窗，室内水泥地面，白色涂料墙面；通水、电。

2. 土地状况

估价对象占用的宗地为出让工业用地，土地使用权面积：48 952.71m^2；估价对象占用的宗地地势平坦，形状不规则，土地开发程度达五通一平（通上下水、电、讯、道路、场地平整），基础配套设施较完善。

（二）估价对象权属状况

1. 房屋权属状况

根据委托方提供的房屋所有权证书，估价对象房屋权属状况如下：

（1）办公楼房屋权属状况。

房屋所有权人：×××股份有限公司；房屋所有权证号：×房权证城 E 字第×××号；房屋坐落：市中区×××路××号；产别：股份制；结构：砖混；房屋总层数：五；建筑面积：2 445.9 平方米。

（2）铸造车间房屋权属状况。

房屋所有权人：×××股份有限公司；房屋所有权证号：×房权证城 E 字第×××号；房屋坐落：市中区×××路××号；产别：股份制；幢号：铸造车间；结构：框架；房屋总层数：一；建筑面积：2 643.91 平方米。

2. 土地权属状况

根据委托方提供的国有土地使用证，估价对象土地权属状况如下：

土地使用者：×××股份有限公司；土地使用证号：×国用（××××）字第××号；坐落：××市市中区×××路一段××号；用途：工业用地；使用权类型：出让；终止日期：2047 年 12 月 29 日；使用权面积：48 952.71 平方米。

二、区域因素分析（略）

三、市场背景分析（略）

四、最高最佳利用分析（略）

五、估价方法选用

（一）估价思路与方法

根据估价目的，估价人员认真分析委托方提供的与估价对象相关的所有资料，通过实地查勘，并通过各种途径广泛收集类似房地产的相关资料，确定出估价技术路线和方法。经综合分析，本次估价宜采用成本法进行估价，其理由如下：

估价对象作为工业用房地产,个别因素突出,在同一供需圈内,缺乏类似房地产市场交易案例,市场依据不充分,客观收益难以把握,不适用采用市场比较法和收益法;同时,估价对象也不属于具有潜在开发价值的房地产,也不宜采用假设开发法估价;经综合分析,本次估价采用成本法求取估价对象在估价时点的市场价值。

(二)估价方法定义

成本法,是求取估价对象在估价时点时的重置价格,扣除折旧,以此估算估价对象的客观合理价格或价值的方法。

六、估价测算过程

采用成本法求取估价对象积算价格。

(一)采用基准地价修正法求取估价对象土地重置价格 $V_\pm$

根据《房地产估价规范》《城镇土地估价规程》及《××市城区基准地价》成果,采用基准地价修正法的计算公式为:

$$P_1 = P \times (1 \pm K) \times Y \times T \times D \pm L$$

式中,P_1——估价对象地价;

P——估价对象所在区域基准地价;

K——待估宗地所有影响地价因素总修正值;

Y——使用年期修正系数;

T——期日修正系数;

D——容积率修正系数;

L——土地开发程度修正值。

1. 基准地价内涵

(1)基准期日。

基准地价的评估期日为:2003年1月1日。

(2)土地开发程度。

工业用地:区域"六通一平"(通上水、通下水、通电、通气、通信、通路)宗地内"场平"。

(3)使用年期。

工业用地:50年。

(4)容积率。

工业用地：0.6。

（5）土地权利状况。

土地使用权利有偿出让，无他项权利限制下一定年期的土地使用权价格。

2. 估价对象所在区域的基准地价

根据估价对象的坐落位置，查对××市城区基准地价土地级别图，估价对象属于Ⅳ级工业用地，根据《××市城区基准地价》，其Ⅳ级工业用地的基准地价为：185.7元/m²。

3. 确定估价对象的因数修正系数

根据××市城区基准地价修正体系中所选的宗地地价影响因素，通过实地调查，分别确定出影响估价对象工业用地价各项因素条件。将影响估价对象工业用地价各因素条件，对照《××市城区Ⅳ级工业用地宗地地价影响因素说明表》（见表2-19）确定影响程度的档次，再对照《××市城区Ⅳ级工业用地基准地价修正系数表》（见表2-20），在对应的档次上，确定每个影响因素的修正系数K_i及总修正系数K；经计算得到影响估价对象宗地地价的总修正系数为10%（见表2-21）。

表2-19　××市城区Ⅳ级工业用地宗地地价影响因素说明

影响因素	指标标准	优	较优	一般	较劣	劣
交通便捷度	距铁路货运站点距离	距最近货运站点2 000米以内	距最近货运站点2 000~3 000米	距最近货运站点4 000米以内	距货运站点4 000米以外	距货运站点5 000米以外
	道路通达度	主干道	主干道	次干道	支路	无
基础设施完善度	给水	城市管网≥250mm	城市管网200mm	城市管网100~150mm	城市管网25~50mm	城市管网<25mm
	排水	城市排水管网>500mm	城市排水管网500mm	城市排水管网250~300mm	城市排水管网<200mm	明沟排放
产业聚集规模	产业聚集规模	军工工业区、开发区	市级工业区	区级工业区	工业小区	独立工矿点
环境质量优劣度	污染情况	环境优良	良好	无污染	轻度污染	污染源
规划条件	土地利用类型	工业区	工业办公区	工业商业区	商业区	住宅区

续表

影响因素	指标标准	优	较优	一般	较劣	劣
宗地条件	宗地面积	有利于工业生产	有利于工业生产	对企业布局无影响	面积过大闲置<5%；2~5亩，对企业布局有影响	面积过大闲置>5%；<2亩，对企业布局有严重影响
	宗地地形	规则	较规则	无影响	形状不良，对企业布局有影响	形状极不规则，对企业布局有严重影响
	地质条件	有利于工业生产	有利于工业生产	无不良地质现象	有不良地质现象，但无须特殊处理	有不良地质状况，并作特殊性处理
	地形	平坦	平坦，起伏<3米	平坦，起伏3~5米	有一定起伏，起伏5~10米	起伏很大，起伏>10米

表2-20 ××市城区Ⅳ级工业用地基准地价修正系数 （%）

影响因素	修正系数	优	较优	一般	较劣	劣
交通便捷度	距铁路货运站点距离	1.4	0.7	0	-0.7	-1.4
	道路通达度	2.8	1.4	0	-1.4	-2.8
基础设施完善度	给水	1.26	0.63	0	-0.63	-1.26
	排水	2.72	1.36	0	-1.36	-2.72
产业聚集规模	产业聚集规模	2.66	1.33	0	-1.33	-2.66
环境质量优劣度	污染情况	0.70	0.35	0	-0.35	-0.7
规划条件	土地利用类型	1.4	0.7	0	-0.7	-1.4
宗地条件	宗地面积	0.28	0.14	0	-0.14	-0.28
	宗地地形	0.42	0.21	0	-0.21	-0.42
	地质条件	0.28	0.14	0	-0.14	-0.28
	地形	0.42	0.21	0	-0.21	-0.42

表 2-21　估价对象宗地地价修正系数　　　　　　　　　　（%）

影响因素	修正系数	估价对象条件说明	优劣度	修正系数
交通便捷度	距铁路货运站点距离	距最近货运站点 2 000 米以内	优	1.4
	道路通达度	主干道	优	2.8
基础设施完善度	给水	城市管网≥250mm	优	1.26
	排水	城市排水管网>500mm	优	2.72
产业聚集规模	产业聚集规模	市级工业区	较优	1.33
环境质量优劣度	污染情况	无污	一般	0
规划条件	土地利用类型	工业办公区	较优	0.7
宗地条件	宗地面积	对企业布局无影响	一般	0
	宗地地形	形状不规则	较劣	-0.21
	地质条件	无不良地质现象	一般	0
	地形	平坦，无特殊影响	一般	0
合　计	—	—		10

$$K = 10\%$$

4. 年期修正

基准地价设定的土地使用年期为出让工业用地法定最高年限50年，根据委托方提供的估价对象国有土地使用权证，估价对象为出让工业用地，终止日期为2047年12月29日，至估价时点，估价对象的剩余使用年期为42.05年，故需进行使用年期修正。根据《××市城区基准地价》，我们取工业用地的土地还原利率为6%，则年期修正系数为：

$$Y = 1 - 1/(1 + 6\%) \times 42.05]/[1 - 1/(1 + 6\%) \times 50]$$
$$= 0.9662$$

5. 期日修正系数

××市城区基准地价的估价基准日是2003年1月1日，本报告的估价时点为2005年12月11日，故在此需作估价期日修正。经综合分析，确定期日修正系数为1.1。

6. 土地开发程度修正

基准地价所界定的土地开发程度为区域"六通"（通上水、通下水、通电、通气、通信、通路），宗地内"场平"，本次估价对象设定的开发程度宗地外"六通"（通上水、通下水、通电、通气、通信、通路）、宗地内"五通一平"（通上水、通下水、通电、通信、通路，场地平整），与基准地价界定的开发程度不一致，需增加宗地内"五通"（通上水、通下水、通电、通信、通路）费用。经估价人员市场调查，结合《××市城区基准地价》关于该宗地内开发费用标准，确定估价对象所在宗地内"五通"（通上水、通下水、通电、通信、通路）费用为 60 元/m²，即估价对象所在宗地开发程度修正值为 60 元/m²。

7. 地价测算

据前述基准地价系数修正法的公式，我们分别编制了估价对象基准地价系数修正法测算表（见表 2-22），计算出估价对象的地价为：

表 2-22 基准地价系数修正法测算

项目	基准地价（元/m²）	区位修正系数	使用年期修正系数	期日修正系数	土地开发程度修正值（元/m²）	土地价格（元/m²）
测算结果	185.7	10%	0.9662	1.1	60	277

地价（单价）= $185.7 \times (1 + 10\%) \times 0.9662 \times 1.1 + 60 = 277$（元/m²）

土地重置价格 $V_{土} = 277 \times 48\,952.71 = 13\,559\,901$（元）

（二）求取估价对象建筑物重置价格 V

1. 开发成本

（1）勘察设计等前期工程费和基础设施建设费。

勘察设计等前期工程费包括可行性研究、规划、勘测、设计等费用，基础设施建设费主要指宗地"五通"费用。根据××市有关规定和行业平均水平，结合估价对象实际状况，勘察设计等前期工程费和基础设施建设费按建筑面积 100 元/m² 计。

（2）报建规费。

根据××市相关规定，报建规费按建筑面积 80 元/m² 计。

（3）建筑安装工程费。

根据××市类似的建筑建造的一般水平，结合估价对象建筑安装工程的实际配备情况,参照 SGD1-2000《四川省建筑工程计价定额》、SGD2-2000《四川省装饰工程计价定额》、SGD5-2000《全国统一安装工程预算定额四川省估价表》、SGD7-2000《四川省建设工程费用定额》,估价对象房屋建筑安装工程费用估算详见表 2-23:

表 2-23 安装工程费用估算

房屋名称	结　构	建筑安装工程费（元/m²）
办公楼	砖混	600
铸造车间	框架	850

开发成本小计（见表 2-24）:(1) + (2) + (3)。

表 2-24 开发成本

房屋名称	结　构	开发成本（元/m²）
办公楼	砖混	780
铸造车间	框架	1 030

2. 管理费用

根据××市类似项目开发管理费用的一般水平,按开发成本的3%计（见表 2-25）,则:

$$管理费用 = 开发成本 \times 3\%$$

表 2-25 管理费用

房屋名称	结　构	管理费用（元/m²）
办公楼	砖混	23
铸造车间	框架	31

3. 投资利息

投资利息计算以开发成本和管理费用之和为基数,利率按 1~3 年期的贷款利率5.76%计（见表 2-26）;估价对象建筑物建设期按 1 年计,开发成本和管理费用在项目建设期内均匀投入,则:

$$投资利息 = (开发成本 + 管理费用) \times [(1 + 5.76\%) \times 0.5 - 1]$$

表2-26 投资利息

房屋名称	结　构	投资利息（元/m²）
办公楼	砖混	23
铸造车间	框架	30

4. 销售税费

营业税及附加按5.5%计，销售费用按1.5%计，均以建筑物重置价格为计算基数，则：

$$销售税费 = 建筑物重置价格 \times 7\% = 0.07 V_{建}$$

5. 开发利润

根据××市类似建筑物开发一般利润水平，按开发成本和管理费用之和的8%估算（见表2-27），则：

$$开发利润 = （开发成本 + 管理费用） \times 8\%$$

表2-27 开发利润

房屋名称	结　构	开发利润（元/m²）
办公楼	砖混	64
铸造车间	框架	85

6. 不可预见费

不可预见费是指在施工过程中因自然灾害、人工、材料、设备、工程量等的变化而增加的费用，根据估价对象区域内的平均开发状况结合估价对象的实际情况，不可预见费用按开发成本和管理费用之和的1.5%估算（见表2-28），则：

$$不可预见费 = （开发成本 + 管理费用） \times 1.5\%$$

表2-28 不可预见费用

房屋名称	结　构	不可预见费（元/m²）
办公楼	砖混	12
铸造车间	框架	16

7. 建筑物重置价格

$$建筑物重置价格\ V_{建} = 1 + 2 + 3 + 4 + 5 + 6$$

①办公楼重置价格 $V_{建办公楼} = 780 + 23 + 23 + 0.07V_{建办公楼} + 64 + 12$

办公楼重置价格 $V_{建办公楼} = 970$（元/m²）

②铸造车间重置价格 $V_{建铸造车间} = 1\,030 + 31 + 30 + 0.07V_{建铸造车间} + 85 + 16$

铸造车间重置价格 $V_{建铸造车间} = 1\,282$（元/m²）

（三）求取估价对象建筑物现值

采用成新折扣法（实际观察法）求取估价对象建筑物现值。

建筑物现值 = 建筑物重置价格 × 建筑物成新率

估价对象办公楼系1989年修建的砖混结构5层楼房，估价对象铸造车间系1988年修建的框架结构单层厂房，经估价人员现场查看，估价对象维护保养较好，参照城住字〔1984〕第678号"房屋完损等级评定标准"，综合确定估价对象建筑物在估价时点的成新率为70%。

1. 办公楼建筑物现值 $V_{现办公楼} = 970 × 70\% = 679$（元/m²）
2. 铸造车间建筑物现值 $V_{建铸造车间} = 1\,282 × 70\% = 897$（元/m²）

则估价对象建筑物现值 $V_{现} = 679 × 2\,445.9 + 897 × 2\,643.91$

$= 4\,032\,353$（元）

（四）求取估价对象积算价格 V

估价对象积算价格 = 土地重置价格 + 建筑物现值

$= 13\,559\,901 + 4\,032\,353 = 17\,592\,254$（元）

七、估价结果确定

（一）估价对象市场价值确定

通过以上采用成本法测算出估价对象的初步结果（总价）为17 592 254元，根据当前房地产市场状况和估价对象使用现状，我们认为，测算出的初步结果能比较全面、真实反映估价对象在估价时点的市场价值，并以此测算结果作为估价对象在估价时点的市场价值最终结果。

（二）估价结果

我们根据估价目的，遵循估价原则，在认真分析委托方提供的资料以及估价人员现场查勘和市场调查取得的资料的基础上，对影响房地产市场价格因素进行了分析，采用成本法（辅之基准地价修正法），经过测算，结合估价经验，确定估价对象在估价时点2005年12月11日的市场价值为：

总　　价（RMB）：￥17 592 300（元）（百元以下四舍五入）
（人民币大写金额：壹仟柒佰伍拾玖万贰仟叁佰元整）

二〇〇五年十二月十六日

点评：

1. 房屋物质实体缺房屋完好状况描述。
2. 土地状况缺土地使用权终止日期、土地剩余使用年期、宗地外土地开发程度、宗地四至描述。
3. 权属状况描述不完整，缺他项权利状况描述。
4. 估价方法采用成本法理由不充分，应说明估价对象建筑成本和宗地地价易于把握等理由。
5. 基准地价测算。
①期日修正系数为1.1缺乏依据说明；②缺容积率修正或未进行容积率修正相关说明；③缺土地权利状况修正及相关说明。
6. 建筑物重置价格测算。
①建筑物开发成本中重复计算宗地内"五通"费用，该费用已在地价测算中计取；②建筑物建设期按一年期计缺乏依据说明。
7. 确定建筑物成新率为70%缺建筑物成新评定过程和依据。
8. 缺建筑物功能和经济折旧对建筑物现值的影响分析。

本章参考文献

1. GB/T 50291—1999《房地产估价规范》
2.《2004年资产评估基本准则、具体准则、评估指南与指导意见的最新诠释及案例分析》（资产评估业务手册，吉林科学技术出版社，2001年版）
3.《资产评估学》（2000年全国资产评估师，2000年版）
4.《中国工商银行抵（质）押物（权）价值评估细则》（工银发［2005］133号）

第三章
建设用地使用权评估方法与实务

了 解

土地的概念、特点;土地的分类;土地产权的概念及构成;土地制度的概念;海域使用权的概念;海域权属制度。

熟 悉

我国土地所有权和使用权制度;土地他项权利制度;各种评估方法的适用范围及前提条件。

掌 握

各种评估方法的基本原理、公式、各种参数的确定方法;评估工作要点;评估中常见问题;抵押风险及变现能力分析;土地使用权评估时需关注的其他方面。

第一节 概 述

一、土地概念及特点

(一)土地的概念

土地是地球陆地表面由地貌、土壤、岩石、水文、气候和植被等要素组成的自然历史综合体,它包括人类过去和现在的种种活动结果。这一定义包括几层含义：土地是综合体；土地是自然的产物；土地是地球表面具有固定位置的空间客体；土地是地球表面的陆地部分；土地包括人类过去和现在的活动结果。

（二）土地的特点

土地的特点包括自然特征和经济特征。

1. 土地的自然特征

（1）土地面积的有限性；

（2）土地位置的固定性；

（3）土地质量的差异性；

（4）土地永续利用的相对性。

2. 土地的经济特征

（1）土地经济供给的稀缺性；

（2）土地用途的多样性；

（3）土地用途变更的困难性；

（4）土地的增值性；

（5）土地报酬递减的可能性。

此外，土地还具有重要的社会属性。

二、土地的分类

按地形特征分为平原、盆地、丘陵、高原、山地等。

按土地用途分为耕地、园地、林地、牧草地、居民点及工矿用地、交通用地、水域、未利用土地。

三、土地权利制度

（一）土地产权的概念及构成

土地权属从不同的角度去看，类别较多，粗略分为土地所有权、国有建设用地使用权（划拨土地、出让土地）、集体土地使用权、土地他项权利等。

（二）土地制度的概念

土地制度是指在特定的社会经济条件下土地关系的总称，是一个国家人地关系的法定结合形式，它包括土地所有制、土地使用制和土地管理制度。

(三) 我国土地所有权和使用权制度

1. 土地所有权

按照《中华人民共和国土地管理法》的规定，我国的土地制度为社会主义公有制，即全民所有制和劳动群众集体所有制，城市市区的土地属于全民所有即国家所有。农村和城市郊区的土地，除法律规定属于国家所有的以外，属于农民集体所有，宅基地和自留地、自留山，属于农民集体所有。

2. 国有建设用地使用权

城市市区土地属于国家所有，国有土地可以依法确定给全民所有制、集体所有制单位或个人使用，任何单位和个人都没有城市国有土地所有权。

（1）划拨土地使用权。

按照土地管理法有关规定，以划拨方式取得土地使用权的，除法律、行政法规另有规定外，没有土地使用期限的限制。

根据《划拨土地使用权管理暂行办法》和《中华人民共和国城市房地产管理法》有关规定，划拨土地使用权不得单独转让，不得单独设定抵押权，不得单独租赁。

（2）出让土地使用权。

出让土地使用权是指土地使用者向国家支付土地使用权出让金，从国家手中取得一定使用年期出让土地使用权。

按《中华人民共和国城镇国有土地使用权出让和转让暂行条例》规定的土地使用权出让最高年限按用途分别确定为：居住用地 70 年，工业用地 50 年，教育、科技、文化、卫生、体育用地 50 年，商业、旅游、娱乐用地 40 年，综合或者其他用地 50 年。

3. 集体土地使用权

现行的农村集体土地使用制度是在土地所有权归集体的条件下，把土地使用权承包给农户（即家庭联产承包责任制）、宅基地使用、乡镇企业使用和乡（镇）村公共设施使用等。集体土地使用权人一般都为本集体经济组织内部的单位或个人成员。

当处分抵押的乡镇企业集体土地使用权时，需将抵押土地转为国有，按抵押划拨国有土地使用权的办法进行处置，即核定土地使用权出让金额办理出让手续。

（四）土地他项权利制度

土地他项权利是指在已经确定了他人所有权或使用权的土地上保留的其他利用土地方面的权利，包括抵押权、租赁权、借用权、相邻权（地役权）、耕作权、空中权、地下权以及法律、行政法规规定需要登记的其他土地权利。

四、海域使用权

（一）海域使用权的概念

海域使用权是单位或个人以法定方式取得的对国家所有的特定海域的排他性支配权利。包括对特定海域的占有、利用、收益的权利和一定方式下的处分权利，具有排他性、合法性、期限性、受限性四个特征。

（二）海域权属制度

1. 海域所有权

海域所有权全部属国家所有。

2. 海域使用权

我国确立了海域所有权和使用权相分离的原则，单位和个人使用海域，必须依法取得海域使用权。

海域使用权最高期限，按照下列用途确定：

（1）养殖用海 15 年；

（2）拆船用海 20 年；

（3）旅游、娱乐用海 25 年；

（4）盐业、矿业用海 30 年；

（5）公益事业用海 40 年；

（6）港口、修造船厂等建设工程用海 50 年。

第二节　建设用地使用权主要评估方法

一、市场比较法

（一）基本原理和公式

市场比较法是指根据市场中的替代原理，将待估土地与具有替代性的、且在估价期日近期市场交易的类似土地交易实例进行比较，并对类似土地交易实例的成交价格作适当修正，以此估算待估土地客观合理价格的方法。

基本公式为：

$$P_D = P_B \times A \times B \times C \times D$$

式中，P_D——待估宗地价格；

P_B——可比实例宗地价格；

A——交易情况修正系数；

B——交易日期修正系数；

C——区域因素修正系数；

D——个别因素修正系数。

（二）参数的确定

1. 比较实例宗地价格 P_B

用于比较实例的土地交易实例应满足条件，参见"第二章 房地产评估方法和实务"。

2. A = 正常交易情况指数/比较实例宗地交易情况指数

其中：正常交易情况定为100；比较实例情况指数在对正常交易情况进行比较后获得。比较实例交易价格高于正常，则比较实例的取值大于100；反之，小于100。

需进行交易情况修正的情况，参见"第二章 房地产评估方法和实务"。

3. B = 待估宗地估价期日地价指数/比较实例宗地交易日期地价指数

其中：比较实例成交时地价指数定为100；评估基准日地价指数高于成交时地价指数，则取值大于100；反之，则小于100。

交易日期修正的方法，一般有：

（1）采用地产价格变动率进行修正；

（2）利用地产价格指数进行修正；

（3）评估人员根据市场情况及其自己的经验积累进行判断修正。

4. C = 待估宗地区域因素条件指数/比较实例宗地区域因素条件指数

其中：待估宗地区域因素条件指数定为100；比较实例宗地区域因素条件指数在与待估宗地区域条件比较后获得，如果待估宗地条件好，则取值大于100；反之，则小于100。

5. D = 待估宗地个别因素条件指数/比较实例宗地个别因素条件指数

其中：待估宗地个别因素条件指数定为100；比较实例宗地个别因素条件指数在与待估宗地个别条件进行比较后获得，如果待估宗地条件好，则取值大于100；反之，则小于100。

对于"土地剩余使用年限"和"容积率"两个个别因素，修正系数可参见房地产评估。

（三）适用范围和前提条件

适用范围：主要用于地产市场发达、有充足的具有替代性的土地交易实例的地区。市场比较法除可直接用于评估土地的价格或价值外，还可用于评估土地或房地产的租金，以及用于其他估价方法中有关参数的求取。

前提条件：要有足够数量的比较实例，一般要求至少选择3个比较实例；交易实例资料与待估土地具有相关性和替代性；交易资料具有可靠性和合法性。

（四）应用举例

例1：某城市地价指数2003～2010年分别为100、110.13、119.12、148.81、178.55、230.83、278.49、357.72，若选择比较实例是在2008年成交的，成交额每平方米2 000元，待估土地的估价基准日为2010年6月1日，则期日修正计算如下：

$$修正为估价期日的交易实例价格 = 2\ 000 \times (357.72/230.83)$$
$$= 3\ 099.42\ (元/m^2)$$

例2：若选择的比较实例成交地价每平方米为1 800元，对应使用权年期为50年，而待估宗地出让年期为20年，该市土地还原率为8%，计算待估宗地地价。

$$年期修正后的地价 = 比较实例价格 \times [1 - 1/(1+r)^m] / [1 - 1/(1+r)^n]$$
$$= 1\ 800 \times [1 - 1/(1+8\%)^{20}] / [1 - 1/(1+8\%)^{50}]$$
$$= 1\ 444.61\ (元/m^2)$$

二、收益还原法

（一）基本原理和公式

收益还原法是将待估土地未来正常年纯收益（地租），以一定的土地还原

利率还原,以此估算待估土地价值的方法。基本公式为:

1. 土地年纯收益固定不变

(1) 无限年期 $P = A/r$。

(2) 有限年期

$$P = \frac{A}{r}\left[1 - \frac{1}{(1+r)^n}\right]$$

式中,P——土地价格;

A——土地纯收益;

r——土地还原率;

n——未来使用土地的年期或有土地收益的年期。

2. 土地纯收益每年按等差级数递增或递减

(1) 无限年期

土地纯收益每年递增:

$$P = \frac{A}{r} + \frac{B}{r^2}$$

土地纯收益每年递减:

$$P = \frac{A}{r} - \frac{B}{r^2}$$

(2) 有限年期

土地纯收益每年递增:

$$P = \left(\frac{A}{r} + \frac{B}{r^2}\right)\left[1 - \frac{1}{(1+r)^n}\right] - \frac{B}{r} \times \frac{n}{(1+r)^n}$$

土地纯收益每年递减:

$$P = \left(\frac{A}{r} - \frac{B}{r^2}\right)\left[1 - \frac{1}{(1+r)^n}\right] + \frac{B}{r} \times \frac{n}{(1+r)^n}$$

式中,B——土地纯收益每年递增或递减的数额。

3. 土地纯收益每年按等比级数递增或递减

(1) 无限年期

土地纯收益每年递增:

$$P = \frac{A}{r - s}$$

土地纯收益每年递减:

$$P = \frac{A}{r+s}$$

(2) 有限年期

土地纯收益每年递增：

$$P = \frac{A}{r-s}\left[1 - \left(\frac{1+s}{1+r}\right)^n\right]$$

土地纯收益每年递减：

$$P = \frac{A}{r+s}\left[1 - \left(\frac{1-s}{1+r}\right)^n\right]$$

式中：s——土地纯收益每年递增或递减的比率，$r > s > 0$。

4. 土地纯收益在若干年内有变化

(1) 无限年期

$$P = \sum_{i=1}^{n}\frac{R_i}{(1+r)^i} + \frac{A}{r(1+r)^n}$$

(2) 有限年期

$$P = \sum_{i=1}^{t}\frac{R_i}{(1+r)^i} + \frac{A}{r(1+r)^t}\left[1 - \frac{1}{(1+r)^{n-t}}\right]$$

式中，R_i——第 i 年的纯收益；

t——纯收益有变化的年限。

5. 已知未来若干年后的土地价格

$$P = \frac{A}{r}\left[1 - \frac{1}{(1+r)^n}\right] + \frac{P_n}{(1+r)^n}$$

式中，n——未来土地价格已知的年限；

P_n——未来第 n 年的土地价格。

(二) 参数的确定

1. 土地纯收益 a

根据土地参与生产经营过程的形式和业主以土地取得收益的方式不同，纯收益的产生有以下几种情况：

(1) 土地租赁中的土地纯收益。

土地纯收益 = 年租金总收入 – 年总费用

年总收入指待估宗地按法定用途和最有效用途出租或自行使用，在正常情况下，合理利用土地应取得的持续而稳定的年收入或年租金，包括租金收入、押金或担保金的利息等。

年总费用包括土地税、管理费、维护费及其他费用等。

①土地税：因使用和租赁土地而缴纳的有关税费，如城镇土地使用税等，按有关文件规定取值。

②管理费：管理人员的薪水及其他费用，一般以年租金的3%计算。

③维护费：维护土地使用所发生的费用，如给排水及道路的修缮费等，调查或按年租金的1%~3%计算。

④其他费用：需根据当地具体情况确定。

$$年总费用支出 = ① + ② + ③ + ④$$

注意：

①利用评估对象本身的资料直接推算出的租金收入、费用或净收益，应与类似房地产的正常情况下的客观收入、费用或净收益进行比较。若与正常客观的情况不符，应进行适当的调整修正，使其成为正常客观的。

②收入和收益必须是长期可以固定取得的、客观的收益，是排除了实际收益中属于特殊的、偶然的因素后所能得到的一般正常收益。

③收益的收益期超过或不足一年的，应统一折算为年总收益。

④应在分析租赁契约的基础上决定是否扣除土地税、管理费、维修费。如果保证合法、安全、正常使用所需的费用都由出租人负担，则应全部扣除；如果维修、管理费用全部或部分由承租人负担，则相应减少扣除项目。

（2）房地出租中的土地纯收益。

土地纯收益 = 房地纯收益 − 房屋纯收益

房地纯收益 = 房地出租年总收入 − 房地出租年总费用

房屋纯收益 = 房屋现值 × 建筑物还原利率

房屋现值 = 房屋重置价 × 房屋成新率 = 房屋重置价 − 房屋总折旧

房地出租年总收入：指房地一起出租过程中，出租方从承租方取得的租金及有关收益。一般根据实际的租赁合同金额和当地的房地产租赁市场状况，确定客观收益水平。

房地出租年总费用主要包括：

①管理费：对出租房屋进行的必要管理所需的费用，可根据管理面积和费用单价标准计算，或根据租金的一定比例计算。

②维修费：为保证房屋正常使用每年需支付的修缮费，通常按建筑物重置

价的一定比例计算。

③保险费:房产所有人为使自己的房产避免意外损失而向保险公司支付的费用,一般按房屋重置价格或现值乘以保险费率计算,保险费率一般为 1.5‰ ~ 2‰。

④税金:房产所有人按有关规定向税务机关缴纳的房产税、营业税、城市维护建设税和教育费附加等。

⑤房屋折旧费:房屋在使用过程中因损耗而在租金中补偿的那部分价值。

$$年折旧费 = (房屋重置价 - 残值) / 耐用年限$$
$$= [房屋重置价 \times (1 - 残值率)] / 耐用年限$$

⑥其他费用:需根据当地具体情况确定。

$$年总费用 = ① + ② + ③ + ④ + ⑤ + ⑥$$

注意:

应在分析租赁契约的基础上决定是否扣除管理费、维修费、保险费、房产税等。如果租金中包含了为承租人无偿提供水、电、燃气、空调、暖气等,则应扣除以上费用;如果连同家具等房地产以外的物品一起出租,则应扣除家具折旧。

(3) 自用土地或待开发土地的纯收益。

可采用比较法,比照类似地区或相邻地区有收益的相似的土地的纯收益,经区域、个别因素的比较修正后求取。

2. 土地还原利率 r

土地还原利率 r 是用以将土地纯收益还原成为土地价格的比率。其确定有三种方法:市场提取法、投资收益率排序插入法、风险累加法(参见"第二章 房地产评估方法和实务")。

3. 未来土地使用年限

$$n = 土地许可使用年限 - 已使用年限$$

其中,土地许可使用年限为法律或土地权属证许可的土地使用年限;已使用年限为获得土地使用证日至评估基准日的年限。

若待估土地为划拨用地,未来土地使用年期按《中华人民共和国城镇国有土地使用权出让和转让暂行条例》规定的土地相应用途的土地使用权出让最高年限计算;若待估土地为出让地,则土地许可使用年限为土地证上注明的可使用年限,已使用年限为获得土地使用证日至评估基准日的年限。

(三) 适用范围和前提条件

适用范围：适用于有收益或潜在收益的土地和建筑物，或房地产的估价。

前提条件：被评估土地的未来预期收益可以预测并可以用货币衡量；土地拥有者获得预期收益所承担的风险也可以预测并可以用货币衡量；被评估土地预期获利年限可以预测。

(四) 应用举例

某企业 1997 年以出让方式取得某商业用地 40 年的土地使用权，目前同类商业用地市场年租金为 5 万元，假定土地使用权还原率为 8%，请计算该土地在 2007 年的土地使用权价格。

$$P = (a/r) [1 - 1/(1+r)^n]$$
$$= (5/8\%) \times [1 - 1/(1+8)^{(40-10)}]$$
$$= 62.5 \times 0.9006$$
$$= 56.29 （万元）$$

三、成本逼近法

(一) 基本原理和公式

成本逼近法是运用经济学等量资金应获取等量收益的投资原理，以开发土地所耗费的各项费用之和为依据，加上一定的利润、利息、应缴纳的税金和土地增值收益来推算土地价格的方法。

基本公式为：

土地价格 = 土地取得费 + 土地开发费 + 税费 + 利息 + 利润 + 土地增值收益

(二) 参数的确定

1. 土地取得费

土地取得费是取得开发用地所需的费用、税金等，分为三种情况（参见房地产评估）。

土地取得费各项费用的计算应以当地正在执行的征地补偿费和拆迁安置补助费的有关规定标准计算。

2. 土地开发费

土地开发费有三种：基础设施配套费、公共事业建设配套费和小区开发配套费。

土地开发费应根据土地开发程度状况和当地有关土地开发费用标准合理确定。

3. 税费

税费是指在土地取得和土地开发过程中所必须支付的有关税收和费用,主要有:交易手续费、契税、印花税、耕地占用税、新菜地开发建设基金、土地管理费等。

税费项目和标准的确定,应根据国家和地方的有关规定确定,一般从当地土地管理部门查询。

4. 投资利息

对于土地取得费及有关税费的利息,按资金在计算期即整个开发周期内一次投入计算;对于开发费的利息,按资金在计息期即整个开发周期内均匀投入计算。如果土地开发周期超过一年,利息按复利计算。

投资利息 = 土地取得费及有关税费 × [$(1+利息率)^{开发周期} - 1$] + 土地开发费 × [$(1+利息率)^{开发周期/2} - 1$]

5. 开发利润

开发利润的计算参见"第二章 房地产评估方法和实务"。

利润率取决于开发土地的利用类型、开发周期的长短和开发土地所处地区的政治经济环境等。

6. 土地增值收益

土地增值收益 = (土地取得费 + 土地开发费 + 税费 + 利息 + 利润) × 土地增值收益率

土地增值收益率理论上应等于"增值地租"在总地价的比例,或出让价格与成本价格差异占成本价格的比例。目前,土地增值收益率通常为10% ~ 25%。

7. 修正系数

通过上述步骤计算的土地价格,应根据评估对象的具体情况和评估目的,进行以下修正。

(1) 根据待估宗地在区域内的位置和宗地条件,进行个别因素修正。

(2) 年期修正:求取有限年期的土地使用权价格时,应进行土地使用年期修正。

$$K = 1 - \frac{1}{(1+r)^n}$$

式中，K——年期修正系数；
　　　r——土地还原率；
　　　n——土地使用权年期。

是否进行年期修正要具体分析：

①当土地增值是以有限年期的土地使用权市场价格与成本价格的差额确定时，年期修正已在增值收益中体现，不再另行修正；

②当土地增值是以无限年期的市场价格与成本价格的差额确定时，土地增值收益与成本价格一道进行年期修正；

③当待估宗地为出让土地时，应进行剩余使用权年期修正。

(3) 土地利用率的修正：测算某一宗地的平均土地价格时，应考虑该宗地的土地利用率或可出让土地的比率，将公共设施（如道路、公共绿地等）占地面积的土地价格和有关土地开发的投资成本分摊到可出让的土地中。

可出让土地的平均单价 = 土地总平均单价 × 总土地面积/可出让的土地面积

(4) 宗地成熟度修正：由于土地开发程度通常设定为宗地红线外的开发程度，对于宗地红线内的开发和建设状况应进行适当修正。

(三) 适用范围和前提条件

适用范围：成本逼近法一般适用于新开发土地的估价，特别适用于土地市场不发育，土地成交实例不多和既无收益又很少有交易情况的学校、公园以及公共建筑、公益设施等特殊性的土地估价。

前提条件：由于我国各省、市、地区土地政策相差较大，因此只有在能够较准确地归集土地成本费用（含税金）时，方可采用成本逼近法。

(四) 应用举例

某开发区土地总面积为 $5km^2$，现已完成了"七通一平"开发建设，开发区内道路、绿地及其他公共和基础设施占地 $1.2km^2$。该开发区现拟出让一宗工业用地，出让年限为 50 年，土地面积 $10\,000m^2$。据测算，该开发区每亩征地费平均为 6.67 万元，完成 $1km^2$ 的开发需投入 2 亿元。征地完成后，"七通一平"的开发周期为两年，且第一年的投资额占总开发投资的 40%，全部土地投资回报率为 20%，土地出让增值收益率为 15%，当年银行年贷款利息率为 10%，土地还原率确定为 8%。试估算出让该宗土地的单位面积价格和总价格。

1. 土地取得费

征地费 6.67 万元/亩，即 100 元/m^2。

2. 土地开发费

2 亿元/km², 即 200 元/m²。

3. 利息

$$100 \times [(1+0.1)^2 - 1] + 200 \times 40\% \times [(1+0.1)^{1.5} - 1] + 200 \times 60\% \times [(1+0.1)^{0.5} - 1] = 39.15 \text{ (元/m}^2\text{)}$$

4. 利润

$$(100 + 200) \times 20\% = 60 \text{ (元/m}^2\text{)}$$

5. 土地增值收益

$$(100 + 200 + 39.15 + 60) \times 15\% = 59.87 \text{ (元/m}^2\text{)}$$

6. 土地价格

$$100 + 200 + 39.15 + 60 + 59.87 = 459.02 \text{ (元/m}^2\text{)}$$

7. 可出让土地比率修正

可出让土地比率 = $(5 - 1.2)/5 \times 100\% = 76\%$

可出让土地的平均单价 = $459.02/76\% = 603.97$ (元/m²)

8. 土地使用权年期修正

50 年土地使用权价格 = $603.97 \times [1 - 1/(1+0.08)^{50}] = 591.09$ (元/m²)

9. 土地总价格

土地总价格 = $591.09 \times 10\,000 = 591.09$ (万元)

四、假设开发法

(一) 基本原理和公式

假设开发法又称剩余法，是运用地租原理，在估算开发完成后不动产正常交易价格的基础上，扣除建筑物建造费用与建筑物建造、买卖有关的专业费、利息、利润、税收等费用后，以价格余额来确定估价对象土地价格的一种方法。

基本公式为：

土地价格 = 不动产总价 − 建筑开发费 − 专业费用 − 不可预见费 − 利息 − 租售费用 − 税金 − 开发商合理利润

(二) 参数的确定

1. 不动产总价

(1) 对于习惯出售的不动产，如居住用商品房、工业厂房等，应按当时市场上同类用途、相同区域、同样结构的不动产的市场交易价格，采用市场比较法确定开发完成后的不动产总价。

（2）对于习惯出租的不动产，如写字楼和商业不动产等，可根据当时市场上相近区域、同类用途、结构和装修条件不动产的租金水平和出租费用水平，采用市场比较法确定所开发不动产出租的纯收益，再采用收益还原法将出租纯收益转化为不动产总价。

2. 建筑开发费

包括直接工程费、间接工程费、建筑承包商利润及由发包商负担的建筑附带费用等，可采用比较法来推算，即通过当地同类建筑当前的平均或一般建筑费用来推算，也可采用建筑工程概预算的方法来估算。

3. 专业费

包括建筑设计费、工程概预算费用等，一般采用建筑费用的一定比率估算。

4. 不可预见费

为保证估价结果的安全性，一般按总建筑费和专业费之和的2%~5%预备不可预见费。

5. 利息

利息即不动产开发的全部资本的融资成本。不动产开发的资本包括地价款、建筑开发费、专业费和不可预见费等。在确定利息额时，必须根据资本的投入额、各自在开发过程中所占用的时间长短和当时的贷款利率水平进行计算（开发建设周期是指从取得土地使用权到不动产全部销售或出租完毕的时间）。

6. 租售费用

租售费用指用于建成后不动产销售或出租的中介代理费、市场营销广告费、买卖手续费等，一般以不动产总价或租金的一定比例计算。

7. 税金

税金指建成后不动产销售的营业税、印花税、契税等，具体应根据当前政府的税收政策确定，一般以建成后不动产总价的一定比例计算。

8. 开发商合理利润

一般以不动产总价或全部预付资本的一定比例计算，比例高低随地区和项目类型不同而有所不同。

(三) 适用范围和假设限制条件

适用范围：待开发土地的估价；待拆迁改造的再开发房地产的估价（此时公式中的建筑费还包括拆迁费用）；仅将土地或房产整理成可供直接利用的土地或房地产的估价（此时公式中的不动产预期售价为整理后的土地价格，建筑费为整理费用）；现有新旧房地产中地价的单独评估，即从房地产价格中扣除房屋价格，剩余之数即为地价。

假设和限制条件：估价中所采用的所有不动产总价、租金和成本数据都是根据当前数据水平确定未来的数据，即假设估价中涉及的这些关键变量在开发期间不会发生大的变化；租金和不动产交易价格在开发期间不会下降，并且不考虑物价上涨的影响；在开发期间各项成本的投入是均匀投入或分段均匀投入。

(四) 应用举例

待估宗地为"七通一平"空地，面积 $2\,000 m^2$，规划规定该地块用途为住宅，土地使用权年限为 70 年，最大容积率为 3，现拟出让。根据开发商的市场调查和项目可行性研究显示，项目建设开发周期为 2 年，取得土地使用权后即可开工，建成后全部售出，根据目前的市场行情，住宅售价预计为 $4\,000$ 元$/m^2$，建筑费和专业费预计为 $1\,000$ 元$/m^2$，开发资金的投入为均匀投入，目前资金贷款年利率为 8%，当地不动产销售的税费为不动产总价的 6%，开发公司要求的总利润不得低于所开发不动产总价的 20%。请计算该宗地当前的地价。

1. 不动产总价 $= 4\,000 \times 2\,000 \times 3 = 24\,000\,000$（元）
2. 建筑费及专业费 $= 1\,000 \times 2\,000 \times 3 = 6\,000\,000$（元）
3. 利息 $= $ 地价 $\times [(1+8\%)^2 - 1] + 6\,000\,000 \times [(1+8\%)^1 - 1]$
   $= 0.1664 \times$ 地价 $+ 480\,000$
4. 销售税费 $= 24\,000\,000 \times 6\% = 1\,440\,000$（元）
5. 开发商利润 $= 24\,000\,000 \times 20\% = 4\,800\,000$（元）
6. 地价 $= 24\,000\,000 - 6\,000\,000 - (0.1664 \times$ 地价 $+ 480\,000) -$
   $1\,440\,000 - 4\,800\,000 = 0.1664 \times$ 地价 $+ 480\,000$

   地价 $= 967.08$（万元）

五、基准地价系数修正法

（一）基本原理和公式

利用城镇基准地价和基准地价修正系数表等评估成果，按照替代原则，就待估宗地的区域条件和个别条件等与其所处区域的平均条件相比较，并对照修正系数表选取相应的修正系数对基准地价进行修正，进而求取待估宗地在估价基准日价格的方法。

基本公式为：

$$P_i = P \times (1 + K) \times D \times Y \times T$$

其中，P_i——估价对象修正后地价；

P——估价对象所在区域基准地价；

K——因素修正系数；

D——容积率修正系数；

Y——使用年限修正系数；

T——估价期日修正系数。

注意：具体公式以当地基准地价体系中规定的修正公式为准。

（二）参数的确定

1. P：估价对象所在区域基准地价

根据政府有关部门土地基准地价资料，查出评估对象所处地段的基准地价。

2. 土地开发程度差异修正

比较待估宗地价格定义与基准地价内涵，如二者不一致时，将基准地价修正为待估宗地地价设定的土地开发程度。

注意：不同的城市，基准地价的内涵、构成、表达方式等可能不同，具体修正的内容和方法也不完全相同。如基准地价的内涵是熟地价还是生地价；在城市建成区内基准地价的构成是否包含市政配套费、拆迁补偿安置费；基准地价的表达方式是土地级别的基准地价，还是区片价的基准地价或路线价的基准地价；是用土地地面单价表示的，还是用楼面地价表示的；设定的土地使用年限是无限年、法定最高年限还是某一固定年限等等。

3. K：因素修正系数

指除容积率、使用年期、估价期日、用途之外的其他地价影响因素的综合

修正系数。参照当地基准地价体系中修正系数说明表,根据宗地各种因素情况确定每种因素的修正系数:

$$K = \sum K_i$$

式中,K_i 为第 i 种因素的修正系数。

4. D：容积率修正系数

按照城市规划管理部门给定的宗地容积率 D,查相应的当地基准地价体系中容积率修正系数表,确定容积率修正系数。

5. Y：使用年期修正系数

$$Y = \frac{1 - 1/(1+r)^n}{1 - 1/(1+r)^m}$$

$$Y = [1 - 1/(1+r)^m] / [1 - 1/(1+r)^n]$$

式中,r——土地还原利率；

n——宗地剩余使用年限；

m——法定最高出让年限。

6. T：估价期日修正系数

将基准地价在其基准日期时的值,调整为评估基准日时的值。

T = 宗地估价期日地价指数/基准地价评估期日地价指数

（三）适用范围和前提条件

适用范围：适用于具备基准地价和相应修正体系成果的城镇中的土地估价,可在短时间内大批量进行宗地评估。

前提条件：由于基准地价系数修正法估价的精度与基准地价及其修正体系的精度密切相关,因此,运用该方法时应收集齐全当地的土地定级估价成果资料,主要包括土地级别图、土地级别表、基准地价图、基准地价表、基准地价因素修正系数表和相应的因素条件说明表等,并根据估价的需要加以整理,作为宗地估价的基础。

基准地价修正体系包括：当地的基准地价（含土地级别划分、各种用途的基准地价表、基准地价修正系数表等）、土地增值收益（土地出让金）标准及影响土地使用权价格的区域因素、个别因素等资料。

（四）应用举例

某工业用地,使用年限为 50 年,占用面积 4 000m^2,容积率为 2,估价日期为 2009 年 6 月。经了解,所在区域基准地价为 200 元/m^2,制订日期为 2007

年，容积率为1。假设其他因素不需要修正，试测算该工业用地的地价。

经调查，该城市地价指数表如表3-1、表3-2所示。

表3-1 该市地价指数

年 度	2005年	2006年	2007年	2008年	2009年	2010年
地价指数	100	109	120	184	188	240

容积率修正系数表为：

表3-2 容积率修正系数

容积率	0.1	0.4	1.0	1.1	1.3	1.7	2.0	2.1
修正系数	0.5	0.6	1.0	1.1	1.3	1.7	1.8	1.9

计算：

$$P_i = P \times (1+K) \times D \times Y \times T$$
$$= 200 \times (1+0) \times (1.8/1.0) \times 1 \times (188/120)$$
$$= 564 （元/m^2）$$

该宗地地价 $= 564 \times 4\,000 = 225.6$（万元）

六、补偿价格法

（一）基本原理和公式

该方法属于成本法，是以开发前海域使用权价值和开发后追加费用总和为依据，确定开发后海域价值的一种估价方法。

基本公式为：$Pe = Peo + D + R + I$

式中，Pe——开发后海域使用权价值；

Peo——开发前海域初始价值；

D——海域开发费用；

R——海域开发合理利润；

I——开发利息。

（二）适用范围

海域使用权的评估可采用市场比较法、收益法、假设开发法、成本法、基准价格修正法、补偿价格法等估价方法。

补偿价格法主要用于新开发海洋估价，对于新开发尚难了解收益的滨海旅游、港口航运、修造船等用海均可采用此方法。

第三节　建设用地使用权评估实务与风险分析

一、评估工作要点

（一）评估调查

1. 确认权属

通过检查土地使用权的权属证明文件及附件，明确待估土地的登记状况、权利状况和利用状况。

（1）土地登记状况包括：土地位置、用途、四至、面积、土地级别、土地权属性质及权属变更等。

（2）土地权利状况包括：土地所有权、使用权、他项权利状况，以出让方式取得土地使用权的，要明确取得时间、出让金数额、批准使用年限、剩余使用年限和宗地使用的特殊限制等。

（3）土地利用状况包括：待估土地上的建筑物及其用途、建筑容积率、绿化率及待估土地的规划利用情况等。

2. 勘查现场

（1）查证核实地产基本项目，主要包括地产坐落位置、街道、街坊、地号、门牌号、土地面积、用途等是否与产权登记文件一致，地上建筑物的基本状况、内部装修及使用情况等。

（2）查勘土地实体状况，主要包括待估土地的位置、面积、用途、宽度、临街状况、深度、形状、地质、地形、地势、容积率、基础设施条件及利用现状等。

（3）调查周边环境状况，主要包括待估土地所在区域的区域概况（区域位置、人口、级别、经济发展、区域优势等）、交通条件（区域内公共交通状况、对外交通条件等）、基础设施条件（区域内供水、排水、供电、供暖、供气、通讯及学校、医院等配套设施的完善程度）、环境条件（区域人文环境和自然环境)、产业集聚状况、规划限制等。

3. 收集资料

(1) 土地权属资料。

包括《建设用地国有土地使用权证》(绿证、黄证)、《国有土地有偿出让(或转让)合同》、支付土地改良或受让费用的有关票据、当地政府有关部门下发的国家建设用地批准文件、建设规划许可证、用地规划许可证等证明权属的文件及附件。另外,划拨土地需要具有审批权的人民政府或土地行政管理部门同意抵押的批准文件。对于已出租土地,还须提供《土地租赁合同》;已部分抵押土地,还须提供《抵押合同》。

(2) 地价、地租资料。

(3) 地籍图。

(4) 建筑平面位置图。

(5) 市政管网图件及资料。

(6) 城镇规划图。

(7) 外部评估报告(如有),包括土地估价报告和土地估价技术报告两部分。

(8) 押品照片,照片须有押品全景,调查人入景。

(9) 其他土地使用权评估所需的资料。

4. 录入相关信息

(1) 在"押品档案"中录入押品基本信息。

(2) 如为我行认可的中介评估机构出具外部评估报告,需录入外部评估信息。

5. 扫描影像资料

影像资料具体包括以下四类:

(1) 权属资料[《抵(质)押物(权)价值评估流程管理办法》(工银办发[2008]130号)要求的有关权属资料]及他项权利的资料。如上述资料客户无法提供或缺失,应提供其他替代证明资料,如无法提供替代证明资料,应明确说明无法提供资料的原因及无法提供的资料名称。

(2) 现场勘察资料:包括评估现场调查表及押品实物照片。

(3) 外部评估资料:如有我行合作中介机构出具的评估报告,应包含技术评估报告在内一并扫描。

(4) 其他：其他必要的资料。

6. 发起评估申请

(二) 评估测算

1. 外评初审（如有）

对中介评估机构出具的评估报告进行形式审查和技术审查。

(1) 审查评估报告本身是否完整，有无漏项。完整的土地估价报告包括土地估价报告和土地估价技术报告两部分。土地估价报告包括摘要、估价对象界定、土地估价结果及其使用和附件四部分；土地估价技术报告包括总论、估价对象描述及地价影响因素分析、土地估价和附件四部分。

(2) 评估报告是否由具有土地评估资格的评估机构出具，并有法人代表签字，加盖公章。

(3) 估价人员资格。评估人员是否为土地估价师并在评估报告上签字盖章，且评估不少于2名土地估价师。

(4) 审查评估报告的合规性、评估范围与评估标的一致性、评估目的、方法、价值类型的匹配性、权属的完整性、评估结果的合理性等。

2. 价值测算

按照有关规定对押品价值进行初步测算，撰写测算报告。

(1) 选取评估方法。

应依据评估对象的自然特征和经济特性、评估时的市场条件及资料收集情况等因素选取适当的评估方法，在一项评估中所选方法一般不少于两种。

评估对象土地上无建筑物，可采用：

①市场比较法评估土地价格；

②收益还原法评估土地价格；

③采用市场比较法预估开发完成后不动产销售总价，再采用假设开发法扣减建筑成本、利润及税金等，计算土地价格；

④基准地价系数修正法评估土地价格。

评估对象土地上有建筑物，可采用：

①市场比较法评估土地价格；

②市场比较法评估整个不动产价格，扣除成本法评估的建筑物价格；

③从整个不动产收益中扣除建筑物收益得到土地纯收益，采用收益还原法评估土地价格；

④收益还原法评估整个不动产价格,扣除成本法评估的建筑物价格;

⑤采用假设开发法从不动产销售总价中扣除建筑物现值,计算土地价格;

⑥基准地价系数修正法评估土地价格。

(2) 确定主要参数。

评估中依据的参照价格一般包括土地、建筑物和房地产价格等。取价标准是指土地主管部门颁布的定额标准、费率、基准价格等。评估中运用的参数一般包括价格变动指数、折现指数、风险系数等。上述参照价格、取价标准、价格变动指数等依据一般出自政府机关、行业管理部门、开发商及公开媒体等,评估中要求选择使用在评估基准日时有效的价格信息和取价标准。

(3) 确定与验证评估结果。

检查整个估价过程,保证各个估价方法得出的试算价格准确且唯一,进而对不同的试算价格进行分析、调整,确定最后的估价结果。

①复审整个估价过程,确定引用的资料和分析方法所依据的逻辑程序是否明确、妥善、实际,并查证估价资料的准确性、广泛性和代表性。复审内容包括:分析方法和技巧是否得当,各类资料的分析与应用是否一致,所选的最高及最佳用途是否正确,估价过程中的逻辑程序及所用的方法是否能够有效推导出符合估价目的和用途的结论,估价过程的计算是否正确等。

②通过对每一试算价格形成过程的分析,判断估价结果与评估地产的吻合程度和适宜性,以衡量各试算价格的相对重要性、可用程度及可靠性,据此对各试算价格进行增值或减值的调整。

③根据适宜性判断每一种估价方法是否与其估价目的、用途相配合,在确定最后估价结果时,应以最适宜的估价方法计算的结果为主。

④通过对资料、各种估价方法的估计、交易实例价格调整准确程度确定估价的准确性,在确定估价结果时,应重视较有把握的试算结果。

⑤根据估价资料、对象、目的、方法、估价原则及各试算价格的客观分析,结合估价者的经验判断,对各试算价格进行调整,确定最后估价结果。确定方法主要有五种:

一是各试算价格的算术平均值:

$$V = (V_1 + V_2 + \cdots + V_n)/n$$

式中:V_1,V_2,$\cdots$,V_n 为试算出的 n 个价格。

二是各试算价格的加权平均数:

$$V = (V_1f_1 + V_2f_2 + \cdots + V_nf_n) / (f_1 + f_2 + \cdots + f_n)$$

式中：f_1，f_2，…，f_n 依次为 V_1，V_2，…，V_n 的权数。

三是各试算价格的中位数：

将计算出的所有价格按大小顺序排列，当项数为奇数时，取其中项为中位数；当项数为偶数时，以中间两项的平均数为中位数。

四是各试算价格的众数：

在计算出的所有价格中，以价格相同项数最多的为众数。

五是以一种估价方法计算出的价格为主，其他估价方法计算出的价格仅供参考。

此外，还应依据估价人员的经验、对市场行情的看法及一些地产价格的因素情况，最终综合评估出估价结果。

(三) 评估审查

1. 权利限制条件审查

审查是否存在未支付的土地价款、出让金（历史遗留问题）、相关税费及影响评估价值的不利因素。如果土地是因企业改制而取得，须了解土地以哪种类型（商业、工业、住宅）缴纳出让金。

2. 实物状况审查

了解土地类型和影响土地评估价值的因素，是否按照以下内容分析影响土地评估价值的因素：

（1）居住类用地。

①一般因素：地理位置及与经济发展的关系、人口数量与家庭规模、城市发展与公共设施建设、居民生活方式，地区经济增长、财政金融状况与利率水平、交通体系、物价工资与就业水平、住宅的供给与需求、住宅的租价比、土地利用规划与管制、建筑规划与管制、房地产租金与税收政策、住宅政策等。

②区域因素：距社会经济活动中心的距离，道路状况与交通便捷程度，市政基础与公共配套设施，城市规划限制，社区规模功能与安全保障，周边环境与景观、噪声、空气污染及与危险设施或污染源的临近程度，发生水、风、地震等自然灾害的概率，邻里的社会归属文化程度与生活方式等。

③个别因素：地形、地质与地势，日照、通风与干湿，宽度、深度、面积与形状，临街状况，邻接道路等级与通达性，与交通设施的距离，与商业设施、公共设施及公益设施的接近程度，与危险设施及污染源的接近程度，相邻

土地利用、给排水、电热气暖等通达及保证程度、通风、眺望、土地开发程度（宗地内外），宗地控制性详规（建筑高度、建筑密度、建筑式样、容积率等）、地上建筑物的成新度，土地使用年限等。

（2）商服类用地。

①一般因素：地理位置及相互关系、气候条件（自然），人口数量与家庭规模、城市发展与公共设施建设、居民生活方式（社会），城市的性质职能与国际化程度、地区经济增长、财政金融状况与利率水平、交通体系、物价工资与就业水平、产业结构与第三产业（特别是商业服务业、旅游业）发展前景等（经济），土地利用规划与管制、建筑规划与管制、房地产租金与税收政策（行政）。

②区域因素：宗地区位、商务设施的种类规模与集聚度、辐射范围及客流的数量与质量、商业繁华程度及其发展趋势、经营类别的差异性与竞争性、交通便捷程度、人文环境与公共设施、规划限制等。

③个别因素：地形、地势、地质，日照，通风与干湿，面积、形状及宽深比，临街状况及通达性，与商业中心的接近性，与客流的适应性，相邻不动产的使用状况，给排水、电力、气热等的供给，宗地使用现状及规划利用限制等。

（3）工业、仓储类用地。

①一般因素：地理位置及相互关系、气候条件（自然），城市发展与公共设施建设（社会），地区经济增长、财政金融状况与利率水平、交通体系、产业政策产业结构与技术创新、物价工资与就业水平（经济），城市土地利用规划、房地产租金与税收政策（行政）。

②区域因素：与原料消费市场的位置关系、道路状况与交通运输设施、基础设施（水、电、气、热等）供给及其费用、相关产业的配套与集聚状况、自然条件和规划限制、水空气及噪音的污染与管制等。

③个别因素：地形与地势、地质与水文条件、宗地面积、邻接道路的宽度等级及通达性、与干路及主要交通运输设施的位置关系、电力燃气热力给排水的通达与供给、土地使用限制等。

3. 对当地类似地产市场行情及特征审查

了解当地类似地产市场行情及特征，分析类似地产过去、现在的市场行情和未来发展趋势等，分析估价对象的历史背景、周围环境景观和其他影响自身市场的情况等。

4. 评估方法、评估作价依据及评估参数审查

审查评估方法是否适当，测算报告的逻辑性是否一致，评估数据及依据是否客观、有效、充分，计算公式是否正确无误，测算结果是否合理、客观。

5. 地价确定的理由

说明对不同估价方法结果进行增值或减值调整的原因，对采用平均值、众数或以其中某一种价格为最终宗地地价的，应解释其地价确定方法选择的依据。

如评估方法选择采用基准地价系数修正法，最终估价结果必须考虑基准地价系数修正法的评估结果。

6. 估价结果审查

估价人员应从估价资料、估价方法、估价参数指标等的代表性、适宜性、准确性方面，对各试算价格进行客观分析，并结合估价经验对各试算价格进行判断，衡量估价结果是否客观、准确。

（四）评估审定

（1）核实评估流程的合规性。

（2）确认评估参数和方法选择的合理性。

（3）认定押品最终评估值。

二、评估中常见问题

（一）评估调查

（1）核实押品范围，避免涉案，存在产权纠纷或不属于押品的资产纳入押品评估范围。

（2）核实产权证明文件内容是否与会计账目一致，如果不一致，须查明原因。

（3）押品档案中录入的押品基本信息应与事实相符，并与相关押品影像资料核对一致。

（二）评估测算与审查

1. 市场比较法

（1）应考虑所有差异的项目，加以适当修正。

(2) 查证比较实例资料的准确性，防止参照物运用不当。

(3) 修正系数的选择应符合规定，原则上每一单项修正不超过20%，综合修正不超过30%，防止选取不当造成评估失真。

2. 收益还原法

(1) 纯收益应以客观收益为基础，而不能以实际收益为依据。

(2) 总费用应是客观费用，对于非正常支出，应从总费用中剔除。

(3) 资本化率大小同投资风险大小成正相关的关系，资本化率应高于银行存款利息率，一般情况下，房屋的资本化率要高于土地的资本化率。

3. 成本逼近法

(1) 不应漏记成本组成项目。

(2) 利用自有资金投资土地也要计算利息。

(3) 土地取得费和土地开发费因投入时间和占用时间不同计算利息时要区别对待。

(4) 以行业平均利润率为基准，结合实际开发情况确定合理利润。

4. 假设开发法

预计不动产总价和开发费用时应客观准确，以提高评估结果的准确性。

5. 基准地价系数修正法

(1) 各地政府规定的基准地价内涵可能不一致。

(2) 各地基准地价规定的土地使用权适用年限可能不一致。

(3) 各地的基准地价不一定适合现状，应对其进行时间因素修正。

三、抵押风险及变现能力分析

(一) 抵押风险

(1) 明确地价款是否交清。若分期或延期交付，需计算利息，并在抵押价值中扣除。

(2) 明确拆迁安置情况。核实拆迁安置是否完毕，拆迁安置费用是否已付清。若拆迁安置未完成，拆迁安置费用未付清，则应在抵押价值中扣除。

(3) 明确场地平整情况。应核实红线外市政基础设施条件和红线内市政条件及场地平整情况。若市政基础设施条件不好，则应在抵押价值中扣除尚未投入配套的市政配套费用。

(4) 注意项目是否有限制条件。如欠缴土地出让金，则在抵押和转让时需补交出让金。

（5）注意是否是闲置土地，闲置时间是否超过两年。按法律规定，出让土地闲置超过两年，政府有权无偿收回。对于闲置时间较长的或贷款还款迟于规定的两年闲置期限时间的土地抵押，原则上应要求开发商办理延期手续。

（6）注意土地剩余年限。出让土地是有年限的，随着土地剩余使用年限的减少，土地价值也会减少。

（7）确定集体土地使用权价值时需谨慎，一般只考虑房屋的现值，不考虑地价因素。

（二）变现能力分析

变现能力是指假定在估价时点实现抵押权时，在没有过多损失的条件下，将抵押地产转换为现金的可能性。抵押地产变现能力分析具体包括：

1. 市场变现风险

（1）评估对象土地上无建筑物，应考虑评估土地如存在用途特定，大宗土地及土地分割抵押情况导致其变现能力受到的影响。

（2）评估对象土地上有建筑物，应考虑房地产的通用性，独立使用性或可分割转让性导致的房地产的变现能力受到的影响。

2. 变现价值差异

假定在估价时点拍卖或变卖抵押地产时最可能实现的价格与评估的市场价值的差异程度。

3. 变现速率

抵押地产变现的时间长短。

4. 变现费用

抵押地产变现时发生的相关费用及税金的种类、数额。

5. 清偿顺序

抵押地产的法定优先受偿权及同一地产上设定多个抵押权时，我行抵押权的登记顺序。

四、土地使用权评估时需关注的其他方面

（一）法定优先受偿款

土地使用权的估价结果应扣除法定优先受偿款，包括划拨土地须补交的

土地出让金，发包人拖欠承包人的建筑工程价款，已抵押担保的债权数额等。

（二）划拨土地使用权的评估

评估划拨土地使用权时，应根据所运用的评估方法对土地使用权出让金做不同的处理。采用市场比较法评估时，评估结果应扣减土地使用权出让金；采用成本逼近法评估时，不应加入土地使用权出让金。

（三）收购储备土地的评估

《土地储备管理办法》规定："政府储备土地设定抵押权，其价值按照市场评估价值扣除应当上缴政府的土地出让收益确定。"

市场评估价值的评估基础（用地条件）应区分不同的情况进行界定：如储备用地规划用途为商品房性质，且规划指标详细的情况下，可界定为规划条件下的市场评估价值；如储备用地规划用途为公益事业或无直接经济收益的情况下，可界定为现状条件下的市场评估价值。

土地出让收益，应根据各地不同的规定分析确定。

（四）土地增值税

1993年12月国务院发布《中华人民共和国土地增值税暂行条例》，1995年1月财政部颁布《中华人民共和国土地增值税暂行条例实施细则》，决定自1994年1月1日起在全国开征土地增值税，后国家税务局要求自2007年2月1日起对房地产开发企业实施土地增值税清算工作。对于市场价值而言，土地增值税对价值评估本身并不产生直接影响。但是会直接影响房地产开发商的预期利润，进而间接地影响房地产的市场交易价值和市场预期价值。

五、案例

（一）市场比较法

估价对象概况：待估宗地位于CC市二道区东盛大街××号，吉林大路以北。四至：东至民丰大街，西至住宅区，北至同兴路，南至荣光路，临交通次干道，交通较为便捷。估价对象规划用途为住宅用地，土地级别为五级，面积31 046.73平方米，地势平坦，承载力较高，规划容积率为1.8，开发程度为"七通一平"。试估算待估宗地2011年3月1日的市场价格。

计算公式为：

$$评估宗地价格 = 比较案例宗地价格 \times \frac{评估宗地交易情况指数}{比较案例宗地交易情况指数} \times$$

$$\frac{评估宗地估价期日地价指数}{比较案例宗地交易日期地价指数} \times \frac{评估宗地区域因素条件指数}{比较案例宗地区域因素条件指数} \times$$

$$\frac{评估宗地个别因素条件指数}{比较案例宗地个别因素条件指数}$$

1. 各比较案例概况

【案例 A】

该地块四至：现状路以东、住宅以南、住宅以西、十三局中心医院以北，用途为商住，用地面积 5 250 平方米，土地级别为五级商住用地，使用年期为 50 年。于交易日期 2010 年 12 月的基础设施开发程度达到宗地红线外"七通"（即通路、供电、供水、排水、通信、供暖、供气）及红线内"地面平整"的市场价格为 4 210 元/m²。

【案例 B】

该地块四至：道路以东、道路以南、福安街以西、吉林大路以北，用途为商住，用地面积 64 591 平方米，土地级别为五级商住用地，使用年期为 50 年。于交易日期 2010 年 11 月的基础设施开发程度达到宗地红线外"七通"（即通路、供电、供水、排水、通信、供暖、供气）及红线内"地面平整"的市场价格为 4 110 元/m²。

【案例 C】

该地块四至：安华美郡以东，东南湖大路以南，东环城路以西，威海路以北，用途为商住，用地面积 32 507 平方米，土地级别为五级商住用地，使用年期为 50 年。于交易日期 2010 年 8 月的基础设施开发程度达到宗地红线外"七通"（即通路、供电、供水、排水、通信、供暖、供气）及红线内"地面平整"的市场价格为 4 090 元/m²。

2. 比较因素条件说明表（见表3-3）

表3-3 比较因素条件说明

项 目		待估宗地	实例A	实例B	实例C
位置		二道区东盛大街	现状路以东,住宅以南,住宅以西,十三局中心医院以北	道路以东,道路以南,福安街以西,吉林大路以北	安华美郡以东,东南湖大路以南,东环城路以西,威海路以北
交易价格（元/m²）		待估	4 210	4 110	4 090
土地设定用途		住宅	商住	商住	商住
交易日期		2011.03	2010.12	2010.11	2010.08
交易情况		正常	正常	正常	正常
土地使用年限（年）		70	50	50	50
土地级别		五级	五级	五级	五级
价格类型		出让	出让	出让	出让
区域因素	交通 区域路网条件	好	较好	较好	一般
	交通条件	发达	较发达	较发达	一般
	相邻道路状况	临次干道	临次干道	临次干道	临次干道
	基础设施状况	"七通一平"	"七通一平"	"七通一平"	"七通一平"
	公用设施	好	好	好	好
	周围土地利用类型	商住	商住	商住	商住
	商服繁华度	一般	一般	一般	一般
	环境优劣度	无污染	无污染	无污染	无污染
个别因素	宗地形状	较规则	较规则	较规则	较规则
	面积（平方米）	31 046.73	5 250	64 591	57 297
	容积率	小于2	小于3.4	小于1.8	小于3
	地势	平坦	平坦	平坦	平坦
	目前规划限制	无限制	无限制	无限制	无限制

3. 确定比较因素条件指数

（1）土地设定用途。

评估宗地为住宅用地，比较案例均为商住用地，本次评估根据各评估宗地的用途的差异修正5%。

(2) 地价指数。

以2010年8月为基期,调查CC市住宅用地市场发展动态情况,从2010年8月至2011年3月,评估宗地和比较案例所在区域住宅用地地价无明显上涨,故不进行地价指数修正。

(3) 使用年限指数。

土地使用年限指数公式为:

$$K_{70} = 1 - 1/(1+8\%)^{70} = 0.9954$$
$$K_{50} = 1 - 1/(1+8\%)^{50} = 0.9787$$

(4) 土地级别。

评估宗地为五级住宅用地,比较案例均为五级商住用地,所以不进行土地级别修正。

(5) 区域因素和个别因素修正指数。

以评估宗地的影响因素修正指数为100,综合分析因素对地价的影响程度,确定比较案例各因素的修正指数。

①区域路网条件:住宅用地地价与区域路网条件的发达程度为正向关系,将区域路网条件定为好、较好、一般、较差、差,每相差一个级别修正3%或2%。评估宗地与比较案例有差别,故作差异修正。

②交通条件:将交通条件分为便捷、较便捷、一般、较差、差,每相差一个级别修正3%或2%,评估宗地与比较案例有差别,故作差异修正。

③相邻道路状况:将相邻道路状况定为好、良好、一般、较差、差,每相差一个级别修正3%。评估宗地与比较案例均为良好,不作修正。

④基础设施状况:按照对商业用地地价的影响程度,每增加一通,条件指数增加2%,本次评估宗地与比较案例均为红线外"七通",不作修正。

⑤公用设施:评估宗地和比较案例公用设施状况相同,不作修正。

⑥周围土地利用类型:评估宗地和比较案例条件相同,不作修正。

⑦商服繁华度:按照区域商业规模和企业间协作程度,将商服繁华度定性为优、较优、一般、较劣、劣,每相差一个级别修正3%,评估宗地与比较案例均为一般,不作修正。

⑧环境优劣度:将环境条件定性为有严重污染、有较重污染、有一定污染、无污染,本次评估宗地与比较案例均无污染,不作修正。

⑨宗地形状：分为规则、较规则、不规则、极不规则，本次评估宗地与比较案例均较规则，不作修正。

⑩面积：比较案例 A 的土地面积较小，不利于土地利用，因此修正 -1%。

⑪容积率：商业用地地价与容积率大小为正向关系，评估宗地与比较案例 B 的容积率较小，比较案例 A 和 C 的容积率适中，因此需要进行修正，本次评估条件指数修正3%。

⑫地势与地基承载力：分为平坦、较平坦、不平坦、极不平坦，本次评估宗地与比较案例均平坦，不作修正。

⑬规划限制：评估宗地和比较案例均无规划限制，不作修正。

4. 编制比较因素条件指数表（见表 3-4）

表 3-4 比较因素条件指数

项目			待估宗地（100）		
			实例 A	实例 B	实例 C
位置			100	100	100
土地设定用途			105	105	105
交易日期			100	100	100
交易情况			100	100	100
土地使用年限（年）			0.9787	0.9787	0.9787
土地级别			100	100	100
价格类型			100	100	100
区域因素	交通	区域路网条件	97	97	95
		交通条件	97	97	95
		相邻道路状况	100	100	100
	基础设施状况		100	100	100
	公用设施		100	100	100
	周围土地利用类型		100	100	100
	商服繁华度		100	100	100
	环境优劣度		100	100	100
个别因素	宗地形状		100	100	100
	面积		99	100	100
	容积率		103	100	103
	地势		100	100	100
	目前规划限制		100	100	100

5. 编制比较因素修正系数表（见表3-5）

表3-5 比较因素修正系数

项　目		待估宗地（100）		
		实例A	实例B	实例C
位置		100/100	100/100	100/100
土地设定用途		100/105	100/105	100/105
交易日期		100/100	100/100	100/100
交易情况		100/100	100/100	100/100
土地使用年限（年）		0.9954/0.9787	0.9954/0.9787	0.9954/0.9787
土地级别		100/100	100/100	100/100
价格类型		100/100	100/100	100/100
区域因素	交通 区域路网条件	100/97	100/97	100/95
	交通条件	100/97	100/97	100/95
	相邻道路状况	100/100	100/100	100/100
	基础设施状况	100/100	100/100	100/100
	公用设施	100/100	100/100	100/100
	周围土地利用类型	100/100	100/100	100/100
	商服繁华度	100/100	100/100	100/100
	环境优劣度	100/100	100/100	100/100
个别因素	宗地形状	100/100	100/100	100/100
	面积	100/99	100/100	100/100
	容积率	100/103	100/100	100/103
	地势	100/100	100/100	100/100
	目前规划限制	100/100	100/100	100/100
修正后比准价格		4 250.35	4 231.14	4 261.84

6. 因素修正及地价计算

将估价对象各项影响因素与比较实例的各项影响因素相比较，得到修正后的三个比准价格分别为：4 250.35 元/m^2、4 231.14 元/m^2和 4 261.84 元/m^2，以三个比准价格的算术平均数为评估结果，即 4 248 元/m^2。

点评：

1. 估价对象概况描述不全，缺土地取得方式和土地使用年期的描述；

2. 各比较案例概况描述不全，缺土地取得方式、交通状况和规划限制条件的描述；

3. 比较案例 A 的土地面积较小，对其的修正幅度略小；

4. 容积率修正理由不充分；

5. 未说明以比准价格的算术平均数作为评估结果的理由。

（二）成本逼近法

估价对象概况：待估宗地位于 CC 市朝阳区育民路 3999 号，东临企业用地，南临育民路，西临企业用地，北临规划路。土地为出让方式取得，面积 31 027 平方米，土地级别为工业六级，实际容积率为 0.58，实际开发程度为"七通一平"。估价对象土地使用权取得时间为 2007 年，终止日期为 2056 年 12 月 20 日。试估算待估宗地 2010 年 10 月 26 日的市场价格。

计算公式为：

$$成本逼近法 = 土地取得费 + 相关税费 + 土地开发费 + 利息 + 利润 + 土地增值收益$$

1. 土地取得费及相关税费

（1）土地类型和征地产值标准。

评估人员调查在估价基准日宗地附近区域农用地的类型和前三年平均亩产值标准情况，确定评估宗地的农用地类型为菜田，依据《CC 市人民政府关于公布 CC 市市区耕地平均年产值和征地补偿标准的通知》，确定菜田平均年产值为 5.00 元$/m^2$。

（2）土地补偿费及安置补助费。

调查近几年宗地所处区域土地补偿费和安置补助费情况，根据《JL 省土地管理条例》，结合 CC 市征地标准和征地案例，分别按前三年平均年产值的 10 倍和 15 倍计算。

$$土地补偿费 = 每亩补偿标准 \times 补偿倍数$$
$$= 5.00 \times 10$$
$$= 50.00（元/m^2）$$
$$安置补助费 = 每亩补偿标准 \times 补偿倍数$$

$$= 5.00 \times 15$$
$$= 75.00 \text{（元/m}^2\text{）}$$

（3）青苗补偿费。

评估宗地征地时视为有青苗，且 JL 省农作物多为一个栽培期。根据《JL 省土地管理条例》第××条规定"被征用的土地上有青苗的，用地单位应支付青苗补偿费，其标准为该作物一个栽培期的产值"来确定评估宗地青苗补偿费，按前三年平均年产值的 1 倍计算。

$$\text{青苗补偿费} = \text{每亩补偿标准} \times \text{补偿倍数}$$
$$= 5.00 \times 1$$
$$= 5.00 \text{（元/m}^2\text{）}$$

（4）新菜田开发建设基金。

评估宗地在征地前为菜田的，交纳新菜田开发建设基金。收取标准按照《CC 市基本农田保护条例》有关规定，按前三年平均年产值的 10 倍计算。

$$\text{新菜田开发基金} = \text{每亩补偿标准} \times \text{补偿倍数}$$
$$= 5.00 \times 10$$
$$= 50.00 \text{（元/m}^2\text{）}$$

（5）耕地占用税。

依据《JL 省耕地占用税实施办法》的规定，JL 省 CC 市该区域的核定标准为每平方米 35 元。

（6）防洪基础设施建设资金。

依据《JL 省防洪基础设施建设资金征收使用办法》，菜田防洪基础设施建设资金征收标准为 1.80 元/m²。

（7）用地管理费。

依据 JL 省《关于公布土地系统管理收费项目及标准的通知》及《关于公布 JL 省国有土地基准地价暂行标准及有关问题的通知》，用地管理费为 1 元/m²。

（8）征地管理费。

本次评估假设宗地的征地包干方式为全包方式，依据 JL 省《关于发布〈JL 省征地管理费实施细则〉的通知》第六条标准确定。

$$\text{征地管理费} = (\text{土地补偿费} + \text{安置补助费} + \text{青苗补偿费}) \times 4\%$$
$$= 130.00 \times 4\%$$
$$= 5.20 \text{（元/m}^2\text{）}$$

(9) 土地取得费及相关税费。

评估宗地的土地取得费主要包括土地补偿费、青苗补偿费、安置补助费、新菜田开发建设基金、耕地占用税、防洪基础设施建设资金、用地管理费及征地管理费。根据上述（2）至（8）步骤，将结果加总即为土地取得费。

土地取得费 =（2）+（3）+（4）+（5）+（6）+（7）+（8）
= 223.00（元/m²）

2. 土地开发费

依据 CC 市国土局对征用土地开发基础设施配套情况的调查和土地开发成本的测算，CC 市该区域内"七通一平"土地开发程度的土地开发费平均水平在 150 元/m² 左右，确定评估宗地"七通一平"的开发费用约为 150 元/m²。

3. 利息

土地取得费及相关税费在征地时一次支付，开发费为开发期内均匀投入。同评估宗地类似的宗地开发周期为一年。以评估基准日银行一年期贷款利息率（5.56%）作为土地开发的利息率（r），其中土地取得费用计息期为 1 年，土地开发费计息期为 0.5 年，以复利计息。

利息 = 土地取得费及相关税费 × $[(1+r)^1 - 1]$ +
　　　土地开发费 × $[(1+r)^{0.5} - 1]$
= 223.00 × $[(1+r)^1 - 1]$ + 150 × $[(1+r)^{0.5} - 1]$
= 33.83（元/m²）

4. 投资利润

通过调查 CC 市土地开发及评估设定行业投资状况，参考委托方及下属行业近几年的统计数据，净资产收益率大多在 15% 左右，故以 15% 作为评估宗地的土地开发投资回报率。

投资利润 =（土地取得费及有关税费 + 土地开发费）× 投资回报率
= （223.00 + 150）× 15%
= 55.95（元/m²）

5. 土地增值收益

通过调查 CC 市近几年土地收益情况，以及该区域所处区域位置，综合分析各种影响因素，本次评估土地增值收益率取 20%，则：

土地增值收益 =（土地取得费及相关税费 + 土地开发费 +

利息＋投资利润)×土地增值收益率
$$= (223.00 + 150 + 33.83 + 55.95) \times 20\%$$
$$= 92.56 （元/m^2）$$

6. 无限年期土地使用权价格

无限年期土地使用权价格＝土地成本价格＋土地增值收益
$$= 223.00 + 150 + 33.83 + 55.95 + 92.56$$
$$= 555.34 （元/m^2）$$

7. 价格修正与确定

（1）年期修正
$$K_1 = 1 - 1/(1+r)^n = 0.9713$$

其中：n 为评估基准日剩余使用年限为 46.15 年，因此待估宗地设定年期 46.15 年。

r 为土地还原利率，采用《CC 市人民政府关于公布实施 CC 市区基准地价等土地价格的通知》中的土地还原利率 8%。

（2）区位因素修正

根据待估宗地所在区域内的位置和宗地自身条件，进行因素修正后确定为具体宗地土地价格。区位因素修正的影响因素及其修正系数为 -8%，详见表 3-6。

表 3-6 区位因素修正

影响因素	因素说明	系　数
宗地边界与高一级别边界最短直线距离	大于 1 500 米	-0.1000
道路功能因素	一侧临街且为干道	-0.0100
公共交通便捷度	2 个站点	0.0000
周围土地利用类型	工业用地为主	-0.0200
宗地面积	31 027 平方米	0.0100
建筑容积率	0.58	0.0400
宗地红线外基础设施条件	七通一平	0.0000
合计		-0.0800

故：46.15 年宗地价格＝无限年期地价×
$$[1 - 1/(1+r)^{46.15}] \times (1 + 区位修正系数)$$
$$= 555.34 \times [1 - 1/(1+8\%)^{46.15}] \times (1 - 8\%)$$
$$= 496.2 （元/m^2）$$

点评：

1. 土地增值收益率的取值理由不充分。
2. 进行区位因素修正时，缺少土地利用方向的修正。

（三）假设开发法

估价对象概况：待估宗地位于 CC 市净月区 A 和 B 地块，东至丁六街，西至新城西街，南至规划路，北至金桔路。土地为出让方式取得，面积为 58 897 平方米，其中：住宅用地面积 50 062 平方米，配套公共服务设施用地面积 8 835 平方米，规划容积率≤2.5，土地用途为居住用地，附近有国家森林公园、长影世纪城等，环境质量较好，但生活、教育配套设施相对不太齐全。试估算待估宗地 2011 年 5 月 1 日的市场价格。

其计算公式为：

总地价 = 预计开发完成后房地产总价 − 成本费用 − 投资利息 − 投资利润 − 销售税金及费用 − 购买不动产应交税费

根据委托方提供的 CC 市规划局出具的《建设用地规划设计条件》（编号为［2011］×号）及附图所载，本次评估假设限制性条件如下：

①本项目的开发规模均在（规划建筑面积）10 ~ 20 万平方米，根据文件规定，地价计息期为 3.5 年，其他投资计息期为 2.5 年。

②投资利息率按估价基准日所在时期中国人民银行公布一年期贷款利率确定，利息按复利计算。

③本项目建造成本在项目开发周期内均匀投入。

④委估对象最佳用途 A 地块、B 地块均为居住用地。

⑤该项目建成后即销售完毕。

⑥设定 A 地块、B 地块规划居住用地中配套公共服务设施建筑面积占总建筑面积的 15%。

⑦设定 A 地块、B 地块建筑容积率均为 2.5。

1. 预计开发完成后房地产价格

经调查目前待估宗地所在地区同类用途物业的售价水平，类似的楼盘较多，可应用市场比较法评估当前市场价格。

（1）可比实例。

①××小区：位于净月区聚业大街与银杏路交汇处，土地使用权类型为出

让，建筑类别为多层住宅、联排别墅。周边有盛川农贸市场、净月商贸城、净月旅游购物中心、盛鼎综合商场、净月超市等生活配套设施，有东北师大附小、市实验中学、市工业大学信息学院、东北师大旅游学院、市税务学院等教育配套设施，有市月潭医院、市生殖保健医院等医疗配套设施，有工行、农村信用社等金融机构，有国家森林公园、长影世纪城等公共设施。区域内通102路、120路、轻轨等公交线路。住宅用房平均销售价格4 900元/m^2，商业用房平均销售价格6 600元/m^2。

②××城：位于净月区净月管委会南侧200米，土地使用权类型为出让，建筑类别为多层住宅。周边有净月商贸城、净月旅游购物中心、超市等生活配套设施，有市实验中学、二实验中学等教育配套设施，有市月潭医院、市生殖保健医院等医疗配套设施，有工行、农行、中国信合等金融机构，有净月潭国家森林公园、长影世纪城等公共设施。区域内通102路、103路、120路、160路等公交线路。住宅用房平均销售价格5 000元/m^2，商业用房平均销售价格6 800元/m^2。

③××花园：位于净月区聚业大街与柳莺东路交汇处，土地使用权类型为出让，建筑类别为多层住宅。周边有净月商贸城、净月旅游购物中心、超市等生活配套设施，有市实验中学、市第二十四中学等教育配套设施，有市月潭医院等医疗配套设施，有工行等金融机构，有国家森林公园、长影世纪城等公共设施。区域内通102路、120路、130路、轻轨等公交线路。住宅用房平均销售价格4 900元/m^2，商业用房平均销售价格6 700元/m^2。

根据调查的资料，编制因素条件说明表（见表3-7和表3-8）。

表3-7 因素条件说明（住宅）

项目名称	估价对象	案例A	案例B	案例C
用途	住宅	住宅	住宅	住宅
项目名称	A B	××小区	××城	××花园
坐落位置	东至丁六街 西至新城西街 南至规划路 北至金桔路	净月区聚业大街与银杏路交汇处	净月区净月管委会南侧200米	净月区聚业大街与柳莺东路交汇处

续表

项目名称		估价对象	案例A	案例B	案例C
交易价格（元/m²）		待求	4 900	5 000	4 900
交易日期		2011年6月	2011年6月	2011年6月	2011年6月
交易情况		市场平均价	市场平均价	市场平均价	市场平均价
区域个别因素	繁华程度	一般	较好	较好	较好
	交通条件	一般	一般	一般	一般
	环境质量	较好	较好	较好	较好
	配套设施	不齐全	较齐全	较齐全	较齐全
	未来发展前景	好	较好	较好	较好

表3-8　因素条件说明（商业）

项目名称		估价对象	案例A	案例B	案例C
用途		商业	商业	商业	商业
项目名称		A B	××小区	××城	××花园
坐落位置		东至丁六街 西至新城西街 南至规划路 北至金桔路	净月区聚业大街与银杏路交汇处	净月区净月管委会南侧200米	净月区聚业大街与柳莺东路交汇处
交易价格（元/m²）		待求	6 600	6 800	6 700
交易日期		2011年6月	2011年6月	2011年6月	2011年6月
交易情况		市场平均价	市场平均价	市场平均价	市场平均价
区域个别因素	繁华程度	一般	较好	较好	较好
	交通条件	一般	一般	一般	一般
	环境质量	较好	较好	较好	较好
	配套设施	不齐全	较齐全	较齐全	较齐全
	未来发展前景	好	较好	较好	较好

（2）修正系数及说明。

①住宅房地产修正系数及说明。

可比案例A、B、C均为2011年6月销售的平均价格，故不作期日修正、交易情况修正。待估宗地其繁华程度、配套设施均劣于可比实例，综合分析，繁华程度、配套设施修正系数均为2%，待估宗地其未来发展前景优于可比实例，综合分析，未来发展前景修正系数均为-5%，其他因素同估价对象，因此不作系数修正。详见表3-9、表3-10。

表3-9 因素修正指数（住宅）

项目名称		估价对象	案例A	案例B	案例C
单价（元/m²）		待求	4 900	5 000	4 900
交易日期修正		100	100	100	100
交易情况修正		100	100	100	100
区域个别因素	繁华程度	100	102	102	102
	交通条件	100	100	100	100
	环境质量	100	100	100	100
	配套设施	100	102	102	102
	未来发展前景	100	95	95	95

表3-10 因素修正系数（住宅）

项目名称		估价对象	案例A	案例B	案例C
单价（元/m²）		待求	4 900	5 000	4 900
交易日期修正		100	100/100	100/100	100/100
交易情况修正		100	100/100	100/100	100/100
区域个别因素	繁华程度	100	100/102	100/102	100/102
	交通条件	100	100/100	100/100	100/100
	环境质量	100	100/100	100/100	100/100
	配套设施	100	100/102	100/102	100/102
	未来发展前景	100	100/95	100/95	100/95
修正价格（元/m²）		—	4 957	5 058	4 957

②商业房地产修正系数及说明。

可比案例A、B、C均为2011年6月份销售的平均价格，故不作期日修正、交易情况修正。待估宗地其繁华程度、配套设施均劣于可比实例,综合分析,繁华程度、交通条件、配套设施修正系数均为2%,待估宗地其未来发展前景优于可比实例,综合分析,未来发展前景修正系数均为 -5%,其他因素同估价对象,因此不作系数修正。详见表3-11、表3-12。

表3-11 因素修正指数(商业)

项目名称		估价对象	案例A	案例B	案例C
单价(元/m²)		待求	6 600	6 800	6 700
交易日期修正指数		100	100	100	100
交易情况修正		100	100	100	100
区域个别因素	繁华程度	100	102	102	102
	交通条件	100	100	100	100
	环境质量	100	100	100	100
	配套设施	100	102	102	102
	未来发展前景	100	95	95	95

表3-12 因素修正系数(商业)

项目名称		估价对象	案例A	案例B	案例C
单价(元/m²)		待求	6 600	6 800	6 700
交易日期修正指数		100	100/100	100/100	100/100
交易情况修正		100	100/100	100/100	100/100
区域个别因素	繁华程度	100	100/102	100/102	100/102
	交通条件	100	100/100	100/100	100/100
	环境质量	100	100/100	100/100	100/100
	配套设施	100	100/102	100/102	100/102
	未来发展前景	100	100/95	100/95	100/95
修正价格(元/m²)		—	6 677	6 879	6 778

(3)确定当前房地产平均销售价格。

通过测算后分别得到三个比准价格,因三个比准价格差异不大,故取三个结果的简单算术平均数作为待估宗地当前的房地产平均销售价格。则：

住宅房地产平均销售价格 = (4 957 + 5 058 + 4 957)/3
= 4 990（元/m²）

商业房地产平均销售价格 = (6 677 + 6 879 + 6 778)/3
= 6 778（元/m²）

(4) 预测开发完成后房地产价格。

由于CC市社会经济的稳定发展和土地使用制度的不断完善，近年来该市房地产价格保持了稳定增长势头。待估宗地所在区域处于开发建设期，随着交通、市政配套等生活条件的改善和居住规模的扩大，居住房地产价格会有所上升，但走势趋缓。本项目设定开发建设周期为3.5年，且在建成后即销售完毕，因此，预测开发完成后住宅房地产平均销售价格为5 000元/m²、商业房地产平均销售价格为6 800元/m²。

因待估宗地A地块、B地块为相邻的两宗地，且宗地面积接近，规划指标均相同，因此A地块、B地块地价应相同，故以A地块测算过程为例。

2. 建筑物建造成本费用

(1) 建筑安装成本。

待估宗地A地块设定容积率为2.5，根据《CC市区国有土地使用权价格评估暂行规则（试行）》的规定，规划容积率2.5~3的住宅，建筑安装平均成本按1 400元/m²估算；规划容积率2以下的公建，建筑安装成本按1 500元/m²计算，规划容积率每增加1，建筑安装成本增加10%。则：

住宅建筑安装成本按1 400元/m²计算；

公建建筑安装成本 = 1 500 × (1 + 5%) = 1 575（元/m²）

(2) 专业费。

根据《CC市区国有土地使用权价格评估暂行规则（试行）》的规定，专业费包括设计费、市场调查费、广告费等，按建筑安装成本的5%计算。则：

住宅专业费 = 1 400 × 5% = 70（元/m²）

公建专业费 = 1 575 × 5% ≈ 79（元/m²）

(3) 装修费。

根据《CC市区国有土地使用权价格评估暂行规则（试行）》的规定，住宅不计算装修费，公建按建筑安装成本的50%~80%计算装修费。结合待估宗地的周边配套、规划的建筑规模，本次评估公建装修费按建筑安装成本的50%计

算,则:

$$公建装修费 = 1\,575 \times 50\% \approx 788\,(元/m^2)$$

(4) 配套费。

根据《CC 市区国有土地使用权价格评估暂行规则(试行)》的规定计算配套费:住宅配套费为 495 元/m²,商业配套费为 515 元/m²。

(5) 不可预见费。

根据《CC 市区国有土地使用权价格评估暂行规则(试行)》的规定,不可预见费按建筑安装成本的 5% 计算,则:

$$住宅不可预见费 = 1\,400 \times 5\% = 70\,(元/m^2)$$
$$公建不可预见费 = 1\,575 \times 5\% \approx 79\,(元/m^2)$$

建筑物建造成本合计如下:

住宅为 2 035 元/m²;公建为 3 036 元/m²。

3. 投资利息

根据《CC 市区国有土地使用权价格评估暂行规则(试行)》的规定,房地产开发规模 10 万~20 万平方米,地价计息期为 3.5 年,其他投资计息期为 2.5 年。投资利息率按估价基准日所在时期中国人民银行公布一年期贷款利率 6.31% 确定,利息按复利计算。投资利息为:

$$住宅投资利息 = 建筑物建筑成本 \times [(1+6.31\%)\,2.5-1] +$$
$$楼面地价 \times [(1+6.31\%)\,3.5-1]$$
$$\approx 336\,元/m^2 + 0.2388 \times 楼面地价$$

$$公建投资利息 = 建筑物建筑成本 \times [(1+6.31\%)\,2.5-1] +$$
$$楼面地价 \times [(1+6.31\%)\,3.5-1]$$
$$\approx 502\,元/m^2 + 0.2388 \times 楼面地价$$

4. 开发利润

根据《CC 市区国有土地使用权价格评估暂行规则(试行)》的规定,开发总利润按房地产总收入的 10% 确定。则:

$$住宅开发利润 = 5\,000 \times 10\% = 500\,(元/m^2)$$
$$公建开发利润 = 6\,800 \times 10\% = 680\,(元/m^2)$$

5. 销售税金及费用

商品房销售过程中支出的税金主要为营业税及其附加,销售费用主要为广告、销售代理、测绘、产权证、交易手续等费用。

(1) 销售税金：营业税及其附加一般为房地产销售收入的 5.5%。
(2) 销售费用：目前该市商品住宅的销售费用一般为 2%~4%，考虑到估价对象的规模和市场状况，销售费用取售价的 2%。
销售税费合计为：

$$住宅销售税费 = 5\,000 \times (5.5\% + 2\%) = 375\,(元/m^2)$$
$$公建销售税费 = 6\,800 \times (5.5\% + 2\%) = 510\,(元/m^2)$$

6. 购买不动产应交税费

根据《CC 市区国有土地使用权价格评估暂行规则（试行）》的规定，购买该地块的税费按契税 5% 计算，即 0.05×楼面地价。

7. 楼面地价

$$楼面地价 = 预计开发完成后房地产总价 - 成本费用 - 投资利息 - 投资利润 - 销售税金及费用 - 购买不动产应交税费$$

住宅楼面地价 = 5 000 - 2 035 - (336 + 0.2388×楼面地价) - 500 - 375 - 0.05×楼面地价) = 1 754 - 0.2888×楼面地价
≈ 1 361（元/m²）

公建楼面地价 = 6 800 - 3 036 - (502 + 0.2388×楼面地价) - 680 - 510 - 0.05×楼面地价) = 2 072 - 0.2888×楼面地价
≈ 1 608（元/m²）

8. 土地总地价

$$土地单价 = 楼面地价 \times 容积率$$

委托方提供的 CC 市规划局出具的《建设用地规划设计条件》[编号为（2011）×××号]及附图所载，待估宗地 A 地块规划容积率≤2.5，本次评估设定待估宗地容积率为 2.5。则：

住宅土地单价 = 1 361 × 2.5 ≈ 3 403（元/m²）
公建土地单价 = 1 608 × 2.5 = 4 020（元/m²）

9. 综合地价

根据委托方提供的××市规划局出具的《建设用地规划设计条件》[编号为（2011）×××号]及附图、××市国土测绘院出具的《用地图》（街坊号为×××）所载，A 地块拟出让土地总面积 58 896 平方米，居住用地中配套公共服务设施建筑面积占总建筑面积的 5%~15%，根据最高最佳使用原则，本次评估取上限 15%。则：住宅用地面积为 50 062 平方米，配套公共服务设施用地面积为 8 835 平方米。

$$住宅总地价 = 50\ 062 \times 3\ 403/10\ 000 = 17\ 036.0986（万元）$$
$$公建总地价 = 8\ 835 \times 4\ 020/10000 = 3\ 551.6700（万元）$$
$$总地价 = 17\ 036.0986 + 3\ 551.6700 = 20\ 587.7686（万元）$$
$$综合地价 = 20\ 587.7686/58\ 896 \times 10\ 000 \approx 3\ 496（元/m^2）$$

同理，B 地块综合地价为 3 496（元/m^2）。

点评：

（1）估价对象概况描述不全，缺少土地级别、土地开发程度的描述。

（2）投资利息率应按估价时点正在执行的同期贷款利率确定，即 3～5 年期贷款利率而非一年期贷款利率确定。

（四）基准地价系数修正法

估价对象概况： 待估宗地位于 CC 市朝阳区育民路 3999 号，东临企业用地，南临育民路，西临企业用地，北临规划路。土地为出让方式取得，面积 31 027 平方米，土地级别为工业六级，实际容积率为 0.58，实际开发程度为"七通一平"。估价对象土地使用权取得时间为 2007 年，终止日期为 2056 年 12 月 20 日。试估算待估宗地 2010 年 10 月 26 日的市场价格。

计算公式为：

$$V = V_{1b} \times (1 \pm \sum K_i) K_1 \times K_2 \pm K_3$$

式中，V——待估宗地价格；

　　　　V_{1b}——某一用途土地在某一土地级别上的基准地价；

　　　　$\sum K_i$——综合修正系数；

　　　　K_1——期日修正系数；

　　　　K_2——土地使用年期修正系数；

　　　　K_3——土地开发程度修正额。

1. 基准地价成果介绍及内涵

根据《CC 市人民政府关于公布实施 CC 市区基准地价等土地价格的通知》，CC 市城区基准地价分商业、住宅、工业三种用途。

基准地价内涵：基准日 2008 年 9 月 1 日；土地开发程度：一至六级为宗地红线外七通（通路、供水、排水、供热、供电、通信、供气）和宗地红线内场地平整；设定容积率：一至六级工业用地平均容积率为 1；设定土地使用权年限：工业用地国有土地使用权出让年限为50年。

地价构成：基准地价是指完成土地开发等基础设施建设，已经"通平"的土地使用权价格，包括土地取得费、开发费和出让金，不包含城市基础设施配套费。

2. 确定待估宗地土地级别及基准地价

根据待估宗地的具体位置及××市区工业用地级别基准地价图，确定待估宗地所在土地级别工业六级，基准地价为384元/m²。

3. 确定期日修正系数（K_1）

本次评估的估价基准日为2010年10月26日，基准地价所对应的基准日与本次评估基准日不一致。根据中国城市地价动态监测系统公布的××市地价增长率及××市国土资源厅公布的相关数据，分析待估宗地所在区域的工业用途的地价及相同类型土地价格的变化情况，综合确定自2008年9月1日至评估基准日该区域的工业用地地价约上涨8.6%。因此，确定待估宗地期日修正系数为1.086。

4. 影响因素及修正系数

编制待估宗地地价因素及修正系数说明表、地价影响因素条件系数修正表，见表3-13、表3-14。

表3-13 ××市工业用途地价因素说明及修正系数说明

影响因素		修正系数说明						
宗地边界与高一级别边界最短直线距离（米）	因素	<200	≥200,<400	≥400,<600	≥600,<800	≥800,<1 100	≥1 100,<1 500	≥1 500
	系数	0.12	0.07	0.03	0	-0.03	-0.07	-0.1
道路功能及通达条件因素划分	因素	三侧临街且两侧临干道	两侧临街且两侧临干道	三侧临街且一侧临干道	两侧临街且一侧临干道	一侧临街且为干道	两侧临街不临干道	一侧临街不临干道
	系数	0.03	0.02	0.01	0	-0.01	—	-0.02
公共交通条件	因素	4个公交站点以上	3个公交站点以上	2个公交站点以上	1个公交站点以上	无以下公交站点	—	—
	系数	0.02	0.01	0	-0.01	-0.02	—	—
周围土地利用类型	因素	商业用地为主	住宅用地为主	办公用地或公共设施用地为主	工业、仓储、交通、绿地用地为主	其他	—	—
	系数	0.09	0.04	0	-0.02	-0.04	—	—

续表

影响因素		修正系数说明						
宗地面积条件（平方米）	因素	50 000 以上	20 000 ~ 50 000	20 000 ~ 10 000	5 000 ~ 10 000	5 000 以下	—	—
	系数	0.02	0.01	0	-0.01	-0.02	—	—
容积率	容积率	0.2 以下	0.2 ~ 0.3	0.3 ~ 0.4	0.4 ~ 0.5	0.5 ~ 0.6	0.6 ~ 0.7	0.7 ~ 0.8
	系数	0.2	0.16	0.12	0.08	0.04	0	-0.04
	容积率	0.8 ~ 0.9	0.9 ~ 1.0	1.0 ~ 1.2	1.2 以上	—	—	—
	系数	-0.08	-0.12	-0.16	-0.2	—	—	—
土地开发程度	因素	七通一平	六通一平	五通一平	四通一平	三通一平	—	—
	系数	0	-0.02	-0.4	-0.07	-0.10	—	—
土地利用方向	因素	工业企业办公	工业仓储用地	其他用地	工业用地	—	—	—
	系数	0.1	0	-0.1	-0.3	—	—	—

表 3-14 待估宗地地价影响因素条件系数修正

影响因素	因素说明	系数
宗地边界与高一级别边界最短直线距离	大于 1 500 米	-0.1000
道路功能因素	一侧临街且为干道	-0.0100
公共交通便捷度	2 个站点	0.0000
周围土地利用类型	工业用地为主	-0.0200
宗地面积	31 027 平方米	0.0100
建筑容积率	0.58	0.0400
土地开发程度	七通一平	0.0000
合计		-0.0800

5. 确定土地使用权年期修正系数（K_2）

待估宗地设定年期是 46.15 年，与基准地价所对应的年期不一致，故需作年期修正。

$$K_{46.15} = 1 - 1/(1 + 8\%)^{46.15} = 0.9713$$

$$K_{50} = 1 - 1/(1 + 8\%)^{50} = 0.9787$$

$$K_2 = 0.9713/0.9787 = 0.9925$$

6. 确定土地开发程度修正额（K_3）

由于待估宗地设定的开发程度为"七通一平"，与基准地价设定的开发程度一致，所以无须进行开发程度修正。

7. 确定待估宗地地价

$$\text{宗地地价} = V_{1b} \times (1 \pm \sum Ki) K_1 \times K_2 \pm K_3$$
$$= 384 \times (1 - 8\%) \times 1.086 \times 0.9925 + 0 = 381 \text{（元/m}^2\text{）}$$

点评：

1. 未进行土地利用方向修正；
2. 土地还原利率8%未说明取值依据；
3. 土地开发程度重复修正。

第四章
收费权评估方法与实务

收费权概念及特点,收费权质押概念,公路收费权概念及特点。

收费权质押存在的法律风险,农村电网建设与改造工程电费收益权质押相关规定,公路收费权基本评估方法。

收益法评估公路收费权。

第一节 概　述

一、收费权概念及特点

收费权,又称"收费经营权",是政府特许权的一种,是经政府有权部门批准,允许某公司在一定年限内收取特定费用的收费许可权。收费权具有以下特点:一是属于权利类无形资产,依附于有形资产之上;二是具有无形性、效益性和排他专有性等无形资产的基本特性;三是与该项目有关未来预期收益将会流入企业;四是能够可靠计量该资产项目的成本。而银行通常所称的收费权是指权利人合法拥有的经相关法律法规明确可以质押的就某一设施向使用人收取费用的权利。具体包括：公路收费权，农村电网建设与改造工程电费收费权，以及法律、行政法规规定可以出质的其他收费权。

二、收费权质押及存在的法律风险

收费权质押实际上是权利产权的质押，而非权利本身的质押，其产权没有发生转移，只是处于冻结状态。至债务人履行债务前，银行实际上拥有该质押权利的处置权和收益权（处置时），而债务人仍拥有该质押权利的使用权和收益权（未处置时），并未丧失其所有权。况且银行设定收费权质押的目的，是为偿还贷款提供权利担保，增加客户违约成本，发挥风险缓释作用，降低信贷风险系数，并非想实际拥有其使用权。

近年来，商业银行为提高竞争力，抢占有效市场份额，在金融同业竞争日益加剧的情况下，又创设了电费、热费、学校和医院收费权等多种权利质押。2007年10月1日颁布实施的《中华人民共和国物权法》也进一步明确和扩大了权利质押物的范围，为银行产品创新和业务拓展提供了法律依据。但是，从目前商业银行贷款业务实际操作情况看，许多权利质押仍存在法律依据不足、操作不够规范等问题，使银行面临较大的法律风险，主要包括以下几方面：

（一）合法性风险

目前，除了公路收费权和农村电网建设与改造工程电费收费权有明确的法律依据外，其他类型的权利质押均无明确的法律、法规依据，商业银行自行创设的权利质押方式能否被司法部门认可，银行质权能否得到切实的保障，存在较大不确定因素。

（二）出质人主体难以确定的风险

许多权利质押出质人为学校、医院等以公益为目的的事业法人，而《中华人民共和国担保法》原则上是禁止这些单位提供担保的。虽然《中华人民共和国担保法司法解释》第53条规定："学校、幼儿园、医院等以公益为目的的事业单位、社会团体，以其教育设施、医疗卫生设施和其他社会公益设施以外的财产设定抵押的，人民法院可以认定抵押有效。"但是，如何认定学校、医院以外的事业单位是否具有公益性，以及其收费权是否属于教育设施、医疗卫生设施和其他社会公益设施以外的财产，我国法律并没有明文规定。因此，出质人的主体资格已经成为一个难以认定的问题。

(三) 质权登记公示不规范风险

虽然《中华人民共和国物权法》颁布实施后，明确规定应收账款质权自信贷征信机构办理出质登记时设立，而且在人民银行出台的《应收账款质押登记办法》中也明确列示公路、公路桥梁、公路隧道或者公路渡口等不动产收费权和农村电网建设与改造工程电费收费权为可以质押的应收账款，但除农村电网建设与改造工程电费收费权之外的电费、热费、医院和学校等收费权是否包括在应收账款范围之内，并未做出明确规定。另外，质押登记的程序和形式不规范，出质登记往往是取得出质人上级主管单位或行政主管部门表明"同意以收费权作为贷款质押担保、同意以收费权作为还款来源"的批复或承诺，难以成为真正法律意义上的登记，不足以保障银行优先受偿的效力和对抗第三人的效力。由于权力凭证的缺失和质押登记部门的缺位，极易出现一项权利被人为地按收费期限和收费对象分成多笔反复多次在多家银行质押的现象。

(四) 质权实现风险

权利质押大都是以信贷支持项目的收费权出质，借款人偿还贷款的第一还款来源是项目建成、投入使用后收取的费用，实现质权也是收取的费用，第一还款来源与第二还款来源重叠，当第一还款来源出现风险时，作为第二还款来源的权利质押也难以实现。

综上所述，银行应谨慎采用收费权质押担保，尤其是电费、热费、医院和学校收费权等无明确法律、法规依据的收费权质押担保。银行在批复这一类项目贷款的担保方式时，绝大部分设定为"项目建设期以信用方式，项目经营期以收费权质押"，按照银行信用贷款管理中"以移动通信、有线电视、供水、供电、供气、供热、旅游门票等各种经营性收费收入作为贷款保障措施的，可依照信用贷款方式进行严格管理"的规定，针对这一类项目贷款可参照信用贷款方式进行严格管理，并将相应收费权作为贷款保障措施。

三、公路收费权概念及特点

根据交通运输部、国家发展和改革委员会、财政部 2008 年 11 号令《收费公路权益转让办法》第 3 条规定，收费公路收益是指收费公路的收费权、广告经营权、服务设施经营权，其中：收费公路是指按照《公路法》和《收费条例》规定，经批准依法收取车辆通行费的公路（含桥梁和隧道）。而我们在评估中经常使用的概念是，公路收费权是依托在公路实物资产上的无形资产，是指经省级人民政府或国务院交通主管部门批准,对已建成通车的公路(含公路桥梁、公路隧道及公路渡口等)和尚未建成通车的公路项目建成通车后,在规定期限内允许收取车辆通行费的一种特许权利。

公路收费权也具有无形性、效益性和排他专有性等无形资产的基本特征。同时公路收费权的有偿转让又具有自己的特点:第一,公路收费权是附加在公路资产这一特定实体上的无形资产,权利归属方面有一定主体排他性。转让后由政府批准的有特许经营资格的法人占有、使用,并依法获取一定收益,中途不得再转让。第二,公路收费权有特许经营期,我国规定最长不得超过30年。第三,在计价方面,公路收费权与公路资产也有本质区别。公路收费权主要取决于其获利能力,受通过该公路的车流量、车型、车载重量和收费标准等因素影响。即使两条公路资产的投入完全一样,也会因各自所处地区的经济发展、产业布局与交通网络不同,导致两者的"获利能力"有很大差别。而公路实体资产的价值属于不动产价值范畴,也需要根据不同的评估目的与不同的评估前提条件,采取恰当的评估方法进行评估,一般情况下还需要涉及土地使用权。

目前,我行收费权质押担保以公路收费权质押为主,在本教材中主要介绍公路收费权评估。因其他类收费权的评估理论和方法与公路收费权相类似,在评估时可参考使用。

四、农村电网建设与改造工程电费收益权质押相关规定

根据国家计委、人民银行印发的《农村电网建设与改造工程电费收益权质押贷款管理办法》(计基础〔2000〕198号)规定,电费收益权是指电网经营企业,按国家有关规定,经国家有关主管部门批准,以售电收入方式获取一定收益的权利。而电费收益权质押,是指电网经营企业以其拥有的电费收益权作担保,向银行申请贷款用于农村电网建设与改造的一种担保方式。电费收益权的价值由销售电量和销售电价确定。省级及以上电网销售电价以国家计委批准的电价为准,省级以下独立电网销售电价以省级物价部门批准的电价为准;销售电量以现有售电为基础,按借、贷双方共同认可的增长率逐年确定。农网贷款的贷款期限由贷款人和借款人协商确定,但最长不超过20年。出质人可以按电费收益权价值的一定比例出质,在其价值范围内也可以向多家质权人出质。出质人如向多家质权人出质,应将出质情况告知所有质权人。各省(自治区、直辖市)计委(计经委)为电费收益权质押登记部门。

第二节 公路收费权主要评估方法

一、公路收费权评估方法的选择标准

公路收费权评估方法主要有收益法、成本法和市场法三种,由于公路收费权是依托在公路实物资产上的无形资产,收益法是一种最能体现收费权价值的方法,成本法和市场法则存在以下方面局限性。其中,收益法是一种最能体现收费权价值的方法,成本法和市场法则存在以下方面局限性:公路的造价与公路收费经营所产生的经济收益之间,一般情况下没有固定比例关系。如同样等级的四车道高速公路,在中原地区和边远地区,每公里造价基本相同,但车流量却相差悬殊。而且公路收费权收费期限有长有短,因此无法直接采用成本法评估。市场法应用的前提条件是必须有充分的市场参考依据,具体讲,此类市场交易比较多,且为相同地区或临近地区的近期交易,交易案例与评估对象具有相似性、可比性。就公路收费权价值的评估来讲,不同地理位置的同等级公路,其通过的车流量相差悬殊,区域经济发达程度不一致,市场交易可比案例不够多,许多因素缺乏可比性,很难采用市场法评估。即使勉强采用市场法,势必要对有关因素做大幅度修正调整。一般情况下,对可比实例成交价格的调整每项修正不应超过20%,综合修正不应超过30%。否则,若调整幅度太大,则失去了市场法的意义。所以说,公路收费权价值评估很难采用市场法。因此,公路收费权价值评估适宜采用收益法。

二、收益法

公路收费权评估的收益法即依据本段公路现有资产规模下的未来经营设想,评价其经营能力、预测其未来收益,并对预测结果进行折现处理,借以测算公路收费权评估值的一种评估方法。其中的未来收益采用净现金流,即公路收费权评估采用折现现金流法(DCF),其计算公式为:

$$P_w = K \times \sum_{i=0}^{n-n_1} \frac{Cf_i}{(1+r)^{i+m}}$$

当$m=0$时,i从1开始预测,当$m \neq 0$时,i从0开始预测。

式中，P_w——公路收费权评估值；

K——收费权质押比例；

n——允许收费年限；

n_1——已收费年限；

Cf_i——第 i 时间段的 FCF；

r——折现率；

$1/(1+r)^{i+m}$——折现系数；

m——评估基准日至当年年末月数折算的年数。

(一) 各项关键参数的确定

采用收益法评估公路收费权的关键在于确定交通量、收费标准、收费期限、维持该公路正常运营所必须支付的成本费用和折现率。

1. 收费权质押比例 K

收费权质押比例是指质押给银行的权益比例，此比例可从出质人与质权人签订的质押合同中获取。特别注意，收费权质押比例与贷款质押率相区别，收费权质押比例取值范围为 1% ~ 100%。

2. 允许收费年限 n

根据《收费公路管理条例》（中华人民共和国国务院令第 417 号），当收费公路的收费期限已由省、自治区、直辖市人民政府按照规定标准审查批准的，则批准的收费期限即为允许收费年限。否则，应参照规定标准并结合实际情况估测允许收费年限，即对于政府还贷公路的收费期限，按照用收费偿还贷款、偿还有偿集资款的原则确定，最长不得超过 15 年。国家确定的中西部省、自治区、直辖市的政府还贷公路收费期限，最长不得超过 20 年。对于经营性公路的收费期限，按照收回投资并有合理回报的原则确定，最长不得超过 25 年。国家确定的中西部省、自治区、直辖市的经营性公路收费期限，最长不得超过 30 年。对于我国目前存在的部分地区部分路段收费站收费期限超长的情况，如广州市花都区的四角围收费站和靠近花都市区的龙口收费站的收费期限均为 50 年，我们在评估时需要谨慎确定允许收费年限。

3. 已收费年限 n_1

已收费年限 n_1 是指从公路开始收费起至评估基准日已经收费的时间间隔。

4. 第 i 时间段的 FCF

Cf_i = 息前税前利润 × (1 − 所得税率) + 折旧及摊销 −

资本性支出 – 营运资金增加额

上式中,息前税前利润由车辆通行费收入、通行养护支出、营业税金及附加、管理费用、财务费用等因素确定。

(1) 车辆通行费收入的确定。

理论上,车辆通行收费收入情况如下。

车辆通行费收入 = ∑(各类车日交通量 × 年收费天数 × 收费标准)

其中,各类车日交通量不包含免征车流量。

交通量的预测可以运用"四阶段"法和历史数据分析法等方法测算,但由于交通量的预测对于银行内部评估人员来说,专业水平要求较高,难度较大,尤其是通行费收入采用计重收费以来,交通量的预测就更加复杂,因此银行内部评估时可不测算交通量。交通量的测算方法在本教材中也不作介绍,若需了解可参考相关书籍,而公路的收费标准一般情况下由当地有关部门以文件方式予以批准。

在银行内部评估工作中,可以参考项目评估相关数据或者采用历史数据分析法直接测算车辆通行费收入,主要有以下两种方法:一是若待估收费公路通车时间不足三年,可以参考项目评估数据,谨慎使用其预测的车辆通行费收入;二是待估收费公路通车时间超过三年,在掌握待估收费公路设立收费站情况的基础上,取得近三年待估收费公路每个收费站的通行费收入实际数据,计算出近三年待估收费公路车辆通行费收入及年均增长率,结合当地经济发展水平、汽车保有量和增速、路网规划等因素,预测未来尚可收费年度内车辆通行费收入的年增长率及车辆通行费收入。

例如:根据资产占有方提供的××至××高速公路通行费收入(具体见下表),可以看出 2007~2009 年通行费收入年均增长率为 17%,2010 年 1~6 月采用计重收费之前月均通行费收入为 1 320.82 万元,而 2010 年 7~10 月采用计重收费之后月均通行费收入达到 1 737.21 万元,由于收费标准的变化引起通行费收入大幅提高,增长率高达 31%。因此我们在预测未来年度通行费收入时,(评估基准日 2010 年 11 月 1 日,根据××发改费字〔2004〕××号批复的收费标准收费期限截至 2032 年 10 月 27 日),考虑实施计重收费给公司带来通行费收入增长、未来可能建设其他公路影响到本路段车流量等因素,但不考虑未来政策性因素的影响,预测 2010 年 11 月份、12 月份通行费收入均为 1 737.21

万元，未来三年内通行费收入在月均收入1 737.21万元基础上以10%的年增长率增长，未来四至八年内通行费收入在2013年通行费收入基础上以5%的年增长率增长，从第九年开始保持在第八年通行费收入水平上（具体见表4-1）。

表4-1　近三年××至××高速公路收入、支出情况　　　　　　（万元）

项　目	2007年	2008年	增长率	2009年	增长率	2010年10月
通行费收入	8 168.20	10 384.17	27%	10 901.23	5%	14 873.80
通行养护支出（不包含折旧费用）	549.43	818.19	49%	763.13	-7%	—
管理费用	168.18	234.60	39%	249.47	6%	—

表4-2　预测2010年11月至2032年10月××至××高速公路通行费收入情况

（万元）

项　目	2010年11月	2011年	2012年	2013年	2014年	2015年
通行费收入	3 474.42	22 931.17	25 224.29	27 746.72	29 134.05	30 590.76
项　目	2016年	2017年	2018年	2019年	2020年	2021年
通行费收入	32 120.29	33 726.31	35 412.62	35 412.62	35 412.62	35 412.62
项　目	2022年	2023年	2024年	2025年	2026年	2027年
通行费收入	35 412.62	35 412.62	35 412.62	35 412.62	35 412.62	35 412.62
项　目	2028年	2029年	2030年	2031年	2032年10月	
通行费收入	35 412.62	35 412.62	35 412.62	35 412.62	29 510.52	

（2）通行养护支出。

通行养护支出的预测一般应根据待估收费公路前几年历史资料剔除不合理因素并结合车辆通行情况的变化及其发展趋势的基础上，综合分析做出合理预测。

通行养护支出包括固定资产折旧、公路养护支出、配套设施维护支出、征收业务支出、其他支出、路产保险、公路绿化支出等，主要是指为使路面性能保持在预定水平而进行的日常预防性养护和修补工作所需的直接材料和人工费、绿化费、配套设施的维护和保养、路政的支出等。通行养护支出总体呈逐年增长的趋势，公路投入使用的前期养护费用会较少，在一定的年限内养护费用将会持平，随着使用时间的延长，公路的养护费用会逐年提高。公路的养护费用的发展趋势如图 4-1 所示。

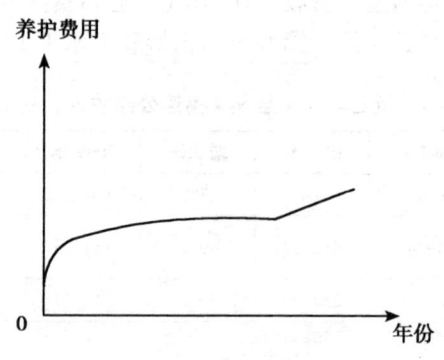

图 4-1　公路养护费用趋势

①折旧、摊销和资本性支出。在通行养护支出中折旧是其中最主要的费用之一，包括公路及房屋建筑物、安全设施、通信设施、监控设施、收费设施、车辆、办公生活器具等的折旧，折旧的计算应按国家规定计算。对于土地使用权的摊销，应按土地使用权原始发生额在公路建成日至收费结束日的时段内均匀摊销。

修建公路时购置的机械设施和专用车辆是专为修建公路而购置，公路建成通车后，不再使用该类设备，故提完折旧后也不再计算折旧，同时也不再发生资本性支出。

房屋建筑物、通信设施、安全设施、监控设施、收费设施、车辆、办公生活器具是公路日常运营必备的固定资产，在其折旧提完后，必须在超过耐用年限后发生资本性支出以使资产处于在用状态，故需在发生资本性支出后继续计提折旧。

公路路面设计使用有一定年限，不同的设计标准使用年限不同，应参照设计年限并适当结合实际情况对路面进行大修，此时应发生资本性支出，则发生资本性支出后公路的折旧应继续计算。关于公路的资本性支出应根据公路的具体情况确定，一般情况下评估按十年大修一次。需发生资本性支出，第一次大修费用按照固定资产投资额的 6%，第二次大修费用按照固定资产投资额的 12% 测算。

②公路养护支出。公路养护支出包括公路日常保洁、小修保养、绿化养

护、恢复更新等。预测时应在分析历史数据并充分考虑车流量的基础上，参考公路的人员配置情况，结合交通部门的有关公路养护标准、公路的养护支出情况并剔除非正常因素进行合理预测。另外需特别关注公路是否有软基路段，软基路段的多少将直接影响养护支出，维修费用较高。

③配套设施维护支出、征收业务支出及其他支出。配套设施维护支出主要为监控系统、收费系统、通信系统等的维护支出，应结合分析企业现状和历史数据，分析变化规律进行预测；征收业务支出及其他主要指征收业务、路政业务支出、路产保险、公路绿化支出等。对于配套设施维护支出、征收业务支出及其他支出的预测应在分析历史数据的基础上，结合企业实际进行合理预测。

（3）营业税金及附加。

营业税金及附加主要包括营业税、城市维护建设税、教育费附加和地方教育费附加等，应根据国家有关法律、法规的规定进行测算。

（4）管理费用。

管理费用是指企业为组织企业生产经营所发生的管理费用，包括企业的董事会和行政管理部门在企业经营管理中发生的，或者应当由企业统一负担的公司经费、工会经费、待业保险费、劳动保险费、董事会费、聘请中介机构费、业务招待费、房产税、车船使用税、土地使用税、印花税、技术转让费、职工教育经费、研究与开发费等。

对于管理费用的预测应分析待估收费公路近几年的费用变化情况，剔除不正常因素的影响，同时结合当地的工资发展水平和企业未来的发展前景推测出其合理变化趋势来预测各年管理费。

（5）财务费用。

财务费用的预测主要根据待估收费公路实际发生的财务费用进行预测，与资本性支出的资金来源有直接关系。

（6）所得税的计算。

根据国家的相关规定计算应交纳的所得税，目前所得税税率为25%。若待估收费公路享受税收优惠政策，根据相关规定进行测算。

5. 折现率 r 的确定

理论上折现率可以通过三种方法进行测算，即无风险收益率加风险报酬率、加权平均资金成本模型（WACC）、资本资产定价模型（CAPM）。在我行内部评估实际工作中，常采用无风险收益率加风险报酬率来测算。无风险收益率选用评估基准日近期发行的相应期限国债利率（或相应期限银行定期存款利率）的复利化值；风险报酬率主要采用累加法，即将企业面临的经营风险、财务风险和行业风险对回报率的影响加以量化、累加。公式为风险报酬率＝经营风险报酬率＋财务风险报酬率＋行业风险报酬率＋其他风险报酬率。累加法主要依赖于经验判断，故要求在充分了解和掌握宏观经济的运行态势、行业发展前景、市场状况和同类竞争情况等基础上，运用经验判断才可能趋于合理。

6. Pw：公路收费权评估值的确定

将预测的各年的净现金流量乘以各年的折现系数并求和即得到公路收费权评估值。

（二）注意事项

（1）公路收费权评估不同于其他资产的评估，公路的产权归国家所有，在收费期末不应预测期末余值。

（2）强化现场工作，重视现场调查核实与资料收集工作，通过实地的行业考察、与公路经营企业经营管理、财务、发展规划人员的充分沟通、收集企业历史经营资料、了解其经营现状与生产经营规划等，以获取丰富翔实的评估基础资料。

（3）评估基准日前的收益仅可作为以后年度收益预测的基础和参考，不应将评估基准日前的收益折算为评估值，应从评估基准日后的第一天开始预测现金流。

（4）营业外收入支出是由于营业以外的其他不确定性因素形成的损益，与收费权无直接关系，故在评估中不应计算。

（5）"评审报告"或"可研报告"不能代替评估的资料收集工作，尤其是收益法中各项收入、成本、费用等关键参数的确定，宜根据评估的实际情况收集相应的资料，不应直接采用"评审报告"或"可研报告"中的数据，应根据实际情况分析运用。有运营数据的，应参照实际数据对预测数据进行修正。

（6）根据《收费公路管理条例》规定，收费公路的相关权益包括：收费权、广告经营权和服务设施经营权。可见，收费公路相关权益涉及多方面的内容，为了在评估工作中突出重点，因此在银行内部评估中将评估对象明确为一条公路的收费权，而不包括广告经营权和服务设施经营权，故广告经营权和服务设施经营权的收入和费用支出都不计算在评估过程中。

三、市场比较法

使用市场比较法评估公路收费权时，要求选择的可比案例与被评估对象至少要满足形式、功能、载体及交易条件各方面的相似。而且在可能的条件下，应选取尽可能多的可比案例进行比较评估。随着我国公路收费权成功转让交易实例的增多，为可比案例的选取提供了可能。因此，如果有满足条件的可比案例，可通过横向和纵向的市场分析比较进行评估。运用市场比较法进行公路收费权评估时，需要对可比案例进行分析并调整差异，调整主要包括以下几个方面。

1. 时间因素

公路收费权资产的价格可能随时间不同而变化，所以要对不同时点的差异进行调整，而且可比案例交易时间与评估基准日间隔时间不能太长。评估时应将可比案例实际发生交易时间的价格，调增为假设发生在与待估收费公路评估基准日相同时点情况下的价格。

2. 地域因素

公路收费权的价值具有明显的地区性和个别性的特点，在不同地区进行转让，其价格会有明显差异，所以还要对可比案例交易价格进行地区差价调整。如果待估收费公路沿线周边地区经济发展比较快，过往车流量较多，则应根据实际情况适当向上修正可比案例成交价格。但当某一收费权交易实例所在地区与待估收费公路所在地区经济差距太大时，则不宜将此交易实例作为可比案例。如我国西部的公路收费权转让价值评估，就不宜采用东部的交易实例作为可比案例。一般情况下，应根据公路收费权收益水平和地区特点，尽量选取同一经济三角区内或待估收费公路沿线周边经济水平发展相类似地区公路收费权的转让实例作为可比案例。

3. 市场因素

主要是考虑可比案例成交时与评估时的市场条件及供求关系的变化情况。如果作为可比案例的公路为周边无其他可分流车流道路的交通要道，或者有多方争取受让这条公路的收费权，则其价值可能偏高。

4. 交易因素

交易因素有交易量、交易动机等。对于交易量，评估人员可根据转让收费权公路里程长短差别作相应调整。对于交易动机，如果可比案例转让方存在急于获取资金的情形，则其交易价格可能是偏低的，需要适当调高；若可比案例受让方是采用较长年限的分期付款方式取得公路收费权的，则其交易价格可能是偏高的，需要适当调低。

5. 其他因素

公路质量不同也会影响到评估价值。一般情况下，资产的功能、质量与资产价值的高低成正相关关系。但我国目前收费公路质量上的差异相对不大，即使有差异也一般很少会影响到车辆的正常通行。而在实务操作中，应根据实际情况分析和确定调整额。

市场比较法评估公路收费权的计算公式为：

评估价值 = 可比案例交易价格 + ∑评估对象优于可比案例各项因素引起的价格调整 − ∑评估对象劣于可比案例各项因素引起的价格调整

或评估价值 = 可比案例交易价格 × 各因素修正系数乘积

四、成本法

公路收费权属无形资产中的对物产权，评估时不能脱离所依托的实物资产而完全抽象地考虑未来收益。实际上，公路收费权未来收益的大小与其所依托的实物公路资产的里程、技术标准等也密切相关。因此，对公路收费权的评估也可直接依据公路资产进行。公路资产的重置成本及其损耗一般都能进行可靠的计量，这也为公路收费权评估采用成本法提供了方便。

运用成本法评估公路收费权，是对公路收费权所依托的公路实物资产价值的评估，是对构成公路实物资产每一要素资产逐一进行单项评估，评估对象是各个不同的单项资产。由于公路收费权的转让年限一般都在15年以上，在以成本法评估公路收费权的价值时，可以认为公路收费权的价值即等于公路资产的价值。成本法评估公路收费权的计算公式为：

评估价值 = 公路资产重置成本 − 各种损耗

公路资产的损耗一般可采用修复法。因为公路资产具有自己的特殊性，可以不考虑其功能性贬值和经济性贬值，而只计算实体性贬值。对于实体性贬值，可以全新公路资产为标准，估算出将旧公路资产修复为全新状态的公路资产所需的费用作为贬值。对于新建公路，则可直接按现行市价计算重置成本，各种损耗为零。

第三节 评估实务及风险分析

一、评估调查、评估测算、评估审查与评估审定环节的工作要点

(一) 评估调查工作

1. 基础资料搜集、整理

(1) 项目建设经营的各投资人或项目公司董事会或股东会、股东大会依公司章程作出的同意收费权质押的书面协议,省级人民政府及其职能部门同意收费权质押的批文。

(2) 押品权属资料:项目建设的项目立项、评估、批准开工的批文,省级人民政府及其职能部门批准的相关收费文件(各类收费的收费期限、收费标准批文,公路收费站数量、站点批文等);有关各方签署的建设承包合同、融资协议、技术咨询合同、保险合同等。

(3) 中介评估公司出具的资产评估报告(如有)。

(4) 相关市场信息资料。

(5) 押品照片。

(6) 资产占有方提供的项目建成时间,开始收费时间,待评估收费资产近三年收入、支出、费用情况,营业税金及附加、所得税征收标准等相关数据资料。

(7) 银行项目贷款评估时出具的项目评估报告。

(8) 评估人员评估所需的其他相关资料。

2. 现场查勘工作

现场查勘时,建议银行评估调查人、评估测算人、评估审查人与外部评估机构评估师共同进行,同时邀请相关技术人员参与。

(1) 重点查勘收费项目建成、项目达标、项目运营情况。评估公路收费权时还需现场了解收费公路建设规模与技术标准、收费公路车流量情况、周边公路建设情况及规划、承载交通流能力等。

(2) 核实待评估收费项目会计账目,核对其与资产占有方提供的收入、支出、费用数据是否一致,如果不一致,须查明原因。

(3) 拍摄照片。一般情况下要拍摄收费项目设施的照片。我行调查人员至少在一张照片上入景。

（二）评估测算、评估审查、评估审定工作

评估测算人员对评估调查人填写的信息卡进行复核，确保待估收费资产信息完整无误；对中介评估机构出具的评估报告进行形式审查和技术审查；运用正确的评估方法，选取合理的评估参数，对待估收费资产价值进行初次测算；根据评估调查人提供的调查资料、现场查勘了解的情况以及初次评估测算结果撰写评估测算报告。

评估审查人员在审查测算报告时，应重点审查参数确定的合理性、方法选取的恰当性、评估依据选择的合适性及风险分析的透彻性，撰写内部评估（审查）报告。

评估审定人在进行价值审定时，应确认评估参数与方法选取的合理性，并核实评估流程的合规性。审定人可根据待估收费资产市场实际情况及其他信息，直接对内部评估价值进行调整，但仅限于向下调整，并需注明调整原因。

二、评估时主要关注以下风险点

（1）价值测算时，各项收入、支出、费用、折现率等参数的确定，对收费权评估价值影响较大，在评估时需谨慎确定。

（2）针对收费权评估来说，多数情况下收费权质押贷款的借款人，同时又是质押权利登记部门，因此担保效力不能得到有效的法律保障。为此，根据《应收账款质押担保管理办法》（工银办发〔2007〕715号）的规定，我行应与出质人签订应收账款质押登记协议，并在应收账款质押登记公示系统中办理质押登记。

（3）质押权不具有有效的保障性。收费权质押是贷款担保方式的一种，其目的就是当借款人第一还款来源不足时，由设定质押的第二还款来源进行补充。可事实上借款人质押的收费权就是其主要的收入和还款来源，贷款的第一还款来源与第二还款来源为同一归属，当借款人收入能力下降也意味着第二还款来源的灭失。在此情况下，收费权质押已不具有有效的补偿性与保障性。

三、公路收费权评估案例

以下为××高速公路项目公路收费权价值评估报告。

（一）借款人及贷款情况介绍

1. 借款人简介

××自治区交通厅成立于1956年，是自治区交通行业主管部门，单位地址位于××市××区××街68号，法人代表人××，组织形式为机关法人。××自治区交通厅主要承担全区公路及水路的建设、维护和规费的稽征；负责筹集自治区重点公路建设资金；研究拟定自治区公路和水路交通行业的发展规划并组织实施；引导交通运输行业优化结构，协调发展；履行交通运输管理及融资等职能。

交通厅下设综合规划处、战备处、港航监督处、科教处、财务审计处、人事处、办公室、离退休人员管理处、机关党委、驻厅纪检组等10个职能部门。下属8个事业单位：××征费稽查局、××交通运输管理局、××公路局、××工程质量监督站、××东郊高等级公路管理处、××交通信息中心、××交通厅事务中心、××交通厅驻京联络处。下设企业有：××公路工程局、××交通物资有限责任公司、××交通设计研究院有限责任公司、××宇通监理公司、××高等级公路建设开发有限责任公司。

2. 项目贷款情况

国道主干线××高速公路××段，全长54.74km，起自××市东郊××，接已通车的××高速公路终点，经××市A区、B区、C区，止于××市西郊××。该项目已于2004年年末完工，2005年通车并开始收费。该项目经国家交通部批准，计划总投资116 300万元，其中：固定资产投资116 000万元，流动资金300万元，在固定资产投资中项目资本金为48 000万元，银行项目贷款68 000万元，分别占投资比例的41.2%和58.5%。该项目目前由高等级公路××分公司管理，其管理涉及"××至××"高速公路3个收费点和"210国道"11个收费点，14个收费点分布于××市及××市境内。

该项目贷款融资方式为质押贷款，金额、年限分别为6.8亿元、13年。发放日、到期日分别为2002年7月31日、2015年7月20日。

3. 押品对应贷款情况

××交通厅以××过境公路收费权质押共向银行融资68 000万元，贷款品种为项目贷款,发放日、到期日分别为 2002 年 7 月 31 日、2015 年 7 月 20 日,期限 13 年。截至评估基准日,该项目贷款余额 44 000 万元,共六笔,贷款具体情况如表 4-3 所示。

表 4-3　××公路贷款情况　　　　　　　　　　(万元)

客户全称	借据号	贷款余额	发放金额	放款日期	到期日
××自治区交通厅	06030320-2002 年(质)字 000105 号	8 000	8 000	20020830	20100720
	06030320-2002 年(质)字 000106 号	8 000	8 000	20020830	20110720
	06030320-2003 年(质)字 000092 号	6 000	6 000	20030917	20120720
	06030320-2003 年(质)字 000060 号	10 000	10 000	20030626	20130726
	06030320-2003 年(质)字 000093 号	8 000	8 000	20030917	20140721
	06030320-2003 年(质)字 000094 号	4 000	4 000	20030917	20150720
合计		44 000			

(二) 评估对象概况

1. 基本状况描述

本次质押的是国道主干线××高速公路××段,全长 54.74km,起自××市东郊××,接已通车的××高速公路终点,经××市××区、××区、××区,止于××市西郊××,共有××、××、××三个收费点。该项目已于 2004 年末完工,2005 年通车并开始收费。根据××人民政府 2003 年 12 月 9 日批复的《关于××至××国道主干线××过境高速公路设立车辆通行费收费站的批复》(××政字[2003]418 号),该公路收费年限暂定为 25 年。若提前还清贷款本息,立即停止收费。目前路面质量较好,公路养护、维护正常。

2. 权益状况

根据××分行测算报告描述,估价对象的权益原属借款人××自治区交通厅,权属合法,无产权瓜葛及法律纠纷。根据政企职能分开要求,目前该公路收费权由高等级公路公司××分公司(××自治区交通厅二级单位)承接,但尚未办理划转手续。

3. 外部中介机构对评估对象价值评估情况简介

借款人是银行重点营销客户,在贷款发放时和本次重评时均未开展外部评估,未出具外部评估报告。

(三) 内部评审结论

1. ××分行评估结论

在评估基准日 2010 年 2 月 28 日,××分行确定该公路收费权重评价值 170 700 万元。

2. 分行审查结论

(1) 评估基准日。

本次评估基准日为 2010 年 2 月 28 日。

(2) 评估方法的选择。

××分行测算报告中采用收益法,分行审查人员评估时考虑到收费公路能够搜集到实际发生和科学预测的现金流量,故采用收益法对公路收费权进行估算。

(3) 清查情况。

由于××自治区交通厅是我行重点营销客户,分行审查人员根据××分行出具的测算报告以及高等级公路公司××分公司提供的收入、费用数据、纳税申报表等资料,完成本次重评报告。

(4) 评定估算。

①车辆通行费收入。

根据高等级公路公司××分公司提供的近三年通行费收入,近三年通行费收入逐年快速增长,增长率分别达到 86% 和 29%。该路段是××市煤炭资源向外运输的必经之路,煤炭运输量的快速增加是通行费收入大幅增长的主要因素。分行审查人员考虑到,近年来车辆保有量增长、物流运输快速发展、高等级公路网逐步形成、路网密度增大以及交通流承载力逐渐饱和等因素,预计 2010 年至 2012 年三年内通行费收入在 2009 年基础上每年增长 20%,2013 年及以后年度通行费收入保持在 2012 年水平上。

××高速××过境公路通行费收入、公路养护支出、管理费用实际数据由 ××高等级公路建设开发有限责任公司××分公司提供,具体见表 (4-4)。

表4-4 2007~2009年××高速××过境公路收入、支出情况　　　　（万元）

项　目	2007年	2008年	增长率	2009年	增长率	平均增长率
通行费收入	13 631.2	25 317.7	85.7%	32 654.8	29.0%	54.7%
公路养护支出	220.8	262.1	18.7%	303.5	15.8%	17.2%
管理费用	44	67	52.3%	68.42	2.1%	24.7%

②公路养护支出、管理费用。

公路养护支出包括公路日常保洁、小修保养、绿化养护、恢复更新等，征收业务支出包括收费站点人员工资、日常开支等。管理费用是指企业为组织企业生产经营所发生的管理费用。分行审查人员参考××高等级公路建设开发有限责任公司××分公司提供的近三年公路养护支出、管理费用支出（见上表）数据，确定公路养护支出在计算期内年增长率为20%、管理费用支出在计算期内年增长率为25%。

③项目资本性支出。

企业的资本性支出为维持现有经营规模而必须追加的投资，如设备、公路及构筑物、房屋建筑物的更新等。

本次评估资本性支出只考虑了大修费用，该公路于2005年年初通车，预测该公路及构筑物每10年需进行大修一次，第一次大修费用取固定资产投资额的6%。本项目固定资产投资额116 000万元，则2014年年末需投入资本性支出6 960万元。

④固定资产折旧费用。

由于无法取得项目竣工决算报告，所以根据国家交通部批准项目计划总投资116 300万元，其中固定资产投资116 000万元计算折旧费用。该项目2005年开始通车并收费，2015年7月还清项目贷款，则年折旧额为116 000/10.5 = 11 048万元。由于2014年年末投入资本性费用6 960万元，则2015年折旧额为 = 5 524 + 6 960 = 12 484万元。

⑤营业税金及附加、所得税费用。

营业税金及附加主要包括营业税、城建税和教育费附加等，根据该公司提供的《纳税申报表》，营业税税率为收入的5%，城建税、教育费附加和地方教育费附加税率分别为营业税额的7%、3%、1%，所得税税率为25%。

⑥财务费用。

财务费用是指企业为筹集生产经营所需资金等而发生的费用,包括应当作为期间费用的利息支出、汇兑损失以及相关的手续费等。根据公司提供的还款计划以及目前银行执行的基准贷款利率计算该项目的财务费用。

⑦折现率。

依据《中国工商银行抵(质)押物(权)价值评估管理办法及评估细则》(工银发〔2005〕133),无风险报酬率根据中国人民银行2008年12月23日公布的五年期存款复利率选取,五年期存款利率为3.6%,折算为复利年利率为3.37%;由于2007年的全球经济危机影响到我国经济的各项领域,包括公路运输业也受到不小冲击,但是政府出台4万亿救援政策已趋缓我国经济下滑局势,为公路运输业带来发展机遇,评估时经济发展已有所向好,故风险报酬率选取5%,所以本次评估公路收费权折现率选择8.37%。

⑧评估计算期限。

根据××省人民政府2003年12月9日批复的《关于××至××国道主干线××过境高速公路设立车辆通行费收费站的批复》(××政字〔2003〕418号),该公路收费年限暂定为25年。若提前还清贷款本息,立即停止收费。根据该公路贷款情况以及还款计划,其收费年限应为2005年到2015年7月,依据此规定本次评估计算期限为2010年3月至2015年6月。

⑨收费权质押比例。

根据××分行测算报告,该项目54.74km收费权全部质押给银行,故本次评估收费权质押比例为100%。

⑩公路收费权评估值的确定

$$P_w = K \times \sum_{i=0}^{n-n_1} \frac{Cf_i}{(1+r)^{i+m}}$$

当 $m=0$ 时,i 从1开始预测,当 $m \neq 0$ 时,i 从0开始预测。

式中,P_w——公路收费权评估值;

K——收费权质押比例;

n——允许收费年限;

n_1——已收费年限;

Cf_i——第i时间段的FCF

Cf_i = 息前税前利润×(1-所得税率)+折旧及摊销-资本性支

出 – 营运资金增加额

r——折现率；

$1/(1+r)^{i+m}$——折现系数；

m——评估基准日至当年年末月数折算的年数。

将已审定的所有参数代入公式得到评估结果，即该公路收费权在评估基准日的评估价值为 153 347 万元，大写：人民币壹拾伍亿叁仟叁佰肆拾柒万元整（见表 4–5）。

表 4–5　××过境公路收费权测算　　　　　　　　（万元）

项目名称		费率	2010 年 3 月	2011 年	2012 年	2013 年	2014 年	2015 年 7 月
通行费收入	277 173.94	—	32 654.80	47 022.91	56 427.49	56 427.49	56 427.49	28 213.75
通行养护支出	70 826.65	—	11 351.50	11 485.04	11 572.45	11 677.34	11 803.21	12 937.12
公路养护支出	3 102.65	—	303.50	437.04	524.45	629.34	755.21	453.12
折旧费用	67 724.00	—	11 048.00	11 048.00	11 048.00	11 048.00	11 048.00	12 484.00
营业税金及附加	15 383.15	5.55%	1 812.34	2 609.77	3 131.73	3 131.73	3 131.73	1 565.86
管理费用	818.15	—	71.27	106.91	133.63	167.04	208.80	130.50
财务费用	7 147.80	5.94%	1 980.00	1 940.40	1 514.70	1 059.30	514.80	138.60
利润总额	182 998.18	—	17 439.69	30 880.79	40 074.99	40 392.09	40 768.96	13 441.66
所得税	45 749.55	25.00%	4 359.92	7 720.20	10 018.75	10 098.02	10 192.24	3 360.42
净利润	137 248.64	—	13 079.77	23 160.60	30 056.24	30 294.07	30 576.72	10 081.25
加：折旧费用	67 724.00	—	11 048.00	11 048.00	11 048.00	11 048.00	11 048.00	12 484.00
减：资本性支出	6 960.00	—	0.00	0.00	0.00	0.00	6 960.00	0.00
净现金流量	198 012.64	—	24 127.77	34 208.60	41 104.24	41 342.07	34 664.72	22 565.25
折现期	—	—	0.83	1.83	2.83	3.83	4.83	5.41
折现率	—	—	0.0837	0.0837	0.0837	0.0837	0.0837	0.0837
折现系数	—	—	0.9355	0.8632	0.7965	0.7350	0.6782	0.6474
质押比例	100.00%	—	—	—	—	—	—	—
折现值	153 347.12	—	22 570.57	29 529.20	32 741.15	30 387.18	23 511.31	14 607.70

分行评估结论：经测算，认定待估收费公路在评估基准日 2010 年 2 月 28 日评估价值为 153 347 万元（大写：人民币壹拾伍亿叁仟叁佰肆拾柒万元整）。

(四) 特别事项说明

1. 评估假设和前提条件

(1) 收费公路能够得到有效利用，公路经营正常，并能产生相应的效益。

(2) 本次评估价值为评估基准日的公开市场价值，经营性公路转让本着公正、公开、公平的原则。

(3) 任何有关估价对象的运作方式、程序符合国家、地方的有关法律、法规。

2. 主要影响事项

(1) 本评估结论评估时点起 2 年内（即 2010 年 2 月 28 日至 2012 年 2 月 27 日）有效。若在有效期内由于设定产权状况与实际法律权属状况存在重大差别、国家政策、经济环境以及本报告假设条件发生重大变动，且这些变动会对评估结论产生重大影响时，本结论无效，须重新评估。

(2) 本次评估的抵押物为存量押品，本次评估报告所出具的结论，是以资产占有方和××分行提供的资料和陈述的情况为前提，并对其真实性、合法性、完整性予以确认，分行审查人员是以此为依据，评估时由于以上因素导致评估结论失实时，由资产占有方及××分行相关责任人承担责任。

(3) 本报告假定评估对象的处置不受可能影响其价值的债权限制和负有法律义务性质的开支所约束，在运用本报告时应在考虑未来市场波动风险、资产变现的不确定性，变现费用等有关税费等因素对评估对象价值的影响后，正确运用本报告。

(4) 本报告仅用于银行确定抵押物内部评估价值，不得作为其他用途使用。

3. 风险提示

(1) 政策风险。

目前国家正式开始实施"费改税"，这项收费措施的出台将使相应的规费种类、归缴方式、分配方式和分配比例发生变化，直接影响到借款人的偿债能力。

(2) 法律风险。

借款人××交通厅作为国家行政机关，既是公路收费权质押贷款的借款又是权利登记部门，因此质押合同和质押登记不能得到有效的法律保障。

(3) 变现风险。

据调查，国内银行尚无公路收费权收回进行转让拍卖的案例，同时经营公路也需国有专业部门进行批准才能进行管理和经营，目前只有部分 BOT 项目可以由民间组织参与，因此其变现存在较大不确定性，建议重点关注企业第一还款来源，以保障银行贷款信贷资产质量。

(五) 抵押物价值确定的条件

按照总行担保管理办法的相关规定，办理合法、有效的质押登记手续。

(六) 附件 (略)

四、案例点评

通过以上案例，在评估时主要关注以下风险点：

(一)《收费公路管理条例》在第22条中规定："有下列情形之一的，收费公路权益中的收费权不得转让：(1) 长度小于1 000米的二车道独立桥梁和隧道；(2) 二级公路；(3) 收费时间已超过批准收费期限2/3。"由此可见，公路收费权的转让是有前提条件的。同时，根据《国务院关于实施成品油价格和税费改革通知》(国发〔2008〕37号)，决定逐步有序取消政府还贷二级公路收费。截至2009年末，全国有13个省市取消了政府还贷二级公路收费，共撤销公路收费站点1 430个，占全国同类站点的74%。因此我们在内部评估时，应该谨慎评估一级及以下公路收费权。

(二) 交通厅作为国家行政机关，既是公路收费权质押贷款的借款人，同时又是质押权利登记部门，因此担保效力不能得到有效的法律保障。为此，根据《应收账款质押担保管理办法》(工银办发〔2007〕715号) 的规定，我行应与出质人签订应收账款质押登记协议，并在应收账款质押登记公示系统中办理质押登记。

(三) 收费公路所需占用的土地，首先由国土部门出具公路工程项目用地预审意见，在项目评估阶段就是以此为依据开展工作的。但是在项目建成并通车后，后续办理公路项目的土地使用权证存在较大的不确定性。若公路收费权需要转让时，将面临土地产权的问题。

(四) 质押权不具有有效的保障性。公路收费权质押是贷款担保方式的一种，其目的就是当借款人第一还款来源不足时，由设定质押的第二还款来源进行补充。可事实上借款人质押的公路收费权就是其主要的收入和还款来源，贷款的第一还款来源与第二还款来源为同一归属,当借款人收入能力下降也意味着第二还款来源的灭失。在此情况下,公路收费权质押已不具有有效的补偿性与保障性。

本章参考文献

1. 《中国工商银行抵(质)押物(权)价值评估管理办法及评估细则》(工银发〔2005〕133)
2. 杨湘玲. 新型权利质押贷款法律及操作风险探析. 科技信息,2008(12)

第五章
流动资产评估方法与实务

了解

流动资产押品的分类;流动资产的评估程序;应收账款质押登记系统应用;债权类及货币类流动资产的评估方法;符合总行商品融资名录的商品种类。

掌握

可以直接认定方式完成价值审定流程的押品种类;符合入库要求的应收账款;流动资产权属的核实确认;商品融资业务中商品市场价格的获取;商品融资质押风险分析;流动资产的价格跟踪和重评期限。

第一节 概 述

一、流动资产

(一)定义

流动资产是一个会计学概念,相对于固定资产或非流动资产而言。会计理论认为,流动资产是指企业在1年内或者超过1年的一个营业周期内变现或者耗用的资产,包括库存现金、银行存款以及其他货币资金、短期投资、应收及预付款项、存货以及其他流动资产等。

(二)特点

与固定资产相比,流动资产的特点主要表现在以下几个方面:

1. 周转速度快

周转速度快是流动资产最主要的特征,流动资产在使用中只经历一个生产经营周期,就改变其实物形态,并将其全部价值转移到所形成的产品中去,构成成本费用的一个组成部分,然后从营业收入中得到补偿。判断一项资产是否是流动资产,关键是看其周转情况。

2. 变现能力强

变现能力强是流动资产的一个显著标志。各种形态的流动资产都可以在较短的时间内出售或变卖,具有较强的变现能力,是企业对外支付和偿还债务的物质基础。当然,不同形态的流动资产,其变现速度是有区别的,按变现能力强弱排序,首先是货币资产,其次是短期投资,然后是较易变现的应收账款,最后是存货。

3. 形态多样性

流动资产存在的形态呈现多样性的特点。不同行业流动资产的存在形态千差万别,即使是在同一行业的不同部门,流动资产的存在形态也有很大的差别。但总的来说,流动资产总是处于储备形态、生产形态、成品形态、货币形态及结算资金形态。

4. 波动性

由于企业的流动资产一般要不断地经历购买和售卖的全过程,因此它受市场商品供求变化和生产、消费的季节性影响较大。另外,还会受到外部经济环境、经济秩序等因素的制约,从而导致其占用总量以及不同形态构成比例呈现出波动性。

(三) 主要分类

流动资产有很多种分类方法,在实际评估工作中,一般将流动资产分为以下四种类型:

(1) 货币类流动资产,是指现金和各项存款等具有现金等价物性质的流动资产。货币类流动资产包括现金、银行存款和短期内准备变现的短期投资。

(2) 债权类流动资产,是指没有一定实物形态的具有债权性质的流动资产。债权类流动资产主要包括各种应收预付款项、待摊费用等。

(3) 实物类流动资产,是指企业在生产经营过程中为销售或耗用而储备的具有实物形态的资产,主要包括各种材料、在产品、产成品、低值易耗品、包装物等。实物类流动资产评估是流动资产评估的重要内容。

(4) 其他流动资产。

二、流动资产评估

(一) 流动资产评估的特点

流动资产的特点，使流动资产评估与其他资产的评估相比，具有以下特点。

(1) 流动资产评估主要是单项资产评估。流动资产评估是以单项资产为评估对象，根据其本身的特点进行评估，不需要以其综合获利能力进行综合价值评估。

(2) 流动资产评估要合理确定评估基准日。资产评估是确定资产在某一时点上的价值，而流动资产由于其流动性和波动性，使得不同形态的流动资产随时都在变化，不可能人为地停止流动资产的运转，因此，流动资产评估对时点的要求比较严格，所选评估基准日应尽可能在会计期末，或尽可能与资产评估结论利用的时间相一致，并在规定的时间进行盘点和清查，确定流动资产的数量和账面价值，防止重复和遗漏。

(3) 评估要分清主次，掌握重点。在流动资产评估之前必须认真进行资产清查，这直接影响着评估质量的好坏。但是由于流动资产往往数量较大、种类较多，清查工作量很大，因此，需要同时考虑评估的时间要求和评估成本。流动资产评估往往需要根据不同企业的生产经营特点和流动资产分布的特点，对其分清主次、重点和一般，选择不同的方法进行清查和评估。清查采用的方法可以是抽查、重点清查和全面盘点。当抽查核实发现原始资料或清查盘点可靠性较差时，要扩大抽查范围，直至核查全部流动资产。

(4) 流动资产的账面价值基本上可以反映其现值。由于流动资产周转速度快，变现能力强，无须考虑资产的功能性贬值因素（资产实体性损耗的计算也只适用于低值易耗品、包装物以及呆滞、积压物资的评估），在价格变化不大的情况下，资产的账面价值基本上可以反映流动资产的现值。因此，在特定的情况下，对流动资产适合采用历史成本法评估。这就必然使流动资产的评估对企业会计核算资料的依赖性比较高。

(5) 流动资产的价值一次性全部转移，通常不考虑折旧因素。

（二）流动资产评估的程序

1. 确定评估对象、评估范围和评估时点

为了保证评估质量和提高评估效率，在进行流动资产评估前，要认真确定评估对象、评估范围和评估时点。对企业以抵押为目的的流动资产评估，应以企业所拥有的、易分割、通用性强、流动性强、易于变现、市场价格稳定的流动资产为评估范围。然后，确定合理的评估时点（评估基准时间），并以这一时点下的流动资产形态、价格作为评估的依据。

2. 验证基础资料，核实被评估流动资产

流动资产评估的基础资料是资产占有人提供的被评估资产清单。对流动资产的权属进行核实，是否为抵押人合法取得，且已支付对价。对抵押人财务资料进行核对，确认待估流动资产的财务记录信息。对需要评估的存货进行核实，主要是核查各种存货的实存数量与清单所列数量是否一致。

3. 对实物形态的流动资产进行质量检测和技术鉴定

对待评估的原材料、在产品、半成品、产成品、库存商品等实物形态的流动资产，在核实数量之后，还应进行质量检测和技术鉴定，以确定它们的技术状况和质量等级，并将其检测鉴定结果与被评估资产清单的记录进行核对。对各类存货的技术质量检测，可由评估人员会同被评估企业的有关人员以及第三方监管人员共同进行。在进行技术质量检测时，重点应放在规格等级，不同规格等级可能会有比较大的市场价格差异，对有保质有效期的实物资产还应重点关注储存时间。

4. 分析企业的债权债务状况

评估人员应分析企业的应收账款、应收票据、发出商品、预付账款、其他应收款等债权债务情况，调查了解被评估企业经济往来活动中的资信情况。

5. 合理选定评估方法

评估人员应根据被评估流动资产的特点以及该项评估的目的和要求，选定适用的评估方法。流动资产的类型影响评估方法的选择。对于实物类流动资产，可以采用市场法或成本法。对于货币类流动资产，其清查核实后的账面价值本身就是现值，不需采用特殊的方法进行评估，只是对外币存款应按评估基准日的汇率进行折算。对于债权类流动资产评估，宜采用可变现净值进行评估。

6. 进行评定估算，出具评估结论

评估人员在对流动资产进行具体的评定估算之后，应与被评估企业的有关人员进行讨论分析，最后确定评估结论并撰写出评估报告。

三、银行可接受质押的流动资产

流动资产具有变现能力强的特点，银行可接受质押担保的流动资产应符合以下要求❶：出质人享有所有权或依法处分权；易变现、易保值、易保管；法律、行政法规及我行未禁止转让。

根据资产形态，银行可接受质押的流动资产主要分为三类：金融质押品、应收账款、实物类流动资产。

（一）金融质押品*

金融质押品主要包括：

（1）以保证金等形式特定化后的金钱质押；

（2）黄金：含白银、铂金等金属，可分为黄金（含白银、铂金等金属）、标准金、如意金、其他黄金实物四种；

（3）存款单；

（4）汇票、支票、本票；

（5）国债、金融债券、AA级（含）以上企业的债券；

（6）可以转让的基金份额、股份、股票；

（7）依法可以质押的具有现金价值的人寿保险单。

（二）应收账款**

应收账款是指权利人因向义务人提供货物、服务等而要求义务人付款的权利，但不包括因票据或其他有价证券而产生的付款请求权。

1. 普通应收账款包括的项目

（1）销售产生的债权，包括销售货物，供应水、电、气、暖等；

---

❶ 具体规定参见工总行印发的《中国工商银行贷款担保管理办法（修订）》（工银发[2008]17号）。

* 工总行《关于印发〈信用风险缓释管理办法（试行）〉的通知》（工银发[2010]17号）中提出"金融质押品"概念。

** 本章节所述应收账款均指普通应收账款，不包括公路、农村电网建设与改造工程电费等收费权。

(2) 提供服务产生的债权，包括提供劳务、咨询、工程建设等；

(3) 出租产生的债权，包括出租动产或不动产。

2. 银行可接受的应收账款，需满足的条件

(1) 出质人（应收账款收款方，下同）已经向付款方提供了货物或服务，应收账款已经现实产生；或应收账款虽未现实产生，但出质人已有特定交易对象，交易双方已经签署合法有效的交易合同（购销合同、服务提供合同、工程建设合同、租赁合同等，下同），应收账款预计将于未来产生。

(2) 应收账款权属清楚，没有瑕疵，出质人未将其转让给其他任何第三人，也未在其上为其他任何第三人设定任何质权或其他优先受偿权。

(3) 应收账款出质人不得为自然人、学校、医院；应收账款对应的付款人不得为自然人。

(4) 应收账款尚未到期，且到期日不得晚于所担保债务的到期日。同时，应收账款的到期期限一般应在1年以内，最长不超过2年。对付款人信用等级在AA级（含）以上，且为分期付款方式的应收账款，到期期限可延长至3年。

对因政府采购和军队采购形成的应收账款，除必须同时满足上述条件外，政府采购行为还必须由地市级（含）以上政府的采购部门统一组织，且符合《中华人民共和国政府采购法》的相关要求；军队采购行为必须由军级（含）以上单位的采购部门统一组织，且符合《军队物资采购管理规定》的相关要求。

3. 除经总行同意，贷款行不得接受的应收账款质押

(1) 出质人尚无特定的交易对象，或虽有特定对象，但双方并未签署合法有效的交易合同、货物或服务尚未提供，目前尚未实际产生的应收账款。

(2) 涉及特许经营、专利、商标、知识产权等市场不易定价的产权交易形成的应收账款。

(三) 实物类流动资产

主要包括存货、仓单、提单及其他流动资产。

1. 存货

可接受质押的存货主要指企业生产经营所需的原材料、在产品、产成品等。根据存货的通用性、保管性、市场流通性，我行分为商品融资项下存货和一般存货两个小类。

2. 仓单

仓单是仓库业主接受货主的委托，将货物受存入库以后向存货人开具的说明存货情况的存单。仓单的直接作用是提取委托寄存物品的证明文件，间接作用则是寄托品的转让及以此证券委担保向银行等金融机构借款的证书，因此，仓单是一种公认的"有价证券"。根据《中华人民共和国合同法》规定，仓单上必须记载的内容有：存货人的名称或者姓名和住所、仓储物的品种、数量、质量、包装、件数和标记、仓储物的损耗标准、储存场所、储存期间、仓储费、仓储货物保险情况、填发人、填发地点和填发时间。

根据仓单是否经过交易所注册并可流通，仓单可分为两类：

（1）标准仓单：指期货交易所指定交割仓库在完成入库、商品验收、确认合格后，按统一格式制定并经交易所注册可以在交易所流通的实物所有权凭证。

（2）非标准仓单：指由仓库开具，未经交易所注册，可通过适当方式流通的实物所有权凭证。银行认可的非标准仓单应为与一级（直属）分行（含）以上机构签约的仓储公司、物流监管公司、现货交易市场出具的仓单。

3. 提单（Bill of Lading）

提单是指用以证明海上货物运输合同和货物已经由承运人接收或者装船，以及承运人保证据以交付货物的单证。（《中华人民共和国海商法》第71条）

提单是在对外贸易中，运输部门承运货物时签发给发货人的一种凭证。收货人凭提单向货运目的地的运输部门提货，提单须经承运人或船方签字后始能生效，是海运货物向海关报关的有效单证之一。

提单一词只适用于海洋运输及海运相结合的多式运输单证，不适用于陆运、空运等运输单据。

4. 其他流动资产

不属于前述种类，但符合要求可接受质押的流动资产。

四、银行押品价值评估有关规定

（一）押品种类划分

目前，银行按照押品形态、价值评估方法的异同等特点，将可担保流动资产分为16个种类：汇票、存货、仓单、提单、具有现金价值的人寿保险单、出口退税、本票、黄金（含白银、铂等金属）、其他流动资产、本外币存款质押、国家政策性银行和全国性股份制商业银行出具的银行本票、银行承兑汇票等票据质押、交存保证金、依法可以转让的国家债券（指由财政部代表中央政府发行的债券）质押、普通应收账款、票据池。

（二）可直接认定价值的低风险类押品

根据银行资产管理系统，担保风险系数为0的质押品如表5-1所示。

表5-1 担保风险系数为0的质押品

风险系数名称	系数值
保证金或其他形式的现金质押	0
100%保证金	0
标准金质押	0
银行（我行除外）本外币存单质押	0
中国工商银行本外币存单质押	0
银行（我行除外）本外币存单质押	0
其他本外币存单质押	0
我国财政部发行的国债质押	0
穆迪评级Aa3（含）以上或标准普尔评级在AA-（含）以上的国家或地区政府发行的债券质押	0
中国人民银行发行的票据质押	0
我国国家政策性银行发行的债券、票据和承兑的汇票质押	0
我国国有商业银行（我行除外）发行的债券、票据和承兑的汇票质押	0
我国全国性股份制商业银行发行的债券、票据和承兑的汇票质押	0
中国工商银行发行的债券、票据和承兑的汇票质押	0
多边开发银行发行的债券质押	0
穆迪评级A3（含）以上或标准普尔评级A-（含）以上且已与我行建立正式代理行关系的境内外外资金融机构发行的债券、出具的银行本票和承兑的汇票质押	0

注意：上述低风险质押品对债券的品种、债券或票据的发行银行、汇票的承兑银行等有明确要求，实践操作中要注意核实。

（1）合格的低风险押品可由押品调查人在银行资产管理系统中录入相关押品卡信息后，由调查人或测算人按其面额或实有金额直接认定押品价值。其中：存款单、债券、商业汇票、银行本票的价值为其面额；人寿保险单的价值为出质时保单现金价值。

（2）不符合低风险押品要求的债券、票据等，应按规定通过系统流程审定评估价值，评估测算可结合历史成本法、收益现值法谨慎确定，其中收益现值法应根据债券或票据的风险程度采用相应的风险报酬率，通过对到期收益折现确定评估价值。

（三）流动资产价值重评

银行对抵质押期间的押品进行价值跟踪，其中流动资产的重评监控周期为3个月。

第二节　流动资产主要评估方法

一、流动资产评估的基本方法

流动资产评估方法主要有：历史成本法（账面净值法）、重置成本法、收益现值法和市场法。

（一）历史成本法（账面净值法）

历史成本法（账面净值法），指根据会计记录的流动资产账面价值或票据面额确定评估价值。

计算公式：

$$评估价值 = 流动资产账面价值 - 减值因素$$

$$评估价值 = 票面面额$$

适用范围：货币资金、本外币存单、应收账款，以及采购或完成时间较短且企业财务资料可信的存货。

（1）存款单、债券、商业汇票、银行本票的价值为其面额；

（2）人寿保险单的价值为出质时保单现金价值；

（3）存货：对于采购时间不长或完工时间不长的原材料、在产品、产成品，如出质人财务制度健全、账务记录规范，可采用其账面净值作为成本法评估结果；

（4）应收账款。

普通应收账款的价值为应收账款实有金额，评估中需要考虑的减值因素为坏账损失和坏账准备。

应收账款评估价值 = 应收账款账面余额 -
已确定的坏账损失 - 预计可能发生的坏账损失与费用

预计坏账损失的方法比较多,主要有如下几种:

①余额百分比法。

按照坏账占全部应收账款的比例来判断不可收回的应收账款,从而确定坏账损失的数额。坏账比例的确定,可以根据被评估企业前若干年(一般为3~5年)的实际坏账损失额与其应收账款发生额的比例确定。

坏账比例 = 评估前若干年发生的坏账数额/
评估前若干年应收账款发生额 × 100%

本期坏账损失 = 评估时应收账款余额 × 坏账比例

某借款人拟提供应收账款 40 000 元质押担保,前三年坏账损失总额 4 200元,前三年应收账款合计 105 000 元,则

坏账比例 = 4 200/105 000 × 100% = 4%
本期估计的坏账损失 = 40 000 × 4% = 1 600(元)
应收账款评估价值 = 40 000 - 1 600 = 38 400(元)

②账龄分析法。

账龄分析法是根据应收账款入账时间的长短来估计坏账损失的方法。

由于银行可接受质押的应收账款为尚未到期,且到期日不得晚于所担保债务的到期日,银行押品评估实践中很少使用账龄分析法。

③销货百分比法。

销货百分比法是根据赊销金额的一定百分比估计坏账损失的方法。

④个别认定法。

个别认定法是根据每一笔应收账款的情况来估计坏账损失的方法。

(二)重置成本法

重置成本法是从购买者角度出发,按现时条件重新购买被评估资产所需的费用来确认资产价值的一种方法。计算公式为:

评估价值 = 完全重置成本 - 减值因素

适用范围:价格变动较大,处于各种形态,且市场流通性不强的流动资产,如存货中的在产品和产成品。

完全重置成本采用现行市场价格计算。对于在产品和产成品,由于尚未投入使用,可不考虑实体性贬值,减值因素主要考虑完工进度。

(三) 收益现值法

收益现值法又称收益还原法、收益资金本化法，是指通过估算被评估资产的未来预期收益并折算成现值，借以确定被评估资产价值的一种资产评估方法。

其计算公式为：

$$评估价值 = 未来可获收益的折现现值 - 减值因素$$

适用范围：未来收益明确的流动资产，如金融质押品中的债券、贴现票据等。

银行或商业汇票、本票的价值确定方法为票面价值加至评估基准日的应收利息：票面金额 + 持有期利息；也可按评估基准日到银行申请贴现的贴现值计算：票据到期价值 – 贴现息。

对债券、贴现票据应区分下列几种情况分别评估：

1. 未到期无息应收票据的评估

未到期票据应以票据的贴现收入作为票据的评估价值。所谓票据贴现，就是在票据未到期之前，收款人为获得现款，而向其开户银行贴付一定利息所作的票据转让。其计算公式是：

$$贴现收入 = 到期价值 - 贴现息$$

$$贴现息 = 到期价值 \times 贴现率 \times 贴现期$$

某企业持有的应收票据为 3 个月期的无息票据，金额为 2 500 元，在持票 30 天时对其进行评估，贴现率为 7.2%，则这张票据的评估价值为：

$$票据评估价值 = 到期价值 - 贴现息$$
$$= 2\ 500 - 2\ 500 \times 7.2\% \times 60/360$$
$$= 2\ 470\ (元)$$

2. 未到期有息应收票据的评估

未到期有息应收票据与无息应收票据的区别在于前者的到期价值应在票面金额的基础上加上利息。

某银行收到借款申请人提供的一张 120 天到期的票据，票面金额为 50 000 元，年利率 9%，持票 30 天时进行评估，评估时银行贴现率为 7.2%，则票据的评估价值为：

$$贴现天数 = 120 - 30 = 90\ (天)$$
$$到期价值 = 50\ 000 \times (1 + 9\% \times 120/360) = 51\ 500\ (元)$$

票据评估价值 = 到期价值 − 贴现息
　　　　　　= 51 500 − 51 500 × 7.2% × 90/360
　　　　　　= 50 573（元）

（四）市场法

市场法是存货价值评估的重要方法，也是流动资产评估的重要方法。
其计算公式为：

评估价值 = 押品数量 × 市场价格 − 相关税费

市场法与重置成本法的应用区别在于：适用用市场法评估的流动资产一般为市场上存在形态相同、功能相同或相近的资产，且交投活跃；而重置成本法适用对象为在产品，或市场交易稀少不易取得市场价格信息的存货。

适用范围：处于各种形态，但市场流通性较强的流动资产评估，如商品融资项下存货、仓单、提单、贵金属等。

（1）黄金的评估价值按质押标准金市值总和根据借款合同签订日前5个交易日上海黄金交易所每日加权平均价的算术平均值计算；

（2）仓单、提单的评估价值为仓单、提单项下货物总金额。

其中，标准仓单以评估基准日的期货市场收盘价确定；货物提单则视为实物资产—存货评估。

（3）商品融资项下存货。

商品市场价格的获取主要有以下集中途径：

（1）总行商品融资信息网；

（2）相关商品期货交易所价格信息，如：大连商品交易所、郑州商品交易所、上海期货交易所等；

（3）相关粮油、塑料化工、钢材、煤炭等价格信息网站，如：我的金属网、中国钢材网、中华联合钢铁网等；

（4）其他途径。

二、存货评估方法的选择

银行接受质押的存货原则上以大宗、高流动性的原材料或商业产品为主。该类存货账面记载的价值一般为产品的生产成本或商品的购置成本。

因此，当评估基准日与产品完工时间或商品购入时间较接近，其生产成本或商品的购置价格与评估基准日变化不大时，可以按存货的账面记载价值确定为评估值。

反之，当上述存货评估基准日与产品完工时间或商品购入时间相距较远，其市场价格发生较大变化时，应采用市场法进行评估。

某项存货评估值 = ∑某项存货清查调整数量 × （该存货不含税现行销售单价 –
　　　　　　　　销售税金及附加 – 销售费用）

公式中销售费用是指本机构销售存货时发生的合理的销售费用或委托其他机构销售时需支付的佣金。

三、评估方法应用的注意事项

（1）注重存货的使用价值。根据对存货的质量和技术鉴定的情况，确定存货是否有使用价值及存货等级，以便选择合理的市场价值。

（2）要充分分析市场供求关系和市场前景，从而确定其市场价格较账面成本是否发生较大变化，是否采用市场法进行评估才能较客观的体现其基准日的价值。

（3）选择的交易案例最好为评估对象或与评估存货基本相同的参照物，且应是在公开市场上的近期交易价格，非正常交易价格不能作为评估依据。

（4）对于滞销、积压、降价销售产品，应根据其可收回净收益确定评估值。

第三节　流动资产评估实务及风险分析

一、金融质押品评估实务

金融质押品种类较多，每类押品适用的评估方法不同，其中低风险类押品与其他押品的价值认定程序亦不相同。

（一）核查权属及相关资料

存款单：受益人、金额、到期日，他行存单应联网核查或函证。

票据：受益人、付款人、票面金额、承兑银行、付款日期；债券的发行人、票面利率、利息支付方式、到期日等。

（二）评估价值的计算

对提供质押担保的，应按照总行有关规定确定质物价值或评估价值。其中：

（1）存款单、债券、商业汇票、银行本票的价值为其面额；

（2）黄金的评估价值按质押标准金市值总和根据借款合同签订日前5个交易日上海黄金交易所每日加权平均价的算术平均值计算；

（3）人寿保险单的价值为出质时保单现金价值。

（三）押品价值流程审定

对于低风险业务，可由调查人或测算人通过直接认定方式审定价值。

对于非低风险类质押品，则应通过台账系统录入信息卡、测算、撰写评估报告、审查、审定等环节审定价值。

二、应收账款评估实务

（一）核实权属

（1）交易合同是否合规、真实，交易标的是否已经给付或确定即将给付，交易价格是否符合常理。如有必要，应向购货方发函确认交易和应收账款。

（2）是否已经转让或出质第三人，或已设定其他优先受偿权。

（3）出质人、付款人、付款到期期限等是否符合银行有关规定。

（二）及时查询并登记人民银行应收账款质押登记公示系统

（三）测算评估价值

应收账款价值评估可采用账面净值法，即评估价值＝账面净值－坏账准备。

（四）审查人评估应收账款时，应考虑的内容

（1）贷款行是否定期分析债务人经营状况、财务状况、行业状况、应收账款债务人的类别等；

（2）贷款行是否对应收账款的账龄、贸易单据的控制、对付款账户收益的控制、集中度情况等进行监测；

（3）贷款行是否已与出质人签署账户监管协议或在质押合同中增加账户监管条款，约定当应收账款所担保的债务出现逾期时，贷款行有权从应收账款收款专户中直接扣划质押应收账款的已收回款项。

（五）风险防范措施

（1）选择合格的应收账款。银行对可质押的普通应收账款有较为明确的规定，调查人应逐条核实，确认为合格押品后再发起评估流程。比如，银行不接受账龄一年以上的应收账款质押。

（2）确认交易背景的真实性、合规性、合理性。产生应收账款的交易背景必须严格调查核实，确保其真实、合规。同时，了解交易价格的合理性，是否与市场价格有较大的偏离，防范欺诈。

（3）及时查询并登记人民银行应收账款质押登记公示系统。

（4）注意应收账款到期日与借款到期日的匹配，不要小于借款到期日。

（六）注意事项

中国工商银行《信用风险缓释管理办法（试行）》（工银发〔2010〕17号）规定：对以应收账款作为第一还款来源的信贷业务，如国内保理、国内发票融资、国内信用证项下打包贷款、国内信用证项下卖方融资、出口打包贷款、出口信用证项下押汇与贴现、出口跟单托收项下押汇与贴现、出口发票融资等，应收账款质押不再作为风险缓释单独考虑。

三、实物类流动资产

在银行押品分类中，可归入实物类流动资产进行评估的主要包括一般存货、流动资产项下存货、标准仓单、其他仓单、提单、其他流动资产等押品小类。鉴于质押物的普遍性和流通性，目前银行办理质押最多的实物类流动资产就是商品融资项下存货。这里重点介绍商品融资项下存货的评估实务与风险，其他品种可相应参考。

（一）仓单、提单

仓单、提单的评估价值为仓单、提单项下货物总金额。

标准仓单：由于标准仓单可上市流通，其评估价格应实行盯市制度，初次评估价格可参照评估基准日前一日期货交易所收盘价或结算价确定。

其他仓单、提单：重点关注单据的真实合法性，以及监管方式、监管状态，评估方法与存货相同，可采用市场法和成本法测算评估价值。

（二）一般存货

鉴于流通性有限，谨慎接受，谨慎评估。

1. 确认监管的有效性

流动资产担保的实现方式是质押,核实确认待质押存货是否已纳入银行监管或第三方监管公司监管,是否已进入监管公司仓库。

2. 清点实物,核实权属

认真清点实物,确保实物与质押清单一致;重点核查抵押人财务记录、交易合同和支付凭证。

3. 谨慎取值,合理估算

对流通性较强的一般存货,可采用市场法评估,采集的市场价格应谨慎取值;对流通性较弱的一般存货,应以市场法和成本法的低值为评估结果。

4. 主要风险点

(1) 监管是否到位。

(2) 充分考虑押品的流通能力、变现补偿性,提高质押警戒线、处置线。

(三) 商品融资项下存货

1. 评估要点

(1) 确保保管存货的仓储公司或现货交易市场等具有合法的主体资格、良好的商业信誉、完善的管理制度、专业的管理设备和技术、合格的管理人员以及高效的进出库信息传递系统。

(2) 充分分析市场供求关系和市场前景,确定存货的市场价值。存货价值评估应采用成本价值和市场价值孰低法。对于滞销、积压、降价销售产品,应根据其可收回净额确定评估值。

(3) 对存货应定期进行实物检查。

(4) 合理确定警戒线和处置线,持续跟踪市场价格变化。

根据三方监管协议,监管公司负责监管质押物的数量和质量,其市场价格的跟踪监控由银行负责。

2. 主要风险点及审查应关注的问题

(1) 处置变现风险。

重点关注商品取得的合法性、有效性。严格审查商品的购销合同和付款凭证,对国内采购商品原则上应核验增值税发票,对进口商品还应审核海关报关单及缴税证明等文件;应通过借款人所在地的工商行政管理部门核实借款人未将商品转让给任何第三人,也未在商品上为任何第三人设定质权和其他优先受偿权。

对属于国家限制经营或特许经营的商品，须要求客户提供相关的批准文件或许可证件；对于采矿企业，在没有税票、购销合同等相关权属证据来佐证矿石权属的情况下，可根据当地法律法规或行业惯例认可的其他方式来确认矿石所有权。

对于动态质押方式办理的商品融资，应严格审核质物进出库和库存变动信息，确保新入库的商品符合协议约定要求，且商品权属清晰。

对于前台部门提交的质押商品处置预案，应分析其具体可操作性，尤其对于市场活跃程度相对较低的商品，要重点关注质物是否可以做到快速、足额变现。

（2）监管风险。

首先，应审查监管公司是否在总行核准的物流监管公司或区域物流监管公司名单内；其次，建议关注监管公司既往与银行或他行合作过程中有无因监管效率下降导致质物毁损缺失现象、有无违规放货或因人手紧张临时招募未经严格培训员工上岗现象等，如果监管公司出现上述情况，可更换监管公司。

在输出监管模式❶下，尤其要防范因融资过程中客户生产经营发生严重恶化，导致员工和债权人哄抢质押商品或企业无视监管强行出货的风险（上述两种情况监管公司均可能不承担赔偿责任）；发现风险隐患时，经办行应设法变更监管模式或要求提前收回银行融资。

（3）跌价风险。

①审慎核定商品价值。合理审慎确定商品价值是商品融资的基础，可通过查询总行商品融资信息网、互联网、各商品和期货交易所网站获取质押商品价格的真实信息，以市场价值为基础合理确定商品价值。对于热炒和价格波动较大的商品，更应充分考虑商品价值回落的空间，审慎确定价格。

②严格审查商品质量。重点审核客户提交的出厂质量合格证、专门质检机构的产品质量检验报告、《商品检验证书》等证明商品规格、质量、等级的权威证明文件；对于矿石原料、铁合金原料等还应达到总行规定的相关行业标准。

③谨慎确定质押率和处置线。对于物理、化学性质相对不稳定或价格波动

---

❶ 输出监管是指商品融资项下的质物不存放于监管企业的自有仓库，而是存放于借款人仓库或第三方仓库，由监管企业派驻人员进行监管的物流监管模式。

较大的商品，可在总行规定的质押率上限基础上适当下调质押率，提高警戒线和处置线。

（4）经营及财务风险。

虽然商品融资业务具有较强的封闭自偿性，但客户正常生产经营所产生的现金流仍是办理该业务的重要还款来源，审查中不应脱离借款人的生产经营情况而完全倚重于质押商品。具体审查中，应重点关注客户生产经营是否正常、商品融资金额是否与客户正常生产经营规模相匹配，有无拖欠职工工资、重大贸易纠纷和未决涉诉案件等情况。

对于生产经营情况严重恶化（且完全依靠质押商品作为还款来源）的企业，原则上不能为其办理输出监管模式下的商品融资业务。

（5）投机风险。

在办理商品贸易融资时，应根据客户存货周转期限和应收账款的回款期来合理确定融资期限（最长不超过1年）。尤其在大宗商品大幅上涨的经济周期，应防范企业利用商品融资业务囤积货物，哄抬物价，造成风险过度积聚。对于有保质期和使用效期的商品，融资期限还应相应缩短。

3. 风险缓释措施及管理要求

根据审查所揭示的风险，在出具审查意见时，可采取以下风险缓释措施（包括但不限于）：

（1）办妥商品质押手续。

经办行应安排双人对出质商品进行核押定值，严格按照总行核准的文本与客户和监管公司签署商品融资合同及质押监管协议，确保商品质权合法、有效、可靠。

（2）投保财产保险。

对物理、化学性质相对不稳定的商品，在融资发放前可要求客户购买以银行为第一受益人的财产保险，保险期限应不短于融资期限，保险金额应不小于融资本息，保险单内不得有任何限制贷款行权益的条款。

（3）降低质押率。

对于物理化学性质相对不稳定或价格波动较大的商品，可在管理办法规定范围内适当下调质押率。

（4）管理要求。

要求落实贷后管理责任人，定期现场检查质押商品，密切关注监管公司监管报告,及时跟踪商品数量及价格变动状况,根据处置预案及时正确处理各类预警事件,防范跌价风险和损毁风险。

四、商品融资价值评估案例

某市××成品油销售有限公司于 2008 年 12 月向银行提出 1 600 万元商品融资贷款申请,期限 1 年,用于成品油采购,拟以公司自有的 6 000 吨柴油质押。

(一) 前期准备

借款人符合银行准入条件,且已与监管公司中国远洋物流有限公司取得联系,根据现有条件拟采用"输出监管,滚动质押"的监管模式。借款人同意对该笔质押物参加财产保险,保险期限覆盖借款期限。

(二) 资料收集与现场调查

经押品调查人员及测算人员实地勘察、测量,待估押品存放于借款人储备油库,截至评估日,企业实际账面库存 8 000 吨,高于质押数量。同时依据企业提供的增值税发票、付款凭证以及货物质量检验单对质押物的质量、权属进行了核实。

(三) 评估测算

押品为借款人自有的 6 000 吨柴油,规格为 0#和 –10#,因为滚动质押,不同规格的柴油库存会发生变化。评估人员了解到目前两种规格市场价格相差不大,谨慎起见,按市场价格相对较低的 0#柴油测算全部库存价值。

1. 成本法测算

根据该企业提供资料,2008 年平均采购成本价格为 4 800 元/吨,考虑到柴油销售需缴纳营业税 (5%),计算该公司成品油的评估价值为:

$$评估价值 = 押品数量 \times 市场价格 - 相关税费$$
$$= 4\ 800\ 元/吨 \times 6\ 000\ 吨 \times (1-5\%)$$
$$= 27\ 360\ 000\ 元$$

2. 市场法测算

通过中国化工产品网查询:2008 年 12 月 17 日,某市周边地区现行市场批发价格在 5 500 元/吨之间。通过总行"商品融资信息网"查询,2008 年 12 月 19 日柴油出厂价格:中石化 0# 5 632.58 元/吨,中石化 –10# 5 880 元/吨。

（以上查询价格均为含税价）

考虑到国务院决定自 2009 年 1 月 1 日起实施成品油税费改革，国家发改委公布柴油出厂价格由每吨 6 070 元调整为 4 970 元，调降比例为 18%，成品油价格调整已含提高成品油消费税单位税额的因素，2009 年 1 月 1 日实施成品油税费改革方案时，国内成品油价格水平不提高。测算人基于谨慎原则，市场价格按照 5 630 元/吨调降 18% 测算：

押品价值 = 押品数量 × 市场价格 − 相关税费
　　　　 = 5 630 元/吨 × (1 − 18%) × 6 000 吨 × (1 − 5%)
　　　　 = 26 314 620 元

3. 评估价值确定

两种方法的测算结果较为接近，市场法测算结果略低于成本法测算结果，谨慎起见，取市场法结果为评估价值。

取整为 2 630 万元。

4. 风险防范措施

监管：已与出质人、符合总行准入的监管公司共同签订三方监管协议，并制定了详细的监管方案。

财产保险：出质人已承诺对该笔质押物参加我行为第一受益人的财产保险，保险期限覆盖借款期限。

警戒线、处置线：贷款行、借款人、监管公司经共同协商，制定质押商品质押率为 60%；警戒线为 70%；处置线为 80%。质押比率 = 贷款金额/押品价值 × 100%。

价格跟踪：贷款行已指定调查人专门搜集市场价格信息，根据市场价格变化随时对柴油价格做出相应调整，防范市场风险。

【案例点评】

该案例质押为"输出监管，滚动质押"模式，且包含两种规格型号的商品。

(1) 滚动质押的主要风险之一是商品的权属风险，质押人购进商品的货款结算方式可能为多种，比如延期付款、定期结算等，购货发票、价款支付凭据可能无法与质押商品一一对应，调查、测算人员核实权属的重点是了解质押人购货结算方式及账务记载流程，财务管理制度是否规范，核实财务记录的商品数量价格是否及时准确，核验库存记录与实物是否一致。

要注意核对购货发票与价款支付凭据的一致性，防范虚假发票或欠款风险。

（2）滚动质押的主要风险之二是监管风险。由于滚动质押中质押人生产经营中要继续使用商品，质押商品往往存放于质押人仓库，调查人、测算人需要确认：监管公司与质押人是否已签订仓库租赁协议，监管人是否可控制质押商品的输入输出。同时要注意仓库租赁费用要符合市场水平，明显有失公允的价格可能导致租赁协议的无效，从而导致监管合同的无效，调查人员要注意防范监管无效风险。

（3）存货商品价值评估中采用的成本法是历史成本法，主要依据为资产占有人取得资产所支付的成本。要注意与重置成本法的区别。

（4）本次押品内评采用两种方法测算，实践操作中应以市场法为主，成本法可作为辅助验证方法。

（5）商品融资存货质押的重评期限是3个月，而实际上信贷人员需逐日对商品价格进行跟踪调查，实行盯市制度，防范跌价风险，以此落实警戒线、处置线等防控措施的真实有效，确保押品的信用风险缓释作用。

（6）对于包含多种规格型号商品的滚动输出质押，调查人员需要了解质押的每种规格商品数量是否是固定的，监管方案是否能够达到监管商品规格、数量的要求。如果不能严格落实商品规格和数量，则应对全部质押商品按照市场价格较低的规格商品进行评估测算。

第六章
长期投资评估方法与实务

了 解

债权投资评估方法;股权评估收益法和市场法案例计算。

熟 悉

长期投资价值评估有关的概念;调查人、测算人、审查人、审定人评估工作要点;资产基础法和收益法评估关注要点。

掌 握

股票投资评估方法;股权投资评估中的成本法、收益法及其关键指标确定。

第一节 概 述

长期投资是指企业以获取投资权益和收入为目的,向那些并非直接为本企业使用的项目投入资产的行为。它包括债券投资和股权投资,其中股权投资分为股票投资和其他投资。股票投资是指企业通过购买等方式取得被投资企业的股票而实现的投资行为;股权投资则是指投资主体将现金资产、实物资产或无形资产等直接投入被投资企业,取得被投资企业的股权,然后通过控制被投资企业来获取利益的投资行为。

资产评估中的长期投资特指企业所拥有的以长期投资形态存在的那部分资产。由于该部分资产是以对其他企业享有的权益而存在的，因此，长期投资评估主要是对长期投资所代表的权益进行评估。

因此，长期股权投资的价值评估需通过企业整体资产评估来实现。

整体企业资产评估是对独立企业法人单位和其他具有独立经营获利能力的经济实体进行的价值评估。根据评估对象的不同，整体企业资产评估通常可以分为企业价值评估和所有者权益价值评估。

企业价值评估是将企业作为一个有机整体，依据其拥有或占有的全部资产状况和整体获利能力，并充分考虑影响企业获利能力的诸因素，对企业整体公允市场价值进行的综合性评估。企业价值评估是对企业所有者的权益价值和债权人的权益价值进行的评估，对应的评估价值是债权人权益和所有者权益的价值，即扣除无息负债后的总资产的价值。

企业资产负债结构可以用图6-1表示。

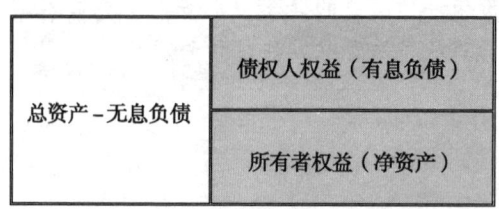

注：图中阴影部分表示评估价值对应的范围

图6-1 企业资产负债结构

所有者权益价值评估是对企业所有者的权益价值进行的评估，对应的评估价值是扣除全部负债后的总资产即净资产的价值。

企业资产负债结构可以用图6-2表示。

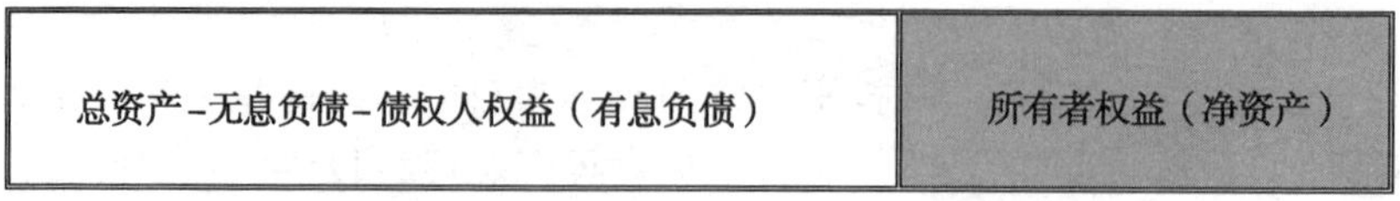

注：图中阴影部分表示评估价值对应的范围

图6-2 企业资产负债结构

进行整体企业资产评估前一定要确认评估对象，明确是对所有者权益价值进行的评估,还是对企业价值进行的评估。除股票外,我行可接受的股权评估一般是指对所有者权益价值进行评估。

第二节 长期投资评估方法

一、债券投资评估方法

债券投资一般体现为购买企业债券赚取相应的利息。

对于上市交易的债券按照监控时点的收盘价确定评估值,对非上市交易的债券按核实后本利和的现值确定;有特殊事项的,作相应的扣减或其他处理。

二、股权投资评估方法

(一) 股票投资评估

对上市交易的流通股票一般按照监控时点的收盘价确定评估值,上市的非流通股票按监控时点被投资企业账面净资产乘以持股比例确定;其中以控股为目的持有的上市公司股票,一般采用收益现值法进行评估,即根据股份公司未来预期收益,用适当折现率折算为现值,再按持股份额分摊计算评估值。

非上市交易的股票当持股比例较小时,按核实后长期投资的账面价值确定,否则按被投资企业基准日净资产乘以持股比例确定,或采用收益现值法评估,综合分析股票发行主体的经营状况及风险、历史期利润水平和分红情况、行业收益水平等因素,合理预测股票投资的未来收益,并选择适宜的折现率,确定评估值;有特殊事项的,作相应的扣减或其他处理。

(二) 其他股权投资

对于其他投资,首先需了解具体投资形式、收益获取方式和占被投资单位资本的比重,再根据不同情况进行评估。

对于合同、协议明确约定了投资报酬的长期投资,可将按规定应获得的收益折为现值,计作评估值。对到期收回资产的实物投资情况,可按约定或预测出的收益折为现值,再加上到期收回资产的价值,计算评估值。对于不是直接获取资金收入,而是取得某种权利或其他间接经济利益的,可尝试测算相应的经济收益,折现计算评估值;或根据剩余的权利或利益所对应的重置价值确定评估值。明显没有经济利益也不能形成任何经济权利的，按零值计算。

对于控股的长期投资，应对被投资企业进行整体评估，评估人员到现场实地核查其资产和负债，全面进行评估。评估方法可采用重置成本法、收益现值法或现行市价法。

对于非控股的长期投资，可采用收益现值法进行评估，即根据历史上的投资收益情况和被投资企业的未来经营情况及风险，预测长期投资的未来收益，再用适当折现率折算为现值得出评估值。在未来收益难以确定的情况下，也可采用重置成本法进行评估，即通过对被投资企业进行整体评估，确定净资产数额，再根据投资方应占的份额确定长期投资的评估值。如果该项投资发生时间不长，被投资企业资产账实基本相符，则可根据核实后的被投资企业资产负债表上净资产数额，再根据投资方应占的份额确定评估值。

在进行抵（质）押贷款评估时，对被投资单位进行整体评估一般采用成本法或收益法。

（1）采用成本法评估时，对于绝对控股的质押权益，且企业成立或投资期限在 3 年以上的，须对被质押企业采用资产基础法进行整体评估，确定其质押权益价值。

对于非绝对控股的企业以及企业成立或投资期限在 3 年以下的质押权益，当资料收集受限时，可根据审计后质押企业资产负债表上净资产数额和质押比例确定评估值。

（2）在对被抵（质）押企业进行整体评估时，是采用成本法还是采用收益法，可以视企业是否有稳定连续的收益、评估工作的易操作性以及评估资料的易取得性等情况而定。采用收益法对控股股权进行评估，虽然理论上可行，但要求企业提供的经营、财务等有关资料比较准确、全面，评估人员要对该行业和企业有较深入的了解和较准确的判断，通过对大量相关资料进行收集、甄别和筛选，才能正确确定各项参数和评估值。这种方法看似简单，但不确定的因素较多，工作量较大。当评估人员工作时间紧张、经验欠丰富或企业资料收集困难时，一般不宜选用。因此对于控股股权的评估建议选用成本法。

对企业整体评估的成本法一般又有两种方法：资产基础法和报表确定法。

三、资产基础法

（一）公式

抵（质）押标的价值 = 企业净资产 × 持股比例 × 质押的股权比例

（二）关键参数的确定

资产基础法：是指将构成企业的各种要素资产的评估值加总求得企业整体价值的方法。

1. 流动资产部分

货币资金：包括现金、银行存款及其他货币资金，基本以审计后账面值作为评估值。

短期投资：指购入能够随时变现并且持有时间不准备超过1年（含1年）的投资，包括股票和债券。股票和债券的评估详见本指标体系的相关内容。

应收票据：指因销售商品、产品、提供劳务等收到的商业汇票，包括银行承兑汇票和商业承兑汇票。

若核实真实存在，到期能够承兑的按账面值确定；对于有确切依据无法收回的，评估为零。

基本以审计后账面值作为评估值。

应收账款：主要是企业与其业务往来单位之间发生的应收款项。

对确有证据证明无法收回的应收账款评估为零；其他按账面值确定；计提的坏账准备，由于其没有可确指的坏账对象，故评估为零。

备用金：对确有证据证明无法收回的备用金评估为零；确定能够收回的，按账面值确定。

基本以审计后账面值作为评估值。

其他应收款：是企业在主营业务以外与外部和内部发生的往来款项。

评估时对确有证据证明无法收回的其他应收款评估为零；否则对用户进行账龄分析并根据账龄确定坏账比例，以账面值乘以坏账比例确定评估值；确定完全能够收回的，按账面值确定。

存货：由库存材料、材料采购（在途材料）、在库及在用低值易耗品、商品采购、委托加工材料、库存商品等组成。

a 类：库存材料、材料采购（在途材料）、在库低值易耗品、商品采购、在产品。

若账面值准确、现状正常良好，按账面值确定；账面值不准确、现状正常良好，按买价（折扣后的市价）加运输费、装卸费、保险费、途中合理损耗、入库前的加工、整理及挑选费用以及缴纳的税金等计价确定；账面值不准确、现状不正常（或已在用），按买价（折扣后的市价）加运输费、装卸费、保险费、途中合理损耗、入库前的加工、整理及挑选费用以及缴纳的税金等计价确定重置价，乘以单个或综合成新率确定评估值；账面值准确、现状不正常（或已在用），按账面值乘以单个或综合成新率确定评估值；账面用计划价记账，以"材料成本差异"调整后，如果与现行市价相符，可以采用此法。

b类：库存商品（产成品）。

库存商品（产成品）：为企业购进经销的各种商品（企业生产完工待销售的产品）。

评估时首先确定滞销、正常、畅销三种商品的现行销售单价（不含增值税）；核实该类商品数量；确定评估值。

公式：

库存商品评估值 = $\sum$ 某项库存商品清查调整数量 ×
（该商品不含税现行销售单价 −
销售税金及附加 − 销售费用 − 所得税 − 部分利润）

其中部分利润的计算：对畅销的商品，不扣除税后净利润；对正常销售的商品，扣减适当数额的税后净利润；对滞销的商品，需扣减全部税后净利润。

c类：委托加工材料。

当所委托加工材料市场采购价格发生较大变化时，参看原材料评估方法评估；否则以调整后账面值作为评估值。

d类：在用低值易耗品。

采用重置成本法。按清查盘点结果分类，将同种低值易耗品的现行购置或制造价格加上合理的其他费用得出重置价值，再根据实际情况确定综合成新率。

待摊费用：是某些已发生的费用在一年以内摊销的摊余价值。

评估时对核实无误的、基准日以后尚存资产和权利的待摊费用，在核实受益期和受益额的基础上予以按账面值确定；对所形成的资产或权利已在其他类型资产中反映，评估为零；基准日以后已不存在资产和权利的，评估为零。

待处理流动资产净损失：指企业尚未处理的盘盈、盘亏和毁损的财产物资的净损失（借方余额）或净溢余（贷方余额）。

评估时对净损失（借方余额），有上级处理意见，按处理意见执行；对净损失（借方余额），无上级处理意见，按核实后账面值确定；对净溢余（贷方余额），评估为零。

一年内到期的长期债券投资：根据具体内容参照"长期投资－债券投资"的评估方法执行。基本以审计后账面值作为评估值。

其他流动资产：根据具体内容参照上述各类相关的流动资产的评估方法执行。基本以审计后账面值作为评估值。

2. 长期投资部分

股票投资：参照股票的评估方法。

债券投资：参照债权的评估方法。

其他投资：参照股权的评估方法。

3. 无形资产部分

土地使用权：评估和要求详见本书相关要素资产的介绍。

其他无形资产：若内容为账面价值较小的外购软件或其他费用类项目，基本以审计后账面值作为评估值；其他专利或专有技术则应采用市场法或收益法进行评估（评估和要求详见本书相关要素资产的介绍）。

4. 递延资产部分

递延资产是指不能全部计入当年损益，而应在以后年内（1年以上）分期摊销的各项费用。它包括开办费和长期待摊费用两部分。

评估时对核实无误的、基准日以后尚存资产和权利的待摊费用，在核实受益期和受益额的基础上予以重新计算确定；对所形成的资产或权利已在其他类型资产中反映，评估为零；基准日以后已不存在资产和权利的，评估为零。

5. 其他资产部分

固定资产清理：核算因出售、报废和毁损等原因转入清理的固定资产净值及其在清理过程中所发生的清理费用和清理收入。期末余额，反映尚未清理完毕固定资产的净值以及清理净收入（清理收入减去清理费用）。

评估时对刚转入尚未清理的固定资产，视具体情况采用成本法或清算价格法进行评估，注意要考虑清理过程中所发生的税费、清理费、保险及过失人赔偿等因素；对已经清理完毕，只是本科目余额尚未进行期末结转的，本科目余额以零值评估。

待处理固定资产净损失：指企业尚未处理的盘盈、盘亏和毁损的各类固定资产的净损失（借方余额）或净溢余（贷方余额）。

评估时对净损失（借方余额），有上级处理意见，按处理意见执行；对净损失（借方余额），无上级处理意见，按核实后账面值确定；对净溢余（贷方余额），评估为零。

其他长期资产：根据具体内容参照上述各类相关资产的评估方法执行。

递延税款借项：评估时对核实无误的，按账面值确定；对核实有误的，按调整后确定。

基本以审计后账面值作为评估值。

6. 流动负债部分

短期借款：是指企业向银行或其他金融机构借入的期限在1年以下的各种借款。

基本以审计后账面值作为评估值，并注意核对审计是否考虑了应付利息。

应付票据：指企业以定期兑现的票据形式向收款人开具的银行无息或有息承兑票据，其内容主要是购货款。

基本以审计后账面值作为评估值。注意核对审计是否考虑了应付利息。

应付账款：是指企业因购买物资或接受劳务供应等业务应支付给供应者的账款。

评估时核实是否真实存在，按账面值确定；存在虚减、虚增的，按调整后确定。

基本以审计后账面值作为评估值。

预收账款：是企业按照合同规定，向购买本企业货物的单位预收的货款。

评估时核实是否真实存在，按账面值确定；存在虚减、虚增的，按调整后确定。

基本以审计后账面值作为评估值。

其他应付款：是除商品交易以外，与外单位和本单位之间经济往来所发生的应付款。

评估时核实是否真实存在，按账面值确定；存在虚减、虚增的，按调整后确定。

基本以审计后账面值作为评估值。

应付工资：基本以审计后账面值作为评估值。

应付福利费：是企业对职工个人除付给工资和津贴以外给予的福利待遇，其中包括必要的个人补助。

基本以审计后账面值作为评估值。

未交税金：是企业应交纳的各种税金，包括增值税、营业税、消费税、城市建设税、所得税、房产税、车船使用税及土地使用税等。

基本以审计后账面值作为评估值。

未付利润：是企业到基准日为止应付投资者的利润。

基本以审计后账面值作为评估值。

其他未交款：是企业除应交税金以外的未交款，如教育费附加等。

基本以审计后账面值作为评估值。

预提费用：是企业按照规定从成本中预先提取但尚未支付的费用。

评估时核实真实存在，按账面值确定；存在多提、少提，按调整后确定；所形成的债务非真实存在或非实际需要承担（如非企业财务制度规定提取的大修理费），评估为零。

一年内到期的长期负债：是指企业将一年内到期的长期负债转入本科目。

根据具体内容参照上述各类相关负债的评估方法执行。基本以审计后账面值作为评估值。

其他流动负债：是企业除以上各项流动负债科目以外的流动负债。

根据具体内容参照上述各类相关负债的评估方法执行。基本以审计后账面值作为评估值。

7. 长期负债部分

长期借款：是企业向银行等金融机构或其他单位借入的，期限在1年以上的各种借款。

基本以审计后账面值作为评估值。注意核对审计是否考虑了应付利息。

应付债券：是企业依照法定程序发行、约定在一定期限内还本付息的有价证券。

基本以审计后账面值作为评估值。

长期应付款：是企业的长期负债项下除长期借款及应付债券以外的长期负债。

基本以审计后账面值作为评估值。

其他长期负债：为长期负债项下除长期借款、应付债券和长期应付款以外的长期负债。

根据具体内容参照上述各类相关负债的评估方法执行。基本以审计后账面值作为评估值。

递延税款贷项：对核实无误的按账面值确定；对核实有误的，按调整后确定。

基本以审计后账面值作为评估值。

8. 房屋建筑物及其他地上定着物、机器设备、林木资产、土地使用权等其评估和要求详见本文各种要素资产的介绍。

当企业账面余额涉及外币时应统一考虑汇兑损益的影响。

四、报表确定法

（一）评估方法

非绝对控股的和企业成立或投资期限在3年以下的质押权益，可根据审计后质押企业资产负债表上净资产数额和质押比例确定评估值。

（二）公式和参数的含义

$$股份权益 = 企业净资产 \times 持股比例 \times 质押的股权比例$$

（三）参数的来源和工作分工

企业净资产：经审计后的受资企业资产负债表反映的所有者权益。

质押的股权比例：设定抵（质）押时，由评审确定；抵（质）押关系存续期间，由质押合同确定。

五、收益法

在企业持续经营假设前提下，整体企业评估采用收益法有两种方法：年金法和分段法。

（一）年金法

年金法计算基本公式为：

$$P = A/r \tag{6-1}$$

用于整体企业评估的年金法，是把企业未来可预测的各年预期收益进行年金化处理，然后再把已年金化了的企业预期收益进行收益还原，估测整体企业的重估价值。因此式（6-1）又可以写成：

$$P = \sum \left[R_i (1+r)^{-i} \right] \times (A/P, r, n) / r \qquad (6-2)$$

式中，$\sum \left[R_i (1+r)^{-i} \right]$——企业前 n 年预期收益折现值之和。

$(A/P, r, n)$——投资回收系数，该系数的数学表达式为：$1/\sum \left[(1+r)^{-i} \right]$

式（6-2）也可写成：

$$\sum \left[R_i (1+r)^{-i} \right] / \sum \left[(1+r)^{-i} \right] / r \qquad (6-3)$$

式中，P——企业价值；

R_i——第 i 年的预期收益；

r——折现率；

n——预期年数。

（二）分段法

分段法是将持续经营的收益预测分为前后段。对于前段企业的预期收益采取逐年预测折现累加的方法。而对于后段的企业收益，则针对企业具体情况假设它按某一规律变化，并按企业收益变化规律，对企业后段预期收益进行还原及折现处理。将企业前后两段收益现值加在一起便构成了整体企业的收益现值。

假设以前段最后一年的收益作为后段各年的年金收益，则公式为：

$$P = \sum \left[R_i (1+r)^{-i} \right] + R_n / r \times \left[(1+r)^{-n} \right]$$

式中，P——企业重估价值；

R_i——第 i 年的预期收益；

R_n——前段预测最后一年的收益；

r——本金化率；

n——预期年数。

（三）企业收益及其预测

企业收益的界定：不归企业权益主体所有的企业纯收入，不能作为企业评估中的企业收益，如税收，不论是流转税还是所得税都不能视为企业收益；凡是归企业权益主体所有的企业收支净额，可视为企业收益。无论是营业收支、资产收支，还是投资收支。企业收益有两种表现形式：企业净利润和企业净现金流量。

企业收益预测：企业收益的预测大致可分三个阶段。首先是企业收益现状的分析和判断（可通过一系列财务数据并结合对企业生产经营的实际情况加以判断）；其次是对企业未来可预测的若干年的预期收益预测；最后是对企业未来持续经营条件下的长期预期收益的判断。

在一般情况下，企业的收益预测分为两个时间段：一是对企业未来 3~5 年的收益预测；二是对企业未来 3~5 年后的各年收益预测。

预测企业预期收益的前提条件是：国家的政治、经济等政策变化对企业预期收益的影响，除已经出台尚未实施的以外，只能假定其将不会对企业预期收益构成重大影响；不可抗拒的自然灾害或其他无法预测的突发事件，不作为预测企业收益的相关因素考虑；企业经营管理者的某些个人行为也未在预测企业预期收益时考虑等。

预测的主要内容：对影响被评估企业及所属行业的特定经济及竞争因素的估计；未来 3~5 年市场的产品或服务的需求量或被评估企业市场占有份额的估计；未来 3~5 年销售收入的估计；未来 3~5 年成本费用及税金的估计；完成上述生产经营目标需追加投资及技术、设备更新改造因素的估计；未来 3~5 年预期收益的估计等。关于企业的收益预测，操作人员不得不加分析地直接引用抵押人或其他人员提供的方法和数据，应把抵押人或其他人员提供有关资料作为参考，根据可搜集到的数据资料，在经过充分分析论证的基础上作出独立的预测判断。

折现率是将未来收益还原或转换为现值的比率。它在评估业务中有着不同的称谓：资本化率、本金化率、还原利率等，但其本质是相同的，都属于投资报酬率。作为投资报酬率通常由两部分组成：一是正常投资报酬率；二是风险报酬率。一般情况下，整体评估中折现率不低于投资的机会成本；行业基准收益率不宜直接作为折现率；贴现率不宜直接作为折现率。

质押的股权比例：设定抵（质）押时，由评审确定；抵（质）押关系存续期间，由质押合同确定。

第三节　长期投资评估实务

一、评估工作要点

(一) 评估调查

1. 资料收集

(1) 公司一般情况资料。

①公司概况说明；

② 公司组织机构图以及企业部门的列表，列表说明各职能部门的主要职责、职能部门之间的协调方式；

③注册登记文件（公司本身及下属子公司、控股公司、参股公司的公司法人营业执照，税务登记证，投资协议，出资证明，企业的验资报告，子公司成立的批复文件）；

④公司章程复印件；

⑤有关账务曾经做过调整的说明（如因清产核资、资产评估等进行过重大调整，以及调账后的增值幅度），并提供相应的文件；

⑥列表说明所有对企业造成影响的（已结案但尚未履行的或开始起诉的或将来可能有的）重要诉讼、仲裁、索赔、行政处罚或政府机构的调查或质询，以及所有与上述事宜有关的文件、函件，包括答辩状及法律意见书；

⑦各企业未来5年的发展规划或项目可行性研究报告。

(2) 一般财务资料。

①公司财务制度、会计制度及会计科目设置及核算体系介绍；

②公司（包括其下属子公司）营业执照和税务登记证明文件及出资证明，子公司成立的批复文件；

③公司近5年的审计报告及主要财务会计报表（资产负债表、损溢表、现金流量表）和附表（利润分配表、费用表）；

④最近3年的产品收入、成本月度报表及说明，应包括产品销售收入及其构成明细（产品销量与产品价格）、产品成本及其构成明细（产品产量与产品单位成本）、销售费用、管理费用明细表以及余额表等（如有电子版则需提供

电子版）；

⑤评估基准日涉及公司资产负债表中各科目的评估明细表。

（3）资产基础法评估流动资产及负债所需资料。

①评估基准日各开户银行的对账单和存款余额调节表；

②公司长期和短期投资的合同或协议书；

③证券投资的库存证券复印件和托管证券证明文件；

④大额应收票据、应付票据（如金额前十名）复印件；

⑤大额应收账款、应付账款（如金额前十名）的购销合同和入出库单；

⑥大额预付账款、预收账款（如金额前十名）的购销合同；

⑦ 基准日存货盘点表；

⑧长、短期借款合同、付息情况说明；

⑨ 公司中涉及租赁资产、抵押资产、担保资产、诉讼资产的协议或证明文件；

⑩选取主要购货发票、销货发票及相关转账凭证及合同复印件（近期发生的、各不同类型的购货及销货金额前五位的发票、合同）；部分有代表性的存货的出、入库单；存货的计划价格、市场参考价格及公司产品销售价格资料。

（4）资产基础法评估房屋建筑物、构筑物、土地使用权、车辆、机器设备、无形资产等所需资料详见相关章节。

（5）收益法评估需收集的资料。

除上面列示的公司一般情况资料和一般财务资料外，收益法评估时还需重点收集和了解以下内容（可通过调查问卷或访谈提纲的形式）：

①公司历史沿革及经营范围；

②公司组织结构以及人员构成情况；

③公司主要经营业务以及近几年主要产品产能、产量情况；

④公司主要经营业绩情况；

⑤近几年的资产、利润状况（如主要资产负债状况、主营业务收入与利润情况等）；

⑥行业现状、行业产业政策、同行业竞争情况；

⑦正在进行的投资项目简况；

⑧未来的发展规划；

⑨企业的经营优势、主要经营风险；

⑩短期投资、长期投资、长期债权投资、付息债务、在建工程、其他应付款、其他业务利润、公司税金税率、非经营性资产等情况。

2. 资产清查核实

(1) 清查核实内容。

采用资产基础法评估时,资产清查核实是评估前期准备工作的重要内容,清查对象包括企业的全部资产。采用收益法评估对资产清查的要求较低,主要工作集中在对企业财务状况和经营状况的了解上。采用资产基础法评估,评估人员应在取得被评估企业提供的清查评估明细表后,根据国家资产评估操作规范对企业申报的资产和负债的账面金额、实际数量、使用状况、产权状况等进行清查核实,并对可能影响资产评估的重大事项进行了解。以下资产清查相关内容主要指采用资产基础法评估。

(2) 清查过程。

①首先在被评估企业相关人员配合下清查资产、准备评估所需资料。要求被评估企业按照资产的实际情况如实登记填写"评估申报明细表""资产调查表"。评估人员收集委估资产的产权证明文件和反映资产性能、技术状态、经济技术指标等情况的资料。

②初步审查被评估单位提供的评估申报明细表。通过查阅有关设计资料及图纸,了解评估具体范围及对象。通过审阅评估申报表,初步检查有无资产项目不明确、填项不全,并根据经验及掌握的有关资料,检查申报表有无重、漏项等。

③现场实地勘察。按照资产类型如流动资产、设备、房产、土地等,以企业填报的资产评估申报明细表为基础,对不同性质的实物资产分别采取不同的勘察方法进行现场勘察。

④补充、修改和完善评估申报表。根据现场实地勘察结果,修改完善评估申报表,以使"表""实"相符。

⑤核实产权证明文件。对评估范围的设备、运输车辆、房屋建筑物产权进行查证核实。

(3) 清查方法。

①流动资产清查。对于流动资产的资产清查工作,应通过账账、账表、账物的核对,实物盘点和询问企业有关人员,在流动资产的清查核实中尽可能取得相应的数据和证据,如货币资金取得银行对账单、余额调节表,应收、预付

款项着重核实业务内容、发生时间并采取函证手段,证明账务记录的正确性。对存货的抽查重点放在价值较高的品种之上。

②非流动资产清查。非流动资产的清查工作,应通过账账、账表、账物的核对,实物盘点和询问企业有关人员了解产权状况、资产使用现状,根据不同资产的性质、特点及实际情况,采取不同的清查方法。

对于长期股权投资,评估人员应对长期股权投资形成的原因、账面值和实际状况进行取证核实,查阅投资协议、股东会决议、章程和有关会计记录等,以确定长期投资的真实性和完整性。

对于机器设备类资产,应采用大型设备全面清查、小型设备重点抽查的方式进行清查核实,并对设备的运行状况、技术性能、功能应用和维护管理等情况进行询问和相关资料收集。

对于房屋建(构)筑物,应采取全面清查的方式,对房屋的坐落位置、建筑面积、建成年月与原始竣工资料、图纸进行核对;对房屋进行产权核实;对无原始设计和竣工资料的房屋,采取实物清查;对房屋建筑的层数、层高、檐高、跨度、柱距、房屋的实际用途、装修标准、生产实际情况以及企业维护状况作全面详细勘察并作记录,对填报申报表不实的项目,进行及时修正。

对于在建工程,应调查开工时间、预计完工时间、工程进度、施工合同、付款情况等,并通过实地勘察,查阅原始凭证、工程预算书等资料,在确认工程预算合理性的前提下综合判断其账面值的合理性。

对于无形资产,应查阅土地使用权的产权证明文件,核对土地位置、用途、面积、使用权类型,对宗地的场内外开发程度进行现场查看,并了解周边的环境状况等。

③负债的清查。主要调查负债的业务内容、形成过程、发生时间、业务合同、相关税金的纳税申报材料、各项费用的计提依据及标准、款项的支付结算情况等资料,并重点向财务或相关当事人了解申报评估的应付款项是否为基准日实际存在的债务,是否有确定的债权人等。

(二)评估测算

1. 外评初审(如有)

对中介评估机构出具的评估报告进行形式审查和技术审查。

(1)审查评估报告本身是否完整,有无漏项。完整的外评报告包括资产评估报告和资产评估说明两部分。

（2）资产评估报告是否由具有资产评估资格的评估机构出具，并有法人代表签字，加盖公章。对于成本法评估涉及的资产如土地、探矿权、采矿权等中介机构是否具有相应的土地评估和矿业权评估资质。评估上市公司的还需要具有上市公司评估资质。

（3）估价人员资格。评估人员是否为注册资产评估师并在评估报告上签字盖章，且评估不少于2名注册资产评估师。

（4）审查评估报告的合规性、评估范围与评估标的一致性、评估目的、方法、价值类型的匹配性、权属的完整性、评估结果的合理性等。

2. 价值测算

按照有关规定对押品价值进行初步测算，撰写测算报告。

（1）选取评估方法。应依据被评估企业的经营状况、评估时的市场条件及资料收集情况等因素选取适当的评估方法，在一项评估中所选方法一般不少于两种。

（2）确定主要参数。成本法评估时，对于涉及的各项资产依据各章评估要求确定，在此不再过多阐述。收益法评估时，应根据客观实际谨慎判断未来收入和费用水平、变动周期和折现率。

（3）确定与验证评估结果。检查整个估价过程，比较验证各种评估方法得出的股价结论是否合理，并结合假设前提与实际情况选择最终评估结果。需重点检查验证的事项如下：

①检查评估明细表链接是否正确；

②计算公式与过程是否准确；

③影响评估的重大事项以及瑕疵事项对评估结果的影响程度；

④选用的各种评估方法得出结果是否在合理范围内，并找出各种结果差异原因。

（三）评估审查

1. 评估范围和权证审查

（1）由于股权评估是对企业全部资产及权益的评估，审查人员应核查被评估企业是否有单项资产已在我行办理过抵质押，严防重复抵押现象的发生。

（2）审查收集的权属资料和估值资料是否完整、客观、真实。包括房地产权证、采矿许可证、专利证书、房地产和设备的市场询价信息、各项往来款询证函、银行对账单、借款合同等。

2. 实物状况审查

详见各章节所述。

3. 评估方法、评估作价依据及评估参数审查

审查评估方法是否适当，测算报告的逻辑性是否一致，评估数据及依据是否客观、有效、充分，计算公式是否正确无误，测算结果是否合理、客观。

4. 估价结果审查

估价人员应从估价资料、估价方法、估价参数指标等的代表性、适宜性、准确性方面，对各测算价格进行客观分析，并结合估价经验对各测算价格进行判断，衡量估价结果是否客观、准确。

（四）评估审定

（1）核实评估流程的合规性。

（2）确认评估参数和方法选择的合理性。

（3）认定押品最终评估值。

二、资产基础法评估时需关注的主要问题

（一）房屋建、构筑物评估中应注意的问题

（1）评估是站在公允的立场上按现行市场公允的标准进行的，具有普遍性、公允性。如企业在建造房屋时，可能一部分资金是自筹的，一部分资金是借贷的，但在评估时，就必须考虑公允的市场，把所有资金都看做是按现行可能得到的最低的利率借贷来的。

（2）正常情况下，每一类房屋建筑物的重置全价和成新率都应在一个合理的范围内，对于有关异常情况，如含土地价值、含其他附属设施、经过了大修等情况，应在增减值原因分析中加以说明，同时在明细表备注栏注明。

（3）在评估房屋建、构筑物时，应和土地评估相结合，做到不重、不漏。

（4）评估人员应关注大型设备的基础及其他与设备有关土建费用，保证设备基础及与设备有关的土建费用在设备评估与房屋建、构筑物评估中不要重复或遗漏。

（5）在用年限法对建、构筑物的成新率进行评定时，要区别财务折旧年限和实际耐用年限（经济寿命年限）。财务折旧年限是会计上的概念，评估中应以实际耐用年限（经济寿命年限）为准。

（6）采用重置成本法评估房屋建、构筑物中，还应注意以下事项：

建安工程造价计算程序表以当地现行定额取费程序表为准。

采用预决算调整法计算建安工程造价时,需引注准确完善的原工程预决算汇总数据和相关资料,如决算的汇总表、设计变更签证等。

采用工料机消耗指标法计算建安工程造价时,应结合评估对象的实际情况,对各项指标进行必要的调整,还应有详细的计算过程及附表。

采用重编预算法计算工程造价时,要有工程量计算底稿。

(二) 在建工程评估注意事项

(1) 在建工程中涉及的土地,应单独填写土地使用权申报表并对接土地评估结果。

(2) 注意在建工程与预付工程款及应付工程款的对应关系,避免重评或漏评。

(3) 部分企业存在已完工工程尚未转固的现象,应与审计师(如有外部审计)提前沟通是否进行转固调整,如不调整,评估时应视同完整的固定资产评估,并需关注(2)中所提问题。

(三) 设备评估注意事项

以火电、水电设备为例,各项费用可按以下方式确定:

1. 火电设备

火电设备运杂费,依据中华人民共和国国家经济贸易委员会公布的《火电、送变电工程建设预算费用构成及计算标准》确定。其计算公式为:

$$设备运杂费 = 设备购置价 \times (铁路运杂费率 + 公路运杂费率)$$

火电设备安装工程费采用中华人民共和国国家经济贸易委员会公布的《电力建设工程概算定额—建筑工程》《电力建设工程概算定额—热力设备安装工程》《电力建设工程概算定额—电气设备安装工程》三项定额标准。费用构成及计算标准执行中华人民共和国国家经济贸易委员会公布的《火电、送变电工程建设预算费用构成及计算标准》。

其他费用依据《发电、送变电工程建设预算费用构成及计算标准》规定的计算标准,分别计算出各类费用。

火电设备资金成本根据设备合理的建设工期,按照现行的贷款利率以设备购置费、安装工程费、其他费用三项之和为基数确定。对于电力专用设备,按照电力工程单机竣工结算的办法,第一台机组及公用系统投资所发生利息计算到第一台机组投产,第二台机组投资所发生的利息计算到第二台机组投产:

单台机组发电前的利息 =（年初贷款本息累积 + 本年贷款/2）×年实际利率
单台机组发电后的利息 =（本年贷款/2）×年实际利率

2. 水电设备

水电设备运杂费依据《水电工程设计概算编制办法及计算标准》的有关规定计算。由设备运杂费、运输保险费、特大（重）件运输增加费、采购及保管费组成。

水电设备安装工程费根据施工图、批准概算和竣工决算报告，按照《水电工程设计概算编制办法及计算标准》结合《水电设备安装工程概算定额》等，套用定额单价表计算出基本直接费，依据《水电工程设计概算编制办法及计算标准》计取其他直接费、间接费、计划利润和税金，从而计算出安装工程费。

水电设备前期及其他费用根据《水电工程设计概算编制办法及计算标准》及相关文件的计算标准确定。

水电设备资金成本根据水电站合理的建设工期，按照现行的贷款利率以设备购置费、安装工程费、其他费用为基数确定。对于电力专用设备，依据《水电工程设计概算编制办法及计算标准》规定，第一台机组投产前发生的工程贷款利息全部计入工程建设投资；第一台机组投产后，部分利息转入生产成本，以后机组依次类推。

三、股权评估时需关注的主要问题

根据被评估企业所在行业的不同，股权评估需关注的重点也有所不同，下面以煤炭企业为例列示评估注意事项。

（1）煤炭企业评估时应重点关注"评估用可采储量、基准日动用储量、生产能力、矿山服务年限、采矿主要材料和动力单耗"等要素。同时，应关注成本中关键的"维简费、安全生产基金"。另外，由于国家管理力度的加大，各地政府可能针对"矿山可持续发展基金、矿山生态治理恢复保证金、矿山转产发展资金等"出台收费文件，需要给予关注。

（2）未来年度的盈利预测应与结合企业规划、外部审计预测结果（如有外部审计）和市场情况综合确定。

（3）在计算时应着重分析各项流动资产及负债尤其是其他应收款和其他应付款，对于大额的非营运性质的往来款应剔除另行评估；对于以往年度未付的股利也不应在计算营运资金中考虑，而应另行评估。

只有在预测年限为非永续时应考虑预测经营期末资产余值（井巷及矿用设备在资源开采完毕后已无回收价值，在计算余值回收时可不考虑）。

（4）应当将被评估企业和参考企业的财务报表中对评估过程和评估结论具有影响的相关事项进行必要的分析调整，以合理反映企业的财务状况和盈利能力。

（5）根据评估项目的具体情况，评估人员可以在适当的情况下考虑以下分析调整事项：

①调整被评估企业财务报表的编制基础（剥离出本次评估范围的应调整部分）；

②调整不具有代表性的收入和支出，如非正常和偶然的收入和支出；

③分析和调整非经营性资产、负债和溢余资产及与其相关的收入和支出；

④评估人员认为需要调整的其他事项。

（6）应当尽力获取被评估企业资产配置和使用情况的信息，包括对非经营性资产、负债和溢余资产状况的信息，并在适当及切实可行的情况下对被评估企业的非经营性资产、负债和溢余资产进行单独分析和评估。

（7）在对具有多种经营业务、涉及多种行业的企业进行评估时，评估人员应当针对各种业务类型，分别进行分析预测。

（8）预测数据的复核。

①收益法预测数据大多用公式链接形成，因此估算过程中必须全面复核各项预测数据的公式勾稽关系，确保公式链接正确，勾稽关系正确。

②净现金流量结构分析。需对净现金流量中各年利润、成本、费用等各项指标占销售收入的比例进行分析，分析各年度各项指标的比例是否合理，不同年度之间的差异是否能够合理解释。

③主营业务成本结构分析。需对主营业务成本中各项成本指标占主营业务成本的比例进行分析，分析各年度各项指标的比例是否合理，不同年度之间的差异是否能够合理解释。

④核对各项预测数据的对应关系是否相符，如资本性支出与收入的关系、收入与成本的关系、资本性支出发生额与新增固定资产及折旧的对应。

四、评估案例

【案例1 某化工公司股权质押评估】

本案例的评估对象X公司，从事化工行业，在中国著名的工业城市注册成立。X公司有良好的生产技术和广泛的销售网络，并以此为基础，结合生产地良好的劳动力、工业实力和地理环境优势，生产出具有国际市场竞争能力的各类合成树脂及树脂加工品，行销国内外。从成立到评估基准日，每年均取得良好的经济效益。

本案例中的评估目的是股权质押，评估基准日为2001年12月31日，评估范围为X公司整体资产。评估人员结合被评估对象所处的具体环境和经济背景，在特定的评估目的下，结合各种评估方法的特点和优势，选择收益法进行评估。

以下对本案例的基本情况、特点、评估方案的制定、方法的选择等逐一进行详细阐述。

一、基本情况

被评估对象X公司是为进一步向国际市场扩展而在中国Y市独资举办的外资企业。公司成立于1995年10月，占地面积为180 000m^2，投资总额2 800万美元。X公司有良好的生产技术和广泛的销售网络，并以此为基础，结合生产地良好的劳动力、工业实力和地理环境优势，生产出具有国际市场竞争能力的各类合成树脂及树脂加工品，行销国内外。从成立到评估基准日，每年均取得良好的经济效益。

X公司于1995年12月开始一期工程建设，1996年7月成立国内的外地办事处，1997年7月一期工程投产，产能为年产10 000吨丙烯酸树脂。1997年10月动工二期工程，1998年3月成立异地分公司，1998年11月二期工程投产，产能为年产40 000吨丙烯酸树脂、醇酸树脂、不饱和聚酯树脂。2000年6月动工三期工程，2002年三期工程投产，预计产能为年产60 000吨含丙烯酸树脂、醇酸树脂、不饱和聚酯树脂、氨基酸酚醛树脂等。发展至今，X公司在全国已有7个业务办事处，300名员工。人员构成为：3%的硕士、30%的本科生、10%的大专生、30%的中专生、25%的高中生和2%的初中生。X公司已取得安全生产许可证、消防安全许可证，被授予环境保护先进单位及 Y 市高新技术企业等称号。

X 公司三年以来的资产、负债和销售收入情况如表 6-1 所示。

表 6-1　×公司 1999~2001 年的资产负债和销售收入　　　　　（万元）

	1999 年	2000 年	2001 年
总资产	18 122.42	21 851.77	24 944.09
负债	8 845.27	12 467.41	10 805.83
净资产	9 277.15	9 384.36	14 138.26
销售收入	12 376.02	22 970.51	26 817.03
净利润	158.95	107.21	1 442.94

注：上述数据摘自于 X 公司审计后的年度财务报表。

二、评估方法的选择和评估方案的制订

根据本次资产评估目的和被评企业的盈利能力、发展趋势，评估人员认为采用收益现值法对 X 公司的整体资产进行价值评估是适宜的，主要理由如下。

（一）收益现值法的评估思路与本次评估目的比较吻合

收益现值法是指通过估算被评估资产的未来预期收益并折算成现值，借以确定被评估资产价格的一种资产评估方法。

所谓收益现值，是指企业在未来特定时期内的预期收益按适当的折现率折算成当前价值（简称"折现"）的总金额。

收益现值法的基本原理是资产的购买者为购买资产而愿意支付的货币量不会超过该项资产未来所能带来的期望收益的折现值。

1. 预期收益及风险与评估价值的关系

从收益现值法出发，资产之所以是资产，之所以具有价值，是因为其能产生未来经济收益。在经济活动中，特定的个体为拥有资产的控制权曾经付出的经济代价形成了该项资产的获取成本，也是现行会计制度所反映的该项资产的账面价值。但是，在收益现值法看来，该资产虽然获取时所费成本很高，如在未来的经营活动中不能发挥作用，不带来经济收益，则对于企业而言，拥有该项资产是没有经济意义的，用收益现值法评估的结果只能是零或负值。用收益

现值法对资产价值进行评估时，它一般不考虑该项资产的获取成本（会计的账面价值），只考虑该项资产是否有未来经济收益，而且在一定的经济条件下，未来经济收益越大，评估价值越大，反之亦然。由此可见，收益现值法进行评估的技术思路是：

（1）分析过去，预测将来。评估人员在持续经营假设前提下，对委评资产过去的收益情况进行剖析，排除偶然因素的异常影响，并运用科学的方法，建立被评资产的盈利模型，从而把握未来经济收益的量化表现，为资产价值评估奠定基础。

（2）风险分析，收益本金化。收益与风险同在，获取未来经济收益是以承担相应的经济风险为前提的。风险报酬原理表明未来经济收益与承担风险的关系是承担风险小，则未来经济收益相对较小；承担风险大，则未来收益也相对较大。因此，一项资产在持续经营假设的前提下，其产生的未来经济收益不仅可以预测计算，而且也可以将其所承担的风险通过与历史相比、与行业相比、与社会平均水平相比等各个层面进行比较估算，获得在未来经济收益的折现率（资产本化率），实现资本化的目的。

由上可知，收益现值法与重置成本法在技术思路上的最大不同是：收益现值法的评估价值取决于未来经济收益及其承担的风险，未来经济收益越大，评估价值越高，未来承担的风险越大，评估价值相应降低，反之亦然。而重置成本法评估资产价值的出发点和着眼点一般不考虑委评资产未来收益及风险，而是以评估基准日的经济条件下，重新购置该项资产耗费的社会必要劳动为依据，耗费越大，价值越大，评估值亦越大，从这个意义上可以说，收益现值法评估是着眼于未来，重置成本法是着眼于历史和现实。

2. 收益法能较好表现企业整体价值

本次资产评估的目的是为 X 公司股权质押提供参考依据。一个企业的整体价值，除了有形资产的价值外，可能还包括可确指的无形资产和不可确指的无形资产（商誉）。在下一段的分析中，将说明 X 公司具有比较好的盈利能力和成长性，其重要原因是利用了母公司的技术、管理和营销资源，而这些资源的价值在企业账面资产中并没有反映。因此该企业价值中可能包含商誉等无形资产价值，用收益现值法对该企业进行评估，能够比较适当地反映出企业的整体价值。

(二) 从本次委评企业的经济特点看，选用收益现值法评估合理

X公司为进一步向国际市场扩展而在中国Y市独资举办的外资企业。该公司成立于1995年10月，占地面积为180 000m²，投资总额2 800万美元。X公司有良好的生产技术和广泛的销售网络，并以此为基础，结合生产地良好的劳动力、工业实力和地理环境优势，生产出具有国际市场竞争能力的各类合成树脂及树脂加工品，行销国内外。从成立到评估基准日，每年均取得良好的经济效益。全国有300名员工，有7个业务办事处。人员构成为：3%的硕士、30%的本科生、10%的大专生、30%的中专生、25%的高中生和2%的初中生。X公司已取得安全生产许可证、消防安全许可证，被授予环境保护先进单位、Y市高新技术企业等荣誉称号。

X公司为Z公司投资兴办的外商独资企业，全球发展了几十年，有着丰富的化工技术和成熟的服务，X公司产品生产的核心技术、产品品牌、企业管理和营销渠道等多方面利用了Z公司的支援，有Z公司作为X公司的支持和依靠，X公司风险回避和获利能力较大。综上所述，X公司具备持续经营不断盈利的条件。而且X公司的未来收益是可以预测的，所面临的风险也是能用货币来衡量的。

X公司三年以来的资产、负债和销售收入情况如表6-2所示。

表6-2　×公司1999~2001年资产负债和销售收入　　　　　　（万元）

	1999年	2000年	2001年	期后2002年6月
总资产	18 122.42	21 851.77	24 944.09	27 740.64
负　债	8 845.27	12 467.41	10 805.83	12 497.23
净资产	9 277.15	9 384.36	14 138.26	15 243.41
销售收入合计	12 376.02	22 970.51	26 817.03	15 355.36
净利润合计	158.95	107.21	1 442.94	1 103.15

注：以上数据摘自企业的已审计会计报表。

分析企业上述财务情况，看出该企业自1999年至评估基准日，近三年的净利润均为正值，投入资本能满足简单再生产、持续经营、资金正常循环的需求；2000年下半年原油涨价使得原料涨价，但产品涨价滞后，所以2000年盈利较低而2001年盈利大幅增长。再加上对评估基准日后2002年1~6月盈利水平的分析，说明企业盈利水平总的趋势是逐步增大的。

X 公司依靠母公司的优势,有能力生产高、中档合成树脂产品,可目前根据我国境内消费市场的情况,主要生产中档产品。这也就是说企业具有技术储备的能力。另外从我国合成树脂的产销情况来看,虽然与发达国家和地区相比有一定的差距,但经过几年的发展,进入了一个平稳发展期,行业风险波动不会太大。

综上分析,无论是从收益现值法的技术思路、企业的经营状况和本次评估目的来看,都表明本次评估选用收益现值法是适宜的。

三、评估技术思路

(一) 收益现值法评估的技术思路

1. 收益现值法简介

所谓收益现值法是按收益还原思路,将企业在未来一定时期内的预期收益还原为评估基准日的资本额或投资额,从而得到企业整体资产评估值的一种方法。其基本公式为:

$$P = 未来收益期内各期收益的现值之和 = \sum_{i=1}^{n} \frac{F_i}{(1+r)^i}$$

式中,P——评估值(折现值);

r——所选取的折现率;

n——收益年期;

F_i——未来第 i 个收益期的预期收益额;当收益年限无限时,i 为无穷大;当收益期有限时,F_n 中包括期末资产剩余净额。

收益现值法的适用前提条件为:

(1) 被评估资产必须是能够用货币衡量其未来期望收益的单项或整体资产。

(2) 产权所有者所承担的风险也必须是能用货币来衡量的。

2. 评估的主要技术思路

运用收益现值法的难点和关键是如何预测未来收益,如何确定折现率(资本化率)和收益年限。

(1) 如何预测未来收益。从发展的观点出发,企业的历史和将来与任何事物一样,是一个发展的过程。过去、现在和将来是企业发展在时间序列上的运动轨迹,"现在"从过去而来,在"现在"之中能够看到过去的影子;现在又会演变为将来，将来是现在发展的结果。因此，对未来预期收益的预测以企业评估基准日前三年的经营业绩为基础，横向分析收入结构、成本结构、财务结构；纵向分析发展历史、增长率，以确定预期收益的取值区间。

（2）如何确定折现率。折现率是将未来预期收益换算成现值的比率。按照期望报酬率原则确定适用的折现率或资本化率是资产评估中进行收益现值法还原的主要方法。期望报酬原则要求根据现时的资本市场特征，按照这个市场所决定的实际资产报酬率、投资机会成本来决定适用的折现率或资本化率。本项目采用累加法确定折现率。

企业整体资产适用的折现率通常表达为：

折现率＝无风险报酬率＋行业风险报酬率＋公司特有风险报酬率

①无风险报酬率。无风险报酬率为评估基准日即期的长期国债利率换算为一年期一次付息利率。

②行业风险报酬率。行业风险报酬率通常采用行业平均收益率扣除无风险报酬率得到。

③公司特有风险报酬率。公司特有风险报酬率是指公司经营风险报酬率与公司财务风险报酬率之和。

（3）确定收益年限。以被评估企业的法人营业执照和公司章程规定的营业期限确定收益年限。

本次评估的基准日为2001年12月31日，而X公司的经营期限为从1995年10月31日到2045年10月30日，所以收益年限为2001年12月31日到2045年10月30日，计43.83年。

（二）评估的假设前提

本次评估中对未来收益的预测建立在如下假设前提的基础上：

（1）持续经营的假设。假设企业以目前的经营方式、目前的网点分布、目前的经营规模持续经营。

（2）宏观经济环境稳定的假设。除已出台的政策之外，在可以预见的将来，我国的宏观经济政策趋向平稳，税收、利率、物价水平等基本稳定，行业政策按照发展规划实施，"十五"计划顺利实施，整个国民经济持续稳定，健康发展的态势不变。

（3）管理水平社会平均化的假设。委托评估资产的经营和管理达到社会平均水平，企业经济效益的降低或提高不是源于管理水平的变化，而是源于外部异常经济因素的影响。因此,本次评估不考虑经营者的主观因素对企业效益和企业价值的影响。

(4) 简单再生产的假设。企业按规定提取的固定资产折旧全部用于原有固定资产的维护和更新,并假定此种措施足以并恰好保持企业的经营能力维持不变,企业的经营利润纳税后全部作为红利回报股东不参与经营。

(5) 均衡经营假设。委评企业的营业收入成本费用均衡发生,原料价格与产品销价变化基本同步。

(6) 不可抗拒的自然灾害或其他无法预测的突发事件,不作为预测企业未来情况的相关因素。

(7) 不考虑通货膨胀因素的影响。资金的无风险报酬率保持为目前的水平。

(三) 评估技术思路要点

(1) 经营实绩分析。对 X 公司组建以来的经营实绩、发展趋势进行分析,掌握影响企业净收益的主要因素及其量化表现、相互关系。

(2) 企业经营能力分析。对企业资产按其与经营的关系,分为经营性资产、非经营性资产和未使用资产三类。评估人员在充分认识企业资产配置及利用特点的基础上,对企业资产配置作出合理性的判断。

(3) 收集有关行业政策、发展前景,作为未来收益预测的背景材料。

(4) 合理预测未来收益。

(5) 选取适当的折现率。

(6) 运用公式评定估算。

(7) 对评估值的合理性进行分析比较,最终确定评估值。

四、案例分析

(一) 收入的预测

1. 市场分析

(1) 企业产品。

①多种牌号的建筑漆用树脂,为调制内、外墙漆的主要成分;

②多种牌号的木器漆用树脂,为调制木器漆的主要成分;

③多种牌号的工业漆用树脂,用于调制防腐漆、道路画线漆等;

④车辆漆用树脂等。

(2) 市场定位。

产品主要供应中国境内市场,根据境内消费市场的情况,目前主要生产中档产品。

(3) 原料及产品市场情况。

企业产品原料主要为常规石油产品和各种添加剂,价格受石油价格影响,但供应渠道较多。

企业生产的为中间产品,主要供应给涂料和油漆制造企业,是涂料和油漆的主要成分,因此涂料和油漆的市场情况决定该企业产销状况。

从需求量来分析,全世界涂料 1993~1998 年增长率为 2.7%,1998~2003 年预计为 2.8%,说明需求保持稳定;中国涂料预计近几年年平均增长 7%,目前人均年消费不足 2 千克,而世界人均年消费为 4 千克,这说明我国市场容量比较大。目前,在涂料方面,国内开始普遍使用中档产品;在油漆方面,由于家具油漆挥发性物质含量的危害已逐渐被使用者认识,中档产品销量已占有一定的份额。另外,被评估企业具有生产高端产品的核心技术和能力。

所以,从目前至今后几年中,被评估企业原料能够得到供应,产品的市场前景是较好的。

(4) WTO 与市场竞争。

到 2005 年,化工原料关税将降低到 2%,化工中间品和制成品的关税将降低到 5.5%~6.5%,增加了国外产品进入境内市场的可能性。

我国现有年产值超过 100 万元的建筑涂料企业 4 500 家,大部分规模小、产品档次低。目前在合成树脂生产方面能与被评估企业形成竞争关系的主要为宜兴的三木化工和北京的东方罗门哈斯,这两家企业家在产品方面各有所长,主要服务的市场也不尽相同。

2. 企业优势

(1) X 公司的母公司为历史较长的合成树脂企业,一些产品在亚洲和世界领先,为高科技企业,获得多项奖项;

(2) 其母公司具有生产高档产品的核心技术、生产管理经验和营销网络;其产线经过简单调整可生产高端产品;

(3) 其使用母公司的核心技术、生产管理经验和营销网络不需付费,企业的生产成本相对较低。

3. 生产能力

企业生产能力因产品品种结构的不同而发生变化。标准产能指在设计的标准产品结构情况下的产能；最高产能指标达到最高生产数量情况下产品结构的产能。详见表6-3。

表6-3 最高产能指标下产品结构的产能 （吨）

生产配置	产品类别	最高产能	标准产能	备注
R-1101	C+G	6 479	5 915	—
R-1201	C	7 728	7 061	—
R-1301	C+G	4 640	4 350	—
R-1401	G	2 829	2 739	—
R-3101	C	5 500	5 000	—
R-3201	C	8 527	7 750	—
R-3301	UP	8 809	7 752	—
R-3401	UP	3 691	3 230	—
R-2C01	C+G	4 000	3 230	新生产线
R-2D01	C	11 000	9 617	新生产线
R-2401	C	2 000	1 600	新生产线
SC	C	1 200	1 000	
合 计		66 403	59 244	—

表6-3中：C—涂料树脂，G—通用树脂，SC—特殊树脂，UP—聚合树脂。

在不包括新生产线产能的情况下，X公司标准产能为44 797吨/年，最高产能为49 403吨/年。根据市场销售增长的情况，企业在2002年建成新生产线并开始投入生产。

4. 收入的分析和测算

企业可生产的品种比较多，主要根据市场需求的变化决定各品种的生产数量，所以，销量多少是主要因素。在本次预测中，首先根据企业近三年销售总量的增长幅度和近、中期销售计划，分析预测近5年的销售量；根据销售计划中各产品的销售比例，预测各产品类别的销售量；然后根据预测的各产品类别的销售单价，得出销售收入的预测结果。

（1）销售量的分析预测。企业近三年各产品销量情况如表6-4所示。

表6-4 企业近三年各产品销量情况

产品类别	1999年销量（千克）	2000年销量（千克）	增长率（%）	2001年销量（千克）	增长率（%）
通用树脂	3 866 355.00	4 386 955.00	13.46	6 969 102.00	58.86
涂料树脂	9 779 305.00	14 811 898.80	51.46	22 382 222.70	51.11
聚酯树脂	1 030 265.00	2 767 966.50	168.67	5 796 014.30	109.40
特殊树脂	—	299 250.00		422 885.00	41.31
合计	14 675 925.00	22 266 070.30	51.72	35 570 224.00	59.75

从表6-4可以看出，企业连续两年销量增长率超过50%。但2002年企业的销售计划是45 961 600千克，比2001年增长29%。2002年1~6月份实现销量21 247 055.48千克，完成计划的46%，与计划比较接近。随着销量的增加，增长幅度在下降。为此，评估人员以2002年企业计划数为基数，推断通用树脂、聚酯树脂和涂料树脂2003年的增长幅度为20%，2004年的增长幅度为5%，2005年及以后各年维持2004年的水平；特殊涂料由于近年才开始销售，2003~2006年每年增长20%，2006年及以后各年维持2005年的水平。售量的预测结果如表6-5所示。

表6-5 售量预测结果

产品类别		2002年	2003年	2004年	2005年	2006年
通用树脂	数量（千克）	6 740 000	8 088 000	8 492 400	8 492 400	8 492 400
	环比（%）		1.20	1.05	1.00	1.00
聚酯树脂	数量（千克）	9 054 000	10 864 800	11 408 040	11 408 040	11 408 040
	环比（%）		1.20	1.05	1.00	1.00
涂料树脂	数量（千克）	29 629 000	35 554 800	37 332 540	37 332 540	37 332 540
	环比（%）		1.20	1.05	1.00	1.00
特殊涂料	数量（千克）	538 600	646 320	775 584	930 701	1 116 841
	环比（%）		1.20	1.20	1.20	1.20
合计	数量（千克）	45 961 600	55 153 920	58 008 564	58 163 681	58 349 821

从表6-5可以看出，到2006年及以后各年，企业的销量接近生产线的标准产能。

（2）主营业务收入的分析预测。企业近几年单位销价如表6-6所示。

表6-6 企业2009~2012年单位销价

产品类别	1999年（元/千克）	2000年（元/千克）	增长率（%）	2001年（元/千克）	增长率（%）	2002年1~6月（元/千克）	增长率（%）	预测值（元/千克）
通用树脂	7.36	8.25	12.00	8.16	-1.03	7.70	-5.65	7.95
涂料树脂	7.26	7.71	6.20	7.15	-7.26	6.64	-7.13	7.01
聚酯树脂	7.28	8.42	15.66	7.81	-7.24	7.21	-7.68	7.63
特殊树脂	0	15.37		13.86	-9.82	10.71	-22.73	

销价中约70%为原料成本，原料为石化类产品，与石油价格密切相关。近几年，石油价格波动较大，所以企业产品价格波动也比较大。产品市场价格随石油价格变化而变化，但有一个滞后性，长时间来看是一致的。为尽可能地消除这一影响预测合理性的因素，同时考虑近期的市场情况，评估中将通用树脂、涂料树脂和聚酯树脂的销价按2000年0.2的权数、2001年0.3的权数、2002年1~6月0.5的权数加权平均进行预测。根据配比原则，在后面的成本费用预测中也按此方法进行预测。虽然实际上的产品市场价格总是随石油价格的波动而变化，由于原料成本占销价的70%，其他一般规模和技术水平企业在预测值这个价格水平情况下，利润空间很小。所以预测2002年及以后年保持不变。

特殊树脂为2000年开始生产销售的产品，开始销价较高，随后逐年下降。由于其2002年1~6月的原料成本已占到销价的77%，虽然随着销量的增加成本将有所下降，但这一价格已降到比较合理的水平，所以按2002年1~6月的销价作为以后各年的预测值。

企业销售量和主营业务收入预测结果如表6-7所示。

表6-7　企业销售量与主营业务收入预测

		2002年	2003年	2004年	2005年	2006年
通用树脂	销量（千克）	6 740 000	8 088 000	8 492 400	8 492 400	8 492 400
	环比（%）		1.20	1.05	1.00	1.00
	平均单价（万元）	7.95	7.95	7.95	7.95	7.95
	金额（万元）	5 356.95	6 428.34	6 749.76	6 749.76	6 749.76
聚酯树脂	销量（千克）	9 054 000	10 864 800	11 408 040	11 408 040	11 408 040
	环比（%）		1.20	1.05	1.00	1.00
	平均单价（万元）	7.63	7.63	7.63	7.63	7.63
	金额（万元）	6 910.01	8 292.02	8 706.62	8 706.62	8 706.62
涂料树脂	销量（千克）	29 629 000	35 554 800	37 332 540	37 332 540	37 332 540
	环比（%）		1.20	1.05	1.00	1.00
	平均单价（万元）	7.01	7.01	7.01	7.01	7.01
	金额（万元）	20 761.04	24 913.25	26 158.91	26 158.91	26 158.91
特殊涂料	销量（千克）	538 600	646 320	775 584	930 701	1 116 841
	环比（%）		1.20	1.20	1.20	1.20
	平均单价（万元）	10.71	10.71	10.71	10.71	10.71
	金额（万元）	576.84	692.21	830.65	996.78	1 196.14
合计	销量（千克）	45 961 600	55 153 920	58 008 564	58 163 681	58 349 821
	金额（万元）	33 605	40 326	42 446	42 612	42 811

注：数字均保留两位小数。

（二）成本费用的分析和预测

1999~2001年成本费用情况详见表6-8。

表6-8　1999~2001年成本费用

	1999年	2000年	2001年
销售成本（万元）	9 782.61	19 217.61	21 010.24
销售成本/销售收入（%）	79.0	83.7	78.3
销售费用（万元）	1 501.03	2 415.46	2 909.80
销售费用/销售收入（%）	12.1	10.5	10.9
主营业务税金及附加（万元）	3.21	9.67	16.72
主营税金/销售收入（%）	0.03	0.04	0.06

续表

	1999 年	2000 年	2001 年
管理费用（万元）	623.58	713.80	1 054.38
管理费用/销售收入（%）	5.04	3.11	3.93
财务费用（万元）	266.03	490.34	415.49
财务费用/销售收入（%）	2.1	2.1	1.5
营业外收入（万元）	0.83	0.84	8.33
营业外收入/销售收入（%）	0.01	0.004	0.03
营业外支出（万元）	44.21	84.90	51.62
营业外支出/销售收入（%）	0.36	0.37	0.19

1. 销售成本的分析和预测

1999~2001年主营业务成本如表6-9所示。

表6-9　1999~2001年主营业务成本

	1999 年	2000 年	2001 年
产品销售收入（万元）	12 376.02	22 970.51	26 817.03
销售成本（万元）	9 782.61	19 217.61	21 010.24
销售成本/销售收入（%）	79.0	83.7	78.3

X公司的产品由四大类组成，分别为通用树脂、涂料树脂、聚酯树脂以及特殊树脂。这些产品的成本由四部分组成：分别是原料成本、人工成本、变动部分以及固定部分。根据X公司提供的2000年、2001年以及2002年1~6月份的产量和成本核算表得出以下单位成本，如表6-10所示。

表6-10　2000~2012年6月单位成本　　　　　　　　　　　　（元/千克）

项目	成本构成	1999 年	2000 年	2001 年	2002 年（1~6月）
通用树脂	原料	5.11	6.19	5.92	5.05
	人工	0.06	0.06	0.07	0.07
	变动	0.47	0.24	0.30	0.27
	固定	0.24	0.43	0.36	0.35
	合计	5.88	6.93	6.65	5.74

续表

项目	成本构成	1999年	2000年	2001年	2002年（1~6月）
涂料树脂	原料	4.87	5.82	4.89	4.35
	人工	0.05	0.04	0.04	0.05
	变动	0.46	0.20	0.23	0.22
	固定	0.26	0.25	0.28	0.26
	合计	5.64	6.32	5.44	4.87
聚脂树脂	原料	5.86	6.80	5.78	5.51
	人工	0.06	0.05	0.06	0.06
	变动	0.27	0.25	0.27	0.23
	固定	0.38	0.31	0.31	0.28
	合计	6.56	7.42	6.42	6.08
特殊树脂	原料	—	12.86	9.81	8.20
	人工	—	0.14	0.17	0.13
	变动	—	1.78	0.81	0.57
	固定	—	0.21	0.35	0.41
	合计	—	14.99	11.14	9.32

由此可见，每种产品的单位成本基本呈下降趋势。通过分析可知，在产品成本中主要成分是原料成本，占成本的70%以上。正是由于原料成本的下降才导致了产品单位成本的下降。据评估师了解，在化工行业中，产品原料价格随石油价格的变化而变化。国际上石油价格近几年一直呈下降趋势，所以X公司的产品单位成本下降。而单位人工成本随着通货膨胀和人们生活水平的提高而逐渐提升，只是提升幅度较小。单位固定成本是随产量的变化而变化，产量越大单位固定成本越小。

在预测产品销售成本时，为了更准确地预测未来五年的产品成本，分为四大类产品、四个组成部分来预测。

就原料成本而言，由于未来石油价格的变化很难准确预测，所以根据2000年、2001年和2002年1~6月份的历史成本情况，分别赋予0.2、0.3、0.5的权重来计算通用树脂、涂料树脂和聚脂树脂三种产品的单位产品原料成本，分别为：5.54元、4.81元和5.85元。由于特殊树脂的变动过大，难以准确预测，故按2002年上半年的单位产品平均原材料成本为预测值,即8.2元。从2002年开始,在整个收益期内单位产品原料成本均维持该水平。

就人工成本而言,2002年维持2002年1～6月份的水平,以后每年维持5%的增长速度,到第5年以后维持不变。

就变动部分成本而言,主要是随产量的变化而变化,根据历史情况分析也可看出,单位产品变动部分成本没有任何变动规律,所以单位产品变动部分成本就根据2002年1～6月份的成本而定。

就固定部分成本而言,由于该部分成本并不随产量的增加而增加。所以,不能用平均数乘以产量方法来预测。应该根据2001年年末的各类产品的固定部分成本数来计算得出。2001年年末通用树脂、涂料树脂、聚酯树脂以及特殊熟知的固定部分成本分别为:2 525 488.1元、6 165 457.94元、1 774 588.47元和146 971.43元。在2002年X公司第三期工程已经开始试生产,并产生效益,应该增加该部分带来的固定成本。在2002年5月31日,X公司的在建工程金额约为5 958万元,按照十年摊销,在2002年仅有半年投入使用该生产线。得出年折旧额以后,再根据每种产品产量占总产量的比重来分摊到各种产品的固定成本上去。所以,预测后各种产品的销售成本为如表6-11所示。

表6-11 预测后产品销售成本 （万元）

		2002年	2003年	2004年	2005年	2006年
通用树脂	原料	3 734	4 482	4 706	4 706	4 706
	人工	47	59	62	62	62
	变动	182	218	229	229	229
	固定	296	340	340	340	339
	合计	4 259	5 100	5 338	5 337	5 337
聚酯树脂	原料	5 297	6 356	6 674	6 674	6 674
	人工	54	68	72	72	72
	变动	226	272	285	285	285
	固定	236	295	295	294	294
	合计	5 813	6 991	7 325	7 325	7 325

续表

		2002 年	2003 年	2004 年	2005 年	2006 年
涂料树脂	原料	14 252	17 102	17 957	17 957	17 957
	人工	148	149	157	157	157
	变动	652	782	821	821	821
	固定	809	1 001	1 000	999	998
	合计	15 860	19 034	19 935	19 934	19 933
特殊树脂	原料	442	530	636	763	916
	人工	7	8	10	12	15
	变动	31	37	44	53	64
	固定	18	22	23	24	26
	合计	498	597	713	853	1 020

另有两个调整因素，一是厂房折旧，被评估企业按照会计制度对厂房按照20年计提折旧，根据评估师的现场勘察和经验，认为该企业的厂房实际可以使用50年，那么也就是说每年多计提的折旧提升了产品的成本，具体调整如下：

$$1\,824 \times (1-10\%) \times (1/20 - 1/50) = 49 （万元）$$

其中：1 824万元为被评估企业的房屋原值。

二是机器设备的折旧，被评估企业按照会计制度对机器设备按照10年计提折旧，根据评估师的现场勘察发现该设备均为不锈钢制品，实际可以使用15年，那么也就是说每年多计提的折旧提升了产品的成本，具体调整如下：

$$6\,748 \times 50\% \times (1-10\%) \times (1/10 - 1/15) = 101 （万元）$$

其中：6 748万元为生产用机器设备原值。

综合来说，每年应该调减总销售成本150万元。

2. 销售费用的分析和预测

1999~2001年销售费用情况如表6-12所示。

表6-12 1999~2001年销售费用

	1999 年	2000 年	2001 年
产品销售收入（万元）	12 376.02	22 970.51	26 817.03
销售费用（万元）	1 501.03	2 415.46	2 909.80
销售费用/产品销售收入（%）	12.1	10.5	10.9

销售费用包括人力费用、事务费用、广告费用、运费、包装费和样品费等，取最近年份 2001 年的数据进行分析调整和预测能更为准确地反映将来。2001 年销售费用约为 2 910 万元，其中运费、包装费等随产量变化而变化的费用约占总费用的 1/3。所以，预测基准日后前 5 年的销售费用时，单位产品销售费用的 1/3 随着销量的变化而变化，另外 2/3 维持 2001 年的水平。所以预测如表 6-13 所示。

表 6-13 (万元)

	2002 年	2003 年	2004 年	2005 年	2006 年
销售费用	3 651	3 993	4 099	4 105	4 112

3. 主营营业税金及附加的分析和预测

1999~2001 年营业税金及附加情况如表 6-14 所示。

表 6-14 1999~2001 年营业税金及附加

	1999 年	2000 年	2001 年
收入合计（万元）	12 376.02	22 970.51	26 817.03
产品销售税金及附加（万元）	3.21	9.67	16.72
税金附加/收入合计（%）	0.03	0.04	0.06

由于被评估企业的主营业务税金为增值税，税率为 17%，附加税仅有教育费附加，税率为 1%。预测时，就按 2001 年度附加税金与收入的比例 0.06% 来预测。预测如表 6-15 所示。

表 6-15 2002~2006 年销售税金预测 (万元)

	2002 年	2003 年	2004 年	2005 年	2006 年
产品销售税金	20	24	25	26	26

4. 管理费用的分析和预测

1999~2001 年管理费用情况如表 6-16 所示。

表 6-16 1999~2001 年管理费用

	1999 年	2000 年	2001 年
销售收入（万元）	12 376.02	22 970.51	26 817.03
管理费用（万元）	623.58	713.80	1 054.38
管理费用/销售收入（%）	5.04	3.11	3.93

管理费用包括人力费、折旧费、低值易耗品摊销、坏账损失、交通费等，1999~2001 年的比例呈下降趋势，但总金额上却呈上升趋势，这是由于管理费用与销售收入并不是呈强正相关关系，当企业逐渐成熟后，管理费用并不再随销售收入的增加同比增加。考虑到该企业又新上了三条生产线，必定会增加一部分管理人员，所以管理费用会有所上升。但是该企业已经逐步发展成熟，走入正常的运营轨道，所以管理费用的上升幅度不大。预测时，以 2001 年的管理费用为准逐渐每年增加 50 万元。具体如表 6-17 所示。

表 6-17 2002~2006 年管理费预测   （万元）

	2002 年	2003 年	2004 年	2005 年	2006 年
管理费用	1 100	1 150	1 200	1 250	1 300

5. 财务费用的分析和预测

1999~2001 年财务费用情况如表 6-18 所示。

表 6-18 1999~2001 年财务费用   （万元）

	1999 年	2000 年	2001 年
产品销售收入（万元）	12 376.02	22 970.51	26 817.03
财务费用（万元）	266.03	490.34	415.49
财务费用/产品销售收入（%）	2.1	2.1	1.5

被评估企业的财务政策属于谨慎型，一般来说资产负债比维持在 50% 左右，一旦到了 60% 就融入自有资金，来降低资产负债比。所以该公司的财务费用与收入的比例较稳定，2001 年之所以已下降，是由于融入了自有资金。所以预测被评估企业未来的财务费用占收入的比例为 2%。具体如表 6-19 所示。

表 6-19 2002~2006 年预测财务费用　　　　　　　　　　（万元）

	2002 年	2003 年	2004 年	2005 年	2006 年
财务费用	672	806	849	852	856

6. 营业外收支的预测

营业外收入和营业外支出在企业的总收入中所占比例非常小，本次评估中不予考虑。

7. 其他业务利润

1999~2001 年的其他业务利润如表 6-20 所示。

表 6-20 1999~2001 年其他业务利润

	1999 年	2000 年	2001 年
产品销售收入（万元）	12 376.02	22 970.51	26 817.03
其他业务利润（万元）	13.06	67.63	75.84
其他业务利润/产品销售收入（%）	0.1	0.3	0.3

该企业的其他业务主要是销售包装桶，销量虽小，但随着销售量的增加会逐渐增加，根据上表可以看出，比例还是较为稳定的。所以，预测 2002 年以后的其他业务利润与产品销售收入比为 0.3%。具体如表 6-21 所示。

表 6-21 2002~2006 年预测其他业务利润　　　　　　　　（万元）

	2002 年	2003 年	2004 年	2005 年	2006 年
其他业务利润	101	121	127	128	128

(三) 企业所得税

该企业是外商投资企业，根据当地税务局的批文，该企业从 2001 年开始实行两免三减半的税收优惠政策，所以，2002 年的企业所得税为 0，2003 年到 2005 年为 15% 的税率，2006 年以后为 33% 的税率，如表 6-22 所示。

表 6-22 2002~2006 年预测所得税　　　　　　　　　　　（万元）

	2002 年	2003 年	2004 年	2005 年	2006 年
所得税	—	435	485	481	1 049

（四）预测以后经营期内各年度净利润结果

表6-23 预测以后经营期年度利润

项　目	第1年	第2年	第3年	第4年	第5年	第6至第43.83年
一、主营业务收入（万元）	33 603	40 323	42 443	42 610	42 809	42 809
减：主营业务成本（万元）	26 280	31 571	33 161	33 299	33 465	33 465
主营业务成本/主营业务收入（%）	78.21	78.30	78.13	78.14	78.17	78.17
主营业务税金及附加（万元）	20	24	25	26	26	26
主营业务税金及附加/收入（%）	0.06	0.06	0.06	0.06	0.06	0.06
二、主营业务利润（万元）	7 302	8 728	9 257	9 285	9 318	9 318
主营业务利润/主营业务收入（%）	21.73	21.64	21.81	21.80	21.77	21.77
加：其他业务利润（万元）	101	121	127	128	128	128
其他业务利润/主营业务收入（%）	0.3	0.3	0.3	0.3	0.3	0.3
营业费用（万元）	3 651	3 993	4 099	4 105	4 112	4 112
营业费用/主营业务收入（%）	10.87	9.90	9.66	9.63	9.61	9.61
管理费用（万元）	1 100	1 150	1 200	1 250	1 300	1 300
管理费用/主营业务收入（%）	3.27	2.85	2.83	2.93	3.04	3.04
财务费用（万元）	672	806	849	852	856	856
财务费用/收入（%）	2	2	2	2	2	2
三、营业利润（万元）	1 980	2 899	3 236	3 206	3 179	3 179
营业利润/主营业务收入（%）	5.89	7.19	7.62	7.52	7.43	7.43
四、利润总额（万元）	1 980	2 899	3 236	3 206	3 179	3 179
利润总额/主营业务收入（%）	5.89	7.19	7.62	7.52	7.43	7.43
减：所得税（万元）	—	435	485	481	1 049	1 049
所得税/总利润（%）	0	15	15	15	33	33
五、净利润（万元）	1 980	2 464	2 751	2 725	2 130	2 130
净利润/主营业务利润（%）	5.89	6.11	6.48	6.40	4.98	4.98

（五）折现率的选取

折现率是指通过计算，将未来收入的货币量按一定的比率折算成现时货币量的折算过程。折现时所采用的比率称之为折现率。折现率与资本化率在本质上是没有区别的，它们都属于投资报酬率或资产收益率。

企业整体资产评估适用的折现率或资本化率通常可表达为：

折现率或资本化率＝无风险报酬率＋行业平均风险报酬率＋
公司特有风险报酬率

与折现率有关的资产收益率中最重要的一个比率是净资产收益率，它是企业年净利润与净资产额的比值。具有代表性的资产收益率有银行利率、无风险利率、行业平均利润率和社会平均投资回报率等。银行利率即为一般商业银行所公布的各种存贷款利率。在资产评估中常常按一年期定期储蓄的利率作为确定折现率中无风险报酬率的基础，因为一年期定期利率与企业按年度计算和处理收益极为相似。无风险利率一般是指政府发行的债券利率，它可分为长期和短期两种。其利率均可折算成年利率。在西方，人们常常用政府发行的国债利率作为无风险利率的计算基础，这一利率在数值上低于商业银行的存款利率，但因是政府发行的，被认为风险值最低。我国的国情与西方不同，国债利率高于银行利率，而银行又因是国家经营的，银行存款的风险几乎与国债一样低，因此在我国也有相当一部分人将国家银行的一年期定期利率作为无风险利率看待。行业平均利润率是某一个特定行业中，所有企业的净资产收益率的平均值。它包含了无风险报酬率和该行业的平均投资风险报酬率：

行业平均净资产收益率＝无风险报酬率＋行业平均投资风险报酬率

全社会所有企业的平均净资产收益率常常被称之为社会平均投资回报率，这是一个对折现率选取具有重要意义的参数，尤其对于我国这种资产市场发育极不成熟的环境，资产资本所有人往往以这一参数来确定投资方向。这一参数与行业平均净资产收益率相似，它包含了无风险报酬率和整个社会的平均投资风险报酬率：

社会平均投资回报率＝无风险报酬率＋社会平均投资风险报酬率

运用收益现值法进行评估时，风险报酬率不仅要考虑普遍意义上的投资风险，还应当考虑具体企业所存在的个别风险，例如经营风险、财务风险。此外，还应适当考虑买卖双方的利益分配。

1. 无风险报酬率

本次评估中，无风险报酬率为评估基准日即期的中长期国债利率换算为1年期一次付息利率。在基准日近期，我国5年期国库券利率为3.14%，考虑复利因素，5年期国库券的1年付息利率为：

5年期国库券的1年付息利率＝（1＋5×3.14%）×1/5－1＝2.9595%

2. 行业风险报酬率

行业风险报酬率通常采用行业加权平均收益率扣除无风险报酬率的值，行业加权平均值可通过财政部统计评价司提供的《2002年度企业效益评价标准值》中查阅到。《2002年度企业效益评价标准值》中日用和化工产品制造行业中型企业的平均净资产收益的平均值为3.3%。但是针对被评估企业来说，由于有Z公司的技术支持，所以其产品系列全面，技术完备，对于其他相同规模的企业来讲经营业绩要好，所以采用日用和化工产品制造行业中型企业的平均净资产收益率的良好值8.7%为合成树脂行业平均收益率，扣除无风险报酬率2.9595%，行业的风险报酬率为5.7405%。

3. 公司特有风险报酬率

公司特有风险报酬率是指公司经营风险率与公司财务风险报酬率之和。该企业评估基准日资产负债率为43.32%、净资产收益率为10.21%，较日用和化学品制造业的良好值8.7%好，所以评估人员认为该公司的财务状况比较好，财务风险报酬率定为0%。在经营风险方面，由于国家降低了准入"门槛"，资本进入增多，行业竞争性加剧，故公司经营风险率定为1.5%。

公司经营风险率与公司财务风险报酬率之和为1.5%。

$$折现率 = 8.7\% + 1.5\% = 10.2\%$$

（六）收益年限的确定

被评估企业的章程规定经营期限为50年，企业法人营业执照经营期限为1995年10月31日到2045年月10月30日，至评估基准日收益剩余年限为43.83年。

（七）剩余资产的确定

评估基准日账面净资产为14 138.27万元。

企业经营期到期进行清算时，假定其资产负债结构与评估基准日一致，剩余资产的情况分析如下：

（1）流动资产主要为货币资金、应收款项和存货，账面值为11 722.03万元。其中，应收款项账龄基本上在1年以内，以账面值作为变现值；由于企业销售利润率达到7%，评估人员认为可以按账面值快速变现，故流动资产的账面值作为变现值。

(2) 固定资产账面值 11 371.65 万元。其中,建筑物和构筑物账面值 2 330.68 万元,系 1997 年至 1998 年间建造,按 80% 确定变现值为 1 865 万元;设备类账面值为 5 199.82 万元,主要为生产设备,系 1999 年至 2000 年间建造,由于是化工设备,按 50% 确定变现值为 2 600 万元;在建工程账面值 3 841.15 万元,建造周期较短,按 90% 确定变现值为 3 457 万元;所以,固定资产的变现值为 7 922 万元。

(3) 土地使用权账面值为 1 677.54 万元,其中 84 万元为待购土地预付款。土地面积约 170 亩。目前开发区土地价格约 7 万元,变现价值为 170 × 7 + 84 = 1 274 (万元)。

(4) 其他资产按账面值粗估为 238.31 万元。

资产的变现价值为 20 918 万元。

委估企业的负债仅为流动负债,账面金额为 10 871 万元,包括短期借款、应付账款、其他应付款、应付工资、应交税金、预提费用等,评估人员核对了总账、明细账与有关付款凭证等,未发现有异常情况,均为企业应承担的债务。

净资产变现值为 20 918 万元 - 10 871 万元 = 10 047 万元。

(八) 评估价值的计算

表 6-24 预期收益的现值计算

年　度	净利润 (万元)	折现率 (%)	折现系数	现　值 (万元)
第 1 年度	1 980	10.2	0.9074	1 797
第 2 年度	2 464	10.2	0.8234	2 029
第 3 年度	2 751	10.2	0.7472	2 055
第 4 年度	2 752	10.2	0.6781	1 848
第 5 年度	2 130	10.2	0.6153	1 310
第 6 至 9.25 年度	2 130	10.2	5.8936	12 552
剩余资产	10 047	10.2	0.0141	129
合　计	21 721 (取整)			

净资产的评估价值为 21 721 万元 (取整)。

经采用收益现值法评估 X 公司的净资产的评估值为人民币 21 721 万元 (大

写：人民币贰亿壹仟柒佰贰拾壹万元整）。

五、案例评估特点

本次评估采用收益法评估，属于传统评估方法之一，但由于特定标的物不同，所以仍然具有其特点。具体如下：

（1）评估对象的特性、评估目的均符合收益法评估的前提条件，较好地反映了收益法在评估中的应用。

（2）本案例详细阐明了收益法中各参数的估算过程。本次评估除了对收入、成本、费用和折现率等进行详细估算，还评估了企业经营期结束后的残值。这与我们以往常常采用无限年评估企业是有所不同的。

六、案例点评

本案例为股权质押的评估，评估的对象由以往大多为企业的资产而转变为企业的股权。这种不经意的变化应该使评估师在评估概念上有一个认识的转化：即从以往的单纯对资产的评估变为综合性的企业价值评估。根据国际通用的定义：企业价值评估就是对企业整体、企业所有者股权或企业证券价值估算的行为与过程。所以本案例是典型的企业价值评估案例。本案例对企业的状况进行了全面的分析，提出选用收益途径方法评估的理由，继而对企业产品的市场、收入、成本、费用以及风险因素等逐一进行详尽的分析，并做出各项参数测算描述。对评估师采用收益途径方法时的思路和运用过程中的程序细节都有很大的帮助。

本案例评估思路清晰，选用方法适当，分析测算详细。但考虑到本案例特点，下面几点或许值得进一步补充考虑：

（1）关于企业股权的分布与持股状况，质押股权部分的比例——是全部股权还是部分股权，如是部分股权，比例是多少？股权的可流通状况以及是否是控股权或少数股权等情况应予以重点介绍。这样可对被评估对象有一个清楚的认识和了解，以便下一步为判断股权基础价值及其折扣或溢价做出适当考虑。

（2）关于现金流与净利润。本案例采用收益途径，具体方法是净利润折现的方法。净利润是一个会计指标，它等于利润总额减去所得税，是从会计核算上得出的企业所有者拥有的净收益。但由于会计核算的权责发生致使这个净收益仅仅为名义上的。其应收应付等往来款项日后可能会变成处理的对象。另外，不同企业的折旧政策也会导致净利润指标的不可对比性。同时，尽管净利润为名义上企业股东所拥有，但为了企业的持续经营，还必须考虑企业的资本性支出和营运资金的增加额。

所以，虽然从理论上来说，净利润也是收益度量的指标之一。但根据国际评估实务界的实践认识，认为净现金流是一个在企业价值评估中比较理想的企业收益的度量指标。故而目前国际评估界一致认为现金流是企业价值评估中企业经济收益的最合适的度量指标。华尔街有一句名言：Cash is King。翻译成中文是：现金至尊。而现金流又有股权现金流和公司现金流的区别，这就需要判断根据评估的是股权的价值还是整个公司的价值，进而采用不同的经济收益指标。

（3）关于收益期限，在收益途径的应用中，收益期限可分为有限期和无限期两种情况。由于企业价值评估中收益途径的应用前提是企业的持续经营。所以收益期为有限期的情况多半是由于法定注册经营期限的问题，这种情况多出现在我国的中外合资企业或外商独资企业之中。此时，如果采用有限期收益计算，则肯定要考虑企业的终值，而测算企业终值最好的办法就是未来收益的资本化。

【案例2 某上市公司法人股司法拍卖价值评估】

本案例的评估对象为我国境内上市公司 ABC 股份有限公司人民币普通国有法人股 9 169 200 股。

本次评估目的是为对 A 公司拥有的 ABC 股份有限公司 916.92 万股国有法人股整体拍卖的拍卖底价的确定提供参考依据。截至 2001 年 12 月底 A 公司是 ABC 股份有限公司的第二大股东，拥有股份 9 169 200 股，占 ABC 公司股份总额的 16.98%。A 公司与 C 公司发生股权转让纠纷，经北京市第二中级人民法院审理，决定将 A 公司拥有的 ABC 国有法人股司法拍卖以归还 C 公司的购股款。

本次评估基准日为 2001 年 12 月 31 日。

一、案例说明

（一）基本情况

委估对象为上市公司 ABC 股份有限公司人民币普通国有法人股

9 169 200股。

ABC股份有限公司，股票简称：ABC，股票代码：000×××。该公司是1993年11月18日经国家外经贸部由八家企业共同发起设立的股份有限公司，并于1993年11月27日经国家外经贸部批准为外商投资股份有限公司。1994年1月19日，该公司取得国家工商行政管理局颁发的营业执照。该公司于1998年6月8日获准向社会公开发行境内上市人民币普通股（A股）1 350万股（含公司职工股135万股）。1999年6月25日社会公众A股1 215万股获准在深圳证券交易所挂牌交易。1999年12月27日公司职工股135万股获准在深圳证券交易所挂牌交易，其中公司高管人员持有的45.5万股公司职工股按规定冻结，至2001年末，离任高级管理人员持有的共33.5万股公司职工股获准解冻。该公司改制前身为1989年6月26日成立的ABC电子科技有限公司，为中外合资企业，北京市新技术产业开发试验区的高、新技术企业，主要从事开发、生产和销售微型计算机、计算机用软磁盘、医疗电子设备及相关的新技术产品。1995年以来，以高科技产品开发生产为宗旨，以科研成果商品化、产业化为中心进行了资产重组工作，首先转让了计算机磁盘生产线和房地产项目，收回投资后，加大对高、新技术产品开发和生产的投入，同时也相应调整了股权结构。公司现注册资本4 050万元。公司的主营业务：阀控式铅酸蓄电池，激光自动成型机和集成制造系统、润滑油复合添加剂、新药开发以及宾馆服务及电源及相关产品的开发生产等。

ABC股份有限公司截至评估基准日股本结构如表6-25所示。

表6-25 ABC股份有限公司截至评估基准日股本结构 （万股）

股票类型	持股数
流通A股	1 329
流通股份合计	1 329
国家股	1 929.4
境内法人股	388.8
外资法人股	1 731.8
其他尚未流通股	21.0
非流通股份合计	4 071
总股本	5 400

本次评估的法人股 916.92 万股属于国家股中的国有法人股，占非流通股的 22.52%，占全部股本的 16.98%。

(二) 案例评估特点

本案例评估的特点主要体现为评估对象的特殊性，以及由此而决定的评估的价值类型和评估方法的特殊性。

本案例评估标的为 ABC 普通国有法人股在不可流通、少数股权交易条件下的公允价值。

"公允价值"在此定义为考虑司法拍卖对资产出让方的影响因素而可能形成的市场价值。我们通过如下技术途径得出公允价值的评估值：(1) 首先估算出在持续经营前提下，在不可自由流通，少数股权交易条件下公平市场价值；(2) 考虑本次司法拍卖实际上卖方可能会受外力迫胁和由于时间原因使潜在的购买者不能充分了解拍卖标的可能对价值的影响。

公平市场价值是指资产在一个愿意买者和一个愿意卖者之间转让，买卖双方均没有受任何外力迫胁作出买或卖的决定，并且买卖双方对资产均有合理地了解并有足够的相关知识。假定的买卖双方能够并且愿意作该交易，而且对资产及其市场情况有足够的了解。

国有法人股股权是指由国有企业法人持有的不可以上市自由流通的股份公司的普通股股权。

不可自由流通是指股权不可以在中国证券交易市场竞价买卖。但可以依法采用其他方式转让、交易；少数股权交易是指未来可能的股权交易仅涉及少数股权交易，不会影响 ABC 的控股情况。

持续经营是指 ABC 的经营可以并且能够在未来可预测期内按其现状持续经营下去，不会由于本次法人股转让而出现停产、转产甚至破产等情况。

整体转让是指本次评估的法人股 916.92 万股需要整体拍卖，不考虑分拆拍卖的情况。

(三) 评估方案的制订和评估过程

评估人员在对本次评估的目的、评估对象和评估范围、评估对象的权属性质和价值属性以及影响我国上市公司法人股的价值因素进行充分研究的基础上，选用恰当的评估方法确定委估资产的价值。具体而言，本次评估通过收集相关的市场信息和数据，采用不可流通折扣率法和净资产比率法两种途径估算 ABC 的法人股在不可自由流通，少数股权交易条件下公平市场价值，再考虑本次司法拍卖实际上卖方可能会受外力迫胁和由于时间原因使潜在的购买者不能充分了解拍卖标的可能对价值的影响，最终得到委估法人股的公允价值。

总体来说，本评估案例的估算程序包括以下内容：

(1) 由相关专业人员组成估算小组。

(2) 收集分析 ABC 及其他一些上市公司的资料，包括近年来的上市公司法人股拍卖价格信息资料。

(3) 制订估算方案。

(4) 分析 ABC 的经营业绩，对其财务历史数据进行必要的分析。

(5) 根据估算对象的业务及经营业绩选取对比交易案例。

(6) 收集对比交易案例公司的近期财务指标数据，包括每股收益、每股净资产等。

(7) 分析确定估算结论。

(8) 编写估算报告初稿。

(9) 提交估算报告初稿并向相关方征求意见。

(10) 修改并出具正式估算报告。

1. 法人股权的价值因素分析

法人股与流通股均为上市公司的普通股股份，按照《中华人民共和国公司法》和《中华人民共和国证券法》的有关规定，流通股和法人股应该每股享有同样的表决权、收益分配权等，具有同股同权。但法人股与流通股的主要差异在于其流通性。流通股可以在股票交易所自由竞价流通，而法人股，按目前的有关法规，不可以在股票交易所自由竞价流通，只能依法按其他方式交易。法人股的不可流通性对其价值是有直接影响的。一般认为影响法人股与流通股之间的价格差异主要由下列因素造成：

一是承担的风险：流通股的流通性很强，一旦发生风险后，流通股持有者可以迅速出售所持有股票，减少或避免风险。法人股持有者在遇到同样情况后，则不能迅速作出上述反应而遭受损失。

二是交易的活跃程度：流通股交易活跃，价格上升。法人股缺乏必要的交易人数，另外法人股一般数额较大，很多投资者缺乏经济实力参与法人股的交易，因而，与流通股相比，交易缺乏活跃，价格较低。

三是炒作因素：流通股多数投资者着眼短线投资，而法人股投资着眼于长线投资。短线投资者更多看中短期效益，投机的机会更大。

(1) 国外关于不可流通性影响股票价值的研究。

不可流通性影响股票价值这一事实在很多国家均存在,有很多这方面的研究。比较著名的美国研究其主要内容如表6-26所示。

表6-26 美国关于公司流通性影响股票价值研究

研究报告	研究时期	平均折扣率(%)
SEC Overall Average	1966~1969	25.8
SEC Nonreporting OTC Companies	1966~1969	32.6
Gelman	1968~1970	33.0
Trout	1968~1972	33.5
Moroney	1969~1972	35.6
Maher	1969~1973	
Consultants	1978~1982	45.0
Willamette Management Assocs., Inc	1981~1984	31.2 35.4
Emory	1987~1989	45.0
Emory	1989~1990	45.0
Emory	1990~1992	42.0
Emory	1993~1993	45.0
Emory	1994~1995	45.0

上述研究可概述如下:

①证券交易委员会("SEC"),机构投资研究。作为机构投资者行为研究的一部分,SEC研究对比了有限制交易条款的股票与同类的公开市场上股票的交易价格之间的关系来确定缺少流通性折扣率。股票柜台交易可以分为公告类公司和非公告类公司。在与纽约证券交易所或美国证券交易所股票自由交易的同类股票价格进行对比后发现有限制类股票价格折扣率是最大的,柜台交易股票的折扣率比有限制的股票折扣率有所下降。由于公司的规模代表着这些公司的资本市场价值,柜台交易的非公告公司对于控股公司是恰当的。在此研究中,超过56%的柜台交易的上市公司的折扣率超过30%。非公告公司(数量占34%)的折扣率超过40%。平均值和中间值均为25.8%。

另外，在1971年到1972年，SEC进行了关于股票发行的成本研究，该报告研究了发行成本与发行价之间的比例关系。发行成本包括发行佣金、给承销商的折扣以及其他成本。研究结果表明每股发行成本平均为发行价格的12.43%。当发行量低于1 000万股时，平均成本为16.29%。这是一个非上市公司如果想通过承销发行股票成为上市公司的最低成本。

②Gelman研究。Gelman先生研究了4个投资公司的89个有限制股票的交易案例，这些交易案例发生在1968年到1970年。缺少变现能力折扣的平均值和中间值约为33%。

③Moroney研究。Robert E. Moroney研究了146例10个投资公司投资有限制股票的交易案例，这些交易案例为1969年到1973年。该研究结论为平均的折扣率为36%，中间值为33%。

④Trout研究。该报告研究了60例互助基金在1968年到1972年购买有限制股票的案例。Trout先生利用回归分析模型分析了上述交易数据。该研究结论为平均折扣率为33.45%。

⑤Jr. Michael Maher研究。Maher先生研究了1969年到1973年间4个互助基金购买有限制股票的案例。该研究的资料来源于有关公司上报SEC的报告。折扣率的确定是通过比较购买有限制股票的价格与没有限制股票的交易价格。上述研究的平均折扣率为35%。

⑥Standard Research Consultants研究。Standard Research Consultants研究了从1978年10月到1982年6月间的28例个人购置有限制股票的案例。该研究的目的是为了测试SEC1966年到1969年的研究结论。该研究的折扣率为7%～91%，中间值为45%。

⑦Emory Studies研究。Robert W. Baird & Company公司的John D. Emoroy先后发表了7份独立的关于缺少流通性对股票价格影响的研究报告。上述图表中列出了最近的五份报告。这些报告研究了公司最初上市的股票价格。Emory先生将首次上市价格与上市前5个月的股票交易价格相比。

第一个报告研究了1980年到1981年的97项案例。所有最近亏损的公司被删去。经过调整，只剩下13个公司的交易案例。这些案例的缺少流动折扣为4%～87%。平均值为60%，中间值为66%。

第二个报告研究了1985年到1986年间的130公司，经过调整剩下21个公司。缺少流动性折扣为3%～83%。平均值和中间值为43%。

第三个报告研究了 1987 年 8 月到 1989 年 1 月 18 个月间的 27 个公司的有关案例。折扣率为 4%～82%。平均值和中间值为 45%。

第四个报告研究了 1989 年 2 月到 1990 年 7 月 18 个月间的 23 个公司的交易案例。折扣率为 6%～94%，平均值和中间值为 45% 和 40%。

第五个报告研究了 1990 年 8 月到 1992 年 1 月 18 个月间的 35 个交易案例。折扣率为 6%～94%，平均值为 42%，中间值为 40%。

第六个报告研究了 1992 年 2 月到 1993 年 6 月 18 个月间的 54 个交易案例，折扣率从 4%～90%。中间值为 44%，平均值为 45%。

第七个报告研究了 1994 年 2 月到 1995 年 6 月 18 个月间的 46 个交易案例。折扣率为 6%～79%，平均值和中间值均为 45%。

⑧Willamette Management Associates 研究。Willamette Management Associates 公司分析了 1981 年到 1985 年私人购置有限制股票的案例。在 33 个被确认为公平交易的案例中，折扣率中间值为 31.2%。

Willamette Management Associates 公司还在 1975 年到 1985 年间还进行过 5 项对比私人公司股票交易价格和后来该公司上市发行价格之间关系的研究。Willamette Management Associates 公司的研究仅包括公司在上市前三年发生的公平交易案例，研究结果表明折扣率为 40%～80%。

综上所述，非常充分的论据证明缺少变现能力或说缺少流通性，对股票的价格有很大的减值影响。这种减值折扣率一般在 30%～45%。

(2) 我国法人股缺少流通性的减值研究。

对于法人股缺少流通性的减值研究，目前在国内还没有这方面的专项研究，但如果对近年国内法人股的交易情况略加注意，也可以发现上述类似情况。事实上，笔者对 1998 年、2000 年及 2001 年国内发生的一些法人股交易情况进行统计研究发现，在中国缺少流通性对股票的价值也有影响，并且在某种程度上比国外的影响还大。

笔者对 1998 年国内发生的 70 例法人股交易案例进行了研究，发现，法人股成交价格与当日流通股交易收盘价的比例有以下关系：

平均值	19.3%
最大值	39.5%
最小值	9.4%
中间值	18.8%

即法人股交易价格平均只为流通股价格的 18.8%。

笔者还对发生在 2000 年间的 189 例国内法人股拍卖价格进行了研究，发现，法人股的成交价格与当日流通股收盘价格的比例关系如下：

　　平均值　　18.5%
　　最大值　　77.8%
　　最小值　　3.5%
　　中间值　　17.3%

即法人股交易价格平均只为流通股价格的 15%~20%。

笔者对 2001 年 1 100 多项国内法人股交易案例进行分析，发现：

　　平均值　　23.6%
　　最大值　　247.6%
　　最小值　　4.8%
　　中间值　　21.8%

即法人股交易价格为流通股价格的平均为 24% 左右。

上述研究可以明确证明不可流通性对法人股价格是有明显影响的。

进一步研究表明，法人股的市场价格还与以下因素有关：

①销售收入和利润的质量。企业销售收入和利润的质量对缺少变现能力折扣有直接影响。对于稳定的销售收入和利润（风险小），相应的折扣率也会相应减小。

②红利分配政策。企业的红利分配政策也会对缺乏流通性折扣有影响。如果公司处于快速增长期，经常会少分红利，为未来发展提供更多的资金。这样做，投资者就牺牲了当前的红利而为未来的资本升值。另一方面，如果公司处于成熟的行业，与增长性好的公司相比，就会给投资者较高的红利分配，这就表明，股东可以收到较多的现金，选择投资其他企业而不是仅投资本公司。成熟行业的公司会给股东较高的红利，从而会使变现折扣较大。因为，不能期望今后股权会有较大的升值。

③委估股权的规模。控股股权会有比少数股权有更大的价值，因为有很多特权内涵于表决权力中。另一方面，委估股权规模越大，有购买能力的购买者就会相对减少，因此会导致需求减少。需求减少会影响成交价格。

④股票交易限制。现存的协议。如发起人所持股份和其他股东购买/销售股票协议，将会限制有些人员购买或销售股票的时间、地点、方式以及价格

等，这也会影响变现能力折扣。对股票的买卖限制越多，折扣就会越高。

⑤预期处置股权的时间。股权预期需要卖掉的时间越长，折扣率就会越高。卖掉控股股权一般比卖掉少数股权所需的时间少，因为控股股权有自身的特性。

⑥公司的资本结构。经营良好的公司会有一个非常好的资产负债表，并有较低的资产负债结构。公司有比较低的资产负债率可以有效地应付财务风险。另一方面，高资产负债率公司更可能会在经济困难期遇到重大问题，通常必须要求预期更好的效益投资机会。因此，高资产负债率的公司应该有高折扣率，反之，低资产负债率的公司应该有较低的折扣率。

2. ABC 法人股估算过程说明

近年国内法人股交易，特别是法人股拍卖市场经历了一个先"牛"后"熊"的市场。从 2000 年末开始，法人股拍卖出现量价齐升的一种局面，据一项不完全统计显示，仅上海就有 20 多家拍卖行先后举行过法人股拍卖专场，高潮时每月平均超出 30 场拍卖，2001 年 1～5 月，据不完全统计，法人股拍卖成交额超过 5 亿元；自 2000 年 6 月以来，绝大部分法人股拍卖成交价有 50% 以上的涨幅，不少个股甚至上涨 1 倍有余。法人股拍卖价格的骤然升温，主要是由于法人股的交易趋于活跃，交易方式增多。但 2001 年 7 月以后，由于监管当局出台新的法人股交易监管政策，法人股交易无论从量上还是价上均开始直线下跌。因此，当时法人股市场是处于较低迷状态的。市场上出现的法人股交易多数都是与司法拍卖有关。

我们通过不可流通折扣率法和净资产比率法两种途径估算 ABC 的法人股在不可自由流通，少数股权交易条件下公平市场价值，再考虑本次司法拍卖实际上卖方可能会受外力迫胁和由于时间原因使潜在的购买者不能充分了解拍卖标的可能对价值的影响，最终得到委估法人股的公允价值。

（1）不可流通折扣率法。

我们选择了 2001 年成交的 12 例法人股成交案例，这些案例是遵循如下原则选取的：

①该等案例的上市公司应该是与 ABC 处于同一行业——综合行业的上市公司。

②由于法人股市场在 2001 年年初到年中是处于上升势头，而从 7 月后又直线下跌，为此，我们认为年初和年终的交易案例更有参考价值。因此，所选择

的案例是尽量为年初和年终的交易案例。

我们选择的交易案例资料如表6-27所示。

表6-27 交易案例资料

序号	股票代码	股票简称	拍卖/交易期	股份数量	成交价（元）	拍卖日流通股价（元）	法人股成交价/流通股价比例（%）	行业名称
1	600643	爱建股份	2001-2-23	50 000	4.25	13.89	30.6	综合
2	600661	交大南洋	2001-1-12	100 000	5.15	29.93	17.2	综合
3	600681	诚成文化	2001-3-7		3.03	11.8	25.7	综合
4	600708	东海股份	2001-2-23	50 000	1.5	10.27	14.6	综合
5	600730	中国高科	2001-3-27	100 000	3.1	18.16	17.1	综合
6	600762	金荔科技	2001-3-28	100 000	3.85	25.43	15.1	综合
7	600784	鲁银投资	2001-12-8	13 365 000	3	11.42	26.3	综合
8	600817	宏盛科技	2001-2-17	363 000	5.1	20.6	24.8	综合
9	600840	浙江创业	2001-3-27	50 000	2.2	13.08	16.8	综合
10	600878	北大科技	2001-12-3	31 863 151	1.31	10.15	12.9	综合
11	000628	倍特高新	2001-1-12	100 000	2	14.71	13.6	综合
12	000881	大连国际	2001-2-8	50 000	2.4	25.81	9.3	综合

通过对上述12例交易案例的不可流通折扣率的统计分析，可以得出以下结果：

不可流通折扣率在此定义为法人股成交价/法人股成交日流通股收盘价的比率。根据上述定义，所选择的交易案例的不可流通折扣率统计数如下：

平均值：18.7%

中间值：16.9%

最大值：30.6%

最小值：9.3%

通过上述分析，可以得到如下结论，本次评估的ABC不可流通折扣率应该在9.3%~30.6%。

③销售收入和利润的质量。根据ABC和其他12家交易案例公司公布的

2001年报、2000年报和1999年年报，得到如下企业每股收益和净资产收益率数据如表6-28所示。

表6-28　每股收益和净资产收益率

序号	股票代码	股票简称	每股收益（元/股）			净资产收益率（%）		
			2001	2000	1999	2001	2000	1999
1	600643	爱建股份	0.28	0.298	0.299	6.51	6.62	6.30
2	600661	交大南洋	0.22	0.21	0.17	10.68	10.60	9.00
3	600681	诚成文化	0.08	0.15	0.025	4.45	8.75	1.04
4	600708	东海股份	0.13	0.0184	-0.4434	8.25	2.16	-25.62
5	600730	中国高科	0.26	0.16	0.01	12.24	10.36	1.76
6	600762	金荔科技	0.31	0.14	-0.826	14.21	7.56	-58.45
7	600784	鲁银投资	0.02	0.1907	0.2323	0.73	8.08	9.38
8	600817	宏盛科技	0.01	0.28	0.03	1.06	20.43	6.45
9	600840	浙江创业	-0.04	0.093	0.048	-3.24	12.54	6.11
10	600878	北大科技	0.06	0.118	0.423	3.49	6.18	24.39
11	000628	倍特高新	0.06	0.0192	0.005	2.14	0.72	2.82
12	000881	大连国际	0.16	0.28	0.41	7.36	12.40	9.52
		平均值	0.129	0.163	0.032	5.66	8.87	-0.61
		中间值	0.105	0.155	0.039	5.48	8.42	6.21
		最大值	0.31	0.298	0.423	14.21	20.43	24.39
		最小值	-0.04	0.018	-0.826	-3.24	0.72	-58.45
13	000835	ABC	0.35	0.29	0.27	12.28	10.44	10.50

从上述表格中的年报数据可以看出，ABC的每股收益和净资产收益率均高于其他12家的平均水平。因此，如果将上述12家不可流通折扣率平均值作为基准，则ABC应在上述基准上上浮至少10%。

④红利分配政策。ABC和其他12家公司1999~2001年的红利分配如表6-29所示。

表6-29 ABC和其他12家公司1999~2001年红利分配

序号	股票代码	股票简称	2001年		2000年		1999年	
			公告日期	分配方案	公告日期	分配方案	公告日期	分配方案
1	600643	爱建股份	2001-3-30 2001-6-26	10股派1.5元/10股派1.5元	2000-6-28	10股转增1股派1元	1999-7-6	10股转增0.87股派0.87元
2	600661	交大南洋	2001-6-15	10股派1.5元	—	—	1999-10-9 1999-5-25	10股转增5股/10股转增1股
3	600681	诚成文化	2001-6-1	10股派0.4元	2000-5-31	10股转增5股	—	—
4	600708	东海股份	—					
5	600730	中国高科	—					
6	600762	金荔科技	2001-4-19	10股转增6股				
7	600784	鲁银投资	2001-5-22	10股派0.8元	2000-7-12	10股转增1股		
8	600817	宏盛科技	—					
9	600840	浙江创业	—					
10	600878	北大科技					1999-9-7	10股送3股
11	000628	倍特高新					1999-8-5	10股送2股
12	000881	大连国际	2001-5-9	10股送1股转增5股派0.25元	2000-7-13	10股送2股转增6股	1999-8-24	10股派5元
13	000835	ABC	2001-6-12	10股派0.3元				

从表6-29可以分析出，ABC 1999~2001年在分配次数和分配力度方面与其他12家公司相比，综合评比属于较低水平。另外，ABC所处行业基本属成熟行业。综合上述因素考虑不可流通折扣率应上浮5%。

⑤委估股权的规模。从本次委估的股权规模为916.92万股，规模较大，占总股本的16.98%，并且需要整体卖出。上述12家交易案例中只有鲁银投资和北大科技的股权规模超过1 000万股，与委估股权规模相近。其余股权规模远小于1 000万股。为此，笔者认为不可流通折扣率至少应该下浮30%。

⑥股票交易限制。根据了解，本次评估的ABC法人股属于国有法人股，不

存在不可交易的限制。不可流通折扣不做调整。

⑦预期的处置股权的时间。本次评估的 ABC 法人股占公司全部股份的 16.98%，没有控股权，但由于国有股转让，手续相对复杂，因此会对预期处理时间有一定影响。因此，综合考虑下调 5%。

⑧公司的资本结构。根据 ABC 和其他 12 家案例公司的财务报告，资本结构指标如表 6-30 所示。

表 6-30　ABC 和其他 12 家案例公司资本结构（2000~2001）

序号	股票代码	股票简称	2001 年		2000 年	
			资产负债率（%）	股东权益/负债（%）	资产负债率（%）	股东权益/负债（%）
1	600643	爱建股份	36.51	173.90	17.64	466.89
2	600661	交大南洋	47.57	110.22	37.14	169.25
3	600681	诚成文化	53.49	86.95	45.65	119.06
4	600708	东海股份	67.22	48.77	79.06	26.49
5	600730	中国高科	64.03	56.18	77.70	28.70
6	600762	金荔科技	59.22	68.86	78.92	26.71
7	600784	鲁银投资	54.65	82.98	54.54	83.35
8	600817	宏盛科技	75.95	31.67	69.47	43.95
9	600840	浙江创业	78.22	27.84	47.55	110.30
10	600878	北大科技	38.14	162.19	36.32	175.33
11	000628	倍特高新	67.32	48.54	65.39	52.93
12	000881	大连国际	52.40	90.84	43.94	127.58
		平均值	57.89	82.41	54.44	119.21
		中间值	56.94	75.92	51.05	96.83
		最大值	78.22	173.90	79.06	466.89
		最小值	36.51	27.84	17.64	26.49
13	000835	ABC	52.60	90.11	52.60	90.11

从表 6-30 中的指标数据，可以看出 ABC 的资产负债率和股东权益负债率均处于平均水平附近，不可流通折扣率不做调整。

综合上述分析，假定上述每项因素对不可流通折扣率的影响是独立不相关的，以对比 12 家案例的不可流通折扣率的平均值 18.7% 作为基础，则 ABC 不可流通折扣率为：

18.7% × (1 + 10%) × (1 + 5%) × (1 - 5%) × (1 - 30%) = 14.4%

ABC 截至评估基准日 2001 年 12 月 31 日流通股收盘价为 27.67 元/股，因此其法人股评估值为：

27.67 × 14.4% = 3.98（元/股）

（2）净资产比率法。

我们通过分析研究了上述 12 家交易案例公司成交价与每股净资产之间的关系确定法人股的价值。我们在此定义净资产比率为法人股成交价/上市法人股成交日前最近财务报告的每股调整后净资产。由于上述法人股成交案例有部分为 2001 年 1～4 月的成交案例，对于上述案例以法人股成交价与 2000 年末每股调整后净资产计算净资产比率；对于成交时间在 2001 年后半年的案例，以 2001 年中报披露的调整后每股净资产计算净资产比率。根据上述定义，所选择的交易案例的净资产升值率统计数如表 6 - 31 所示。

表 6 - 31 所送交易案例净资产升值统计

序号	股票代码	股票简称	拍卖/交易期	股份数量	成交价（元）	每股净资产（元）	成交价/每股净资产比例（%）	行业名称
1	600643	爱建股份	2001 - 2 - 23	50 000	4.25	4.44	95.7	综合
2	600661	交大南洋	2001 - 1 - 12	100 000	5.15	1.97	261.4	综合
3	600681	诚成文化	2001 - 3 - 7		3.03	1.73	175.1	综合
4	600708	东海股份	2001 - 2 - 23	50 000	1.5	1.0723	139.9	综合
5	600730	中国高科	2001 - 3 - 27	100 000	3.1	1.86	166.7	综合
6	600762	金荔科技	2001 - 3 - 28	100 000	3.85	1.89	203.7	综合
7	600784	鲁银投资	2001 - 12 - 813	365 000		2.3364	128.4	综合
8	600817	宏盛科技	2001 - 2 - 17	363 000	5.1	1.38	369.6	综合
9	600840	浙江创业	2001 - 3 - 27	50 000	2.2	1.19	184.9	综合
10	600878	北大科技	2001 - 12 - 331	863 151	1.31	1.84	71.2	综合
11	000628	倍特高新	2001 - 1 - 12	100 000	2	2.74	73.0	综合
12	000881	大连国际	2001 - 2 - 8	50 000	2.4	3.39	70.8	综合

平均值：161.7%

中间值：153.3%

最大值：369.6%

最小值：70.8%

净资产比率应该在70.8%~369.6%。在此采用回归分析方法将2001年12家交易案例公司的资产负债率和股东权益与负债的比率的自然对数作为自变量，将净资产比率的自然对数作为因变量进行回归分析，回归分析结果如表6-32所示。

表6-32 回归分析结果

序号	股票代码	股票简称	2001中期 资产负债率 (X_1,%)	股东权益/负债 (X_2,%)	2001中期 资产负债率自然对数 (LnX_1,%)	股东权益比率自然对数 (LnX_2,%)	成交价/每股净资产比例 (Y,%)	成交价/每股净资产比例自然对数 (LnY,%)
1	600643	爱建股份	29.54	238.52	-121.94	86.93	95.72	-4.37
2	600878	北大科技	37.40	167.38	-98.35	51.51	71.20	-33.97
3	600661	交大南洋	38.94	156.81	-94.31	44.98	261.42	96.10
4	600681	诚成文化	47.49	110.57	-74.47	10.05	175.14	56.04
5	000881	大连国际	51.85	92.86	-65.68	-7.40	70.80	-34.54
6	600784	鲁银投资	54.65	82.98	-60.42	-18.65	128.40	25.00
7	600840	浙江创业	61.14	63.56	-49.20	-45.32	184.87	61.45
8	000628	倍特高新	63.89	56.52	-44.80	-57.06	72.99	-31.48
9	600708	东海股份	64.56	54.89	-43.76	-59.98	139.89	33.57
10	600762	金荔科技	65.87	51.81	-41.75	-65.75	203.70	71.15
11	600817	宏盛科技	69.28	44.34	-36.70	-81.32	369.57	130.72
12	600730	中国高科	76.71	30.36	-26.51	-119.20	166.67	51.08
13	000835	ABC	55.74	79.40	-58.45	-23.06		

回归公式：$Ln(Y) = -0.3423 \times 0.8530 \times Ln(X_1) \times 0.7082 \times Ln(X_2)$

$$R^2 = 67.4\%$$

或：$Y = 0.7101 \times (X_1)^{-0.8530} \times (X_2)^{-0.7082}$ ($R^2 = 67.4\%$)

式中，Y——净资产比率；

X_1——资产负债率；

X_2——股东权益负债比率。

将 ABC 数据代入上式，可以得到 ABC 的净资产比率为 137.6%。又根据 ABC2001 年报数据，调整后净资产为 2.81 元/股。因此，法人股评估值为：

$$2.81 \times 137.6\% = 3.86（元）$$

（3）确定评估价值。

将上述两种途径计算的结果平均值作为委估法人股的公平市场价值：

$$(3.98 + 3.86)/2 = 3.92（元/股）$$

另外，本次评估是为司法拍卖提供公允价值参考依据，一般认为法院司法拍卖不会有很长的处置时间，特别是法院拍卖出卖方是在受一定压力下作出买卖决定的，并且，要在一定时间内卖出的。因此上述司法拍卖方式与对比交易案例的拍卖方式有很大的不同。如果委估股权是处于一种强制拍卖，换句话说，委估股权一定要在指定的时间内卖出，则会影响交易价格。根据本次评估的特殊情况，应该对上述不可流通折扣下浮 20%~30%，最后取下浮 20%。

上述 3.92 元应该被认为是 ABC 法人股的公平市场价值，需要进一步调整得出本次评估的公允价值。考虑到司法拍卖的特殊情况，应该考虑 20% 左右的下浮幅度，则评估值应为：

$$3.92 \times (1 - 20\%) = 3.13（元/股）$$

3. 评估结论

经评估，ABC 法人股的在持续经营前提下，在不可流通，少数股权条件下的公允价值如表 6-33 所示。

表 6-33 公允价值 （万元）

项目名称	单价（元/股）	股票数量（万股）	总 价
ABC 法人股	3.13	916.92	2 869.96

二、案例总体技术说明

本案例评估的特点主要有以下方面：

（一）评估对象和评估价值类型的特殊性

本案例评估对象为我国境内上市公司 ABC 股份有限公司普通国有法人股，

评估的价值类型为上市公司法人股在不可流通、少数股权交易条件和司法拍卖前提下的公允价值。与一般的公司股权价值相比，本案例法人股公允价值评估具有一定的特殊性。

（二）评估方法的特殊性

一般而言，公司股权价值评估可以采用收益法、成本加和法和市场比较法。在我国目前的评估实践中，收益法、成本加和法应用较多。本案例采用的评估方法应该属于市场比较法的范畴，但是与一般的股权价值评估中的市场比较法相比，本案例采用的不可流通折扣率法和净资产比率法具有一定的特殊性、创新性和可借鉴性。

在本评估案例中，评估人员针对上市公司法人股的特点和司法拍卖评估的特殊性，借鉴了国外关于缺乏流通性对股票价值影响的研究结论和研究方法，在对影响上市公司法人股的价值因素进行认真研究的基础上，通过定量和定性相结合的方法，研究了我国上市公司法人股在不可流通条件下的价值减值问题。然后在上述研究结果的基础上，依据上市公司流通股的市场价格、每股净资产值以及其他公开的有关资料及数据，分别采用不可流通折扣率法和净资产比率法，对委估的上市公司法人股在持续经营前提下，在不可自由流通、少数股权交易条件下，考虑司法拍卖对资产出让方的影响因素而可能形成的市场价值，即"公允价值"作出估算。

三、案例点评

本案例为上市公司法人股司法拍卖定价评估，是很有意义和评估特色的一个案例。其值得关注的地方有如下几点。

（一）价值定义

由于本次评估目的是为司法拍卖提供拍卖定价的参考依据。所以本次评估的价值定义为拟拍卖股权的公允价值，此定义即为考虑司法拍卖特殊情况下的市场交易价值。为此，通过一定的技术途径得出此价值定义的评估值：（1）首先估算出在持续经营前提下，在不可自由流通，少数股权交易条件下公平市场价值；（2）考虑本次司法拍卖实际上卖方可能会受外力迫胁做出决定和由于时间原因使潜在的购买者不能充分了解拍卖标的可能对价值的影响。

企业价值评估中，价值定义是十分重要的评估前提。然而在我国大量运用资产法评估企业的过程中，往往忽略了价值定义与前提。本案例在这种特殊交易情况下所定义的价值说明了价值定义对于评估结果的重要影响。

(二) 股权评估

本案例为典型的法人股股权价值评估。与以往采用资产法评估企业时,主要评估企业的各种单项资产的做法有很大的不同。这是与企业价值评估所定义的评估企业整体、所有者股权和企业证券价值相一致的。由于是为司法拍卖提供依据,因此估算中评估人员仅依据公开的有关资料及数据作出估算的专业判断,而没有对委估对象进行现场考察。所以最后声明:"本次估算工作本身和其产生的估算报告在任何情况下都不能理解为对××××现有资产(包括固定资产、流动资产等)的真实性、完整性等发表任何意见是合理的。"也是在某种特殊情况下所允许的企业价值评估。

(三) 不可自由流通性折扣

由于本次评估对象是上市公司的法人股。本公司的流通股股价和法人股交易价差额可能由于以前没有法人股交易,或交易案例少、情况特殊而无法作为依据。所以,本案例详细地比较了其他12家上市公司法人股交易的先例,并从销售收入和利润的质量、红利分配政策、委估股权的规模、股票交易的限制、预期的股权处置时间和公司资本结构等多方面综合考虑,确定法人股的折扣率,是有依据和有说服力的做法。

(四) 关于净资产比率法

上面的不可流通折扣率法和净资产比率法其实都是市场途径中的具体方法。有这里也可以看到市场途径运用的灵活性和市场接受程度。我国评估界在企业价值评估中对市场途径的认识还很不够,运用也非常少。这是今后需要加强理论研究和实践探讨的一个重要方面。

第七章
机器设备评估方法与实务

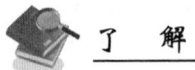 了　解

机器设备的含义及特点；机器设备的分类。

 熟　悉

市场法评估机器设备；收益法评估机器设备。

掌　握

机器设备的确权；成本法评估机器设备的程序；机器设备抵押评估时应考虑的变现因素。

第一节　概　述

一、基本知识

（一）概念

机器设备的重置成本包括直接成本费用、间接成本费用、资金成本及从属费用。

进口设备 FOB 价格指现行国际市场的离岸价格。

进口设备 CIF 价格指到岸价格，即在离岸价格的基础上，再包含境外途中保险费和境外运杂费。

(二) 贬值

主要包括三种贬值：实体性贬值、功能性贬值和经济性贬值。

实体性贬值是机器设备因使用中的磨损以及在自然环境中受到侵蚀所导致的资产价值损失。这种是物理性损耗，其通常由机器设备的使用时间和维护保养等因素决定。

功能性贬值主要是由于技术进步引起的。在机器设备这类资产上具体有两种表现形式：第一种，由于技术进步引起劳动生产率的提高，其再生产价值制造与原功能相同的设备的社会必要劳动时间减少，成本降低，从而造成原有设备的价值贬值。具体表现为原有设备价值中有一个超额投资成本将不被社会所承认。第二种，由于技术进步出现了新的、性能更优的设备，致使原有设备的功能相对新式设备已经落后，从而引起价值贬值。具体表现为原有设备在完成相同生产任务的前提下，在能源、动力、人力、原材料等方面的消耗增加，形成了一部分超额运营成本。

设备的经济性贬值是因设备外部因素引起的设备价值贬值，设备经济性贬值的估算主要是以评估基准日及以后是否闲置、停用或利用不足为依据，计算经济性贬值的对象主要包括：生产线或机组、大型重要设备等，对一般中小型单台设备、季节性使用设备、辅助生产设备等，一般不计算其经济性贬值，对于评估基准日后不再继续使用或无继续使用价值的设备不计算经济性贬值。

二、机器设备的属性特点

(一) 机器设备相对于其他押品所不同的特点

机器设备专业性强，种类繁多，具有鲜明的特点：单位价值量大，使用寿命长，流动性差；工程技术性强；价值补偿与实物更新周期不一致；涉及专业面广。

(二) 机器设备的多种分类

按照不同的分类原则，机器设备可分为多种类型。

(1) 按生产国别分：有国产设备、进口设备；

(2) 按取得方式分：有外购设备、自制设备（又可分为标准、非标准）；

(3) 按资产属性分：有通用设备、专用设备、电子设备等；

(4) 按其使用性质分：有生产用机器设备、非生产机器设备、租出机器设备、未使用机器设备、不需用机器设备、融资租入机器设备等。

目前，商业银行抵押的机器设备通常大多为生产用机器设备，有国产设备，也有进口设备（包括尚处于海关监管期内的进口设备）；有通用设备，也有专用设备、电子设备。

第二节　机器设备主要评估方法

一、成本法

（一）公式及参数的确定（分外购设备和自制设备两大类，其中外购设备又分进口设备、国产设备）

1. 评估公式

（1）评估值 = 重置成本 − 实体性贬值 − 功能性贬值 − 经济性贬值

（2）评估值 = 重置成本 × 综合成新率

2. 参数的确定

（1）重置成本。

外购设备的重置成本如表 7-1 所示。

表 7-1 重置成本的构成

重置成本的构成	国产设备	进口设备
直接成本费用	设备购置价（即购买或建造设备所发生的费用）	设备购置价（即购买或建造设备所发生的费用）
	运杂费	运杂费
	安装费	安装费
	基础费	基础费
间接成本费用	建设单位管理费用	建设单位管理费用
	工艺设计费	工艺设计费
	工程监理费	工程监理费
	质检费	质检费

续表

重置成本的构成		国产设备	进口设备
资金成本		资金成本（当设备购建周期超过半年时应计）	资金成本（当设备购建周期超过半年时应计）
从属费用			国外运费
			国外运输保险费
			关税
			增值税
			银行财务费
			外贸手续费
			商检费

自制设备的重置成本主要包括制造费用和摊入的期间费用、大型设备的合理制造利润和设计费、安装调试费等。

对于不需要安装的设备，仅仅考虑购置价或建造成本，如：电子设备。

①设备购置价的确定。对于市场上有销售的机器设备，一般可以根据市场售价或最新《机电价格手册》中的价格来确定；对于非标准自制设备，一般使用重置核算法计算；对于市场已无销售的设备，可以使用类比法来估算设备购置价。

市场询价法：对大型的主要设备，原则上应采用向生产厂家、外贸公司或国外公司在中国办事处直接询价的方法，此时应注意了解是否可以打折，要将折扣率融入购置价；或查询国内近期发行的各种价格资料，对其中某些非标准设备，可与规格、型号相似的标准设备对比，用类比法求得；对小型的辅助设备，宜选用被评估单位当地的现行市价。

物价指数法：一时难以询到市场价格，又难以找到类比设备时，可用物价指数法对账面值进行调整确定。物价指数的取得，可参照"国内设备分类价格指数"、世界银行、国外一些保险公司公布的国外设备价格指数。使用这一方法的前提条件是账面值真实可靠，不含有不合理费用，没有应计入而未计入的费用。

类比法：在设备功能同等条件下，根据替代原则，国产设备应选择可能获得的最低价，进口设备在无法取得评估基准日进口价格可用国产设备替代。

重置核算法：设备的售价由生产成本、销售费用、利润、税金组成。重置核算法是通过测算非标准设备的成本费用来确定其销售价格的方法。即通过确定非标准设备的主材费用和主要外购件费用，计算出设备的完全制造成本，并考虑企业利润、税金和设计费用，确定设备的成本价格。

成套设备的重置成本估价：成套设备是指由多台（件）设备组成的，具有相对独立性的生产能力和一定收益能力的装置。当能获得结构和生产产品类似的设备（而生产能力不同）的重置成本价格时，可以使用功能规模指数法调整计算其重置成本。

其公式为：

被评估机组的重置成本 = 参考机组的重置成本 × （被评估机组生产能力/参考机组生产能力)^X

其中：X 为功能规模指数，一般为 0.6~0.7。

进口设备购置价的确定：

进口设备的关键是确定离岸价格（FOB）或到岸价格（CIF），一般的做法是：

向进口代理商询价，然后分析确定被估设备的现行购置价；如果难以获得可靠的现行离岸价格（FOB）或到岸价格（CIF），那么可取得结构和产量不同的同类进口设备价格可以使用功能规模指数法估测进口设备的购置价；如果没有国外替代产品的现行离岸价格（FOB）或到岸价格（CIF）（一般指老旧进口设备，国外已不生产时），可以利用国内替代设备的现行市价或重置成本推算被估进口设备的重置成本；如果无法使用以上方法，并且被估设备的技术更新速度慢，也可以利用价格指数调整法对历史成本（历史成本是真实可靠的）进行调整，以估测被估设备的重置成本，这时的价格指数应当是设备生产国的工业产品价格指数；如果被估设备有明显的功能性贬值，则在计价时应考虑贬值因素；近几年购置的设备可按原到岸价（CIF）根据现行汇率调整，但应考虑技术进步因素形成的功能性贬值。

②运杂费的确定。设备国内运杂费，一般包括设备从某地生产厂或发货地（调拨单位或国家仓库、码头、车站）到被评估单位所发生的装卸、运输、保管及其他有关费用，并包括本地区离铁路线或离码头 30km 以内的短途运输费，通常采用设备购置价的一定比率即运杂费率估算，计算公式如下：

设备国内运杂费 = 设备购置价 × 设备运杂费率

对于空调、电脑等由销售单位负责运输及安装的设备可不计运杂费及安装费。

国内运杂费率:当地生产的设备取 0.2%~0.5%,外地生产的设备参照表 7-2。

表 7-2 外地生产设备运杂费率

运输里程	取费基础	费率(%)	运输里程	取费基础	费率(%)
100km 以内	设备原价	0.8	1 250km 以内	设备原价	2
200km 以内	设备原价	0.9	1 500km 以内	设备原价	2.2
300km 以内	设备原价	1	1 750km 以内	设备原价	2.4
400km 以内	设备原价	1.1	2 000km 以内	设备原价	2.6
500km 以内	设备原价	1.2	2 000km 以上每增加 250km	设备原价	增加 0.1
750km 以内	设备原价	1.5			
1 000km 以内	设备原价	1.7			

注:1. 对于超长、超宽、超高和超重(超过一般运输车辆的载重能力)的设备,应根据实际状况另加大件运输措施费。

2. 以上数据为铁路运输费率,公路运输应在此基础上增加 30%。

进口设备的国内运杂费可参照上表,按设备到岸价(CIF)×设备运杂费率计算。

③设备安装费的确定。国产设备的安装费率可参照(机械计〔1995〕1041 号文)确定。进口设备的安装费也可根据设备原价的一定比例计算(见表 7-3),由于进口设备的原价较高,所以进口设备的安装费率可按相同类型国产设备的 30%~70% 选用。(机械行业建设项目概算指标中规定:进口设备的。进口设备机械化、自动化程度越高,取值越低;反之,取值越高。)

④设备基础费的确定。设备基础费是指建造设备基础所发生的人工费、材料费、机械费及全部取费。简单的计算方法是根据各行业概算指标中规定的基础费率,按设备原价的相应比例计算。同样,进口设备的基础费计算:其基础费率可按国产设备基础费率的 30%~70% 选用。(机械行业建设项目概算指标中规定:进口设备的。进口设备机械化、自动化程度越高,取值越低;反之,取值越高。)

如设备基础如已列入房屋建筑物中评估，则设备中不重复计算。

表7-3　国产机器设备安装调试费率

设备名称	安装费率（%）
轻型通用设备	0.5~1
一般机械加工设备	0.5~2
大型机械加工设备	2~4
数控机械及精密加工设备	2~4.5
铸造设备	3~6
锻造、冲压设备	4~7
焊接设备	0.5~1.5
起重设备	5~8
工业窑炉及冶炼设备	10~20
电梯	10~25
供、配电设备	10~15
蒸气及热水锅炉（以主机价计算）	30~45
化工设备	8~40
快装锅炉（以主机价计算）	6~12
热处理设备	1.5~4.5
压缩机	10~13
冷却塔	10~12
泵站内设备	8~12

注：1. 表中的费率包含设备的调试费用、基础费用、距设备1.5米管路、由设备至配电箱之间的电气线路等。

2. 本表未涉及设备组合及成套设备的安装调试费，评估时需查阅有关结算报告，或根据工作量进行评估。

⑤设备间接费用的确定。用重置成本法对大型生产企业进行整体评估时，应考虑间接费用。间接费用包括建设单位管理费、工艺设计费、监理费、联合试运转费等。

⑥进口设备从属费用的确定。进口设备从属费用包括国外运费、国外运输保险费、关税、消费税、增值税、银行手续费、公司代理手续费、商检费。

国外运费：可按设备的重量、体积及海运公司的收费标准计算，也可按一定比例计取，取费基数为设备的货价，计算公式为：

$$海运费 = 离岸价（FOB）\times 海运费率$$

费率：远洋一般取 4%～6%（欧洲、美洲），近洋一般取 1%～2.5%（日本、韩国、澳洲、东南亚）。

国外运输保险费：国外运输保险费的取费基数为：货价+海运费，计算公式为：

$$国外运输保险费 =（货价 + 海运费）\times 保险费率 /（1 - 保险费率）$$

费率：可根据保险公司的费率表确定，一般在 0.3%～0.4%。

关税：取费基数为设备到岸价（CIF），计算公式为：

$$关税 = 到岸价 \times 关税税率$$

关税的税率按评估基准日国家发布的进口关税税率表计算。

消费税（国家规定需交消费税的进口设备取此费）：取费基数为关税完税价加关税，计算公式为：

$$消费税 =（关税完税价 + 关税）\times 消费税率 /（1 - 消费税率）$$

消费税的税率按评估基准日国家发布的消费税税率表计算。

增值税：取费基数为"关税完税价+关税+消费税"，计算公式为：

$$增值税 =（关税完税价 + 关税 + 消费税）\times 增值税率$$

特别注意：减免关税，同时减免增值税。

银行手续费：取费基数为货价人民币数，计算公式为：

$$银行手续费 = 离岸价（FOB 价）\times 费率$$

我国现行的银行手续费费率一般为 4‰～5‰。

外贸手续费，也称公司手续费：取费基数为到岸价人民币数，计算公式为：

$$外贸手续费 = 到岸价 \times 外贸手续费率$$

目前，我国进出口公司的进口费率一般为 1%～1.5%。

商检费：商品到达我国海关时，海关按报关单对商品进行检验的费用。

资金成本：对于需要预先定货、制造及安装时间较长（一般指超过 6 个月）的单台设备或生产线考虑资金成本。公式为：

资金成本 = 设备重置费用 × 合理工期（年）× 贷款年利率 × 1/2

其中，设备重置费用应包括设备购置费、运杂费、安装调试费等直接费用及建设单位管理费等间接费用。

合理工期应按同类设备建设安装的社会平均水平计，一般取项目可研或工程设计书上规定的工期。

对于需要安装的设备，如果安装周期小于6个月，不再考虑资金成本。

贷款利率根据合理工期的时间长短而定，如合理工期确定一年，则应选用6个月至1年（包括1年）的利率；如果合理工期为1年以上或2年的，则用1~3年贷款利率；贷款利率应选取评估基准日时的中国人民银行发布的利率。

计算资金成本应按企业从设备采购日（或建造日）起至完工的工期考虑。

(2) 各类贬值。

①实体性贬值。设备有形损耗率或成新率的估测通常采用使用年限法、综合分析法、修复费用法确定，在对大型主要设备的评估过程中常常将年限法和综合分析法确定的成新率加权平均为综合成新率。对于小型辅助设备，可采用使用年限法。

a. 使用年限法。其公式为：

成新率 = 尚可使用年限 / （已使用年限 + 尚可使用年限）

对于近期大修（大修完毕后距评估基准日不足一年）的设备，应适当增加其尚可使用年限。

对于国家明文规定限期淘汰、禁止超期使用的设备，不论设备的现时技术状况如何，其尚可使用年限不能超过国家规定禁止使用的日期。

表7-4 设备类耐用年限表 （年）

设备类别	耐用年限	设备类别	耐用年限
一、通用设备		G. 工具及其他生产用具	8~20
A. 机械设备	10~18	H. 电子设备	4~10
B. 动力设备	8~18	二、专用设备部分	
C. 传导设备	10~28	A. 冶金工业专用设备	10~20
D. 运输设备	见报废标准	B. 电力工业专用设备	15~35
E. 自动化控制及仪器仪表	8~10	C. 机械工业专用设备	12~16
F. 工业炉窑	10~16	D. 石油、化工工业专用设备	8~20

续表

设备类别	耐用年限	设备类别	耐用年限
E. 医药工业专用设备	10~20	M. 造船工业专用设备	20~30
F. 仪表电讯工业专用设备	6~14	N. 港务专用设备	18~20
G. 建材工业专用设备	8~15	O. 交通运输及邮电专用设备	6~50
H. 纺织工业专用设备	10~18	P. 建筑施工专用设备	18
I. 轻工业专用设备	10~20	Q. 公用事业专用设备	15~50
J. 矿山专用设备	10~20	R. 商业专用设备	8~20
K. 森林工业专用设备	8~15	S. 粮油专用设备	10~18
L. 煤炭工业专用设备	5~18	T. 电信行业设备	6~28

b. 综合分析法（现场勘察与理论成新率结合法）。现场勘察成新率：评估人员根据设备（生产线）的关键部件（关键工序）的实际运行状态，运用打分法，合理确定各个部件的成新率，加权计算出设备的现场勘察成新率。使用该方法，评估人员应与企业专业人员密切配合进行。

对于锅炉、压力容器可以根据劳动部门的检验报告确定成新率（见表7-5）。

表7-5 一般机器设备有形损耗及现场勘察成新率判定参考表

类别	新旧情况	有形损耗率（%）	技术参数标准参考说明	成新率（%）
1	新设备及使用不久设备	0~10	全新或刚使用不久的设备。在用状态良好，能按设计要求正常使用，无异常现象	100~90
2	较新设备	11~35	已使用一年以上或经过第一次大修恢复原设计性能使用不久的设备，在用状态良好，能满足设计要求，未出现过较大故障	89~65
3	半新设备	36~60	已使用二年以上或大修后已使用一段时间的设备，在用状态较好，基本上能达到设备设计要求，满足工艺要求，需经常维修以保证正常使用	64~40

续表

类别	新旧情况	有形损耗率（%）	技术参数标准参考说明	成新率（%）
4	旧设备	61~85	已使用较长时间或几经大修，目前仍能维持使用的设备，在用状态一般，性能明显下降，使用中故障较多，经维护仍能满足工艺要求，可以安全使用	39~15
5	报废待处理设备	86~100	已超过规定使用年限或性能严重劣化，目前已不能正常使用或停用，即将报废	15以下

理论成新率 =（经济寿命年限 – 已使用年限）/经济寿命年限

综合成新率 = 理论成新率 ×40% + 现场勘察成新率 ×60%

c. 修复费用法。修复费用法是假设设备所发生的实体性损耗是可以补偿的，则设备的实体性贬值就应该等于用补偿实体性损耗所发生的费用。具体计算公式如下：

成新率 =1 –（设备修复费用/设备重置成本）

② 功能性贬值。

设备的功能性贬值 = 超额投资成本 + 超额运行成本

③ 设备经济性贬值。

设备的经济性贬率 = $\{[1-(\text{设备预计可以被利用的生产能力}/\text{设备原设计能力})^x]\} \times 100\%$

其中，x——功能规模指数，一般取 $0.6~0.7$。

(二) 选用成本法的基本原则

(1) 成本法适用于持续使用假设前提下的机器设备评估。运用成本法评估处于在用、续用状态下的机器设备，无论是重置成本构成或其他别的因素，不需要作太大的调整。

(2) 成本法一般不宜评估非续用状态下的机器设备。如果事实上只能运用成本法评估非续用状态下的机器设备，则需要在成本项目构成要素和其他因素方面作出必要的调整。

(三) 举例

南京某厂所有的一台液压机。

评估基准日 2003 年 3 月 31 日。

设备概况

设备名称：液压机

明细表序号：机器设备评估明细表序号××

卡片编号：122-001

生产厂家：湖州机床厂

规格型号：YA32-315F

设备数量：1 台

账面原值：185 000.00 元　　账面净值：87 797.70 元

购置时间：1996 年 6 月　　启用时间：1997 年 2 月

设备主要参数如表 7-6 所示。

表 7-6　液压机主要参数

项　目		单位	参数
公称力 Rated force		kN	3 150
顶出力 Ejecting force		kN	630
回程力 Return force		kN	600
滑块行程 Slide stroke		mm	800
顶出行程 Ejecting stroke		mm	300
最大开口高度 Daylight		mm	1 250
滑块行程速度 Slide speed	空程下行 Idle	mm/s	120
	工　作 Pressing	mm/s	6~12
	回　程 Return	mm/s	60
顶出行程速度 Ejecting speed	顶　出 Ejecting	mm/s	55
	退　回 Return	mm/s	100
工作台尺寸 Table dimensions	左　右 Left-right	mm	1 260
	前　后 Front-rear	mm	1 200
立柱中心距 Central distance between column	左　右 Left-right	mm	1 400
	前　后 Front-rear	mm	900
机器外形尺寸 Overall dimensions	左　右 Left-right	mm	2 630
	前　后 Front-rear	mm	2 000
	地面以上高 Above floor	mm	4 175
电动机功率 Motor Power		kW	22.6
机器总重量 Weight		t	16

主要用途和特点：本系列液压机具有广泛的通用性，适用于各种塑性材料的压力加工和成形，如挤压、弯曲、折边、拉伸等；同时亦可用于各种塑料、

粉末制品的压制成形。此外，尚可用于制品的校正、压装和整形等。

1. 重置全价的确定

评估人员经查询《机电产品报价手册》，得知同型号四柱液压机在湖州机床厂出厂价为 165 000 元。

湖州至南京不足 300km，运杂费率 1%；

设备安装费：按机械行业规定的费率 7% 计取。

$$重置全价 = 165\,000 \times (1 + 1\% + 7\%)$$
$$= 178\,200（元）$$

2. 成新率的确定

（1）理论成新率。

根据相关规定，该设备的经济使用年限为 15 年（180 个月），截至 2003 年 3 月 31 日，该设备已使用 73 个月。

$$理论成新率 = (180 - 73) / 180 \times 100\%$$
$$= 59.4\%$$

取 59%。

（2）现场勘察成新率。

评估人员检查设备维护检修记录，并经向设备管理人员、技术人员了解核实后现场勘察情况，如表 7-7 所示。

表 7-7 现场勘察评分

序号	设备部件	技术状态描述	标准分	评估分
1	主机部分（机身和主缸）	底座稳固，滑块动作灵活，滑块下平面与工作台平面平行度、工作台上平面对主活塞轴线垂直度尚在允差范围内，主活塞导向轴套存在一定程度磨损，个别部位有油渗漏痕迹	35	23
2	动力机构部分（油箱、电机、轴向柱塞泵、阀总成等）	输出压力尚能达到工作要求，阀总成动作灵敏、远控调节、限位装置满足工作要求，但液压管路有油渗漏痕迹，个别仪表示数不准确，噪音加大	35	21
3	电气柜部分	除部分电缆线路呈现老化现象外，电气控制可靠，尚可满足工作要求	20	12
4	整体外观	除局部锈痕外，整体外观整洁	10	6
	合计		100	62

(3) 综合成新率的确定。

综合成新率 = 理论成新率 × 40% + 现场勘察成新率 × 60%
= 59% × 40% + 62% × 60%
= 60.8%

取 61%。

3. 评估值的确定

评估值 = 178 200 × 61%
= 108 702（元）

二、市场法

（一）公式及参数的确定

1. 评估公式

评估值 = 参照物价格 × 个别因素修正系数 × 交易因素修正系数 × 地域因素修正系数 × 时间因素修正系数

2. 参数的确定

（1）参照物价格。在市场法中选择参照物，最重要的是要具有可比性。评估时，一般应收集 2~3 个参照物案例，参照物案例要从当地设备交易市场收集近期（一般为三个月以内）同型号设备成交价案例。即从时间上来讲，参照物的交易时间应尽可能接近评估基准日；在地域上，尽可能与评估对象在同一地区；另外，评估对象与参照物应具有较强的可比性，实体状态方面比较接近。

（2）个别因素。包括：名称、型号规格、生产能力、制造厂家、技术指标、附件、设备的出厂日期、役龄、安装方式、实体状态。

（3）交易因素。设备的交易因素是指交易动机、背景对价格的影响，不同的交易动机和交易背景都会对设备的出售价格产生影响。如：以清偿、快速变现或带有一定优惠条件的出售，其售价往往低于正常的交易价格。另外，交易数量也是影响设备售价的一个重要因素，大批量购买的购买价格一般要低于单台购买的价格。

（4）地域因素。由于不同地区市场供求条件等因素的不同，设备的交易价格也受到影响，评估参照物应尽可能与评估对象在同一地区。如评估对象与参照物存在地区差异，则需要做出调整。

（5）时间因素。不同交易时间的市场供求关系、物价水平等都会不同，评估人员选择与评估基准日最接近的交易案例，并对参照物的时间影响因素做出调整。

（二）选用市场法的基本原则

（1）市场法是获取资产价值较为简捷、直观的方法。在市场经济及市场发育比较完善的国家和地区，运用市场法评估机器设备价值比较普遍。

（2）一般来说，市场法在通用设备价值评估中的运用多于各类专用设备。

（三）举例

设备名称：普通车床

规格型号：CA6140×1500

制造厂家：A 机床厂

出厂日期：1996 年 2 月

投入使用时间：1996 年 2 月

安装方式：未安装

附件：齐全，包括：仿形车削装置、后刀架、快速换刀架、快速移动装置

实体状态：评估人员通过对车床的传动系统、导轨、进给箱、溜板箱、刀架、尾座等部位进行检查、打分，确定其综合分值为 6.1 分。

1. 市场调研

对二手设备市场进行调研，确定与被评估对象较接近的三个市场参照物表见 7-8。

表 7-8　二手设备市场参照物表

	评估对象	参照物 A	参照物 B	参照物 C
名称	普通车床	普通车床	普通车床	普通车床
规格型号	CA6140×1500	CA6140×1500	CA6140×1500	CA6140×1500
制造厂家	A 机床厂	A 机床厂	B 机床厂	B 机床厂
出厂日期/役龄	1996 年/8 年	1996 年/8 年	1996 年/8 年	1996 年/8 年
安装方式	未安装	未安装	未安装	未安装
附件	仿形车削装置、后刀架、快速换刀架、快速移动机构	仿形车削装置、后刀架、快速换刀架、快速移动机构	仿形车削装置、后刀架、快速换刀架、快速移动机构	仿形车削装置、后刀架、快速换刀架、快速移动机构

续表

	评估对象	参照物 A	参照物 B	参照物 C
状况	良好	良好	良好	良好
实体状态描述	传动系统、导轨、进给箱、溜板箱、刀架、尾座等各部位工作正常,无过度磨损现象,状态综合分值为 6.1 分	传动系统、导轨、进给箱、溜板箱、刀架、尾座等各部位工作正常,无过度磨损现象,状态综合分值为 5.7 分	传动系统、导轨、进给箱、溜板箱、刀架、尾座等各部位工作正常,无过度磨损现象,状态综合分值为 6.0 分	传动系统、导轨、进给箱、溜板箱、刀架、尾座等各部位工作正常,无过度磨损现象,状态综合分值为 6.6 分
交易市场		评估对象所在地	评估对象所在地	评估对象所在地
市场状况		二手设备市场	二手设备市场	二手设备市场
交易背景及动机		正常交易	正常交易	正常交易
交易数量		单台交易	单台交易	单台交易
交易日期	2004/3/31	2004/2/10	2004/1/25	2004/3/10
转让价格		23 000 元	27 100 元	32 300 元

2. 确定调整因素,进行差异调整

(1) 制造厂家调整。所选择的 3 个参照物中,1 个与评估对象的生产厂家相同,另外 2 个为 B 厂家生产。在新设备交易市场 A、B 两个制造商生产某相同产品的价格分别为 4 万元和 4.44 万元。新设备的价格差异率 = (4.44 - 4.0) /4 = 11%

即 B 厂家生产的该产品市场价格比 A 厂家高 11%,以此作为被评做旧设备的调整比率。

(2) 出厂年限调整。被评估对象出厂年限是 8 年,参照物 A、B、C 的出厂年限均为 8 年,故不需调整。

(3) 实体状态调整。

表 7-9 实体状态调整表

参照物	实体状态描述	调整比率 (%)
A	传动系统、导轨、进给箱、刀架、尾座等各部位工作正常,无过度磨损现象,状态综合值为 5.7 分	+7
B	传动系统、导轨、进给箱、刀架、尾座等各部位工作正常,无过度磨损现象,状态综合值为 6.0 分	+2
C	传动系统、导轨、进给箱、刀架、尾座等各部位工作正常,无过度磨损现象,状态综合值为 6.6 分	-8

表7-10 调整比率计算过程表

参照物	调整比率（%）
A	(6.1-5.7)/5.7×100% = 7
B	(6.1-6.0)/6.0×100% = 2
C	(6.1-6.6)/6.6×100% = -8

3. 计算评估值

表7-11 计算评估值表

	参照物 A	参照物 B	参照物 C
交易价格（元）	23 000	27 100	32 300
制造厂家因素调整	1.0	0.89	0.89
出厂年限因素调整	1.0	1.0	1.0
实体状态因素调整	1.07	1.02	0.92
调整后结果	24 610 元	24 601 元	26 447 元

被评估对象的评估值 =（24 610 + 24 601 + 26 447）/3
≈25 219（元）

三、收益法

（一）公式及参数的确定

1. 评估公式

$$P = \sum_{i=1}^{n} R_i / (1+r)^i$$

式中 R_i——未来第 i 个收益期的预期收益额，收益期有限时，R_i 中应包括期末资产剩余净额；

n——收益年限；

r——折现率。

2. 参数的确定

（1）收益额。

收益额是指资产使用带来的未来收益期望值，是通过预测分析获得的；收益额必须是由被评估资产直接形成的，不是由该项资产形成的收益应分离。

①收入。设备类资产的收入来源包括销售所生产产品的收入或租金收入。

使用收益法评估机器设备的价值，需要对设备在其寿命周期内每一个时期所能够产生的收入进行预测，通常以年为单位进行预测，预测的内容包括收入的金额和产生收入的时间。

②费用。设备的寿命周期费用指从投入开始到设备寿命终结所发生的设置费用和维持费用的总和。

设置费用是指设备在形成固定资产以前所发生的费用，包括在方案论证、设计、制造（或购买）、运输、安装、调试等各阶段所发生的费用。

维持费用是指设备形成固定资产后，在使用过程中发生的运行费用、维修费用以及为补偿设备的技术老化所发生的技术改造等费用。

设备的年度费用：在设备管理和评估中，需要以年度为单位来考察费用支出情况，这就是设备的年度费用，也称为设备的年度使用费，是指设备使用一年要付出的全部费用。它由设备的恢复费用和年度维持费用两部分组成。

设备的磨损是在使用过程中逐步产生的，所消耗的价值不断转移到产品中去，通过产品的销售得到补偿。与燃料、材料消耗不同的是，后者的价值是一次性转移到产品中，而前者是逐渐地转移到产品成本中。设备逐渐转移到产品成本中去的价值应该反映设备的价值损耗，通常称之为折旧。设备每年恢复费用也就是每年的折旧额。

设备年度维持费用包括设备的年度运行费用和年度维修改造费用两部分：

年度运行费用是指使设备正常运转所需投入的费用，包括：操作工人的工资、奖金和培训费用等；能源、动力消耗费用；工具、量具、夹具、刃具和辅助工具以及辅助材料的消耗费用；厂房及其他固定资产的占用费；管理费；环境保护费；保险费；停机损失费；其他相关费用等。

设备维修及改造费用，包括：维护保养费用；检查、监测费用；修理费用；改造费用；其他相关费用。

（2）折现率。

折现率是将未来收益还原或转换为现值的比率。

（3）收益年限。

收益年限是指资产具有获利能力持续的时间，通常以年为时间单位。

（二）选用收益法的基本原则

（1）机器设备评估中的收益法是对机器设备未来产生的净利润或净现金流按一定的折现率折为现值，作为被估资产的价值。因此，评估对象机器设备未来获利能力，净利润或净现金流量要能够确定和量化；而且，能够确定资产合理的折现率。

（2）通常，对于收益可以单独量化的机器设备，如生产线、成套化工设备等，方可考虑用收益法评估。单项设备评估一般不采用收益法评估。

（三）举例

根据市场调查，被评估机器设备的年租金净收入为 19 200 元。根据被评估机器设备的现状，确定该租赁设备的收益期为 9 年。通过对类似设备交易市场和租赁市场的调查，得到市场数据如表 7-12。

表 7-12

市场参照物	设备的使用寿命（年）	市场售价（元）	年收入（元）	投资回报系数（%）	折现率（%）
1	10	44 000	10 500	23.86	20.01
2	10	63 700	16 700	26.22	22.85
3	8	67 500	20 000	29.63	24.48

通过以上三个参照物的分析，显示资本化率在 20.01% ~ 24.48% 变动，平均值是 22.45%。上述设备折现率的平均值为 22.45%，用该数值作为被评估设备的折现率。被评估机器设备的收益年限为 9 年，则该设备的评估值为：

$$P = \sum_{i=1}^{n} R_i / (1+r)^i$$
$$= 19\ 200/22.45\% \times [1 - 1/(1 + 22.45\%)^9]$$
$$\approx 71\ 642\ （元）$$

第三节　机器设备评估实务及风险分析

一、机器设备评估程序

（一）调查权属

1. 机器设备的权属资料要点

（1）请资产占有方提供评估设备的原始发票、合同复印件，进口设备还应提供报关单。若评估设备已设定抵押，资产占有方须提供工商行政管理部门出具的抵押他项权利登记证明。

(2) 如购置时间久远的设备原始发票、购置合同复印件获取有困难，可采用替代程序：

①请客户提供上一年的审计报告及经审计的会计报表；

②核对上一年固定资产总账与审计后的会计报表是否相符，机器设备明细账是否与总分类账相符；

③追查未获得原始发票、合同的设备是否记录在机器设备明细账中，金额是否相符。

2. 机器设备的权属资料检查要点

(1) 核对设备原始发票抬头、购置合同买方是否与设备的资产占有方一致；

(2) 核实设备购置款是否已全部付清，资产占有方是否已拥有完全产权；

(3) 核查设备是否已设定抵押。

(二) 现场勘查

(1) 要对 A 类设备中的重大设备的当前使用状态进行勘察，并作出现场勘察记录。如设备数量较大，不能全部清点，则对 A 类设备仍须逐一清点核实，对 B 类及 C 类的设备应选择适当的样本量，抽选样本并对抽选出的样本进行逐一清点核实。

对于评估目的为抵押的设备，在条件许可的前提下，应逐一清点核实。

现场勘查一般包括微观调查和宏观调查。微观调查是以单台设备为对象，内容一般包括设备名称、型号规格、制造厂家、设计技术参数、设备的出厂日期、购置日期、役龄、是否包括附件、基础、无形资产，安装方式，目前的技术状态，维护保养情况，使用负荷等。宏观调查是以机器设备所服务的主体为对象，内容一般包括企业的名称、地址、生产的产品、基本生产工艺、建造日期、设计生产能力、实际生产能力、生产作业方式、市场情况、生产经营历史数据、维护政策及历史维护费用、安全环保情况等。

(2) 对 A 类设备中的重大设备，还需了解是否出现了新的、性能更优的设备，使原有设备功能相对落后而出现功能性贬值因素。

(3) 对于 A 类设备，还需了解是否出现因企业生产的产品改型、更新换代、产品滞销而引起的设备利用率降低或闲置等经济性贬值因素。

（三）收集评估资料

1. 机器设备除权属以外相关资料的收集

（1）评估目的、相关经济行为的申请、批件、协议等；

（2）评估明细表；

（3）清查核实及调整情况说明；

（4）高精尖重要设备运行记录和大修理、改造记录等；

（5）待核销、报废资产情况说明及证明材料；

（6）作为作价依据的法规制度文件、技术经济标准、价格标准、价格资料、询价记录等。

2. 收集机器设备外部评估报告

银行内部资产评估人员进行抵（质）押物（权）价值初次评估之前，原则上须先由银行认可的中介评估机构进行评估，并出具资产评估报告。因此，银行内部资产评估人员应搜集相关外部评估报告，包括但不限于评估报告书、附件、评估明细表、评估说明等。

（四）确定评估优选方法

市场法适用于市场发育较完善的地区，当存在有同类设备的二手设备交易市场或有较多的交易实例，是获取资产价值较为简捷的方法。但当前我国的市场经济尚在逐步健全的进程中，二手设备市场交易品种单调、频率不高，交易信息不透明，可采用案例贫乏，这限制了市场法在现实资产评估中的广泛运用。

使用收益法的前提条件是要能够单独确定和量化被评估机器设备资产的未来获利能力、净利润或净现金流量；能够确定资产合理的折现率。对于收益可以单独量化的机器设备，可用收益法评估，如生产线、成套化工设备等。大多数设备因为所预测的现金流量是由包括房屋、机器设备在内的固定资产、流动资产、土地、无形资产等整体资产带来的，很难量化到单台机器设备上。预测未来收益和确定折现率的主观因素较大，两者直接影响评估结果的准确性和可信性。

能获得重置同型号全新设备有关资料信息、能够合理计算出评估基准日公开市场条件下的评估对象的重置成本，则可采用成本法进行评估。因此，在机器设备的三种评估方法中，成本法是最适宜操作的，在目前实际评估工作中，成本法应用最广泛。

(五) 确定评估主要参数

1. 成本法评估机器设备

(1) 评估人员应当根据实际情况,合理确定重置成本的构成要素,明确是否包括机器设备的基础、动力管线以及安装。

(2) 更新重置成本与复原重置成本是机器设备评估中经常使用的两种成本概念。评估人员应当优先选用更新重置成本。使用复原重置成本评估时,必须考虑机器设备是否存在功能性贬值。

(3) 机器设备可能同时存在三种贬值,评估人员应当全面考虑可能引起机器设备贬值的各种因素,采用科学的方法合理估算各种贬值,并重点关注是否充分考虑了机器设备可能存在的功能性贬值和经济性贬值。

(4) 对具有独立运营能力(获利能力)机器设备组合进行评估时,成本法一般不应当作为唯一的评估方法。

2. 市场法评估机器设备

(1) 评估人员应当尽可能选择与被评估机器设备相似的市场参照物。尤其是对于机器设备组合,其参照物应当是市场上相似的机器设备组合,一般不应当以单台设备为比较基础,将单台设备的价值加和来确定机器设备组合的价值。

(2) 评估人员当考虑市场是否能够提供足够数量的可比资产的销售数据以及数据的可靠性。

(3) 不同交易市场的价格水平可能存在差异,评估人员应当根据评估对象的具体情况,合理确定可以作为评估依据的交易市场,对市场差异作出调整。

(4) 使用市场法评估机器设备应当充分考虑拆除费用、运输费用、安装费用、调试费用等因素对评估结论的影响。

3. 收益法评估机器设备

(1) 合理地确定和量化机器设备的未来获利能力。

(2) 合理确定折现率。

(六) 评估结果确定与验证

在条件允许的情况下,评估人员可对机器设备采用两种或两种以上的方法进行评估,以便彼此验证评估结果。

作为银行抵押评估,在确定抵押机器设备最终评估结果时,应在估算设备市场价值的基础上,充分考虑法定优先受偿款。机器设备的法定优先受偿款一一般包括应付未付的设备购置款（资产占有方申请借款用途为支付抵押机器设备购置款除外）、已抵押担保的债权数额，以及其他法定优先受偿款。

（七）风险提示

评估报告不仅要明确最终结论，还应在报告的特别事项说明中对可能会影响评估结果的事项予以披露。如变现能力的定性分析，变现能力是指假定在评估时点抵押权人实现抵押权时，在没有过多损失的条件下，将抵押设备转换为现金的可能性。变现能力的定性分析应当包括抵押设备的通用性、专用性，假定在评估时点拍卖或者变卖时最可能实现的价格与评估市场价值的差异程度，变现的时间长短以及费用、税金的种类、标准和清偿顺序。

二、机器设备外部评估报告的审查

（一）评估报告的形式审查

（1）报告是否明确了机器设备评估范围，是否包括设备的安装、基础、附属设施，是否包括操作软件、技术等无形资产；是否详细描述了各项设备的基本情况，是否重点揭示了影响价值的因素。

（2）评估依据是否清楚列示了机器设备的产权依据、法律法规依据和原则依据。

（3）根据机器设备的预期用途，报告是否明确了评估的前提假设，包括原地继续使用或异地使用、现行用途使用或改变用途使用。

（4）对机器设备评估方法的选择是否根据评估对象、价值类型、资料收集情况等相关条件，分析市场法、收益法和成本法三种资产评估基本方法的适用性后确定。

（5）报告是否对评估设备的特别事项进行了说明。

（6）报告是否就重点设备的工作流程附图，是否就评估设备明细附表，是否就重大设备的购置合同、报关单、销售发票等附书。

（7）评估结论是否明确，是否清楚完整地叙述评估结果。

（二）评估报告的逻辑性审核

银行关注评估过程中的三个逻辑关系：（1）对评估目的、价值类型、评估中依据的前提条件与评估方法选择之间的一致进行分析；（2）对评估范围、对象与评估目的之间的匹配性进行分析，同时审核抵（质）押品与评估对象的一致性；(3) 对资产的属性、作价的前提条件与作价依据之间的一致性进行分析。

(三) 合法有效性审核

1. 权属审核

权属的合法有效性审核是评估的必要条件。对于机器设备抵押，应审核其是否具有权属证明材料——原始发票、购置合同或相关替代证明材料，权属是否完整，权属证明材料上所记载的权属人是否为抵押人或出质人，若不是，应有相应的替代证明材料。否则，应要求补充权属证明材料，或采取其他有效措施，并且应在评估报告中做详细披露。

2. 抵 (质) 押登记情况的审核

按照《中华人民共和国担保法》的规定，机器设备抵押应到工商行政管理部门办理合法、有效的抵押他项权利登记手续，审核评估报告时应重点关注其是否进行了抵 (质) 押登记。

3. 评估报告的有效期和期后事项的审核

审核时应关注评估报告的有效期和评估基准日的关系，审核评估报告的有效性。尤其，对于评估基准日之后 (截至评估报告出具日) 发生的重大事项及对评估结论的影响应重点关注。

(四) 评估结果的合理性审核

1. 审核评估依据可靠性

审核评估依据的时效性和客观性，即评估依据应在评估基准日时点有效，评估中所依据的数据资料必须真实可靠，对数据资料的分析应做到实事求是。

2. 审核关键参数准确性

机器设备抵押评估中依据的参照价格一般包括机器设备进口价格、内销价格等，取价标准包括有关主管部门颁布的定额标准、费率、汇率、利率等，评估中运用的参数包括价格变动指数、收益法中的折现系数等。上述参照价格、取价标准、价格变动指数等依据一般出自政府机关、行业管理部门、生产厂家、销售商及公开媒体等，评估中应选择使用在评估基准日时有效的价格信息和取价标准，因此，审核时要关注其出处和有效期限两方面。至于折现系数，审核时要分析研究风险因素构成及技术处理方法的客观性和合理性。

3. 对评估计算、汇总情况的审核

在审核中，要结合评估报告中所举案例，对评估中的计算公式、成本构成是否准确、评估方法、计算过程与结果是否正确以及分项计算与汇总结果是否吻合、计算与汇总的实际情况与文字说明是否一致等进行分析、验证。

三、机器设备评估时易疏忽的问题

（一）市场询价

（1）生产厂家的报价与成交价的差异，尤其是国外报价，不同国家和不同时期的成交折扣率相差很大；

（2）要弄清设备报价资料的含义，如设备报价中的供货范围（设备配置）、是否包括运输及安装调试的费用等。要收集合同、近期报价单及原始报价单，以便于比较。

（二）物价指数

（1）注意使用分类产品物价指数，避免使用综合物价指数。

（2）注意了解被评估企业是否经过清产核资，了解账面值的合理性，了解账面原值是否已按清产核资结果做了调整，如果经过清产核资，账面原值已不能反映设备的真实原始成本，需进行相应的调整还原或直接利用清产核资前的数据（如工程决算）来采用指数法。

（3）企业账面的设备原值一般都包括运杂费、安装调试费、基础费，以及其他费用，上述费用的物价变化指数与设备价格变化指数是不同的，应分别计算。

（4）采用价格指数法时，应考虑设备从购入时至评估基准日期间同类设备由于技术进步而形成的功能性贬值。

四、机器设备评估实务（举例）

【案例】

某公司欲以公司拥有的进口机器设备等资产为其向银行抵押提供担保，故需对该进口设备的价值进行评估，评估基准日为 2000 年 11 月 30 日。评估人员根据掌握的资料，经调查分析后，决定采用成本法评估。

设备名称：图像设计系统

规格型号：STORK

设备产地：A 国××厂家

启用日期：1998 年 7 月
账面价值：11 000 000.00 元
账面净值：9 000 000.00 元

(一) 计算公式

CIF 价 = FOB 价 + 国外运输费 + 国外运输保险费

重置现价 = CIF 价 + 银行财务费 + 外贸手续费 + 海关监管手续费 + 商检费 + 国内运杂费 + 国内安装调试费

重置全价 = 重置现价 + 资金成本

评估价值 = 重置全价 × 综合成新率

(二) 重置全价的估算

(1) FOB 价为 EUR（欧元）560 000.00 元。该价格系向 A 国××厂家询得，按评估基准日汇率计算，折合 USD（美元）571 000.00 元，评估基准日美元与人民币汇率中间价为 8.278 9。

(2) 国外运输费率取 5.5%。

(3) 国外运输保险费率取 0.4%。

(4) CIF 价 = FOB 价 + 国外运输费 + 国外运输保险费
= 571 000.00 ×（1 + 5.5%）×（1 + 0.4%）× 8.278 9
= 604 814.62（元）

(5) 关税及增值税：被评估设备根据《当前国家重点鼓励发展的产业、产品和技术目录》及《中华人民共和国上海海关公告——外商投资项目不予免税的进口商品目录》规定，除设备控制系统中的微型计算机不予免关税外，其余机器设备均予免税，由于微型计算机所占金额很少，故计算中未计关税与增值税项目。

(6) 银行财务费率取 0.4%。

(7) 外贸手续费率取 1.5%。

(8) 海关监管手续费率取 0.3%。

(9) 商检费率取 0.3%。

(10) 国内运杂费率取 3%。

(11) 设备基础费：该设备不需专门建设设备基础，故略计此费用。

(12) 国内安装调试费率取 3%。

(13) 资金成本：评估基准日一年期贷款利率 5.85%，半年期贷款利率

5.58%。从合同签订至设备安装调试完毕12个月。付款方式为：首期支付CIF价的30%（计息期12个月），设备进关开始安装调试支付60%（计息期6个月），安装调试费均匀投入（计息期3个月），余款10%于调试运行后支付（计息期为零）。

（14）进口设备重置现价 = FOB价 + 国外运输费 + 国外运输保险费 + 银行财务费 + 外贸手续费 + 海关监管手续费 + 商检费 + 国内运杂费 + 安装调试费

= ［FOB价 ×（1 + 国外运输费率）×（1 + 保险费率）× 基准日外汇汇率］×（1 + 银行财务费率 + 外贸手续费率 + 海关监管手续费率 + 商检费率 + 国内运杂费率 + 安装调试费率）

= ［571 000.00 ×（1 + 5.5%）×（1 + 0.4%）× 8.2789］×（1 + 0.4% + 1.5% + 0.3% + 0.3% + 3% + 3%）

= 5 432 812.00（元）（取整）

资金成本 = CIF价 × 30% × 5.85% × 12/12 +（CIF价 × 60% + 银行财务费 + 外贸手续费 + 海关监管手续费 + 商检费 + 国内运杂费）× 5.58% × 6/12 + 安装调试费 × 5.58% × 3/12

= 604 814.62 × 30% × 5.85% × 12/12 +［604 814.62 × 60% + 604 814.62 ×（1 + 0.4% + 1.5% + 0.3% + 0.3% + 3%）］× 5.58% × 6/12 + 604 814.62 × 3% × 5.58% × 3/12

= 10 614.50 + 12 478.82 + 265.36

= 23 358.68（元）

进口设备的重置全价 = 重置现价 + 资金成本

= 5 430 892.00 + 23 358.68

= 5 454 250.68（元）

（三）综合成新率的确定

1. 确定实体性损耗率

（1）该设备经济使用寿命为16年（属印刷设备类）。

（2）已使用日历年限为3年（从1997年11月开始试车至2000年11月评估基准日）。

（3）该机调整因素系数及综合值。

原始制造质量—1.10（进口设备）

设备时间利用率—1.05（1班/日）

维护保养—1.0（正常）

修理改造—1.0（无）

故障情况—1.0（无）

运行状态—1.0（正常）

环境状况—1.05（良好）

七项调整因素系数综合值为 $1.10 \times 1.05 \times 1.0 \times 1.0 \times 1.0 \times 1.0 \times 1.05 = 1.21$

（4）已使用年限经七项因素调整后为 $3/1.21 = 2.5$ 年。

（5）实体性损耗率 $= 2.5/16 \times 100\% = 15.62\%$

2. 确定功能性损耗率

功能性损耗率从新旧工艺及相应设备的生产率（印染速度）、耗损及原材料（未加工纸）价格三项因素比较，分别对每项因素估算其功能性损耗，估算均按下列步骤进行：

（1）将被评估设备的年生产率（或损耗、原材料价格）与功能相同但性能更好的新设备的年生产率（或损耗、原材料价格）进行比较。

（2）计算二者的差异，分别确定净超额工资、净超额损耗及净超额原材料成本。

（3）估测被评估设备的剩余寿命。

（4）以适当的折现率将被评估设备在剩余寿命内每年的净超额费用折现，这些折现值之和即为被评估设备的功能性损耗（贬值），计算公式如下：

被评估资产功能性损耗 $= \Sigma$（被评估资产年净超额成本 $\times$ 折现系数）

被评估设备功能性损耗具体测算如下：

（1）根据委托方提供的资料。

已知：①被评估设备生产率（印染速度）为30m/s，新设备为90m/s；

②被评估设备损耗为30%，新设备为10%；

③被评估设备使用原材料加工纸的价格为 3 000USD/T，新设备为 2 000USD/T；

④月均印染产量（自经销、代加工、卖模纸）共计51 600m；

⑤印染模纸 1 000m/T；

⑥设备剩余年限13.5 年；

⑦所得税33%；

⑧评估基准日美元与人民币的汇率中间价 8.2789；
⑨折现率取 7%。

（2）功能性损耗测算。

生产率（印染速度）因素影响值。

①旧设备月工资额：

经销 11 000m 单位工资 1.11 元/m，月工资额 12 210（元）

代加工 17 800m 单位工资 0.28 元/m，月工资额 4 984（元）

卖花纸 22 800m 单位工资 0.31 元/m，月工资额 7 068（元）

旧设备月工资 Σ = 24 262（元）

②新设备印染速度 90m/s，旧设备为 30m/s，新设备月工资成本为：

经销 1.11×1/3＝0.370.37×11 000＝4 070（元）

代加工 0.28×1/3＝0.093

0.093×17 800＝1 655（元）

卖花纸 0.31×1/3＝0.103

0.103×22 800＝2 348（元）

新设备月工资 Σ = 8 073（元）

③月差异额：24 262－8 073＝16 189（元）

④年工资成本超支额：16 189×12＝194 268（元）

⑤减所得税（33%）：194 268×33%＝64 108（元）

⑥扣除所得税后年净超额工资：194 268－64 108＝130 160（元）

⑦资产剩余使用年限：13.5 年

⑧折现率取 7%：13.5 年年金折现系数 8.554 7

⑨功能性损耗额：130 160×8.554 7＝1 113 480（元）

（3）按上述步骤测算，得出：

①因第一项因素（生产率）得出的功能性损耗为 1 113 480 元；

同理，按新旧设备损耗率和使用纸的成本不同，计算出第二、第三项因素的损耗；

②因第二项因素（损耗）得出的功能性损耗为 1 113 685 元；

③因第三项因素（原材料）得出的功能性损耗为 2 938 205 元；

④上述三因素之和为 5 165 370 元。

功能性损耗率＝功能性损耗/重置价格×100%

=5 165 370/20 995 772×100%

=24.60%

3. 确定综合成新率

（1）经济性损耗率＝0%

（2）综合损耗率＝实体性损耗率＋功能性损耗率＋经济性损耗率

=15.62% +24.60% +0% =40%（取整）

（3）综合成新率＝1－综合损耗率＝1－40% ＝60%

（四）评估价值的确定

评估价值＝重置全价×综合成新率

=5 454 250.68 ×60%

=3 272 550（元）（取整）

【案例点评】

（1）该案例是进口机器设备评估的案例。在计算重置全价时，资金成本的计算值得关注。资金成本的计算关键要确定两个因素：①资金量的大小和投入时间的长短；②资金的单位使用成本。前者根据实际情况来确定，后者就要具体分析资金的平均投资收益率，通常用银行的存贷款利率来计算。本案例即根据资金投入时间的长短，分别选用了银行一年期贷款利率和半年期贷款利率来计算资金成本。

（2）确定设备实体性损耗率常用的方法有：使用年限法、观察法和修复费用法。修复费用法的使用有一定的条件，其他两种方法的适用范围更大。本案例采用的是进行因素调整后的使用年限法，是使用年限法和观察法在一定层面上的结合。

（3）功能性损耗是由技术进步引起的。通过将被评估设备与功能相同、但性能更好的新设备进行比较，分析二者在运营上的差异并量化，即可得到被评估设备的功能性损耗。在这个过程中，差异分析是很关键的一步。本案例中新旧设备的差异主要是人工成本的差异，在得到人工成本年超支额后，还应扣除所得税。因为人工成本超支将会增加被评估设备的运营成本，降低被评估设备的运营收益，从而减少应计的所得税。在评估中确定的差异应是设备之间的净差异，因此要扣除所得税的影响。

（4）根据有关部门的规定，自2005年2月起取消海关监管手续费，因此在今后的进口机器设备评估中将不再涉及海关监管手续费。

　　但若企业以是海关监管期内的减免税设备作为贷款抵押的,则应事先向主管海关提出申请,经主管海关核准后,方可办理抵押手续。而且,一旦需将海关核准的抵押设备作为偿还贷款处置时,企业应及时向主管海关报告,并按有关规定补缴进口关税,之后凭海关签发的企业办结海关手续通知书办理有关手续。

第八章
交通运输设备评估方法与实务

 了 解

汽车、船舶、飞机的分类、组成、主要技术性能指标和使用寿命；船舶、飞机的评估案例。

掌 握

汽车的评估方法与案例；船舶、飞机的评估方法；汽车、船舶、飞机的资料搜集、现场调查，外部评估报告审查要点和抵押主要风险点。

第一节 概 述

交通运输设备是指能够实现旅客和货物在空间移动的专用载体。常用于银行抵押的交通运输设备主要包括车辆、船舶、飞机。

一、车辆

车辆包括机动车和非机动车。在抵押评估中常见的是机动车中的汽车。
汽车的主要性能包括动力性、燃油经济性、制动性、操纵稳定性等。
1. 汽车的动力性

汽车的动力性通常可用汽车的最高车速、汽车的加速能力、汽车的爬坡能力三个指标来评定。汽车的最高车速是指在平直良好的路面上汽车所能达到的最高行驶速度；汽车的加速能力是指汽车在行驶中迅速增加行驶速度的能力；

汽车的爬坡能力是指汽车满载时在良好的路面上以最低前进挡所能爬行的最大坡度。

2. 汽车的燃油经济性

汽车的燃油经济性是指汽车在一定的使用条件下，以最小的燃油消耗量完成单位运输工作的能力，常用一定运行工况下汽车行驶100km的燃油消耗量或一定燃油量能使汽车行驶的里程来衡量。

3. 汽车的制动性

汽车的制动性能直接关系着汽车的行车安全。汽车的制动性能最基本的评价指标是汽车的制动效能，即汽车迅速降低行驶速度直至停车的能力。它是由一定初速度下的制动距离、制动减速度和制动时间来评定的。

4. 汽车的操纵稳定性

汽车的操纵稳定性包含着互相联系的两部分内容，即操纵性和稳定性。操纵性是指汽车能够及时而准确地执行驾驶员的转向指令的能力；稳定性是指汽车受到外界扰动（路面扰动或阵风扰动）后，能自行尽快地恢复正常行驶状态和方向，而不发生失控，以及抵抗倾覆、侧滑的能力。

二、船舶

船舶用于运载旅客和货物以及从事其他水上活动，是实现水运过程不可缺少的交通运输设备。

（一）银行抵押评估中常见的船舶类型

以下简要介绍抵押评估中较常见的散货船、集装箱船、油船方面的知识。

1. 散货船

散货船是专门用来装运煤、矿砂、盐、谷物、化肥、钢材等散装大宗货物的船舶。

散货船一般按载重吨位进行分类。载重吨位（Dead Weight Tonnage，缩写为D.W.T.）表示船舶在营运中能够使用的载重能力。载重吨位可分为总载重吨和净载重吨。总载重吨（Gross Dead Weight Tonnage）是指船舶根据载重线标记规定所能装载的最大限度的重量，它包括船舶所载运的货物、船上所需的燃料、淡水和其他储备物料重量的总和。净载重吨（Dead Weight Cargo Tonnage，缩写为D.W.C.T.）是指船舶所能装运货物的最大限度重量，即从船舶的总载重量中减去船舶航行期间需要储备的燃料、淡水及其他储备物品的重量所得的差数。

船舶载重吨位可用于对货物的统计，作为期租船月租金计算的依据，表示船舶的载运能力，也可用作新船造价及旧船售价的计算单位。

按载重吨位划分，散货船可分为好望角型（总载重吨10万吨以上，以运输铁矿石为主）、巴拿马型（总载重吨6万~10万吨，在满载情况下可以通过巴拿马运河）、大灵便型（总载重吨4万~6万吨）、小灵便型（总载重吨2万~4万吨，具有较强的对航道、运河及港口的适应能力）和大湖型（船舶总长和型宽适应于航行在美国、加拿大交界的五大湖区）。

2. 集装箱船

集装箱船是用来专门装运规格统一的标准货箱的船舶。根据国际标准化组织（ISO）公布的统一规格，集装箱一般分为20ft和40ft两种。20ft集装箱被定义为统一标准箱（Twenty-foot E-quivalent Unit，简称TEU）。

集装箱船的特点是船形尖瘦，航速高，舱口尺寸大，便于装卸。

集装箱船最早出现于1957年，之后得到迅速发展，至上世纪70年代已成熟定型。集装箱船从第一代已发展至第七代，装载量已从最早的700TEU提高到第七代的10 000TEU以上。

3. 油船

油船又称油轮，是专门运载石油类液体货物的船只。油船根据运输油品种类的不同，可分为原油船和成品油轮。根据吨位大小的不同，可分为极大型油轮（ULCC，吨位在32万吨以上）、超大型油轮（VLCC，吨位介于20万~32万吨）、苏伊士型（Suezmax，吨位在12万~20万吨）、阿芙拉型（Aframax，吨位在8万~12万吨）、巴拿马型（Panamax，吨位在5.5万~8万吨）和灵便型（Handy，吨位小于5.5万吨）。

（二）船舶的一般组成与基本构造

船舶必须有足够的强度、良好的航行性能和完善的设备与装置。一般运输船舶由船体、上层建筑、动力装置、船舶设备等组成。

船体是指主甲板以下的部分，是一个直接承受静水压力、浮力、波压力、冲击力、货载及本身重量等各种外力的空间结构，在此空间内形成船舶的各个舱室。

上层建筑是指主甲板以上，由一舷伸至另一舷的围壁建筑物，主要作为驾驶室、工作室、船员和旅客的住室和生活用舱室或安装船舶上某些设备之用。

船舶动力装置是保证船舶推进及其他需要提供各种能源的全部动力设备的总称。推进装置是船舶动力装置的主要部分，包括主机（主要发动机）和推进器。船舶的行驶是由船舶主机带动推进器来进行的。常用的主机有内燃机、汽轮机与蒸汽机3种。船舶推进器目前广泛采用螺旋推进器，安装在船尾部舵的前面，固定在推进器轴末端。推进器轴与发动机轴连接。主机带动推进器旋转，推动船舶前进与后退。

船舶设备是指船舶配备的舵、锚、系缆、起货和救生设备。舵设备是控制船舶航行方向的装置；锚设备是帮助船舶操纵和停泊的装置；系缆设备用来将船舶系在码头的系船柱上或其他所需要的位置的装置；起货设备是船上用来装卸货物的机械，普通货船一般为吊货杆或起重机，油船上则设油泵；船舶救生设备包括救生艇、救生筏、救生浮具、救生圈和救生衣等。

三、飞机

飞机是由固定翼产生升力，由推进装置产生动力，在大气层中飞行的重于空气的航空器。

（一）飞机的基本构造

飞机主要由机翼、机身、动力装置、起落装置、操纵系统等部件组成。

1. 机翼

机翼是为飞机飞行提供升力的部件。机翼受力构件包括内部骨架、外部蒙皮以及与机身连接的接头。机翼要求有足够的强度、刚度和抗疲劳能力来抵抗各种外力和变形。现代飞机的外部蒙皮往往采用钛合金或不锈钢制成。由于空气动力学的差异，高速飞机机翼的外形与低速飞机有较大差异，机翼形式有后掠角形、三角形和小展弦比梯形等。

2. 机身

飞机机身的主要功能是装载人员、货物、燃油、各种装备和物资。它还用于连接机翼、尾翼、起落架和其他有关构件。

机身一般呈长筒形状，前部为用作驾驶舱的机头，中部为客舱或货舱。机内设备除客机的航空座椅外，还包括增压设备、空调设备、安全救生、灭火设备等。机身后部则与尾翼相连。对于客机，客舱内要布置走道、厨房、厕所等乘客生活需要的空间与设备，并设置相应数量的舱门、窗口和检修、进货口，还要在客舱下部留出相应空间用于装载行李与货物（机腹货舱）；如是货机，则应保证装卸货物的通畅和便捷，大型货机的货舱内装有滑轨绞盘及起重装置，以便于快速起运或卸货。

3. 动力装置

飞机的动力装置是指为飞机飞行提供动力的系统，它提供飞机向前运动的推力，为飞机升空提供必要的速度。动力装置包括发动机、螺旋桨、动力辅助装置等，其中最重要的是发动机。目前大型民航运输飞机上使用的发动机均为涡轮风扇喷气发动机。

飞机发动机的构造复杂，制造技术精密，往往需要专门的制造厂家来生产，目前国际上仅有少数国家的制造商有能力生产。

常见的涡轮喷气发动机的构造通常包括进气道、压气机、燃烧室、涡轮、尾喷管五部分，更高速度的飞机上还安装了加力燃烧室。

（1）进气道：外形像一个圆管，包括整流罩、支柱和防冰装置，其功能是整理进入发动机的空气，在飞行时利用冲入的空气进行压缩。

（2）压气机：包括位于前部高速旋转以使空气向后流动的工作叶轮和引导空气以适当角度进入下一级的静止叶片两部分。其作用是将进入发动机的空气加以压缩以增加气流的压强，为燃烧创造有利条件。

（3）燃烧室：供燃油和空气燃烧以产生燃气冲击涡轮旋转的部件。燃烧室内燃气温度约为900℃，燃烧中心区温度约达2 000℃。

（4）涡轮：由静止的导向叶片和转动的工作叶轮组成，功能是在高温高压燃气的驱动下高速旋转，同时由于涡轮与压气机和部分附件装在同一轴上，因而也驱动压气机旋转，从而反复压缩吸入的空气。

（5）尾喷管：包括整流锥、整流支板。燃气在尾喷管中膨胀加速，通过喷口高速喷出，产生反作用推力，驱动飞机前进。

（6）加力燃烧室：用于部分高速飞机或军用飞机的发动机上，使燃气在喷出前再增加燃油燃烧，以提高燃气的喷速和喷出量，从而增大发动机的推力。

除上述装置外，喷气发动机还包括一些附件系统，如液压泵和真空泵等。

4. 起落装置与操纵系统

飞机起落装置的功能是使飞机能在地面或水面上平顺地起飞、着陆、滑行和停放；吸收着陆撞击的能量以改善起落性能。陆上飞机起落装置包括起落架与改善起落性能的装置两部分；起落架的作用是使飞机在地面起落、滑行、停放。改善起落性能的装置则包括增举装置、起飞加速器、机轮刹车和阻力伞或减速伞等。

飞机的操纵系统主要实现对升降舵、方向舵、副翼、增举装置和水平安定面等的操纵。

(二) 飞机的性能技术指标

1. 飞机重量

飞机重量是飞机飞行的重要技术指标,它控制着跑道的长度。飞机重量由基本重量、商务载重、航段燃油及备用燃油四个变量组成。基本重量是指机组人员及为飞行所需的全部必要装备的重量,但不包括商务载重和燃油。商务载重指运输机有收益的运载能力,包括旅客及其行李、邮件、快件和货物。燃油是飞机重量的重要组成部分。航程越长,基本重量所占比例越小,燃油所占比例越大。

2. 飞行速度

飞行速度是飞机最重要的飞行性能之一。飞行速度一般指最大平飞速度和巡航速度。最大平飞速度是指飞机在水平直线飞行时,在一定的飞行距离内将发动机达到最大推力状态下,飞机所能达到的最大飞行速度。它是一架飞机能飞多快的指标。飞机以最大平飞速度飞行并不能持续很久,否则将造成发动机损坏。巡航速度是指发动机每公里消耗燃油量最小情况下的飞行速度。飞机以巡航速度飞行最为经济,航程最远,因而是飞机长途飞行时采用的速度。

第二节 交通运输设备主要评估方法

如前所述,资产评估共有三大基本方法:市场法、成本法、收益法。在交通运输设备的评估中,一般常采用市场法和成本法。收益法由于须对单个交通运输设备的收入、成本及部分管理费用进行科学、准确的计量,而实践中往往由于条件所限,难以对上述数据进行明确核算,故收益法的应用受到一定限制。

一、汽车的评估方法

汽车的评估方法主要有成本法、市场法两种。

（一）成本法

成本法又称重置成本法，是指以评估基准日的当前条件下重新购置一辆全新状态的被评估车辆所需的全部成本（完全重置成本，或称重置全价），减去该评估车辆的各种贬值后的差额作为被评估车辆评估价格的方法。

1. 评估公式

评估值 = 重置成本 − 实体性贬值 − 功能性贬值 − 经济性贬值

评估值 = 重置成本 × 成新率

2. 参数的确定

（1）重置成本。

重置成本是指购买一辆全新的与被评估车辆相同或具有同等效用的车辆所支付的最低金额。一般情况下，在进行重置成本计算时，应选用更新重置成本。

车辆的重置成本为车辆购置价、购置税与牌照费之和：

车辆重置成本 = 购置价 + 购置税 + 牌照费

车辆的购置价按评估基准日当地车辆交易市场新车交易价确定。

购置税 = （购置价/1.17）× 10%

牌照费按各地标准计取。

（2）实体性贬值、功能性贬值、经济性贬值。

实体性贬值、功能性贬值、经济性贬值的概念同前述。在评估时应注意不应忽视对功能性贬值与经济性贬值的估算。尤其是旧机动车评估中，功能性贬值与经济性贬值占有相当大的比重。

（3）成新率。

车辆成新率一般以车辆行驶里程、使用年限两种方法根据孰低原则确定成新率，然后结合现场勘察情况进行调整。

车辆的理论成新率计算依据分为年限成新率和里程成新率两部分：

年限成新率 = （允许使用年限 − 已使用年限）/允许使用年限

里程成新率 = （允许行驶里程 − 已行驶里程）/允许行驶里程

【例1】一辆2009年8月购买的2009款华晨宝马318i（领先型）家用轿车，购买价格为298 000元，车辆购置税为25 470元，牌照手续费450元，生产厂家为位于辽宁省沈阳市的华晨宝马汽车有限公司，初次登记日为2009年9月1日。现拟将该车辆抵押给银行，评估基准日为2011年7月1日。经核对相关证件（照）齐全，现场查勘其外观较好，请专业人员试驾后表明发动机、操控、制动性能均良好（见表 8-1）。车辆概况：至评估基准日已行驶里程 48 600 千米，汽车总质量 1 485 千克，座位数 5 个，外形尺寸（长×宽×高 单位 mm）：4 531×1 817×1 421，变速器为 6 速手自一体，最大功率 136/5 750（kW/rpm），最大扭矩 180/3 250（Nm/rpm），百公里综合油耗 8.6L，最高车速 218km/h。经了解，2009 款该车型现已停产，与之相当的 2011 款宝马 318i 领先型的现市场售价为 254 000 元，购置税为 21 709 元，牌照手续费 400 元。试评估该车辆现时价值（假定该车允许使用年限 15 年，允许行驶里程 50 万公里）。

表 8-1 车况现场评测表

静态检查	整车漆面质量上乘，前保险杠表面有碰蹭痕迹，整体外观较好。汽车内部装饰清洁整齐，座椅皮面保养较好，电器部件工作良好。发动机舱内布置整齐，但有少量尘土
动态检查	汽车启动正常，发动机运转平稳，空调制冷效果良好。正常行驶时悬架平稳，无抖动、异响；提速、滑行效果良好，乘坐舒适；制动力一般，但紧急制动时制动距离尚能符合要求
综合评定	车况较好

解：根据已知条件，选用成本法进行评估。

1. 重置全价的确定

该车辆重置全价 = 评估基准日车辆购置价 + 购置税 + 牌照手续费
= 254 000 + 21 709 + 400 = 276 109（元）

取整为 276 000 元。

2. 成新率的确定

采用综合成新率。

（1）理论成新率的确定。

①年限成新率：根据有关规定，该车允许使用年限 15 年，至评估基准日已使用 1.83 年，则年限成新率为：

$$(15-1.83)/15 \times 100\% = 87.8\%$$

②里程成新率：该车规定行驶里程为 50 万公里，至评估基准日已行驶 48 600公里，则行驶里程法成新率为：

$$(50-4.86)/50 \times 100\% = 90.3\%$$

根据年限成新率与里程成新率孰低原则，理论成新率取 87.8%。

(2) 根据现场勘察情况调整。

经评估人员与专业技术人员对车辆勘察、试驾后认为车况较好，成新率可适当提高 1%~2%。从谨慎性原则出发，比理论成新率提高 1%，即综合成新率取 88.8%，取整为 89%。

(3) 该车辆评估值的确定。

$$评估值 = 重置全价 \times 综合成新率$$
$$= 276\,000 \times 89\%$$
$$= 245\,640（元）$$

取整为 246 000 元。

(二) 市场法

市场法又称现行市价法、市场价格比较法或销售对比法，是指通过市场调查，选择几宗与待评估车辆相同或类似的车辆作为参照车辆，比较待评估车辆与参照车辆的异同，并将参照车辆市场价格进行调整，从而确定被评估车辆价值的一种方法。市场法是最直接、最简单的一种评估方法，也是汽车价格评估常用的方法之一。

1. 市场法的计算方法

运用市场法确定单台车辆价值通常采用直接法和类比法。

(1) 直接法。

直接法是指在市场上能找到与被评估车辆完全相同的车辆的现行市价，并按其价格直接作为待估车辆的评估价格的一种方法。所谓完全相同是指车辆型号、使用条件和技术状况相同，生产和交易时间相近。评估公式为：

$$P = P'$$

式中，P——评估值；

P'——参照车辆的市场价格。

实践中要找到这样的参照车辆是比较困难的。一般常用以下的类比法。

(2) 类比法。

类比法是指评估车辆时，在公开市场上找不到与之完全相同但能找到与之相类似的车辆时，以此为参照车辆，并根据车辆技术状况和交易条件的差异对价格作出相应调整，进而确定被评估车辆价格的评估方法。其基本计算公式为：

$$P = P' - K$$

式中，P——评估值；

P'——参照车辆的市场价格；

K——差异调整系数。

运用类比法评估应按以下步骤进行：

①搜集大量交易实例。交易实例应包括：车辆型号、制造厂家、使用性质、使用年限、行驶里程、实际技术状况、车辆所处地理位置、成交数量、成交价格、成交日期和付款方式等。

②选取参照实例。根据被评估车辆状况和评估目的，从所搜集的交易实例中选取三个以上的参照车辆实例。参照实例应符合下列要求：

a. 与被评估车辆属于同一型号或类似型号；

b. 成交日期与评估时点相近，不宜超过三个月；

c. 成交价格为正常价格或可修正为正常价格。

③进行交易情况修正。应排除交易行为中的特殊因素所造成的参照实例成交价格偏差，将参照实例的成交价格调整为正常价格。

有下列情形之一的交易实例不宜直接选为参照实例：

a. 有利害关系人之间的交易；

b. 急于出售或购买情况下的交易；

c. 受债权债务关系影响的交易；

d. 交易双方或一方对市场行情缺乏了解的交易；

e. 交易双方或一方有特殊偏好的交易；

f. 交易税费非正常负担的交易；

g. 其他非正常的交易。

若可供选择的交易实例较少，确需选用上述情形的交易实例时，则应对其进行交易情况修正。

④进行交易日期修正。应将参照实例在其成交日期的价格调整为评估时点的价格。交易日期修正宜采用类似车型的价格变动率或指数进行调整。在无类似车型的价格变动率或指数的情况下，可根据当地汽车价格的变动情况和趋势作出判断并调整。

⑤进行区域因素修正。应将参照实例在其他区域市场的价格修正为被评估车辆所在地区的区域价格。

⑥进行个别因素修正。应将参照实例与被评估车辆的个别因素逐项进行比较,找出由于个别因素优劣所造成的价格差异,并进行修正。

交易情况、交易日期、区域因素和个别因素的修正可采用百分率法、差异法或回归分析法。每项修正对参照实例成交价格的调整不得超过10%,综合修正不得超过20%。选取的多个参照实例的价格在经过上述各项修正后,应根据具体情况采用简单算术平均法、加权平均法或中位数法等方法得出最终结果作为评估值。

【例2】某评估人员在用现行市价法对某捷达轿车进行价值评估时,收集了3辆参照车辆的技术经济参数。被评估车辆及参照车辆的技术经济参数如表8-2所示。

表8-2 被评估车辆与参照车辆的有关技术经济参数

序号	技术经济参数	参照车辆1	参照车辆2	参照车辆3	被评估车辆
1	车辆型号	捷达FV7160CL	捷达FV7160CIX	捷达FV7160CIX	捷达FV7160GIX
2	发动机类型	化油器式两气门	电喷式两气门	电喷式两气门	电喷式五气门
3	销售条件	公开市场	公开市场	公开市场	公开市场
4	交易时间	2003.12	2004.6	2004.8	2005.6
5	使用年限	15年	15年	15年	15年
6	初次登记时间	1998.6	1998.6	1998.3	1998.12
7	已使用时间	5年6个月	6年	6年5个月	6年6个月
8	成新率	53%	48%	46%	55%
9	交易数量	1	1	1	1
10	付款方式	现款	现款	现款	现款
11	地点	北京	北京	北京	北京
12	物价指数	1	1.03	1.04	1.05
13	价格(元)	50 000	55 000	54 000	待估

解：1. 以参照车辆1为参照车辆作各项差异量化和调整

（1）结构性能差异量化及调整。

参照车辆1车身为老式车身，被评估车辆为新式车身，评估基准日该项价格差异为8 000元；参照车辆1发动机为化油器式两气门发动机，被评估汽车发动机为电喷式五气门发动机，评估基准日该项结构价格差异为6 000元。该项量化调整值为：

$$(8\,000 + 6\,000) \times 55\% = 7\,700（元）$$

（2）销售时间差异量化及调整。

参照车辆1成交时的物价指数为$I_0 = 1$，被评估车辆评估时物价指数为$I_3 = 1.05$，该项物价指数调整值为：

$$I = I_3 / I_0 = 1.05/1 = 1.05$$

（3）新旧程度差异量化及调整。

该项调整值为：

$$50\,000 \times (55\% - 53\%) = 1\,000（元）$$

（4）销售数量与付款方式无差异，不用量化和调整。

（5）计算以参照车辆1为参照车辆时，被评估车辆的评估值P_1为：

$$P_1 = (50\,000 + 7\,700 + 1\,000) \times 1.05 = 61\,635（元）$$

2. 以参照车辆2为参照车辆作各项差异量化和调整

（1）结构性能差异量化及调整。

参照车辆2发动机为电喷两气门发动机，被评估汽车发动机为电喷式五气门发动机，评估基准日该项结构价格差异为3 000元。该项量化调整值为：

$$3\,000 \times 55\% = 1\,650（元）$$

（2）销售时间差异量化及调整。

参照车辆2成交时的物价指数为$I_1 = 1.03$，被评估车辆评估时物价指数为$I_3 = 1.05$，该项物价指数调整值为：

$$I = I_3 / I_1 = 1.05/1.03 = 1.02$$

（3）新旧程度差异量化及调整。

该项调整值为：

$$55\,000 \times (55\% - 48\%) = 3\,850（元）$$

（4）销售数量与付款方式无差异，不用量化和调整。

（5）计算以参照车辆2为参照车辆时，被评估车辆的评估值P_2为：

$$P_2 = (55\,000 + 1\,650 + 3\,850) \times 1.02 = 61\,710\ (元)$$

3. 以参照车辆3为参照车辆作各项差异量化和调整

（1）结构性能差异量化及调整。

参照车辆3发动机为电喷两气门发动机，被评估汽车发动机为电喷式五气门发动机，评估基准日该项结构价格差异为3 000元。该项量化调整值为：

$$3\,000 \times 55\% = 1\,650\ (元)$$

（2）销售时间差异量化及调整。

参照车辆3成交时的物价指数为$I_2 = 1.04$，被评估车辆评估时物价指数为$I_3 = 1.05$，该项物价指数调整值为：

$$I = I_3/I_2 = 1.05/1.04 = 1.01$$

（3）新旧程度差异量化及调整。

该项调整值为：

$$54\,000 \times (55\% - 46\%) = 4\,860\ (元)$$

（4）销售数量与付款方式无差异，不用量化和调整。

（5）计算以参照车辆3为参照车辆时，被评估车辆的评估值P_3为：

$$P_3 = (54\,000 + 1\,650 + 4\,860) \times 1.01 = 61\,115\ (元)$$

4. 计算被评估车辆的评估值

由于三辆参照车辆与被评估车辆的交易地点相同，且成新率、已使用年限、交易时间等参数均比较接近，故可采用算术平均法计算被评估车辆的评估值P，即

$$P = (P_1 + P_2 + P_3)/3 = (61\,635 + 61\,710 + 61\,115)/3 = 61\,487\ (元)$$

取整为61 500元。

二、船舶的评估方法

船舶的评估方法主要有成本法、市场法两种。

在船舶资产持续利用的假设下，可以根据实际情况选取成本法、收益法和市场法。收益法须对单船核算的收入、成本及部分管理费用进行科学、准确的计量，评估实践中，由于条件限制往往很难准确得出这些数据，且航运市场包括货源、运价等又处于不断变化中，所以收益法的应用受到一定的限制。

（一）成本法

1. 评估公式

评估值 = 重置成本 × 成新率

2. 参数的确定

（1）重置成本的确定。

船舶的重置成本是指在现时条件下，重新购置、建造或形成与该船舶完全相同或基本相似的全新状态下的船舶所需花费的全部费用。被评估船舶中既有国外建造的又有国内建造的，考虑到计算船舶重置成本的可行性和准确性，在确定船舶重置成本时，一般区分国外建造的船舶和国内建造的船舶两大类分别计算。

①国外建造船舶的重置成本。国外建造的船舶，特别是购置的二手船舶，由于船舶原始资料缺乏，以及国外造船厂有关船舶建造成本资料难以收集，因此在确定船舶重置成本时采用市场询价法。首先通过造船市场询价，选择被评估船舶相同类型、主要技术参数相似的若干艘近期建造的船舶作为参照物。然后通过被评估船舶与每个参照物的分析比较，确定建造国家、交易时间、吨位、交易条件的船舶价格调整系数，最后将若干个参照物计算出的评估船舶的价格进行算术平均，确定被评估船舶的重置成本。

其计算公式为：

$$P = \sum_{i=1}^{t} (Q_i \times n_{1i} \times n_{2i} \times n_{3i} \times n_{4i}) / t$$

式中，P——被评估船舶的重置成本；

Q_i——第 i 个参照物的交易价格；

n_{1i}——第 i 个参照物的吨位调整系数；

n_{2i}——第 i 个参照物的建造国调整系数；

n_{3i}——第 i 个参照物的交易时间调整系数；

n_{4i}——第 i 个参照物的交易条件调整系数；

t——参照物个数。

a. 吨位调整系数 n_{1i}。吨位调整系数是指船舶吨位的大小对船舶交易价格的影响，按单位载重吨船价变化幅度计算。对于不同种类、不同吨位的船舶单位载重吨船价变化幅度是不同的。吨位调整系数公式为：

$$n_{1i} = 1 + (W_0 - W_i) \times m_i / Q_i$$

式中，W_0——被评估船舶载重量；

W_i——参照物船舶载重量；

m_i——单位载重吨船价变化幅度（RMB/载重吨）；

Q_i——参照物船舶价格。

b. 建造国调整系数。造船市场是一个国际化的市场，竞争十分激烈，为扶持本国造船行业，各国政府对造船企业给予各种优惠政策，故各国的物价和工资水平有很大差异，而船舶价格差距并不大，但船舶制造水平有一定差距。

c. 时间调整系数。国际船价不仅与造船厂的成本、利润等各项因素有关，很大程度上也与此类船舶在某个时间段的供求关系有关。

d. 交易条件。交易条件主要包括船舶建造艘数、其他附加条件等。由于建造船舶数的增加使船舶建造成本降低，单船建造价格下降。在选取参照物时，如果参照物为 2 艘以上船舶的交易价格时，交易调整系数取 1.05~1.1。

②国产船舶的重置成本。

重置成本 = 船舶造价 + 资金成本

国产船舶的购置价一般采取向生产厂家询价确定。当询价困难时，可采用以下方法。

我国船舶造价根据 1998 年中国船舶工业总公司编制的《简明船舶估价办法》船舶造价由下列各部分组成：

$$C = (C_1 + C_2 + C_3 + C_4 + C_5 + C_6) \times K$$

式中，C——船舶造价；

C_1——材料费；

C_2——设备费；

C_3——人工劳务费；

C_4——生产专项费；

C_5——造船利润；

C_6——造船税金；

K——商情系数。

a. 材料费，主要有钢材（板钢、型钢、管钢）、铜材、铝材、木材、焊料、电缆、铸件辅料等。船舶材料费的计算公式为：

$$P = \sum (P_n \times U_n) \times (1 + r)$$

式中，P——全船材料费；

P_n——各主要材料消耗量；

U_n——各主要材料单价；

r——其他材料费占主要材料费用的百分比。

b. 设备费，包括轮机设备、舾装设备、电气设备等，通过市场询价，考虑设备的运输、安装等其他费用。

c. 人工劳务费。

计算公式＝总工时×工时单价

总工时的计算公式为：

$$H = D \times k \times a$$

式中，H——全船总工时消耗（h）；

D——全船满载排水量（t）；

k——工时船型系数（h/t）；

a——船厂生产效率系数。

d. 生产专项费用，包括生产管理费、设计图纸费、船检入级费、船台费、下水费、试航交验费及不可预见费等，按材料费、设备费、人工劳务费之和为基础取一定的比例计算。

e. 造船利润，为造船厂应获取的利润。

f. 造船税金，为造船厂应负担的各种税金。

g. 商情系数，表示船舶市场的供求关系的系数。受世界经济和航运市场波动的影响，船舶的价格是不断波动的，不同的船型、不同用途船舶的商情系数各不相同，商情系数K的变化区间一般为0.8~1.4。商情系数主要通过对被评估船舶市场调查，分析比较确定。

（2）成新率的确定。成新率反映被评估船舶的现行价值与其全新状态重置成本的比率。

成新率的确定主要从两个方面考虑。首先参考船舶的设计使用年限，结合船舶的经济使用寿命，确定船舶的已使用年限和尚可使用年限，得出船舶的基础成新率；再根据现场实地勘察，结合维护、修理、改造情况及船舶实际使用状况对基础成新率进行修正得出船舶的成新率，用公式表示为：

成新率＝基础成新率＋修正值

①基础成新率。根据船舶设计使用年限，综合考虑设计使用年限、经济使用寿命和技术进步等因素，确定船舶的尚可使用年限，计算基础成新率，用公

式表示为：

$$基础成新率 = 尚可使用年限 / （已使用年限 + 尚可使用年限）$$

②修正值的确定。评估人员在现场勘察的基础上，结合船舶的维护、修理、改造情况及运行记录，船体部分主要根据船体检验报告、有无碰撞变形、船体锈蚀情况确定船体的修正值，设备部分主要根据轮机、舾装、电气等设备的磨损状况、是否有更新改造、运行时间及实物状况确定各项设备的修正值，综合船体和设备的各项修正值后，即可得到成新率的修正值。

3. 评估注意事项

（1）评估人员要对船舶的历史资料、主要技术参数、设备性能、适航证书、船舶检验、轮机入级证书、吨位证书、近期船舶设备检验报告以及营运维修等有关资料进行验证核实。

（2）在对船舶设备进行现场调查时，应对船体、轮机、舾装、电气四部分分别进行调查，每一部分的状态可分"好""一般""较差"三类。

船体部分，按最近一次船体检查报告，如无碰撞变形，水下部分极少船体锈蚀，则为"好"；如船体为微量碰撞，船体基本无变形，船体水下部分锈蚀一般则为"一般"；如船体碰撞较严重，船体有较大变形，水下部分锈蚀较严重时，则为"较差"。

轮机部分（主要为柴油机、锅炉、空压机等），按柴油机、锅炉、空压机在最近一次船检报告结果，如柴油机、锅炉及空压机状况均良好，应评为"好"；如柴油机状况一般，锅炉及空压机较差，则可评为"一般"；如柴油机、锅炉及空压机情况均较差（存在较严重的问题）时，则可评为"较差"。

舾装部分（主要为锚机、舵机、起货机、救生、消防、制冷设备等），按此类设备最近一次船检报告结果，分为"好""一般""较差"，其中评为较差时往往存在较严重的问题。

电气部分（主要是电源、配电、控制、照明及通信导航系统等），按此类设备最近一次船检报告结果，分为"好""一般""较差"，其中评为较差时往往存在较严重的问题。

当评为"好"时，应对按使用年限法评出的"理论成新率"增加成新率2%~4%（根据"好"的程度，在此范围内取值）。

当评为"一般"时，对"理论成新率"不作调整。

当评为"较差"时，应对按使用年限法评出的"理论成新率"减少成新率2%~4%（根据"差"的程度，在此范围内取值）。

（3）当被评估船舶受国际、国内市场经济的影响，船舶利用率下降、闲置、收益减少时，应适当考虑船舶的经济性贬值。

成本法例题：见本章第三节的"案例一、船舶评估（成本法）"。

4. 市场法

采用市场法选取案例时要注意船舶资产的船型、载重吨位、使用年限、交易时间、交易条件、建造国等主要参数的类比调整，当船舶交易市场可参照的相同类型船舶相对较多时，可采用此法。

采用市场法评估船舶时，首先应选择三艘以上与被评估船舶类型相同、主要技术参数与技术状况相似、使用年限相近并在近期交易的二手船作为参照物，然后通过被评估船舶与每个参照物的对比分析，对影响市场价格的载重量（运输能力）、技术状况、交易条件、使用时间、市场环境等因素进行调整，最后考虑取得该船应支付的关税、增值税等其他费用，确定被评估船舶的评估值。

$$船舶评估值 = 船舶的市场价值 + 关税（仅对进口船舶适用）+ 增值税 + 其他费用$$

市场法例题：见本章第三节的"案例二　船舶评估（市场法）"。

三、飞机的评估方法

飞机的评估方法主要有成本法、市场法两种。

（一）评估方法与选择标准

飞行设备具有价值量大、结构形式复杂等特点，是航空运输企业的主要经营性资产。

在持续利用的假设下，可以根据实际情况选取成本法、收益法和市场法。收益现值法需对单架飞行设备核算的收入、成本及部分管理费用进行科学、准确的计量，由于条件限制较难得出这些数据，所以其应用受到较大限制；采用市场法选取案例时要注意航空器个别因素、建造国、机体检（大修）情况、使用年限、交易时间、交易条件、地域因素等主要参数的类比调整，飞行设备交易市场可参照的相同类型飞行设备相对较少，当条件许可时，可采用此法。

成本法是飞行设备评估常用的方法。

(二) 各项关键参数的确定

1. 成本法

(1) 评估公式。

飞机、发动机可以根据其价值构成的特点分成两部分考虑。

其一是受飞机结构检（发动机大修）影响大的价值构成部分，即在每次结构检（发动机大修）时通常需更换的部件，按其在评估基准日所对应的结构检（发动机大修）周期内的状态确定其成新率，即机体检（发动机大修）成新率；其二是受结构检（发动机大修）影响不大的价值构成部分，即飞机、发动机每次结构检（发动机大修）更换部件以外的部分，采用年限法、飞行小时和起落次数（热循环）加权计算的综合成新率。按上述方法，在不考虑经济性贬值因素时，评估值计算公式为：

飞机评估值 = 飞机机体（含机载设备）评估值 +
飞机在翼（或机载）发动机评估值

①飞机机体（含机载设备）评估值 =（机体重置成本 − 机体检费）× 机体综合成新率 + 机体检费 × 机体检成新率

②发动机评估值 =（发动机重置成本 − 发动机大修费）× 综合成新率 + 发动机大修费 × 发动机大修成新率

③机体重置成本 = 飞机重置成本 − 在翼发动机重置成本

(2) 参数的确定。

①飞机、发动机重置成本的确定。

重置成本 = 购置价 × 综合税费系数 K

购置价参照飞机最新购置合同，以及国际上若干航空咨询、评估机构提供的信息数据等综合分析后确定。

综合税费系数 K 按飞机吨位及国家有关规定等确定。

②综合成新率的确定。

飞机、发动机的综合成新率是反映飞机机体（含机载设备）、发动机的新旧程度，即其现实状态与全新状态的比率。采用综合成新率主要考虑了航空器及发动机运行的使用特点，综合了运用年限法估测成新率及运用利用率参数估测成新率两种途径，并偏重于利用率参数估测成新率，给于较大权重。

将按年限法确定的成新率定义为Ⅰ类有形损耗成新率（简称Ⅰ类成新率）：

航空器机体（或发动机）Ⅰ类成新率 = 尚可使用日历年数/经济使用日历年限

根据利用率参数测评确定的成新率定义为Ⅱ类有形损耗成新率（简称Ⅱ类成新率）。

对航空器机体Ⅱ类成新率取用两个指标衡量：

机体Ⅱ类成新率1 = 尚可使用飞行小时数/经济使用总飞行小时数

机体Ⅱ类成新率2 = 尚可使用飞行起落数/经济使用总起落数

故：

机体综合成新率 = K_1 × Ⅰ类成新率 + K_2 × Ⅱ类成新率1 + K_3 × Ⅱ类成新率2

一般取 $K_1 = 0.1 \sim 0.2$，$K_2 = 0.6 \sim 0.8$，$K_3 = 0.1 \sim 0.2$。具体权重 K 要根据飞机型号及其运行状况而定。

对发动机而言，Ⅱ类成新率 = 尚可使用热循环数/热循环限，由此可知：

发动机综合成新率 = K_1 × Ⅰ类成新率 + K_2 × Ⅱ类成新率

一般取 $K_1 = 0.4$，$K_2 = 0.6$。

③机体检（发动机大修）成新率的确定。对于机体：

机体检成新率 = 1 − 检后运行小时数/检后小时限

或

= 1 − 检后起落数/检后起落数限

或

= 1 − 检后累计日历时间/检后规定日历时限

上述三者根据机型维修间隔规定选定其中一种。

对于发动机：

发动机大修成新率 = 1 − 修后运行时数/修后小时限

或

= 1 − 修后热循环数/修后热循环数限

评估时按发动机具体型号的有关规定，二者中选一。

（3）评估注意事项。

①现代喷气商用飞机，包括配套的喷气发动机，从结构强度及可靠性方面而言，已无严格的使用寿命。例如波音飞机，制造商提供了最低服务目标值应不低于某数值，飞机运营商在使用飞机时主要从技术、经济以及信誉等综合角度考虑，确定飞机服务使用年限。综合波音公司、空客公司等统计分析，结合我国民航使用情况和历史经验，国内权威机构认为：大型双通道客机，平均退役年限为25年，窄体喷气客机则为23年，小型涡桨客机为20年。

一般而言，我国飞机使用到 20 年左右，飞机的运营费用，主要是飞机、发动机的维修费用的增长已经达到与运营收入均衡的一种状态。继续使用，若无特殊措施已不经济。小型飞机购置成本较低，缩短折旧年限企业可以承受，但其使用寿命与飞机折旧年限可能存在较大差异。

从评估角度看，综合飞机重置成本的分摊年限及最经济的维护使用成本区间年限以及可靠性等因素，选择了经济使用年限及经济使用飞行时限。考虑我国飞机维护使用的特点，评估飞机、发动机取 20 年作为其经济使用年限。飞机经济飞行时限数和起落数限以及发动机热循环数的限制具体取值，按具体型号及有关资料确定。

②当被评估飞机受国际、国内市场经济的影响，飞机利用率下降、闲置、收益减少时，应适当考虑飞机的经济性贬值。

飞机成本法评估案例见本章第三节的"案例三 飞机评估（成本法）"。

第三节 交通运输设备评估实务及风险分析

现代交通运输主要包括公路、铁路、水路、航空和管道五种运输方式。

《中华人民共和国担保法》第 37 条规定除不可抵押的财产外，汽车、船舶、飞机等均可作为抵押物；《中华人民共和国物权法》更是将交通运输设备、正在建造的船舶、航空器明确列入了可抵押财产范围。但交通运输设备如存在下列情况则不得接受为抵押物：①所有权、使用权不明或有争议；②依法被查封、扣押、监管或采取其他强制性措施；③属国家机关的财产；④属租用或代管、代销的财产；⑤已经折旧完或在贷款期内将折旧完的交通运输设备；⑥依法不得抵押或依法行使抵押权受到限制的其他情形。

此外，交通运输设备还存在价值确定、价值监控和贷后管理难度大，变现能力相对较弱，特别是大型船舶和航空器价值量大，潜在交易对象少，变现更为不易，须谨慎接受该类抵押物。

一、汽车评估实务及风险分析

(一) 评估调查、测算、审查与审定环节的工作要点

1. 评估调查阶段

包括基础资料收集阶段和现场查勘阶段。

(1) 基础资料收集阶段。评估调查人应当向抵押人收集汽车评估的基础资料，包括汽车买卖合同、发票、税费缴付凭证（车辆购置税、车船税等）、保险单（含金额、险种、期限）、机动车行驶证和机动车登记证等能证明权属的文件和附件。

(2) 现场查勘阶段。汽车的现场查勘建议行内的评估调查人、测算人与外部评估机构的评估师共同查勘，并应有汽车专业技术人员一道参与。

现场查勘主要进行静态检查，包括辨别真伪和外观检查。如条件许可，应进行路试检查，以全面了解被评估车辆的基本情况，并对其技术状况作出合理的判断。所谓路试检查，是指通过一定里程（20千米左右）的道路试驾检查汽车的工况，包括检查离合器、检查制动性能、检查变速器、转向操纵检查等内容。

现场查勘应查看汽车的基本情况以及技术状况。基本情况包括车辆号牌、车辆识别代号、车辆类型、载重量/座位/排量、已使用年限、累计行驶里程、车辆出厂日期等；技术状况包括车身外观（颜色、光泽、有无褪色及锈蚀、有无碰撞、车灯、保险杠等）、车内装饰（装潢程度、颜色、清洁程度、仪表座位及其他装饰等）、发动机工作状况（动力状况、有否更换部件、有否修复现象、是否有漏油现象等）、底盘（有无变形、有无异响、变速箱状况、前后桥状况、传动系统状况、转向系统状况、制动系统状况）、电器系统（电源系统是否正常、发动机点火系统是否正常、空调系统是否正常等）。

对被评估车辆进行拍照。一般要拍摄前面、侧面和后面三个方向的整体外形照，发动机舱、驾驶室、后备厢等局部位置的照片。行内调查人员应至少在一张汽车整体外形照上入景。

2. 测算、审查、审定阶段

在评估测算阶段，首先应对调查人填写的信息卡进行复核，确保信息完整无误；对中介评估机构出具的评估报告进行形式审查和技术审查；运用正确的评估方法，选取合理的评估参数，对被评估车辆价值进行初步测算；撰写评估

测算报告。

审查人在审查测算报告时,应重点审查参数确定的合理性、方法选取的恰当性、评估依据选择的合适性及风险分析的透彻性,撰写内部评估(审查)报告。

审定人在进行价值审定时,应确认评估参数与方法选取的合理性,并核实评估流程的合规性。审定人可根据同类汽车的市场实际情况及其他信息,可直接对上报车辆的评估价值进行调整,但仅限于向下调整,并需注明调整原因。

(二)汽车评估中常见问题

由于汽车特别是乘用小汽车更新换代时间越来越短,在确定被评估车辆重置成本时应以具有相似配置、相似性能指标、同等或相似效用的在产车辆的现时全部成本来确定,而不能仅依据车辆的原始取得成本。事实上,评估时确定的重置成本与原购置成本可能会存在较为显著的差异,将原购置成本直接作为重置成本可能高估车辆的价值。

当前我国的汽车产量增长迅速,而汽车交易市场也日渐成熟。新车价格比较透明、二手车买卖活跃,交易案例比较丰富,平时应注意收集车辆的交易实例,了解交易背景,做好必要的记录,为今后的评估积累可参考案例。

(三)车辆抵押风险分析

汽车属于动产,该类资产流动性强,价值变化较快,而且出险概率较高。对于车辆抵押,首先应注意车辆来历的合法性,办妥合法有效的抵押登记手续,同时,应将贷款银行作为车辆保险的第一受益人,并注意抵押车辆的贷后监控。在抵押存续期间,应及时做好价值重评,一旦发现存在风险缺口,立即采取相应保全措施,保障贷款安全。

二、船舶评估实务及风险分析

(一)评估调查、测算、审查与审定环节的工作要点

1. 评估调查阶段

包括基础资料收集阶段和现场查勘阶段。

(1)基础资料收集阶段。评估调查人应当向船舶抵押人收集船舶评估的基础资料,包括以下内容。

①被评估船舶明细表。明细表内容要求包括船舶名称、建造日期、建造厂家、启用日期、载重吨位、主机型号、功率、初始原值、账面原值、账面净值等。一般外部评估机构在进行评估准备时会搜集上述内容并在评估报告中披露。银行评估人员要对其真实性进行核实。

②产权证明文件。应收集船舶登记证书、新船建造合同或二手船购买合同、付款证明、船舶保险单等。对于经核定在海上及国际河流航行的船舶，则应收集船舶国籍证书。应审核其登记的船舶所有权人是否与本次抵押人一致。

③船舶各种证书。船舶证书是证明船舶技术状况符合有关规定的文件的通称。各项船舶证书均由国家验船机构（或政府授权的船级社）对船舶检验合格后颁发。

对于内河船舶应搜集内河船舶检验证书簿，它包括内河船舶适航证书、内河船舶吨位证书、内河船舶载重线证书以及技术文件等。

对于远洋船舶，其国籍与船籍可以不同，船舶必须在船尾悬挂所入国籍国的国旗。我国不允许中国籍的船舶加入外国船级社，但允许外国船舶加入中国船级社。各船级社对入级的船舶有法定的检验要求。远洋船舶的各种证书有船体入级证书、轮机入级证书、货船设备安全证书、货船构造安全证书、货船无线电安全证书、国际载重线证书等。

各种船舶证书均应处于有效期内，这是船舶适航的一个重要标志。

④船舶设备更新、事故及大修理资料。船舶修理分为船员自修和进厂修理。进厂修理的目的是解决船舶营运中船员无力进行的修理工程，以保证安全运转、保持船级与适航状态。厂修分为航修、计划修理与事故修理。所搜集的船舶修理资料应包括计划修理和事故修理的资料，如修理前船舶状态、主要修理项目、修理费用等。目的是调查船舶现有设备是否经过更新，是否存在功能性贬值，为船舶的成新率提供参考依据。

⑤船舶规范和船舶营运资料应尽量收集。船舶规范包括船舶所有的技术参数、建造资料、船上设备型号及台数等。一般航运企业为便于管理均对所属船舶编制了技术规范。有了编制完整、准确的船舶规范就可以通过成本核算法计算出船舶的重置全价。如没有船舶规范或内容不全，则需通过进一步查阅船舶设计资料和图纸、船舶的各种证书记载内容等了解。

船舶营运指标主要有运量、周转量、平均运距、吨船产量、营运率、载重量利用率、平均航速等。航运企业为便于考核，一般以单船为核算单位。这样单船的收入、成本资料及营运指标比较容易取得。此外对船舶共同费用的分摊原则也应了解。

（2）现场查勘阶段。船舶的现场查勘阶段包括在陆上向船舶管理人员和财务人员了解情况和上船实地查勘两个方面，建议行内的评估调查人、测算人与外部评估机构的评估师共同查勘，并应有船舶专业的工程技术人员一道参与。

向船舶管理人员了解情况应和资料收集结合起来，主要包括以下几项。

①对船舶的所有权进行核实，查验原件与复印件是否一致；

②核查船舶的建造时间和使用时间；

③核查船舶是否存在抵押；

④了解船舶的管理制度、主要航行区域、经常承运货物的类型等。

上船实地查勘主要工作有四项。

①听取船上人员对船壳、甲板、舱壁及主辅机、发电机、装载设备、系泊设备、通信导航设备技术状况的介绍并作记录，注意与已掌握的资料进行比较，对不符合之处要重点询问，并以现场查勘情况为准；

②对船壳、甲板、舱壁及主辅机、发电机、装载设备、系泊设备、通信导航设备进行实地查勘，对设备更新情况重点了解；

③查阅航行日志、轮机日志，对船舶航行区域、主机运行时间等进行了解；

④对船舶全貌、驾驶台、甲板、主机、起重设备、货舱口等重点部位进行拍照。行内调查人员应至少在一张能反映船舶全貌的照片上入景。

结合现场了解的情况和已掌握的资料，应及时填制船舶信息卡。

2. 测算、审查、审定阶段

类似前述汽车的"测算、审查、审定阶段"部分。

（二）船舶评估中常见问题

船舶评估是银行抵押品评估的难点之一，主要表现在以下四方面。

（1）船舶价值量大，类型用途多样，结构复杂，设备种类多，一般的资产评估人员很难全面掌握，在评估过程中需要聘请经验丰富的船舶工程师参与现场查勘、技术状况判定、关键参数选取等工作，并收集大量基础资料和参考信息，切忌闭门造车。

（2）船舶价格受国内外经济景气度、航运市场供求关系、钢材等原材料、劳动力价格等因素的影响很大,例如 2008 年的国际经济金融危机一度使部分船舶市场价格较 2007 年下调 50% 以上,远超房地产等常见抵押品的价格波动幅度。因此,评估人员对经济环境的变化、航运市场、钢材价格等应予以充分关注,特别是在重评时应分析自上次评估至本次重评期间上述因素的变动情况以及对船舶价格的影响。

(3) 目前国内船舶交易市场尚不发达,开放程度不高,获取充分、完整的船舶交易信息存在较大难度;而国际上虽有较发达的船舶航运市场,但作为国内银行的评估和审查人员,尚难以取得这些信息,存在较严重的信息不对称,而对于交易背景、交易对象的详细参数的不了解、交易国别的税费差异甚至文化差异等因素也限制了对这些交易案例的全面合理使用。

(4) 船舶抵押涉及的法律因素较多,如《中华人民共和国海商法》规定的船舶优先权、船舶留置权优先于船舶抵押权,在评估时应予以充分考虑。

(三) 船舶抵押风险分析

船舶抵押首先应关注抵押人对船舶是否拥有合法的所有权,是否有齐全的产权证明文件,还应关注其实际购置款的支付情况、船舶留置权等法定优先受偿款,从而确定其权属的完整性。

其次,银行应办妥合法有效的抵押登记、船舶保险等手续,对于《中华人民共和国海商法》对船舶优先权所做的规定,银行可考虑建立保证金制度在融资业务合同中事先予以明确,避免因船舶优先权问题带来的债权债务风险;同时,应充分考虑船舶留置权优于船舶抵押权可能带来的风险,这在在建船舶抵押中尤为重要。

三、飞机评估实务及风险分析

(一) 评估调查、测算、审查与审定环节的工作要点

1. 评估调查阶段

包括基础资料收集阶段和现场查勘阶段。

2. 基础资料收集阶段

评估调查人应当向抵押人收集飞机评估的基础资料,包括以下四项。

(1) 能证明飞机权属的文件及附件,包括飞机及发动机购置合同、飞机所有权证书、国籍登记证书、国籍登记标志、适航证书、电台执照及飞机所持有的各项证书、保险单(金额、险种、期限)等。

（2）飞机运行记录与统计表，包括飞机运行月报，飞机、发动机已使用年限、飞行小时、热循环等运行情况数据。

（3）同类飞机价格信息，如航空器价格咨询评估机构 AVITAS 提供的价格信息以及飞机制造厂商（波音、空客）和发动机厂商（通用电气、罗-罗、普惠公司）的网站信息。

（4）外部评估报告。应由具有民用航空器评估资格以及评估经验的社会中介评估机构出具外部评估报告，并于银行评估人员进行内部测算前取得。

3. 现场查勘阶段

飞机的现场查勘阶段包括向抵押方飞机维护管理人员和财务人员了解情况和实地查勘两个方面，建议行内的评估调查人、测算人与外部评估机构的评估师共同查勘，并应有飞机专业的工程技术人员一道参与。

向飞机维护管理人员了解情况应和资料收集结合起来，主要包括以下几项。

（1）对飞机的所有权进行核实，查验原件与复印件是否一致；

（2）核查飞机的建造时间和使用时间；

（3）核查飞机是否存在抵押；

（4）了解飞机的管理制度、飞行历史、飞行航线、满座率、故障及维修情况等。

实地查勘主要工作有以下四项。

（1）听取飞机维护管理人员对飞机内部空间、驾驶舱、客舱、货物行李舱、发动机、机载设备、导航通信设备等的介绍，并作记录，注意与已掌握的资料进行比较，对不符合之处要重点询问，并以现场查勘情况为准；

（2）对飞机内部空间、主要舱室、发动机、机载设备、导航通信设备等进行实地查勘，对设备更新情况重点了解；

（3）查阅飞行日志、维修记录，对飞行历史、航线、飞行时间等进行了解；

（4）对飞机全貌、驾驶舱、客舱、发动机等重点部位进行拍照。行内调查人员应至少在一张能反映飞机全貌的照片上入景。

结合现场了解的情况和已掌握的资料，应及时填制飞机信息卡。

4. 测算、审查、审定阶段

类似前述汽车的"测算、审查、审定阶段"部分。

(二) 飞机评估中常见问题

相对于平时较为常见的车辆、船舶，飞机的评估难度最大，专业要求最高。主要表现在以下几个方面。

(1) 飞机价值量大，结构高度复杂，设备精密，现代高新技术得到广泛应用。即使是专业的飞行器工程师，也须要大量时间的学习与实践才能基本了解。普通的资产评估人员必须在具有丰富经验的技术人员协助下才能进行较为全面客观的评估。

(2) 相对于车辆、船舶，飞机的技术资料、参考数据、交易案例更难获取。往往只能借助有限的、不尽完整的资料作为参考，其中不少为外文资料，这对评估人员提出了更高的要求。

(3) 飞机的价格受国内国际政治、经济环境影响度高，航空运输市场的供需情况、油价走势、汇率、甚至突发事件都会对飞机价格产生重大影响。同时，飞机购买方式也会对飞机价格产生显著影响。如一次采购大批量飞机将能获得较高的价格优惠。

(三) 飞机抵押风险分析

飞机抵押主要应关注抵押人对飞机是否拥有合法的所有权，是否有齐全的产权证明文件，还应关注其实际购置款的支付情况、飞机留置权等法定优先受偿款，从而确定其权属的完整性。

四、交通运输设备评估案例

【案例1 船舶评估 (成本法)】

吉祥号散货船，2002年由外高桥船厂建造。该集装箱船主要航行于沿海与长江航道，主要用于大宗商品运输。船舶技术参数为：船舶总长98.5米，型宽16.8米，型深7.8米。主机型号8L23/20，主机功率1 080kW×2。该船舶的技术状况鉴定表 (见表8-3)：船舶账面原值46 280 084.36元，账面净值34 951 025.18元。现拟抵押给银行，试运用成本法评估该船舶的价值，评估基准日为2007年6月30日。

第八章 交通运输设备评估方法与实务

表8-3 吉祥号散货船技术状况鉴定表

船名		吉祥号	类型	散货船	投产时间	2002年	已使用年限	5
载重量		4 291吨	主机台数	2	主机功率	1 080kW×2		
技术鉴定意见	性能	该船为散货船，主尺度（总长×型宽×型深）为：98.5m×16.8m×7.8m，载重吨位4 291，适航区为沿海及长江A、B级航区，主机为8L23/30型2台，可载散杂货4 291吨						
	实际使用	该船主要用于上海及长江下游各港区至我国沿海各港口的大宗货物运输，主机累计运行1.1万小时，运转运行情况良好，通导、救生、消防等设备均能满足沿海及长江航线要求，发电机组及其他设备、设施情况均良好						
	损坏维修	船体、轮机、电气各系统定期检查修理，最近一次坞修于2011年2月；未见船舶海损及机损事故记录及报告						
	技术状况	船体未见变形情况，船体及上层建筑大部为轻度锈蚀；主机及轴系运行平稳，工作状况良好，发电机及其他轮机设备运行良好，轮机自动化操纵灵活、可靠，电力系统、通导、救生、系泊及液压货盖仓系统运转较好						

解：1. 重置成本的确定

重置成本见"吉祥号散货船重置价值计算表（见表8-4）"。

经计算，该散货船重置成本为42 603 187元。

表8-4 吉祥号散货船重置价值计算表

序号	项目	型号规格	单位	数量	单价（元）	总价（元）
一	原材料					
1	钢材		吨	2 125	3 350	7 118 750
2	铸锻件		吨	28	6 500	182 000
3	有色金属		吨	2	20 000	40 000
4	焊料		吨	42.5	5 600	238 000
5	涂料		吨	20.38	20 000	407 600
6	木材		立方米	62.2	1 500	93 300
7	电缆		米	43 840	20	876 800
8	装修材料					370 000
9	绝缘、敷料					380 000
10	建材					60 000
11	其他材料					250 000

续表

序号	项目	型号规格	单位	数量	单价（元）	总价（元）
12	辅助材料					787 078
	合计					10 803 528
二	设备					
（一）	轮机设备					
1	主机	Man6L23/30	台	2	1 360 000	2 720 000
2	齿轮箱	GWD45 49WX	台	2	360 000	720 000
3	联轴节	BC56/10/140	只	2	80 000	160 000
4	螺旋桨		只	2	110 000	220 000
5	艉轴密封装置		套	2	13 000	26 000
6	发电机组	6135ZCaf	台	3	115 000	345 000
7	应急发电机组	4134D-1 40kW	台	1	98 000	98 000
8	燃油废气锅炉	ZYS0.8/58-07	台	1	364 000	364 000
9	空压机	LSHC-40A	台	2	5 800	11 600
10	燃油分油机	DZY-50C	台	2	68 000	136 000
11	滑油分油器	DRY-15C	台	3	22 000	66 000
12	油水分离器	YSCZ-1.0	台	1	15 000	15 000
13	污水处理装置	WCB-3	台	1	48 500	48 500
14	油、水泵	31 台	套	1		420 000
15	阀件及附件					430 000
16	空调系统	CJKR-116	套	1	156 000	156 000
17	冷藏装置	CZLZ-3.5	套	1	75 000	75 000
18	全船风机					76 000
19	CO_2 灭火装置	LGE-1	套	1	165 000	165 000
20	油、水柜		只	6	12 000	72 000
21	轮机维修设备					120 000
22	其他机舱设备					350 000

续表

序号	项目	型号规格	单位	数量	单价（元）	总价（元）
	小计					6 794 100
（二）	舾装设备					
1	锚	3500kg	只	3	17 500	52 500
2	锚链及附件	Φ52	节	18	15 740	283 320
3	锚机	2DMX52-5	台	1	198 000	198 000
4	系缆绞盘	2DX-5	台	1	161 000	161 000
5	舵机	160kN-M	台	1	152 000	152 000
6	救生艇	6.5M 封闭	艘	2	460 000	920 000
7	救生艇架	DZBIZ63/30	台	2	96 000	192 000
8	救生筏及筏架	15人	只	2	9 600	19 200
9	物料吊	OC1.0-8	台	2	106 000	212 000
10	铝质舷梯	22级	架	2	12 000	24 000
11	舷梯绞车		台	2	25 000	50 000
12	消防设备					25 000
13	钢质门、窗					250 000
14	家具及用具					210 000
15	厨房设备					45 000
16	铁舾装					320 000
17	货舱盖		套	1	1 400 000	1 400 000
18	货舱盖液压装置		套	1	420 000	420 000
19	集装箱紧固件		套	1	310 000	310 000
20	其他舾装设备					350 000
	小计					5 594 020
（三）	电气设备					
1	主配电板		屏	6	40 000	240 000
2	应急配电板		屏	1	25 000	25 000

续表

序号	项目	型号规格	单位	数量	单价（元）	总价（元）
3	岸电箱	AJ225-150/3	只	1	12 000	12 000
4	变压器		台	4	11 000	44 000
5	充放电板		屏	1	8 500	8 500
6	蓄电池组	6Q-195	组	9	850	7 650
7	充电器		台	1	7 000	7 000
8	架控板		座	1	80 000	80 000
9	机舱集监台		座	1	430 000	430 000
10	电工试验板	PSZ	只	1	6 000	6 000
11	分配电箱		只	22	1 850	40 700
12	磁力启动器		只	22	1 850	40 700
13	灯具及附件	602 只	套	1	310 000	310 000
14	火灾报警装置	C-300	套	1	176 000	176 000
15	广播设备		套	1	28 000	28 000
16	声力电话		台	14	1 600	22 400
17	操舵仪		台	1	132 000	132 000
18	舷角指示器	OQF2E-1	套	1	3 600	3 600
19	架控台		套	2	36 000	72 000
20	电罗经	CLP-2	套	1	343 000	343 000
21	雷达	FR-2120 FR-8100D	台	2	121 000	242 000
22	测深仪	ED161	套	1	26 000	26 000
23	计程仪	CDJ-6	套	1	21 000	21 000
24	气象仪	XZC2-2	套	1	13 000	13 000
25	组合电台	GMD-1	套	1	610 000	610 000
26	卫导	GP-70	套	1	89 000	89 000
27	无线电话		套	2	8 000	16 000
28	呼叫延伸报警装置	HYB	套	1	12 000	12 000

续表

序号	项目	型号规格	单位	数量	单价（元）	总价（元）
29	备用车钟	NET	套	2	6 000	12 00
30	组合报警器	ST-2	台	2	24 000	48 000
31	主机转速表		只	6	2 400	14 400
32	2182kHz值班接收机	HJ-2	套	1	3 600	3 600
33	雨雪清除器	WS1350C	只	2	2 250	4 500
34	雾笛	WD-2A	套	1	6 400	6 400
35	气象传真接收机	FAX-208A	台	1	215 000	215 000
36	雷达应答器	JDTRON 30S	套	1	6 000	6 000
37	应急无线电示位标	KANNAD	台	1	3 200	3 200
38	对讲机	XJ-100	只	4	2 300	9 200
39	主收发讯机	NAVTEX	套	1	12 000	12 000
40	28门程控电话交换机		套	1	24 000	24 000
41	救生艇双向无线电话		套	3	21 000	63 000
42	风速风向仪	ZZ6-4	套	1	2 500	2 500
43	其他电气设备					350 000
	小计					3 831 350
	合计					16 219 470
三	属具、备品					650 000
四	劳务费		小时	369 600	20	7 392 000
五	专项费用					2 103 900
	造船成本					37 168 898
六	利润				6%	2 230 134
七	税金		造船成本+利润		5%	1 993 426
八	出厂价（船舶造价）					41 392 458
九	资金成本					1 210 729
十	重置成本					42 603 187

2. 成新率的确定

成新率的确定详见"吉祥号散货船成新率鉴定表"（见表8-5）。

表8-5 吉祥号散货船成新率鉴定表

	基础成新率计算		修正值	
			项目	单项修正值
成新率判定	已使用年限	5	船体	1
			轮机设备	2
	尚可使用年限	19	舾装设备	1
			电气设备	1
			合计	5
	基础成新率	79%	修正值	5
	综合成新率 = 84%			
鉴定组综合意见	该船于2002年3月由外高桥造船厂建造完工，已使用5年，资料中未见海损及机损事故记录。船体及上层建筑未发现变形情况，全船锈蚀较轻，主机、轴系及发电机组运转良好，甲板机械、电力系统及机舱其他设备运转情况均良好，液压货舱盖开启灵活，通信导航、消防、救生均符合规范要求，运转正常，根据查阅该船有关资料、技术文件及现场勘察情况，经综合分析，确定该船成新率为84%			

3. 评估值的计算

评估值 = 42 603 187 × 84% = 35 786 677（元）

【案例点评】

运用成本法进行船舶评估时，关键是要科学、合理地确定重置成本和成新率。重置成本的计算是一项比较烦琐的工作，原材料、设备及属具备品、劳务的数量应根据实际数量确定，防止虚增或漏项；而单价应为当前客观合理价格。如某些设备已过时，则应以当前具有同等效用设备价格进行替代；利润率应按该型船舶平均利润率确定，税金应根据国家相关税率计算，资金成本的计算见机器设备评估部分。计算成新率时应注意根据被评估船舶实际进行分项修正，切忌仅按基础成新率直接作为综合成新率。

【案例2 船舶评估（市场法）】

拟抵押给工商银行的某进口油轮"QH5号"基本情况："QH5号"油船由

日本德岛造船株式会社于1978年6月建造，原名"丰幸丸"，中国船舶燃料供应总公司于1994年购入，并于1994年2月22日划拨给其下属的秦皇岛公司管理使用（中燃安技字［94］第43号），该船总吨为3 136吨，载重量为4 999吨，主机型号为6DM-46，主机数量1台，主机功率为3 200马力，营运航速为12.6节，自建造之日至评估基准日该船已使用255个月。

试评估该油轮在评估基准日2009年9月30日的市场价值。

解：1. 市场价格的确定

（1）选择参照物。以中国船舶工业行业协会编制的"行业信息"以及中国船舶工业总公司综合技术经济研究院开发的"世界海事工业数据库"（上网查询）为线索，选择与"QH5号"油船类型相同、主要技术参数及技术状况相似、使用年限相近并在近期交易的三艘二手船作为参照物。

参照物概况：

①CORSE号油船。CORSE号油船由日本造船厂于1979年建造，总吨为3 731吨，载重量为6 119吨，可兼化学品运输，主机为Hanshin柴油机，主机数量1台，主机功率为4 500马力。原船主为比利时航运公司，买主为希腊航运公司，于1998年2月成交，成交时该船已使用224个月，成交价格为115万美元，目前航速可达13节，无特殊交易条件。

②POEMI SPRINGER号油船。POEMI SPRINGER号油船由日本造船厂于1984年建造，总吨为2 466吨，载重量为3 980吨，主机为Akasaka柴油机，主机数量1台，主机功率为2 602马力。原船主为印度尼西亚航运公司，买主为西班牙航运公司，于1999年1月成交，成交时该船已使用175个月，成交价格为165万美元，目前航速可达12.5节，无特殊交易条件。

③UST-AN号油船。UST-AN号油船由俄罗斯造船厂于1981年建造，总吨为5 105吨，载重量为5 873吨，主机B&W柴油机，主机数量1台，主机功率为3 500马力，航速可达14节。原船主为俄罗斯航运公司，买主为另一家俄罗斯航运公司，于1998年10月成交，成交时该船已使用208个月，成交价格为90万美元，无特殊交易条件。

（2）影响船价因素的调查。到中国船舶工业总公司综合技术经济研究院等有关单位进一步了解上述三艘二手船的技术状况、交易条件、交易价格、买卖双方等情况以及目前船舶航运市场及造船市场等情况。

（3）价格调整。首先通过"QH5号"油船与每个参照物进行对比分析，对影响市场价格的载重量（运输能力）、技术状况、交易条件、使用时间、市场环境等因素进行调整。

（4）确定市场价格。对上述三个参照物进行调整得出的三个"QH5号"油船市场价格进行算术平均，确定该船的市场价格（见表8-6）。

表8-6　某油轮市场法评估计算表

待评估资产及参照物 船名		待评估资产 "QH号"油船	参照物1 CORSE号油船		参照物2 POEMI SPRINGER号油船		参照物3 UST-AN号油船	
项目	单位	情况	情况	调整系数	情况	调整系数	情况	调整系数
交易价格	万美元		115		165		90	
载重吨	吨	4 999	6 119	0.78	3 980	1.14	5 873	0.78
技术状况		一般	相同	1	较好	0.7	较差	1.3
交易条件			正常交易	1	正常交易	1	正常交易	1
使用时间	月	255	224	0.87	175	0.67	208	0.8
市场环境			较好	0.97	稍好	0.99	稍好	0.98
调整后价格	万美元		75.7		87.34		71.55	
市场价格	万美元	78.2	由三个参照物调整后的价格进行算术平均。					
	人民币万元	541.14	美元汇率：1美元兑6.92元人民币。					
关税	人民币万元	48.70	关税税率9%。					
增值税	人民币万元	100.27	增值税：（市场价格+关税）×17%。					
其他费用	人民币万元	16.23	取市场价格的3%。					
评估值	人民币万元	706.34						
	人民币万元	706	取整。					

【案例点评】

运用市场法评估船舶的关键是合理选择三宗以上具有可比性的交易案例。交易案例与被评估对象在船舶类型上必须相同，另外建造国、船厂应尽可能一致，载重吨位、主机主要参数应接近，且尽量选择与评估基准日较为接近的日期成交的案例。可比案例选取恰当，评估时需要修正的工作量越小，而评估结论更为可靠。

【案例3 飞机评估（成本法）】

试评估 NF 航空公司 ABC-1 型号飞机在 2005 年 6 月 30 日的价值。该飞机于 1992 年 2 月交付，评估基准日账面原值为 191 926 419.5 元，账面净值为 10 451 766.13 元。

ABC-1 型号飞机的基本性能数据如下：最大起飞重量：67 811 千克；最大滑行重量：68 263 千克；最大着陆重量：58 966 千克；最大加油量：17 782.7 千克；最大商载：17 000~17 500 千克；座位数：143~147 座，其中头等舱为 8 座和 12 座，经济舱为 135 座。MD82 飞机维修等级/间隔为：A 检/450FH，C 检/3 500FH/15 个月，D 检/15 000FH。发动机型号为 JT8D-217A，视情维修。

该机运行数据为：机体于 1992 年 2 月 17 日交付，已使用 13.38 年，累计飞行 37 021 小时，22 754 次起落，D 检后飞行 7 996 小时，4 431 次起落。该型飞机装有两台 JT8D-217A 涡扇发动机，在翼左发动机于 1992 年 2 月 17 日交付，已使用 13.38 年，出厂序号为 P726364D，累计工作 31 079 小时，18 781 循环，大修后运行 132 循环；在翼右发动机于 1993 年 6 月 6 日交付，已使用 12.07 年，出厂序号为 P726991D，累计运行 24 669 小时，14 929 循环，大修后运行 99 循环。

解：1. 重置全价

（1）飞机重置全价。

ABC-1 型号飞机于 1999 年停产，且无后续机型研发。国内航空公司对该机型认同度不高，各航空公司均将 ABC-1 机队作为首当其冲的被置换对象。由于供需市场的重大变化，该机型近几年价格下降加速。

ABC-1 型号仅为 ABC-2 型号飞机价格的约一半。因无 ABC-1 型号飞机更多的资料，现根据 2000 年 11 月 BF 航空交付的 ABC-2 型号飞机购置价确定 MD82 飞机的价格。2000 年 11 月交付的 ABC-2 飞机价格为 2 650 万美元，据此推算 2000 年 ABC-1 飞机的购置价为 1 325 万美元。停产的飞机年均价格下降约 5%，至评估基准日，ABC-1 飞机的购置价格约为 1 030 万美元。

故重置全价为 10 300 000×1.0894 = 11 220 820（美元）。

（2）JT8D-217A 发动机重置全价。

与 MD82 飞机配套的 JT8D-217A 发动机，查阅 AVITAS 出版的 "Jet Engine Value"，获知 2000 年的新机价格为 311 万美元。按其年均降价 5% 测算，JT8D-

217A 发动机的购置价格为 2 406 460 美元。

因此，JT8D-217A 发动机的重置全价为：
$$2\ 406\ 460 \times 1.089\ 4 = 2\ 621\ 598（美元）$$

（3）机体重置全价。
$$机体重置全价 = 飞机重置全价 - 两台在翼发动机重置全价$$
$$= 11\ 220\ 820 - 2\ 621\ 598 \times 2$$
$$= 5\ 977\ 624（美元）$$

2. 成新率计算

（1）机体。

A. I 类成新率 = 1 - 已使用年数/经济使用年限
$$= 1 - 13.38/20 = 0.331\ 0$$

B. II 类成新率 = 1 - 已飞行小时/经济使用时
$$= 1 - 37\ 021/50\ 000 = 0.259\ 6$$

C. 综合成新率 = 0.2 × I 类成新率 + 0.8 × II 类成新率
$$= 0.279\ 3$$

D. 机体检成新率 = 1 - 检后累计飞行时数/检后规定时限
$$= 1 - 7\ 996/15\ 000 = 0.466\ 9$$

（2）在翼发动机成新率。

左发 P726364D：

A. I 类成新率 = 1 - 已使用年数/经济使用年限
$$= 1 - 13.38/20 = 0.331\ 0$$

B. II 类成新率 = 可用循环数/经济使用循环限数
$$= 1 - 1\ 8781/30\ 000 = 0.374\ 0$$

C. 综合成新率 = 0.4 × A + 0.6 × B = 0.356 8

D. 大修成新率 = 1 - 修后热循环数/修后热循环数限
$$= 1 - 132/7\ 000 = 0.981\ 1$$

右发 P726991D：

A. I 类成新率 = 1 - 已使用年数/经济使用年限
$$= 1 - 12.07/20 = 0.396\ 5$$

B. II 类成新率 = 1 - 已循环数/经济使用循环限数
$$= 1 - 14\ 929/30\ 000 = 0.502\ 4$$

C. 综合成新率 = 0.4 × A + 0.6 × B = 0.460 0
D. 大修成新率 = 1 – 修后热循环数/修后热循环数限
$$= 1 - 99/7\ 000 = 0.985\ 9$$

3. 评估值计算

（1）机体评估值 = 机体重置全价 – 机体检费 × 机体综合成新率 + 机体检费 × 机体检成新率
$$= 5\ 977\ 624 - 1\ 200\ 000 \times 0.279\ 3 + 1\ 200\ 000 \times 0.466\ 9$$
$$= 1\ 868\ 871.21\ (美元)$$

（2）左发评估值 = 重置全价 – 大修费 × 综合成新率 + 大修费 × 大修成新率
$$= 2\ 621\ 598 - 600\ 000 \times 0.356\ 8 + 600\ 000 \times 0.985\ 9$$
$$= 1\ 521\ 475.08\ (美元)$$

（3）右发评估值 = 重置全价 – 大修费 × 综合成新率 + 大修费 × 大修成新率
$$= 2\ 621\ 598 - 600\ 000 \times 0.460\ 0 + 600\ 000 \times 0.985\ 9$$
$$= 1\ 521\ 475.08\ (美元)$$

（4）该 MD82 B2142 号飞机的评估值
= （1）+（2）+（3）= 4 700 312（美元）

评估基准日汇率：1 美元 = 8.276 5 元人民币。

折合人民币 38 902 132.00 元人民币。

【案例点评】

由于飞机主要由机体与航空发动机组成，而两者一般由不同厂家生产，出厂时间及使用寿命往往不同，且可灵活组合搭配，所以在运用成本法评估飞机时，应分别对飞机机体和发动机进行评估。同时，无论机体还是发动机，在其大修期限（结构检测或发动机大修周期）内均有大量部件需要更换，对这些部件需要在一个大修周期内确定其成新率，而对其他受结构检（发动机大修）影响不大的价值构成部分，即飞机、发动机每次结构检（发动机大修）更换部件以外的部分，采用年限法、飞行小时和起落次数（热循环）加权计算的综合成新率。

本章参考文献

1. 中国工商银行信贷评估部编:《中国工商银行抵(质)押物(权)价值评估管理办法及评估细则》(工银发〔2005〕133号),2005年6月
2. 王永盛,金涛编.汽车评估.第2版.北京:机械工业出版社,2009
3. 庞昌乐.二手车评估与交易实务.北京:北京理工大学出版社,2007
4. 佟立本.交通运输设备.第2版.北京:中国铁道出版社,2009

第九章
无形资产价值评估方法与实务

了 解

无形资产的定义、分类和特点;无形资产评估环节中调查测算、审查审定等环节的工作要点。

熟 悉

无形资产评估实务中专利权、商标权、商誉等评估关注的风险点;无形资产评估方法的选择、必要的假设条件、评估参数的匹配等。

掌 握

无形资产评估的三大方法。

第一节 概 述

一、无形资产的定义

无形资产是指特定主体所拥有或者控制的,不具有实物形态,能持续发挥作用且能带来经济利益的资源。

二、无形资产的分类

无形资产可根据不同的标准划分为不同的类型。

(一) 按其存在形态分类

按其存在形态可分为可确指（辨认）的无形资产和不可确指（辨认）的无形资产。前者可以个别或作为组成资产的一部分取得，如专利权、商标权等；后者无法具体确认，不能单独取得，如商誉。

(二) 按其来源分类

按其来源可分为外购、自创、投资转入及捐赠四类。按照来源划分无形资产的意义在于划清企业无形资产的来源渠道及其产权归属。

(三) 按其内容分类

按其内容可分为知识产权类（专利权、商标权、版权、专有技术）、权利类（主要由契约、合同及政府授权组成）、关系类（主要包括客户名单、营销网络、职工队伍等）和商誉（由综合因素得到）四类。

(四) 按其是否具有法定期限分类

按其是否具有法定期限可分为具有法定期限的无形资产和不具有法定期限的无形资产两种。前者如专利权、商标权、著作权、专营权，后者如专有技术、商誉等。

(五) 按其是否纳入"无形资产"会计科目核算分类

按其是否纳入"无形资产"会计科目核算可分为纳入"无形资产"核算科目、作为资本支出处理的无形资产，以及不纳入"无形资产"核算科目作为收益支出处理的无形资产。前者如企业有偿取得的专利权、商标权、商誉等；后者如企业研究开发费用，一般遵从谨慎原则，不作为资本支出而直接作为收益支出从当期损益中抵扣。

三、无形资产价值评估的特点

无形资产是有形资产的对称，是指特定主体控制的不具有独立实体，对生产经营与服务能持续发挥作用并能带来经济利益的一切经济资源。由于它是无形的特殊资产，因此它的价值也有其自身的特点。

(一) 无形资产价值的弱对应性

无形资产的价值不同于有形资产的价值，具有特殊性。尽管有些无形资产的形成是可以进行成本核算的，如新技术的研制开发和新产品的研制往往要做成本记录，但无形资产的生产成本在会计账目上往往是不完整的，而且无形资产属创造性劳动成果,成果的出现带有较大的随机性、偶然性和关联性,常常是在一系列努力与失败和投入与浪费后才取得的一些成果,而失败的损失代价很难预计和确切量化,从而使无形资产的开发费用缺乏明确的对应性。

(二) 无形资产价值的虚拟性

由于无形资产价值具有弱对应性的特点,因此其评估值的准确性普遍低于有形资产的评估值,特别是一些无形资产的内涵已经远远超出它的外在形式的含义,这时无形资产的成本只具有象征意义。例如商标成本核算的是商标设计费、登记注册费、广告费等,而商标的内涵是指商品内在质量信誉,它包括了该商品使用的特种技术、配方和多年的经验积累,此时商标形式本身的成本只具有象征性,或称虚拟性。

(三) 无形资产具有增值性与贬值性

无形资产评估值的增值性,不仅表现为交换价值,也有时间价值效应,即随货币贬值、物价上涨其评估值会相应增加,更为重要的是其增值性源于收益能力和有效期。无形资产收益能力强,有效使用期和保持期长,对使用者的效益贡献大,转让价格也会提高,评估值会更大;同时,无形资产的增值性还在于它具有共享性、共益性、可交换性。无形资产可以同时多头、多次转让。经济和技术是发展的,随着技术进步和经营管理现代化,技术经济含量更高、功效更强大的无形资产的产生,会逐步或迅速地取代原有的可替代的无形资产,从而造成原有无形资产的贬值乃至被淘汰。

(四) 无形资产的价值构成不同于一般商品

无形资产是由复杂的脑力劳动创造的,由于凝结在无形资产内部的劳动量较大,再加上无形资产的产生不能批量生产,而是个别的一次性生产,具有较大的探索性和风险性,常常是在经过一系列的失败以后才取得的。因此,无形资产的价值不像有形资产那样由凝结在其中的必要劳动时间来决定,而是由个别生产者在个别生产中所消耗的实际劳动时间来计量。

第二节 无形资产价值评估方法

一、收益法

收益法是根据无形资产的经济利益或未来现金流量的现值计算无形资产价值，诸如商誉、特许代理等。收益法关键是如何确定适当的折现率或资本化率。

收益法的基本公式：

$$P = \sum_{i=1}^{n} \frac{R_i}{(1+r)^i}$$

式中，P——被评估资产的评估值；

R_i——未来第 i 年资产的预期收益；

r——折现率；

n——预期收益年限。

（一）预期收益年限的确定

多数无形资产（主要是知识产权）具有很强的时效性，在法律上称其为保护期限。确定无形资产的收益期，不仅需要依据法律规定的保护期限及交易双方签订的合同或协议书约定的期限，更重要的还需要考虑该项无形资产确实能够为所有者或使用者带来的预期纯收益的期限有多长。由于有时在法律上虽有确切的保护期限或有交易双方明文约定的使用权期限，可是因为科学技术的不断进步、社会环境的变化与竞争对手实力的加强等原因，会造成该项无形资产提前失效，也就是为使用者带来预期收益的能力迅速缩短。这是确定一项无形资产收益期时必须考虑的一个重要方面。

各国对于知识产权的期限不尽相同，例如我国对于著作权即版权的保护期为作者的终身加死后 50 年；发明专利权是 15 年；实用新型专利权和外观设计专利权为 5 年，期限届满时可以申请续展 3 年；商标权为 10 年，期限届满时可以申请续展，每次续展 10 年，续展的次数不限。确定使用期限的原则和依据是：受法律保护而不受有效时间影响的无形资产，以法律保护年限为无形资产的使用期限；既受法律保护，也受经济年限限制的无形资产，以"孰短"的原则确定其使用年限；不受法律保护的无形资产，由技术测定的有效经济收益年限为其使用年限；有转让合同的无形资产，以合同规定期限为其使用年限。

(二) 收益额的确定

收益额用以反映企业整体获利能力。在实际工作中，有两种不同意义上的收益，即净利润和净现金流量。

1. 净利润

净利润是一项综合反映企业在一定时期内（一年）所取得的纯收入的收益额指标，是衡量企业经济效果（投入产出率）的重要指标。

由于净利润是企业财务指标体系中的一项重要指标，因此，选用它作为收益额，其主要优点在于可充分利用企业财务资料，便于取得评估时所需的数据。

2. 净现金流量

净现金流量是以企业作为一个独立系统，反映企业在整体寿命期内或一特定时期内（比如一年）企业的现金流入和流出的资金活动。

营运活动所发生的现金流入主要有：销售收取的现金、提供劳务收取的现金、利息和股利收入、其他一切不属于投资和筹资活动的现金收入。营运活动所发生的现金流出主要有：购买存货的支出、工资报酬支出、借款利息、销售税金及附加、所得税支出及其他一切不属于投资和筹资活动的现金支出。不扩大现有规模的筹资活动所发生的现金流入主要有：发行债券收取现金、取得各种长短期贷款等。筹资活动发生的现金流出主要有：支付现金利息、偿还借款等。更新再投资活动所发生的现金流入主要有：收回对外贷款或投资款、出售投资于其他公司的股票和债券收入、出售固定资产等。发生的现金流出主要有：对外投资现金如购买其他公司的股票、债券，购置固定资产，向其他企业提供贷款等。

三项活动所发生的现金流入减现金流出，再加上不发生现金流动，却影响所有者纯收益的收入和支出，包括企业终止时固定资产折余价值等，即为预期收益。

【案例1 商标权许可使用的评估】

甲企业将 H 注册商标使用权通过许可使用合同许可给乙企业使用。合同约定，使用期限为5年。甲企业从乙企业新增利润中提出20%作为许可使用费。

试估算该商标在使用期间的商标使用权的价值。

【案例解析】

1. 预测使用期间内的新增利润

由于 H 牌产品销路好、信誉高,乙企业预测第一年将生产 40 万台,第二年将生产 50 万台,第三年将生产 60 万台,第四年将生产 70 万台,第五年将生产 80 万台。预计每台可新增利润 10 元,那么这 5 年中各年新增利润为:

第一年:10 × 400 000 = 4 000 000(元)

第二年:10 × 500 000 = 5 000 000(元)

第三年:10 × 600 000 = 6 000 000(元)

第四年:10 × 700 000 = 7 000 000(元)

第五年:10 × 800 000 = 8 000 000(元)

2. 计算新增利润的现值

假定折现率为 15%,则乙企业使用 H 注册商标后的新增利润现值如表 9-1 所示。

表 9-1 乙企业使用 H 注册商标的新增利润现值

年份	新增利润额(元)	折现系数	折现值(元)
第一年	4 000 000	0.869 6	3 478 261
第二年	5 000 000	0.756 1	3 780 718
第三年	6 000 000	0.657 5	3 945 097
第四年	7 000 000	0.571 8	4 002 273
第五年	8 000 000	0.497 2	3 977 414
合 计	30 000 000		19 183 763

3. 计算 H 注册商标 5 年使用权的价值为:

19 183 763 × 20% = 3 836 753(元)

(三)折现率的确定

无形资产评估的收益法中所采用的折现率,应等同于与获取专利、商标、地产等方面所产生的纯收益具有同等风险的资本的收益率。

收益率由三部分组成:无风险利率(安全利率)、风险报酬率和通货膨胀率,则折现率为:折现率=安全利率+风险报酬率+通货膨胀率。

安全利率是指国库券或银行存款利率,安全利率应选择一年期国库券或银行存款利率,至于选择一年期国库券还是一年期存款利率,由于两者差异不大,有时国家发不发行一年期国库券,可酌情而定;或者将单利计息法的多年期国库券年利率,折算为复利率后作为安全利率。

风险报酬率一般根据无形资产所处行业的情况,经分析后确定。如电子、科技行业风险较大,可确定较大的风险报酬率;而农业、服务业的风险较小,可确定较小的风险报酬率。

通货膨胀率根据以往的通货膨胀率水平以及对未来通货膨胀率的预期确定。在实际预测时,如果在预测销售收入等各项因素时没有考虑通货膨胀的影响,则在确定折现率时也可不考虑通货膨胀率的因素。

【案例2 折现率的确定】

F公司拟将公司拥有的H系列注册商标转让给S公司,现委托某评估公司进行评估。

【案例解析】

1. 确定与折现率有关的统计平均数字(见表9-2)

表9-2 与折现率有关的统计平均数字

全国上市公司1999年度平均净资产收益率	8.235 5%
全国工业类上市公司1999年度平均净资产收益率	8.140 9%
1年期定期存款利率	2.25%
1年期短期贷款利率	5.85%

2. 折现率的计算

根据最近公布的上市公司的财务数据统计,1999年度全国所有上市公司平均净资产收益率为8.235 5%,其中工业企业的平均净资产收益率为8.140 9%。

在确定折现率时,不仅要考虑普遍意义上的投资风险,还应当考虑具体企业所存在的个别风险,例如经营风险(产品适销情况、企业之间的竞争等)、财务风险。此外,还应适当考虑买卖双方的利益分配。所以将其他风险报酬率定为7%。

但是,H 系列注册商标还有一种风险,那就是受到假冒伪劣产品的冲击。自 1998 年以来,假冒 H 牌家用缝纫机开始进入市场,且愈演愈烈。目前市场上的假冒产品已超过了 F 公司正宗产品的总产销量,致使 F 公司产品近年来不断萎缩,短短三年内,内销产品从 140 万台左右跌落到 40 余万台,出口产品从 80 万台以上跌落到 50 余万台。尽管公司专门组织了打假队伍,投入大量经费,四处打假,但治标不治本,收效甚微。所以考虑到这一点,再增加 3% 的企业特有风险报酬率。

本次评估中,考虑了上述诸多因素后,以全国工业类企业的平均净资产收益率 8.140 9% 为基础,再加上 10% 的风险报酬率作为折现率,也即所确定的折现率为 18.14%,取整后为 18%。

(四)使用收益法主要考虑的因素

(1)在获取的无形资产相关信息基础上,根据被评估无形资产或者类似无形资产的历史实施情况及未来应用前景,结合无形资产实施或者拟实施企业经营状况,重点分析无形资产经济收益的可预测性,恰当考虑收益法的适用性。

(2)合理估算无形资产带来的预期收益,合理区分无形资产与其他资产所获得收益,分析与之有关的预期变动和收益期限,与收益有关的成本费用、配套资产、现金流量以及风险因素。

(3)保持预期收益口径与折现率口径一致;根据无形资产实施过程中的风险因素及货币时间价值等因素合理估算折现率,无形资产折现率应当区别于企业或者其他资产折现率;综合分析无形资产的剩余经济寿命、法定寿命及其他相关因素,合理确定收益期限。

二、成本法

成本法是计算替代或重建某类无形资产所需的成本。适用于那些能被替代的无形资产的价值计算,也可估算因无形资产使生产成本下降,原材料消耗减少或价格降低,浪费减少和更有效利用设备等所带来的经济收益,从而评估出这部分无形资产的价值。成本法的基本公式为:

无形资产评估值 = 无形资产重置成本 × 成新率

由于企业无形资产的来源不同,其重置成本的成本项目、评估方法和影响因素亦不同。

（一）外购无形资产重置成本的确定

外购无形资产的成本包括买价和购置费用。一般企业都有无形资产购置的原始记录资料，即使无账面记录资料，亦可找到市场同类无形资产的交易价格资料。

（1）有账面记录资料时，采用物价指数法即以账面历史价格为基础，乘以自购置日至评估日的物价指数，将账面历史成本调整为重置成本。其公式为：

无形资产重置成本＝无形资产账面成本×无形资产评估日物价指数

按物价指数确定重置成本时，关键的问题是物价指数的确定。从无形资产成本构成来看，主要有物质消耗费用和活劳动消耗费用，不同的无形资产，两类费用的构成相差很大。

（2）有市场同类无形资产的交易价格资料，采用市价类比法。评估无形资产重置成本时，若无该项无形资产的账面历史成本资料，可搜集市场同类无形资产的交易价格资料，并根据无形资产的功能以及技术先进性和适应性进行调整求得现行购买价格。

（二）自创无形资产重置成本的确定

自创无形资产成本由企业创造或研制无形资产过程中所发生的物质资料消耗和活劳动消耗的总和组成。在实际评估业务中，自创无形资产重置成本的确定一般可以采用以下几种方法。

1. 账面历史成本法

自创无形资产有账面历史成本资料时，可以账面历史成本为基础，乘以相应的物价指数求得重置成本。无形资产重置成本为无形资产历史成本与自创立日至评估日物价指数之和。

2. 财务核算法

无账面历史成本的自创无形资产可按该项无形资产创立时实际发生的材料、工时消耗的数量以及现行价格和费用标准，确定其重置成本。

无形资产重置成本＝物质资料实际消耗×现行价格＋实耗工时×现行费用标准

由于无形资产属创造性智力成本，因此不能原样重置，其重置成本只能是复原重置成本，故上式中物质资料消耗量以及工时消耗量均按当时创立无形资产发生数计算，而不能按现行标准计算。

3. 市价调整法

若市场有与自创无形资产相似的无形资产交易时,可按市场同类无形资产的交易价格,以及自制成本与售价的一定比率调整,求得自创无形资产的重置成本。

$$无形资产重置成本 = 同类无形资产市价 \times 成本售价系数$$

其中,成本售价系数可根据本企业有代表性的已出售的无形资产的自创成本与售价的加权平均比率求得。

(三) 无形资产成新率的估算方法

1. 使用年限法

$$成新率 = \frac{剩余使用年限}{已使用年限 + 剩余使用年限} \times 100\%$$

2. 摊销折余法

无形资产的使用效用与时间呈非线性关系。

$$成新率 = \frac{原应摊销总额 - 已计提摊销额}{原应摊销总额} \times 100\%$$

【案例3 成本法评估专利资产】

用成本法评估某公司的一项专利技术(实用新型),两年前该公司自行研制开发并获得专利证书,现需对该项专利资产进行评估。

【案例解析】

该项专利技术系自创形成,其开发形成过程中的成本资料可以从企业中获得,具体如下:

材料费用	45 000 元
工资费用	10 000 元
专用设备费	6 000 元
资料费	1 000 元
咨询鉴定费	5 000 元
培训费	2 500 元
差旅费	3 100 元
管理费分摊	2 000 元

非专用设备折旧费分摊	9 600 元
专利费用及其他	3 600 元
合计	87 800 元

根据专利技术开发的过程分析，各类消耗仍按过去实际发生定额计算，对其价格可按现行价格计算。根据考察、分析和测算，近两年生产材料价格上涨指数分别为 5% 和 8%。因生活资料物价指数资料难以获得，该专利技术开发中工资费用所占份额很少，因此，可以将全部成本按生产资料价格指数调整，即可估算出重置完全成本。

$$重置完全成本 = 87\,800 \times (1+5\%) \times (1+8\%) = 99\,565（元）$$

其次，确定该项专利技术的贬值率。该项实用新型的专利技术，法律保护期限为 10 年，尽管还有 8 年保护期，但根据专家鉴定分析和预测，该项专利技术的剩余使用期限仅为 6 年，由此可计算贬值率为：

$$贬值率 = [(8-6)/8] \times 100\% = 25\%$$
$$评估值 = 99\,565 \times (1-25\%) = 74\,674（元）$$

（四）使用成本法时主要考虑的因素

（1）根据被评估无形资产形成的全部投入，充分考虑无形资产价值与成本的相关程度，恰当考虑成本法的适用性。

（2）合理确定无形资产的重置成本，无形资产的重置成本包括合理的成本、利润和相关税费，合理确定无形资产贬值。

三、市场法

市场法是根据市场交易确定无形资产的价值，适用于专利、商标和版权等，一般是根据交易双方达成的协定以收入的百分比计算上述无形资产的许可使用费。无形资产具有的非标准性和唯一性特征制约了市场法在无形资产评估中的使用。

（一）市场法的基本公式

技术资产评估值 = 类似资产在同类市场上的交易价格 × 技术性能修正系数 × 技术寿命修正系数 × 时间修正系数

上述公式中，类似资产指在技术性能和用途上相似的技术资产；技术性能修正系数指被评估技术与交易实例技术相比存在差异时所需校正的修正系数；技术寿命修正系数指被评估技术剩余寿命与交易实例技术剩余寿命之比；时间修正系数指交易实例交易发生时间至评估日期间内技术价格水平变动修正系数。

(二) 使用市场法时主要考虑的因素

(1) 被评估无形资产或者类似无形资产是否存在活跃的市场,恰当考虑市场法的适用性。

(2) 收集类似无形资产交易案例的市场交易价格、交易时间及交易条件等交易信息。

(3) 选择具有合理比较基础的可比无形资产交易案例,考虑历史交易情况,并重点分析被评估无形资产与已交易案例在资产特性、获利能力、竞争能力、技术水平、成熟程度、风险状况等方面是否具有可比性。

(4) 收集评估对象以往的交易信息;根据宏观经济发展、交易条件、交易时间、行业和市场因素、无形资产实施情况的变化,对可比交易案例和被评估无形资产以往交易信息进行必要调整。

第三节　无形资产价值评估实务及风险分析

一、评估调查

(一) 确认无形资产

1. 确认无形资产的存在

查询被估无形资产的内容、国家有关规定、专业人员评价情况、法律文书等,核实有关资料的真实性、可靠性和权威性。

2. 区别无形资产的种类

有些无形资产是由若干项无形资产综合构成的,应加以确认、合并或分离,避免重复评估和漏评估。

3. 确定无形资产的有效期限

无形资产有效期限是其存在的前提,某项专利权,如超过法律保护期限,就不能作为专利权评估。

(二) 收集资料的范围

评估所需资料主要包括以下几个方面:

（1）客户关系类：客户名单、以往的购货订单资料、往来函件；
（2）契约权：合同或某种书面协议；
（3）商标、专利、版权：书面注册文件；
（4）集合劳动力：雇员清单、人事档案、与就业有关的纳税申报单；
（5）专利技术：图纸、流程图、示意图、程序手册；
（6）商誉：财产报表、所得税申报、公司记录和文件、经营和财务预算；
（7）其他对于所有直接或间接影响无形资产价格因素的资料都应尽量搜集，包括相关市场需求、技术指标、经济指标、产业政策、行业信息等，如国务院91号令《资产评估管理办法》、财政部颁布的《资产评估准则》《资产评估准则——无形资产》《中华人民共和国商标法》和《中华人民共和国专利法》（以下简称《专利法》）等。

（三）搜集资料的渠道
（1）抵押人提供。
（2）通过实地的行业考察，与企业经营管理、财务人员、发展规划人员的充分沟通，收集企业历史经营资料，了解其经营现状与生产经营规划等，以获取丰富翔实的评估基础资料。
（3）到政府有关部门、咨询公司等查阅。
（4）查阅报纸、杂志、网络等有关无形资产的相关信息。

（四）资料整理
1. 建立押品清单
2. 对以下资料进行分类整理、分析
（1）收集无形资产的法律文件或其他证明材料。
（2）无形资产的自制成本或外购成本。
（3）无形资产给收益主体带来的经济效益。
（4）无形资产的存续期、法定期限、收益年限、合同约定期限、技术寿命期等。
（5）无形资产的技术成熟程度、市场供需和行业盈利水平及风险。

二、现场勘察

（一）了解权利状况
无形资产的转让有完全产权转让和许可使用之别，许可使用又分独占许可使用、独家许可使用、地区独家许可使用和普通许可等。在转让或许可使用过程中往往有相应条款的规定，这些都是确定无形资产评估价值的重要因素，应详细了解。

（二）关注产权瑕疵

产权瑕疵有显性和隐性之分。产权的显性瑕疵是指被评估的资产已经发生产权纠纷；产权的隐性瑕疵是指被评估资产存在但尚未发生的纠纷。

三、评估测算

（一）外部评估报告的审核

1. 中介评估机构的合法合规性审核

审核资质条件、执业范围和过程等是否符合国家有关法律法规以及银行中介评估机构管理的相关规定；评估报告的有效期和有效性。

2. 评估报告的逻辑性审核

审核评估目的、价值类型、评估中所依据的前提条件与评估方法选择之间是否一致；评估范围、对象与评估目的之间是否匹配，押品与评估对象是否一致；押品的属性、作价的前提条件与作价依据之间是否一致。

3. 评估结果的合理性审核

评估依据在评估基准日时点是否有效，评估中所依据的数据资料是否真实可靠，对数据资料的分析是否实事求是。对参照价格、取价标准以及价格变动指数关注其出处和有效期限两方面；对折现系数和风险系数，分析研究风险因素构成及技术处理方法的客观性和合理性；对于根据历史数据分析得出的结论，重点审核其推断是否符合逻辑并结合了行业、地区与企业的现状和发展前景。评估中的计算公式、评估参数构成和内涵、评估方法、计算过程与结果是否正确，分项计算与汇总结果是否吻合、计算和汇总的实际情况与文字说明是否一致。

（二）评估方法选择

无形资产评估的基本方法主要包括成本法、市场法、收益法。在采用市场法评估无形资产时，应注意掌握公开市场原则，充分重视被评估资产的特点，注意与类似资产的差别性和可比性。若采用收益法，要注意分析预测计算超额获利能力及避免将其他资产创造的收益误算到被评资产项目中去，注意参数和分成比率的选定，要充分考虑法律法规、宏观经济环境、技术进步、行业发展变化、企业经营管理、产品更新和替代等因素对无形资产收益额、收益率及折现率的影响。应用成本法评估时，要计算在当前情况下形成或取得该项资产所需的全部费用，要注意扣除实际存在的功能性贬值和经济性贬值。

（三）确定评估基准日

评估基准日可以是过去、现在或将来。一般来说，现场勘察日可直接确定为评估基准日。一旦确定了评估基准日，押品的物理状况、权利（或产权）状况、维护和使用状况是押品在评估基准日的状况；评估过程中所运用的参数、数据和资料在评估基准日是合法、有效的；评估结果是押品在评估基准日的价值。

（四）评估测算要点

（1）对企业提供的评估依据资料和信息必须进行调查、验证、核实和鉴定，包括查询被评估著作权、专利权等的内容，国家有关规定、专业人员评价情况、法律文书（著作权登记证书、计算机源程序代码及技术文档资料）、转让合同或许可使用合同等。

（2）合理确定无形资产带来的预期收益，分析与之有关的预期变动、受益期限，与收益有关的成本费用、配套资产、现金流量、风险因素及货币时间价值。

（3）预期收益口径与折现率口径保持一致。

（4）折现期限一般选择经济寿命和法定寿命的较短者。

（5）当预期趋势与现实情况明显不符时，分析产生差异的原因。

（6）评估基准日前的收益仅可作为以后年度收益预测的基础和参考，不应将评估基准日前的收益折算为评估值，应从基准日后的第一天开始预测现金流。

四、评估审查与审定

（一）评估审查要点

1. 专利权的评估

专利权是指经政府依法批准的发明人对其发明成果的创造、使用和销售等方面，在一定年限内享有独占权或专有权。对专利权的评估，应注意以下一些问题，即专利本身的一些基本情况。

（1）专利的类型是属于发明专利、实用新型专利还是外观设计专利。发明专利是指《专利法》保护的发明，即对产品、方法或者其改进所提出的新技术方案。被《专利法》确认为"发明"的有三种：产品发明、方法发明和改进发明。实用新型专利是指对产品的形状、构造或者其他的结合所提出的适于实用的新技术方案。外观设计专利是指对产品的形状、图案、色彩或者其结合所作出的富有美感，适合于工业上应用的新设计。从法律地位和重要性来讲，后两项专利远不如发明专利，在评估时应着重注意。

（2）专利权的残存有效期限。根据《专利法》第45条的规定，发明专利权的保护期为20年，实用新型和外观设计专利权的保护期为10年，均自申请之日起计算，不能续展。

（3）专利权人是否按规定缴纳年费。因为依照《专利法》规定，未按规定缴纳专利费用可能导致专利权在保护期限届满前终止。

（4）专利有无涉及侵权诉讼和无效诉讼。如卷入这类诉讼，尤其是该诉讼尚未终审裁决，那么专利权的价值就应大打折扣。

2. 商标权的评估

商标权是指注册商标权人对其注册商标所享有的专用权，包括专有的使用权、禁用权、续展权、转让权、许可使用权等。取得信誉卓著的商标权的产品或商品往往能使企业赢得大量顾客，因而带来可观的经济效益，在进行商标权评估时，要注意以下几点。

（1）经商标权人许可的注册的商标。因为商标权是由注册而产生，且以核准注册的商标和核定使用的商品为限，在有效期内受法律保护。未经注册的商标容易发生侵权行为，使用意义甚微。特别是国家规定必须用注册商标的人用药品、烟草制品以及其他商品，不得使用未注册的商标。

（2）该注册商标的有效期限是否已接近续展期。对已接近续展的商标应注意以下两个方面：一是该商标的合法性。因为商标在续展时，可能因违法而被撤销。二是在注册商标转让许可使用合同中应明确由何方负责办理续展，续展费用由谁来承担。

（3）该注册商标的社会知名度和影响力，是否是在中国互联网络信息中心注册的驰名商标。判断注册商标的社会知名度和影响力，应从使用该注册商标的时间、商品质量、销售区域等几个方面进行综合分析。

3. 商誉的评估

商誉一般是指某一企业由于技术先进、产品质量优越、历史悠久等原因而形成的无形价值。对商誉进行评估一般采用两种方法：直接法和残值法。

（1）直接法。此种方法认为商誉与超额收益密切相关，由于为商誉所支付的代价，实际是对预期的、超额的未来收益的付款，所以有必要把超额的未来收益变成它们的现值。这种计算商誉的基本公式是：商誉 ＝（预期的未来年收益该行业典型性的不变年所得率×企业的资本额）/商誉的本金化率。

（2）残值法。这种方法是先把一切个别的有形资产和负债项目及可辨认的无形资产项目，用现行价值计算，各项净资产的现行价值与购价相比的差额，即为商誉。

（二）评估审定要点

（1）核实评估流程的合规性。
（2）确认评估参数和方法选择的合理性。
（3）认定押品最终评估值。

五、评估案例分析（专利权）

（一）案例基本情况

摘要：××科技股份有限公司在银行贷款对应的抵押物——高透明阻燃聚碳酸酯和聚碳酸酯/聚苯乙烯合金（专利号：ZL00124682.8），耐光老化高韧性阻燃热塑性苯乙烯类聚合物的复合物（专利号：ZL00124684.4），环保型耐候高流动阻燃高抗冲聚苯乙烯复合物（专利号：ZL00124685.2），高光泽、快速成型阻燃增强聚对苯二甲酸丁二醇酯（专利号：ZL00124686.0），一种含有改性聚苯醚的无卤阻燃高抗冲聚苯乙烯/聚苯醚复合物及其制备方法（专利号：ZL03113673.7），一种无卤阻燃高抗冲聚苯乙烯复合物及其制备方法（专利号：ZL03113674.5），一种超韧聚对苯二甲酸丁二醇酯（PBT）复合物及其制备方法（专利号：ZL03114187.0）等7个专利所有权进行评估。

评估依据主要包括以下几种。

（1）《公司法》（2005年10月27日第十届全国人民代表大会常务委员会第十八次会议修订）。
（2）《专利法》。
（3）《中华人民共和国专利法实施细则》。
（4）《国有资产评估管理办法》（国务院令第91号）。
（5）《国有资产评估管理办法实施细则》（国资办发〔1992〕36号）。

(6) 国务院、财政部及有关部门颁布的其他有关法律、法规、文件等。

评估方法：估价人员在认真分析所掌握的资料并进行现场勘查、调查后，根据估价对象的特点及本次估价目的，遵照国家有关法律、法规、估价技术标准，对委估对象进行评估。由于在现有条件下，未来的收益和收益所承担的风险可以预测，满足采用收益途径评估的基本前提，故采用收益法进行评估。

评估测算过程主要包括：相关人员前往企业实地核实相关专利项下产品生产情况，结合企业提供的销售数据，以确保评估的准确性，根据××评估有限公司××号评估报告做出评估。

本次收益法评估采用的计算模型如下：

$$PV = \sum_{i=t_0}^{t_n} \frac{R_i}{(1+r)^i}$$

式中，PV——待估无形资产采用收益法之评估值；

i——评估基准日后距离评估基准日的时间间隔，单位为年；

t_0——待估无形资产存在预期收益的起始时点距评估基准日的时间间隔；

t_n——待估无形资产存在预期收益的终止时点距评估基准日的时间间隔；

R_i——在距评估基准日 i 年的时点，待估无形资产的预期收益估测值；

r——与待估无形资产预期收益匹配的折现率。

其中：

无形资产预期收益(R_i) = (专利产品预期净利润 + 折旧和摊销 − 资本性支出 − 净营运资金的增加) × 无形资产分成率

1. 预期收益的预测

(1) 预期收益年限的确定。本次评估的 7 个专利均用于改性塑料的制造，并且均已投入实际生产，根据前面的行业分析，改性塑料作为一种新材料，目前正处于迅猛发展阶段，因此预计委估专利的经济使用寿命长于专利权期限，本次评估以专利权尚存的期限为预期收益的预测年限（略）。

(2) 预期收益的确定。对第 1~5 年专利产品的净利润可通过逐年预测专利产品的收入、成本、费用等项目进行详细预测。

对第6年后各年的净利润,可根据长期变化趋势的预测,在第5年收益预测结果的基础上,采用收入、成本、费用保持不变的简化的趋势法进行预测。

预测净利润时,不考虑各种不可预见的非经常性收支(如营业外收支、补贴等),采用以下经简化的净利润计算公式对预期净利润进行预测:

预期净利润 = 收入 − 营业成本 − 营业税金及附加 − 营业费用 − 管理费用 − 财务费用 − 所得税

(3) 净利润的预测。

①营业收入及成本预测。

××公司提供的专利产品前三年的销量、收入及成本表(略)

根据专利产品前三年的销量、收入及成本数据,参考对应阶段国家经济形势及改性塑料行业发展现状,对专利产品未来收入及成本进行预测。预测结果见下表:

专利产品未来收入预测表(略)

专利产品未来成本预测表(略)

②主营业务税金及附加。根据××科技股份有限公司年报中披露的母公司前三年主营业务税金及附加占主营业务收入的平均比例,取主营业务税金及附加为收入的0.8%。

③营业费用的预测。营业费用主要包括销售人员工资、福利、修理费、业务招待费、业务拓展费等。根据××科技股份有限公司年报中披露的母公司前三年营业费用发生情况,参考行业数据,对营业费用进行预测。评估基准日后营业费用预测如表9−3所示。

表9−3 营业费用预测 (人民币元)

年期	第1年	第2年	第3年	第4年	第5年
营业费用	52 677 674.00	57 543 274.00	61 419 601.00	64 472 055.00	67 032 639.00
年期	第6年	第7年	第8年	第9年	第10年
营业费用	67 032 639.00	67 032 639.00	67 032 639.00	64 657 945.00	61 819 739.00
年期	第11年	第12年	第13年	第14年	
营业费用	48 949 484.00	13 279 600.00	12 615 371.00	3 532 701.00	

④管理费用的预测。管理费用包括工资、办公费、保险费、差旅费、福利

费、公积金、修理费、折旧与摊销等费用。根据××科技股份有限公司年报中披露的母公司前三年管理费用发生情况,参考行业数据,对管理费用进行预测。评估基准日后管理费用预测如表9-4所示。

表9-4 管理费用预测 （人民币元）

年期	第1年	第2年	第3年	第4年	第5年
管理费用	72 502 605.00	79 199 345.00	84 534 505.00	88 735 731.00	92 259 976.00
年期	第6年	第7年	第8年	第9年	第10年
管理费用	92 259 976.00	92 259 976.00	92 259 976.00	88 991 580.00	85 085 233.00
年期	第11年	第12年	第13年	第14年	
管理费用	67 371 333.00	18 277 299.00	17 363 092.00	4 862 212.00	

⑤财务费用的预测。财务费用主要为贷款利息。根据××科技股份有限公司年报中披露的母公司前三年财务费用水平,考虑未来收入变化对财务费用的影响,评估基准日后财务费用预计如表9-5所示。

表9-5 财务费用预测 （人民币元）

年期	第1年	第2年	第3年	第4年	第5年
财务费用	34 437 957.00	37 621 661.00	40 158 002.00	42 152 256.00	43 824 772.00
年期	第6年	第7年	第8年	第9年	第10年
财务费用	43 824 772.00	43 824 772.00	43 824 772.00	42 270 230.00	40 419 518.00
年期	第11年	第12年	第13年	第14年	
财务费用	31 994 039.00	8 688 526.00	8 253 938.00	2 325 421.00	

⑥所得税的预测。由于××公司于2008年12月16日获得高新技术企业证书（证书编号：GR200844000664）,根据国家相关规定,按利润的15%测算所得税。

⑦分成率的确定。评估人员参考柯布-道格拉斯生产函数,假定收入是资金、劳动与无形资产的函数。评估人员通过向企业管理人员了解,收集改性塑料行业特点,设置三阶段矩阵比较资金、劳动及无形资产在收入形成中的相对重要性确定无形资产对销售收入的贡献。然后采用层次分析法（简称AHP法）对各无形资产的贡献进行划分,确定专利技术和商标许可使用权的分成率。

经过测算,委估专利的分成率为 22.59%。

2. 折旧、摊销和资本性支出的预测

由于本次评估范围中的专利产品生产装置均已建成投产并于评估基准日处于正常运行状态,本次评估假设相关的生产装置将保持目前的生产规模,未来不进行改、扩建,发生的折旧和摊销金额将全部用于相应的更新改造等资本性支出,并可以维持生产装置正常运行。

3. 净营运资金的预测

根据××科技股份有限公司年报中披露的母公司前三年净营运资金占主营业务收入的比例,对净营运资金进行测算,得到净营运资金的增加。评估基准日后净营运资金的增加预测如表 9-6 所示。

表 9-6 净营运资金的增加预测 (人民币元)

年期	第1年	第2年	第3年	第4年	第5年
净营运资金的增加	85 873 523.00	65 868 715.00	52 476 303.00	41 322 999.00	34 664 249.00
年期	第6年	第7年	第8年	第9年	第10年
净营运资金的增加	—	—	—	-32 147 735.00	-38 422 590.00
年期	第11年	第12年	第13年	第14年	
净营运资金的增加	-139 386 246.00	-70 249 218.00	—	—	

4. 折现率的选取

本次评估采用下式估算预期收益适用的折现率:

$$预期收益所适用的折现率 = Rg + (Rm - Rg) \times \beta$$

式中,Rg——无风险报酬率;

Rm——社会平均收益率;

β——被评估企业 β 系数。

(1) 无风险报酬率的选取。评估人员参考"中国债券信息网"(www.chinabond.com.cn)发布的评估基准日近期"固定利率国债收益率曲线",选取与委估权益收益年限相近的国债收益率作为无风险报酬率。

评估基准日近期,我国 15 年的国债收益率为 4%。

(2) 社会平均收益率的选取。社会平均收益率可通过财政部统计评价局制定的《企业绩效评价标准值》查阅到。本次评估取全部工业企业净资产收益率的平均值为社会平均收益率，经查阅《企业绩效评价标准值》（2008），全部工业企业净资产收益率的平均值为8.3%。

（3）β系数。β系数测算过程如下：

①计算市场收益率和个别收益率；

②市场收益率根据证券市场综合指数的变化计算，个别收益率根据××公司股票收盘价的变化来计算；

③计算市场平均收益率和个别平均收益率；

④计算市场平均收益率和个别平均收益率的协方差；

⑤计算市场收益率的方差；

⑥计算β系数。

β系数等于市场平均收益率和个别平均收益率的协方差除以市场收益率的方差。

根据评估人员的测算，××公司的β系数为0.98。

（4）折现率的确定。根据以上测算，××公司的折现率为：

折现率 = Rg + （Rm - Rg）× β = 4% + （8.3% - 4%）× 0.98 = 8.2%

5. 资产评估值的计算

根据前文对预期收益，折旧、摊销和资本性支出，净营运资金等的预测与折现率的估计分析，评估人员将各种预测数据代入本评估项目使用的收益法模型，计算得出委估无形资产评估值（见表9-7）。

表9-7 无形资产价值评估计算表 （元）

年期	第1年	第2年	第3年	第4年
收入（母公司）	2 832 133 000.00	3 093 724 400.00	3 302 129 100.00	3 466 239 500.00
成本（母公司）	2 280 659 400.00	2 491 500 700.00	2 659 470 300.00	2 791 540 100.00
主营业务税金及附加	2 265 706.00	2 474 980.00	2 641 703.00	2 772 992.00
主营业务利润	549 207 894.00	599 748 720.00	640 017 097.00	671 926 408.00
经营费用	52 677 674.00	57 543 274.00	61 419 601.00	64 472 055.00
管理费用	72 502 605.00	79 199 345.00	84 534 505.00	88 735 731.00
财务费用	34 437 957.00	37 621 661.00	40 158 002.00	42 152 256.00
营业利润	389 589 658.00	425 384 440.00	453 904 989.00	476 566 366.00
所得税	58 438 449.00	63 807 666.00	68 085 748.00	71 484 955.00

续表

年期	第1年	第2年	第3年	第4年
净利润	331 151 209.00	361 576 774.00	385 819 241.00	405 081 411.00
加：折旧与摊销	—	—	—	—
减：资本性支出	—	—	—	—
减：净营运资金的增加（加减少）	85 873 523.00	65 868 715.00	52 476 303.00	41 322 999.00
净现金流量	245 277 686.00	295 708 059.00	333 342 938.00	363 758 412.00
专利分成收益	55 408 229.00	66 800 451.00	75 302 170.00	82 173 025.00
折现系数	0.9242	0.8542	0.7894	0.7296
折现值	51 209 084.00	57 059 094.00	59 446 421.00	59 954 286.00

年期	第5年	第6年	第7年	第8年
收入（母公司）	3 603 905 300.00	3 603 905 300.00	3 603 905 300.00	3 603 905 300.00
成本（母公司）	2 902 302 800.00	2 902 302 800.00	2 902 302 800.00	2 902 302 800.00
主营业务税金及附加	2 883 124.00	2 883 124.00	2 883 124.00	2 883 124.00
主营业务利润	698 719 376.00	698 719 376.00	698 719 376.00	698 719 376.00
经营费用	67 032 639.00	67 032 639.00	67 032 639.00	67 032 639.00
管理费用	92 259 976.00	92 259 976.00	92 259 976.00	92 259 976.00
财务费用	43 824 772.00	43 824 772.00	43 824 772.00	43 824 772.00
营业利润	495 601 989.00	495 601 989.00	495 601 989.00	495 601 989.00
所得税	74 340 298.00	74 340 298.00	74 340 298.00	74 340 298.00
净利润	421 261 691.00	421 261 691.00	421 261 691.00	421 261 691.00
加：折旧与摊销	—	—	—	—
减：资本性支出	—	—	—	—
减：净营运资金的增加（加减少）	34 664 249.00	—	—	—
净现金流量	386 597 442.00	421 261 691.00	421 261 691.00	421 261 691.00
专利分成收益	87 332 362.00	95 163 016.00	95 163 016.00	95 163 016.00
折现系数	0.6743	0.6232	0.5760	0.5323
折现值	58 889 640.00	59 306 819.00	54 812 217.00	50 658 242.00

续表

年期	第 9 年	第 10 年	第 11 年	第 12 年
收入（母公司）	3 476 233 600.00	3 323 641 900.00	2 631 692 700.00	713 957 008.00
成本（母公司）	2 799 353 000.00	2 676 789 300.00	2 118 810 500.00	575 399 100.00
主营业务税金及附加	2 780 987.00	2 658 914.00	2 105 354.00	571 166.00
主营业务利润	674 099 613.00	644 193 686.00	510 776 846.00	137 986 742.00
经营费用	64 657 945.00	61 819 739.00	48 949 484.00	13 279 600.00
管理费用	88 991 580.00	85 085 233.00	67 371 333.00	18 277 299.00
财务费用	42 270 230.00	40 419 518.00	31 994 039.00	8 688 526.00
营业利润	478 179 858.00	456 869 196.00	362 461 990.00	97 741 317.00
所得税	71 726 979.00	68 530 379.00	54 369 299.00	14 661 198.00
净利润	406 452 879.00	388 338 817.00	308 092 691.00	83 080 119.00
加：折旧与摊销	—	—	—	—
减：资本性支出	—	—	—	—
减：净营运资金的增加（加减少）	-32 147 735.00	-38 422 590.00	-139 386 246.00	-70 249 218.00
净现金流量	438 600 614.00	426 761 407.00	447 478 937.00	153 329 337.00
专利分成收益	99 079 879.00	96 405 402.00	101 085 492.00	34 637 097.00
折现系数	0.4920	0.4547	0.4202	0.3884
折现值	48 746 128.00	43 835 782.00	42 480 436.00	13 452 852.00
年期	第 13 年	第 14 年	合　计	
收入（母公司）	678 245 769.00	189 930 175.00		
成本（母公司）	546 618 400.00	154 001 400.00		
主营业务税金及附加	542 597.00	151 944.00		
主营业务利润	131 084 772.00	35 776 831.00		
经营费用	12 615 371.00	3 532 701.00		
管理费用	17 363 092.00	4 862 212.00		
财务费用	8 253 938.00	2 325 421.00		
营业利润	92 852 371.00	25 056 497.00		

续表

年期	第 13 年	第 14 年	合　计
所得税	13 927 856.00	3 758 475.00	
净利润	78 924 515.00	21 298 022.00	
加：折旧与摊销	—	—	
减：资本性支出			
减：净营运资金的增加（加减少）	—	—	
净现金流量	78 924 515.00	21 298 022.00	
专利分成收益	17 829 048.00	4 811 223.00	
折现系数	0.3590	0.3318	
折现值	6 399 908.00	1 596 150.00	607 850 000.00

（二）案例解析

1. 评估风险分析

（1）技术进步替代风险。案例中的质押物均为发明专利，如果后续其他发明专利，或者新材料技术的发展使得上述专利代表的生产力降低或者雷同，均可能使得质押物评估价值出现下降。

（2）处置风险。发明专利属于无形资产，本次评估缺乏类似交易案例的对比，同时市场上的流动性较差，如果需要处置质押物，可能面临一定的流动性风险。

2. 评估中起关键作用的因素

对无形资产价值能否形成起决定性作用的因素是对技术的评价、对项目技术经济评价和评估技术参数的选择。

（1）对技术的评价。无形资产评估侧重于从技术的成熟度分析。对于本评估项目，该技术除具有先进性外，更主要是具有可靠性，生产工艺可行，技术成熟，而且产品正批量进入市场，各项质量指标基本达到或超过国外同类产品水平，并签订了供货合同。因此，该项目未来收益和风险都可以比较准确地预测，这是选择评估方法的基础。

（2）对项目技术经济评价。无形资产是依附于有形资产而发挥效益，因此，对投资和技术运营的有关技术经济指标、财务指标的分析评价是影响评估结果的基本因素。成本结构分析通过原料构成、价格水准和工艺流程（人工费用）分析，资金周转率取决于市场及同行业水平；销售费用取决于营销方式；财务费用取决于融资规模和方式；管理费用参考同行业水平。这些基本数据要依靠专业机构出具的可行性报告或者由评估机构独立调查完成。

（3）技术参数的选取。技术参数选取直接决定了评估的客观性和科学性。无形资产评估的主要技术参数是超额收益年限、折现率和分成率。

超额收益年限从法定保护期限、合同期限和技术自身情况等方面分析。从根本上说，超额收益年限是由技术的垄断性和替代性决定的，不同领域技术其超额收益期不同，如电子技术的超额收益期一般为2～3年，机械、化工类则长一些，最长不超过专利保护期，在实践工作中多为3～10年。

对于具体一项技术资产的利润分成率的确定，主要考虑技术的先进性、创新性和成熟度、技术的法律状况和更新周期、市场前景、获利能力、技术交易方式等，具体操作可运用层次分析法由专家评分确定。

3. 运用评估方法应注意的问题

（1）评估方法的选择。评估方法的选择主要依据评估目的和评估资产特征。从评估目的来看，一是以转让或投资为目的时，通常采用收益法。二是以科技成果价值保全和价值补偿为目的评估，通常采用成本法。从技术资产所处阶段性，实验室成果或者小试成果一般采用成本法，进入工业化阶段的技术可采用收益法，中试技术成果，若采用收益法，对风险应给予充分考虑。

（2）必要的假设条件。资产的价格是相对的，是在特定条件下的价格。由于无形资产不具有实物形态，价值的大小与资产的运营力度有密切关系，因此，利用收益现值法评估技术资产离不开经营或者使用情况预测，因此，建立在科学分析基础上的假设对评估技术资产价值十分重要。

（3）评估参数的匹配。在技术无形资产评估中，需要选用适当的评估参数，主要参数有：技术资产的经济寿命期、预期收益额、折现率、分成率等。用收益法评估时，其参数之间具有一致性，尤其是收益额与折现率之间要协调一致。

本章参考文献

1. 高立法,孙健南,吴贵生.资产评估.北京:中国时代经济出版社,2002
2. 全国注册资产评估师考试用书编写组.资产评估.北京:中国财政经济出版社,2006
3. 刘德运.无形资产评估.北京:中国财政经济出版社,2010
4. 白雪梅.无形资产评估成本法探析.商业会计,2008(1)
5. 张新英.浅谈期权定价法在无形资产评估中的应用.煤炭经济研究,2008(1)
6. 刘玉平.基于知识产权视角的无形资产评估问题研究.中国资产评估,2008(2)
7. 刘忠启.谈对企业无形资产评估方法的探析.现代商业,2008(21)
8. 刘阳依.浅谈无形资产评估的几个问题.现代经济信息,2008(2)
9. 边静慧.无形资产评估中折现率的确定.经济论坛,2008(17)
10. 卜坤.浅谈无形资产评估.商业会计,2006(8)
11. 王艳,赵才华.无形资产评估方法的比较研究.金融经济,2006(18)
12. 胡蓓蓓.无形资产评估方法浅谈.企业家天地,2005(12)
13. 王诚军.无形资产评估之国际发展评析.中国资产评估,2004(4)
14. 徐曼,杨为国.无形资产评估中利润分成率新模型的探讨.中国资产评估,2003(3)
15. 李大洪.关于无形资产评估的探讨.统计与决策,2002(2)
16. 张润青,宗义湘,王淑珍.浅议统计方法在无形资产评估中的应用.中国资产评估,2002(3)
17. 姜楠.对无形资产评估价值决定理论的重新认识.中国资产评估,2001(5)

第十章
资源资产评估方法与实务

了 解

矿业权的概念、特点；矿业权的分类；矿业权的概念及构成；矿业权制度的概念。

熟 悉

我国矿业权管理制度；矿业权评估理论及原理；各种评估方法的适用范围及前提条件。

掌 握

各种评估方法的基本原理、公式、各种参数的确定方法；评估工作要点；评估中的常见问题；抵押风险及变现能力分析。

第一节 概 述

近年来，资源资产评估研究及实践活动日趋活跃。我国最新制定的全国矿产资源规划（2008~2015年），进一步强调资源资产管理的重要性，相应的合理而有效的资源资产评估对保证经济的持续、协调和健康发展必将起到积极作用。资源资产评估主要包括矿业权评估和森林资源评估。

一、矿业权评估基础知识

(一) 矿业权概念

探矿权和采矿权统称矿业权。

探矿权，是指在依法取得的勘查许可证规定的范围内，勘查矿产资源的权利。采矿权，是指在依法取得的采矿许可证规定的范围内，开采矿产资源和获得所开采的矿产品的权利。矿业权的取得和转移必须履行严格的法律、行政程序，遵循以登记为要件的不动产变动原则。

(二) 我国矿业权市场法律法规

我国的矿业权评估是基于下列法律体系形成的：《中华人民共和国矿产资源法》，国务院法规240、241、242号令，国土资源部部门规章309号。如图10-1所示。

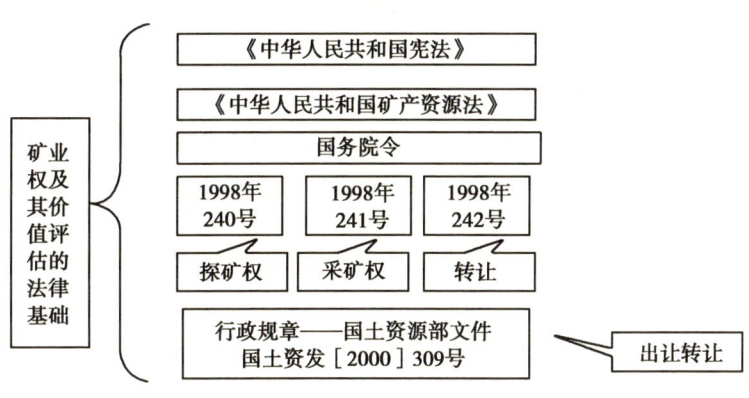

图10-1 矿业权评估法律体系

1. 相关法规

(1)《中华人民共和国矿产资源法》，1986年发布。

(2) 中华人民共和国国务院令第152号《中华人民共和国矿产资源法实施细则》，1994年3月26日发布。

(3) 国务院令第240号《矿产资源勘查区块登记管理办法》，1998年2月12日发布。

(4) 国务院令第241号《矿产资源开采登记管理办法》，1998年2月12日发布。

（5）国务院令第 242 号《探矿权采矿权转让管理办法》，1998 年 2 月 12 号发布。

（6）国土资源部国土资发 75 号《探矿权采矿权评估管理暂行办法》，1999 年 3 月 30 日发布。

（7）国土资源部国土资发［2000］302 号《探矿权采矿权评估资格管理暂行办法》，2000 年 10 月 31 日发布。

（8）财政部国土资源部财综字［1999］74 号《探矿权采矿权使用费和价款管理办法》，1999 年 6 月 7 日发布。

（9）国土资源部、人事部《矿业权评估师执业资格制度暂行规定》，2000 年 8 月 4 日发布。

2. 矿业权市场遵循的相关制度

（1）勘查开采矿产资源的登记制度。《中华人民共和国国土资源法》第 3 条规定："勘查、开采矿产资源，必须依法分别申请，经批准取得探矿权、采矿权，并办理登记。"与之配套的相关法规为《矿产资源勘查区块登记管理办法》和《矿产资源开采登记管理办法》。

（2）矿业权出让、转让制度。这是登记制度在行政管理上的体现，是矿业权市场建立的必备条件，与之配套的相关法规主要为《探矿权采矿权转让管理办法》。

（3）矿产资源有偿使用法律制度。《中华人民共和国国土资源法》规定："开采矿产资源，必须按照国家有关规定交纳资源税和资源补偿费。"因此，矿产资源有偿使用指资源税和资源补偿费。

（4）矿业权有偿取得法律制度。《矿产资源法》第 5 条规定：国家行使探矿权、采矿权有偿取得制度，具体可参见《矿产资源勘查区块登记管理办法》和《矿产资源开采登记管理办法》。探矿权前 7 年分别按 100 元/平方千米、100 元/平方千米、100 元/平方千米、200 元/平方千米、300 元/平方千米、400 元/平方千米、500 元/平方千米交纳，第 8 年开始按 500 元/平方千米交纳；采矿权按每年 1000 元/平方千米交纳。

（5）对国家出资勘查探明矿产地收取矿业权价款的规定。收取矿业权价款，是根据国务院 3 个与《矿产资源法》配套的法规确立的，即《矿产资源勘查区块登记管理办法》《矿产资源开采登记管理办法》和《探矿权采矿权转让管理办法》，主要涉及国家作为矿产资源所有者的利益如何得到合理补偿的问题。

根据财政部国土资源部《关于印发〈探矿权采矿权使用费和价款管理办法〉的通知》（财综字［1999］74号）第2条规定：在中华人民共和国领域及管辖海域勘查、开采矿产资源，均须按规定交纳探矿权采矿权使用费、价款。第四条规定：采矿权价款。国家将其出资勘查形成的采矿权出让给采矿权人，按规定向采矿权人收取的价款。第11条规定：国有企业实际占有的由国家出资勘查形成的探矿权、采矿权在转让时，其探矿权、采矿权价款经国务院地质矿产主管部门会同财政部批准，可全部或部分转增企业的国家资本金。

（6）矿业权评估报告确认和备案制度。

根据《探矿权采矿权评估管理暂行办法》，探矿权评估报告采用备案制，采矿权评估报告采用确认制。

二、矿业权评估主要参数的概念

（一）矿产资源储量

根据矿业权评估利用资源储量指导意见（CMVS 30300—2008），相关概念如下。

1. 评估利用资源储量

评估利用资源储量是参与评估的保有资源储量中的经济基础储量与资源量经可信度系数调整后的资源储量之和。

可信度系数，是在估算评估利用资源储量时，将参与评估的保有资源储量中资源量折算为评估利用资源储量的系数。

2. 评估利用可采储量

评估利用可采储量是指评估利用资源储量扣除各种损失后可采出的储量。

$$评估利用可采储量 = 评估利用资源储量 - 设计损失量 - 采矿损失量$$
$$= （评估利用资源储量 - 设计损失量）\times 采矿回采率$$

（1）露天开采设计损失量一般为最终边帮矿量。

（2）地下开采设计损失量一般包括：①由地质条件和水文地质条件（如断层和防水保护矿柱、技术和经济条件限制难以开采的边缘或零星矿体或孤立矿块等）产生的损失；②由留永久矿柱（如边界保护矿柱、永久建筑物下需留设的永久矿柱以及因法律、社会、环境保护等因素影响不能开采的保护矿柱等）造成的损失。

3. 保有资源储量

生产矿山采矿权评估,参与评估的保有资源储量按不同方式确定。

(1) 评估基准日在储量核实基准日之后:参与评估的保有资源储量 = 储量核实基准日保有资源储量 − 储量核实基准日至评估基准日的动用资源储量 + 储量核实基准日至评估基准日的生产勘探净增资源储量。

(2) 评估计算时点在储量核实基准日之前:参与评估的保有资源储量 = 储量核实基准日保有资源储量 + 储量核实基准日至评估计算时点的动用资源储量。

(3) 延续登记采矿权价款评估,评估基准日在采矿许可证有效期后,应以采矿许可证有效期末时点的保有资源储量参与计算。

4. 动用资源储量

生产矿山采矿权评估,动用资源储量按下列方式确定:

$$动用资源储量 = 采出矿石量 \times (1 - 矿石贫化率) + 采矿损失量$$
$$= 采出矿石量 \times (1 - 矿石贫化率) / 采矿回采率$$

式中:煤矿采矿回采率指采区回采率,煤矿及无须考虑废石混入的非金属矿不计矿石贫化率。

5. 评估利用资源储量

$$评估利用资源储量 = \sum (参与评估的经济基础储量 + 资源量 \times 相应类型可信度系数)$$

对于金属矿产,应针对矿石量和金属量同时采用可信度系数折算,同类型资源量折算前后其矿石品位保持不变。

(二) 采选 (冶) 技术指标

矿业权评估中涉及的采选(冶)技术指标主要包括采矿损失率或采矿回采率、矿石贫化率、选矿回收率、冶炼回收率等,主要指标的含义或换算关系综合如下:

矿石损失率:在开采过程中损失的矿产储量与总储量的比率。

矿石贫化率 ρ:在开采过程中,因混入废石和在个别情况下高品位粉矿的流失而造成矿石品位降低的百分率。

废石混入率:在开采过程中,混入采出矿石中的废石量与采出矿石量的比率。

选矿回收率 ε:在选矿过程中,选出的精矿中金属量或有用矿物与原矿中金属量或有用矿物的比率。

产率 γ：在选矿过程中，选出的精矿产品量与原矿产品量的比率。

选矿比：在选矿过程中，原矿量与选出的精矿产品量的比率，即产率的倒数。

冶炼回收率：在冶炼过程中，冶炼产出的金融产品中金属量与其原料精矿中金属的比率。

$$采矿回采率 = 1 - 采矿损失率$$

$$采矿回采率 = \frac{采出矿石量 \times (1 - 矿石贫化率)}{评估利用的资源储量 - 设计损失量}$$

$$矿石贫化率 = \frac{地质品位 \times 采出矿石品位}{地质品位}$$

$$选矿回收率 = \frac{产率 \times 精矿品位}{原矿品位} = \frac{产率 \times 精矿品位}{地质品位 \times (1 - 矿石贫化率)}$$

三、森林资源资产评估基础知识

（一）森林资源资产概念

森林资源资产主要分为林木资产、林地资产、景观资产、野生植物资产、野生动物资产。在林木资产中根据其收获形式的不同还可分为用材林林木资产、薪炭林林木资产、经济林林木资产和竹林资产。

（二）我国森林资源评估的政策规定

根据我国的国情对森林资源资产评估国家有一定的政策规定，当前最主要的有国务院发布的《国有资产管理办法》《资产评估操作规范意见（试行）》《森林资源资产评估技术规范（试行）》等。对资产占有单位在什么情形下应当进行资产评估以及评估的范围，评估的组织管理、原则、程序、方法及其法律责任都做了明确的规定，这是对资产评估工作的政策要求。有些产品还离不开国家的补贴、扶持，特别是林产品的价格在很大程度上受国家规定的税费影响，这就使之更具有政策性。

此外，我国林业相关法规对幼龄林、中龄林、近熟林、成熟林、过熟林等不同林龄林种的经营规定是不同的，通常只有成熟林、过熟林可以采伐，但也必须由经营方申请取得采伐指标，而其他林组林木的采伐必须到主伐期，即达到成熟林后方可按以上规定采伐。因此很多的森林资源资产是受限资产，不能简单地以其资源量来直接评定估算其市场价值。

(三) 林权小班及其划分

1. 小班的含义

小班是准确标示到图上的基本区划单位,是森林资源二类调查、统计和经营、管理的基本单位。

2. 小班划分依据

小班划分宜采用自然区划方法。小班划分条件如下。

(1) 同时兼顾资源调查和经营管理的需要,考虑下列基本条件:

①权属不同;

②森林类别及林种不同;

③生态公益林的事权等级、保护等级不同;

④林业工程类别不同;

⑤地类不同;

⑥起源不同;

⑦树种组成不同,优势树种(组)比例相差两成以上,纯林和混交林要分别区划小班;

⑧龄组或龄级不同,Ⅵ龄级以下相差一个龄级,Ⅶ龄级以上相差两个龄级,经济林生产期不同;

⑨林分郁闭度不同,商品林郁闭度相差 0.20 以上,公益林相差一个郁闭度级,灌木林相差一个覆盖度级;

⑩立地类型、林分经营类型或经营措施类型不同。

(2) 小班最小面积。

小班最小面积依据林种、外业调查底图比例尺和经营集约度而定。一般小班最小面积:

①经济林及经济价值高的毛竹、大径刚竹为 $0.4hm^2$(6 亩);

②用材林、薪炭林及生态公益林小班为 $1hm^2$(15 亩);

③平原、村庄片林为 $0.4hm^2$(6 亩)。

(3) 小班最大面积。

小班最大面积:一般商品林不超过 $15hm^2$(225 亩),公益林原则上不超过 $35hm^2$(525 亩)。辅助生产林地小班、非林地小班最大面积不限。

需要注意的是,应正确对待商品林、公益林小班最大面积,不能以小班最大允许面积划小班。首先考虑小班划分条件，应划开则划开。不能认为只要没有超过最大面积，在该划开处不划开。

第二节 资源资产主要评估方法

一、探矿权评估的方法与选择标准

根据我国相关评估规范，探矿权的常用评估方法有 7 种，分别为折现现金流法、折现现金流风险系数调整法、约当投资—折现现金流法、勘查成本效用法、地质要素评序法、可比销售法和粗估法。

探矿权活动是从地质勘查工作开始，经预查、普查、详查、勘探等工作阶段，探矿权交易活动可以发生在各个阶段，不同阶段的探矿权由于其特点不同，资料的获取程度不同，适用以上不同的评估方法。

各种评估方法的适用范围及选择标准不同，具体说明如表 10 - 1 所示。

表 10 - 1 探矿权方法选择标准一览表

序号	评估方法	适用范围	选择标准	备注
1	折现现金流法	适用于详查工作阶段以上的探矿权评估	(1) 对所勘探的矿产资源未来开采预测较明确 (2) 评估对象具有独立的获利能力，并能被测算 (3) 评估对象未来的收益和风险能用货币计量	
2	折现现金流风险系数调整法	适用于赋存稳定的沉积型矿种的探矿权评估，一般用于大型矿床中勘查程度较低（详查或详查以下）的勘查区	(1) 勘查区范围属于大型沉积型矿床的一部分，其周边已进行过较高程度的勘查或已进行开发，在收集相关地质信息、通过类比估算得出的资源/储量大致可靠 (2) 根据勘查区已知地质情况所拟定的总体规划或开发利用初步方案，与未来勘查结束后所制定的开发方案没有较大偏差 (3) 根据所拟定的总体规划或开发利用初步方案，通过类比测算出的未来收益大致可靠	较少用

续表

序号	评估方法	适用范围	选择标准	备注
3	约当投资—折现现金流法	适用于详查工作阶段以上的探矿权评估	同折现现金流法，且卖方已投资价值的现值可以计算得出	较少用
4	勘查成本效用法	适用于只投入了零星工程进行地表或浅部揭露的预查阶段探矿权评估，或经较系统勘查工作后找矿前景仍不确定的探矿权评估	(1) 探矿工作各类实物工作量有详细的原始记录，足以说明各类实物工作量的相关性、有效性和质量状况 (2) 有正规的原始图件和综合图件 (3) 由于勘查工作程度较低，可以不具备矿产资源量数据	
5	地质要素评序法	主要适用于普查阶段探矿权的评估，也适用于能够满足上述前提条件的预查阶段探矿权评估	(1) 在评估对象的勘查区块内，已进行较系统的地质勘查工作，有符合勘查规范要求的地质报告和地质资料，并已经取得比较具体、可满足评判价值指数所需的地质、矿产信息。在勘查区块外围有足够的区域地质矿产资料 (2) 具备符合聘用条件的地质勘查专家实施地质要素价值指数评判工作	
6	可比销售法	适用于可以找到两个以上可比交易案例的探矿权评估	(1) 要有一个发育的、活跃的矿业权市场 (2) 类似参照物是可以找到的 (3) 参照物与待评估矿业权可比较的指标、技术参数等资料是可以搜集到的	很少用
7	粗估法	适合于只有少量并且不全的勘查资料的勘查区探矿权评估	所需资料较少	很少用

探矿权评估基本参数取值的依据资料主要有三大类：

第一类为技术、经济基础资料，如地质勘查报告、矿产资源开发利用方案、（预）可行性研究报告、矿山初步设计、财务会计资料、审计报告等。

第二类为有关的技术规范和规程，如地质勘查规范、资源储量分类标准、矿山设计规范、矿山选冶规范等。

第三类为相关的各类统计资料，如统计年鉴、行业统计数据、企业统计报告等。

（一）资源储量与可采储量

1. 评估利用的资源储量

采矿权评估时，经济基础储量和边际经济基础储量全部参与评估计算，次边际经济的资源量原则上不参与评估计算，但设计或实际已利用的次边际经济的资源量应采用可信度系数进行折算，参与评估计算；内蕴经济资源和预测的资源量采用可信度系数进行折算，参与评估计算。

$$评估利用的资源储量 = \sum (基础储量 + 各级别资源量 \times 该级别资源量的可信度系数)$$

2. 评估利用的可采储量

可采储量是指评估利用的资源储量扣除各种损失后可采出的储量，计算公式为：

$$可采储量 = 评估利用资源储量 - 设计损失量 - 采矿损失量$$
$$= (评估利用资源储量 - 设计损失量) \times 采矿回采率$$

应注意的是，利用资源量进行评估，采用可信度系数对资源量进行折算时，应同时对该资源量所涉及的设计损失按同口径进行折算。

(二) 生产能力

矿山企业的生产能力（也称生产规模），是矿山企业正常生产时期，单位时间内能够采出的矿石量。对在建、拟建矿山，其生产能力应依据经审批的矿产资源开发利用方案或经审批的（预）可行性研究报告或矿山初步设计确定。

对于不能用上述方法确定的，可用以下方法初步估算生产能力，在此基础上，根据矿山生产能力确定的原则和影响因素综合确定合理的矿山生产能力。

1. 按经济合理的矿山服务年限计算

（1）金属矿产

$$A = \frac{Q}{T \cdot (1-\rho)}$$

式中，A——矿山生产能力；

Q——可采储量；

T——合理的矿山服务年限；

ρ——矿石贫化率。

（2）煤矿

$$A = \frac{Q}{T \cdot K}$$

式中，A——矿山生产能力；

Q——可采储量；

T——合理的矿山服务年限；

K——储量备用系数。

一般矿山合理服务年限如表 10-2 所示。

表 10-2　一般矿山合理服务年限参考表

矿山规模类型	特大型	大 型	中 型	小 型
金属矿服务年限（年）	≥33	24~32	16~23	≤15
煤矿服务年限（年）	≥80	50~79	25~49	≤24

2. 按矿山开采下降速度计算

$$A = \frac{V \times S \times d \times \eta}{1 - \rho}$$

式中，A——矿山生产能力；

V——开采年下降速度；

S——典型开采阶段上的矿体面积；

d——矿石体重；

η——采矿回采率；

ρ——矿石贫化率。

国内一般露天开采矿山各种开拓运输方式综合年下降速度如表 10-3 所示。

表 10-3　国内一般露天开采矿山各种开拓运输方式综合年下降速度

开拓运输方式		采场状态	下降速度（m/a）
铁路运输	固定干线	山坡露天	8~10
		深凹露天	6~8
	移动干线	山坡露天	—
		深凹露天	6~8
公路运输		山坡露天	14~18
		深凹露天	12~16

国内一般地下开采矿山年下降速度如表10-4所示。

表10-4 国内一般地下开采矿山年下降速度

采矿方法	下降速度（m/a）							
	长<600m或面积 100~200m²		长600~1 000m或面积 200~600m²		长1 000~1 500m或面积600~10 000m²		长>1 500m或面积1 000~20 000m²以上	
	多阶段	1~3阶段	多阶段	1~3阶段	多阶段	1~3阶段	多阶段	1~3阶段
浅孔留矿法	35	15~25	21	6~15	—	—	—	—
极薄脉群留矿法	20	10~15	13	7~10	—	—	10	6~8
有底柱崩落法	40	25~35	30~40	15~25	30	10~20	20~30	6~20
无底柱崩落法	—	20~30	—	15~25	—	8~12	—	5~8
分段空场法	40	20~30	30~40	15~20	30	12~18	21	10~15
充填法	—	6~8	10	6~9	15	5~7	—	4~5

注：矿石有自燃发火危险，水文地质条件复杂矿山，下降速度在相同条件下应降低10%~15%。
资料来源：《采矿设计手册》（矿产开采卷），中国建筑工业出版社，1987年12月第1版。

3. 石材矿山

$$A = Q_h \times (1 + K_d) \text{ 或 } A = \frac{Q_1 \times (1 + K_d)}{\eta_b}$$

式中，A——矿山生产能力；

Q_h——年生产的荒料量；

Q_1——年生产板材量；

K_d——吊装运输损失系数，$K_d = 1\% \sim 2\%$；

η_b——板材率。

4. 石料矿山

石料（如石灰岩、白云岩等）生产能力采用体积表示时，计算公式为：

$$A = \frac{Q \times K \times \beta}{T}$$

式中，A——石料生产能力；

Q——石料可采储量；

K——地质影响系数；

β——松散系数；

T——矿山服务年限。

(三) 矿山生产服务年限

根据上述确定的矿山生产能力，按下列公式计算矿山生产服务年限。

1. 金属矿种

$$T = \frac{Q}{A \times (1-\rho)}$$

式中，T——矿山服务年限；

ρ——矿石贫化率。

2. 非金属矿种

$$T = \frac{Q}{A}$$

其中煤矿：

$$T = \frac{Q}{A \times K}$$

式中，K——储量备用系数。

3. 石材矿

$$T = \frac{Q_{sx} \times \eta_b}{Q_1 \times (1 + K_d)}$$

式中，Q_{sx}——石材矿荒料可采储量。

4. 石料矿

$$T = \frac{Q \times K \times \beta}{A}$$

式中，K——地质影响系数。

β——松散系数。

(四) 评估计算年限

根据上述计算方法，可得出矿山生产服务年限。

采矿权设立登记时，采矿许可证有有效期限定，根据国务院［241］号令《矿产资源开采登记管理办法》第 7 条规定和《矿业权评估细则》，大型以上矿山采矿许可证有效期最长为 30 年。

确定探矿权评估计算期的基本原则是：计算得出的生产服务年限短于法定年限的，评估计算期采用前者；计算得出的生产服务年限长于法定年限的，评估计算期采用后者，但不包括矿山建设必需的补充勘查期和基本建设期。

(五) 生产能力和服务年限需注意的问题

1. 国家限制生产能力总原则

对于国家进行开采总量宏观调控的矿种或者国家保护性开采的特定矿种，确定生产能力不应超过相关管理部门下达的生产指标折算的生产能力。

2. 煤矿

2006年4月，国家发展改革委、安全监管总局、煤矿安监局印发了三个文件：《煤矿生产能力管理办法》《煤矿生产能力核定资质管理办法》和《煤矿生产能力核定标准》，专门就煤矿的生产能力作出了系统的管理规定。

煤矿生产能力分为设计生产能力和核定生产能力。设计生产能力是指由依法批准的煤矿设计所确定、施工单位据以建设竣工，并经验收合格，最终由煤炭生产许可证颁发管理机关审查确认，在煤炭生产许可证上予以登记的生产能力。核定生产能力是指已依法取得煤炭生产许可证的煤矿，因地质和生产技术条件发生变化，致使煤炭生产许可证原登记的生产能力不符合实际，按照本办法规定经重新核实，最终由煤炭生产许可证颁发管理机关审查确认，在煤炭生产许可证上予以变更登记的生产能力。煤炭生产许可证颁发管理机关审查确认，在煤炭生产许可证上登记的生产能力（以下统称登记生产能力），是煤矿年度煤炭产量的最大值。

(六) 评估其他重要参数确定

1. 收入计算中需要注意的问题

(1) 了解矿山企业的产品方案。产品方案包括产品类别、品种构成、产品质量、销售方式以及主要流向等，评估设定的产品方案可以为原矿，也可以为精矿或金属。确定产品方案后，其投资及成本费用口径要与产品方案一致。关键参数为年生产（销售）量、销售价格。

(2) 由于矿产品种多、规格繁杂，计价标准也不一致，因此，在进行销售收入计算时，应注意品位、品级、规格与计价标准相一致。

(3) 对矿床中共生、伴生有用组分矿产品，凡其综合开发利用属技术上可行、经济上合理、环境上允许的，也与主产品一起参加销售收入计算。

(4) 矿业权评估中一般假设矿山企业当年生产的产品当年能够全售出并收回货款，即年产品销售量等于年产品生产量。

(5) 产品销售价格是矿产品在市场上出售的公平价格，应在充分的国内外市场分析、研究基础上确定。

(6) 计算销售收入的价格为不含增值税的销售价格。

(7) 销售价格应为评估基准日附近的市场价格。

(8) 充分考虑产品销售价格的内涵，如销售价格与交货地点有关，每种价格都有相应的交货条件，交货条件不同，其售价也不同。

2. 回收固定资产残（余）值

固定资产净残值是指预计固定资产清理报废时可以收回的扣除预计清理费用后的残值。固定资产余值是指当固定资产折旧年限长于评估计算年限时，各类固定资产评估计算期末扣除累计折旧后的余额，或固定资产的实际使用年限长于评估年限时，各类固定资产评估计算期末余值。

固定资产的残（余）值均应在评估计算期末回收，回收的固定资产残值应按固定资产净残值率（约为固定资产原值的 3% ~5%）计算；固定资产余值可以固定资产原值扣除累计折旧后的余额简单计算，或以固定资产评估基准日现值乘以计算期末年限法成新率计算，均不再考虑清理费用。

需要注意的问题是：由于矿山企业的特点，有些固定资产虽然在矿山经营期末（如资源枯竭）其折旧尚未计提完，或虽计提完折旧但尚有实际使用价值，但随着矿山的废弃，已不具有回收价值，如井下工程、矿区构筑物等，可不作回收。

3. 回收流动资金

流动资金是企业维持生产正常运营所需的周转资金，是企业进行生产和经营活动的必要条件。它用于购买辅助材料、燃料、动力、备品备件、低值易耗品、半成品等，形成生产储备，然后投入生产，通过销售产品回收货币。

回收流动资金在评估计算期末发生。

评估中可采用扩大指标估算法，计算公式如下。

(1) 按固定资产资金率计算。

$$流动资金额 = 固定资产额 \times 固定资产资金率$$

固定资产资金率，即流动资金占用额与固定资产总额的比值。

(2) 按销售收入资金率计算。

$$流动资金额 = 年销售收入总额 \times 销售收入资金率$$

销售收入资金率，即流动资金占用额与产品销售收入之比值。

(3) 按总成本费用资金率计算。

$$流动资金额 = 年总成本费用 \times 总成本费用资金率$$

总成本费用资金率,即流动资金占用额与总成本费用的比值。

矿山企业流动资金估算参考指标如表 10 – 5 所示。

表 10 – 5 矿山企业流动资金估算参考指标

矿 种	固定资产资金率（%）	销售收入资金率（%）	总成本费用资金率（%）
黑色金属矿山	15 ~ 20	×	45 ~ 50
有色金属矿山	15 ~ 20	30 ~ 40	35 ~ 45
煤矿	15 ~ 20	20 ~ 25	×
化工原料矿山	10 ~ 15	30 ~ 40	40 ~ 50
非金属矿山	1 ~ 5	×	×

4. 总成本费用和经营成本

总成本费用的计算分为制造成本法和费用要素法。评估中可根据实际情况选择使用。

相关资料可从以下途径收集：矿产资源开发利用方案或（预）可性研究报告，矿山初步设计资料，相近或相同矿产品企业的财务资料，国家或行业有关统计资料。

5. 销售税金及附加

(1) 增值税。增值税是对在我国境内销售货物或者提供加工、修理、修配劳务，以及进口货物的单位和个人，就其取得的货物或应税劳务的销售额、进口货物的金额计算税款，并实行税款抵扣制的一种流转税。计算公式如下：

$$年应纳税额 = 当年销项税额 - 当年进项税额$$
$$销项税额 = 不含增值税收入（销售额） \times 适用税率$$
$$进项税额 = (外购材料费 + 外购燃料及动力费) \times 适用税率$$

根据《中华人民共和国增值税暂行条例》规定，增值税税率分为三个档次，即17%、13%和零税率，评估时根据评估标的选用。

(2) 城市维护建设税。城市维护建设税（简称城建税）是国家对缴纳增值税、消费税、营业税（简称"三税"）的单位和个人以其所缴纳的"三税"税额为依据而征收的一种税。计算公式如下：

$$年应纳税额 = 纳税人实际缴纳的年增值税税额 \times 适用税率$$

城建税按纳税人所在地的不同，设置了三档差别比例税率，具体如下：

纳税人所在地在市区的，税率为7%；

纳税人所在地在县城、镇的，税率为5%；

纳税人所在地不在市区、县城或者镇的，税率为1%。

（3）教育费附加。

教育费附加主要是为扩大地方教育经费的资金来源，加快地方教育事业的发展而征收的一种附加费。计算公式如下：

$$年应纳税额 = 纳税人实际缴纳的年增值税税额 \times 适用税率$$

国家规定的教育费附加的费率只有一档，为3%。

（4）资源税。

资源税是对在中华人民共和国境内开采应税资源的矿产品或者生产盐的单位和个人征收的一种税。

6. 企业所得税

企业所得税是国家对境内企业生产、经营所得和其他所得依法征收的一种税。计算公式如下：

$$企业所得税应纳税额 = 利润总额 \times 税率$$

矿业权评估中，企业所得税税率统一按33%的税率计算，不考虑亏损弥补及企业所得税减免。

7. 折现率和折现系数

探矿权折现率是探矿权经营的投资回报率。由于它在评估中的敏感性，可以作为政府对探矿权市场宏观调控的一种经济手段。根据当前矿业领域资产评估的基本取向，探矿权折现率的一般取值范围确定在10%～12%。取值原则是：对于鼓励勘查开发的矿产资源的探矿权评估可以取值12%；限制勘查开发的矿产资源的探矿权评估可以取值10%。在社会经济条件、矿业经济活动发生较大变动时，或国家经济政策做较大调整时，国土资源部将适时对探矿权折现率作出调整。

8. 矿产开发地质风险系数（R）

矿产开发地质风险主要指由于勘查工作程度不够高，地质矿产信息的不确定或可靠程度低所带来的矿山开发投资风险；矿产开发地质风险系数是将这种风险的量化，据以计算地质风险要素带来的价值贬损。

属于矿产开发风险的地质要素主要有区域成矿地质条件、地质构造复杂程度、矿床变化规律与矿层稳定性、矿石品质及选冶性能、水文地质条件、开采技术条件等。由于以上地质要素难以量化，因此，给矿产开发地质风险系数的应用带来了一定的困难。

表 10－6 为稳定性较好的大的煤产区探矿权价值评估的矿产开发地质风险系数。其他非煤矿种可参照该表内容，按照本地区、本矿种的特点，确定相应的风险要素和风险系数。

表 10－6　矿产开发地质风险系数（煤矿）

地质风险要素		风险要素指示	煤矿开发地质风险系数（R）		
			预查（a）	普查（b）	详查（c）
1	区域成矿地质条件	好	0.040	0.030	0.010
		中等	0.050	0.040	0.020
		较差～差	0.070	0.050	0.030
2	地质构造复杂程度	简单	0.080	0.060	0.030
		中等	0.100	0.070	0.040
		复杂	0.130	0.080	0.050
3	煤层稳定性	稳定	0.060	0.030	0.010
		较稳定	0.070	0.035	0.020
		不稳定	0.080	0.040	0.030
4	煤质及选矿性能	易选	0.050	0.040	0.020
		中等	0.060	0.050	0.030
		难选	0.080	0.060	0.040
5	水文地质条件	简单	0.070	0.045	0.030
		中等	0.090	0.055	0.040
		复杂	0.120	0.065	0.050

续表

地质风险要素		风险要素指示	煤矿开发地质风险系数（R）		
			预查（a）	普查（b）	详查（c）
6	其他开采技术条件（开采深度、顶底板条件、瓦斯、煤尘爆炸性和煤的自燃倾向）	好	0.050	0.035	0.020
		中等	0.070	0.050	0.030
		较差~差	0.100	0.065	0.040
矿产开发地质风险系数		预查	R = a1 + a2 + a3 + a4 + a5 + a6		
		普查	R = b1 + b2 + b3 + b4 + b5 + b6		
		详查	R = c1 + c2 + c3 + c4 + c5 + c6		

二、采矿权评估方法与选择标准

采矿权的常用评估方法有四种，分别为折现现金流法、收益法、收益权益法和可比销售法。各种评估方法的适用范围及选择标准不同，具体说明如表10-7所示。

表10-7 方法选择标准一览

序号	评估方法	适用范围	选择标准	备注
1	折现现金流法	适用于拟建（新建）和在建矿山的采矿权评估，但上述矿山必须已具备由符合资质条件单位完成并经审批的矿产资源开发利用方案，或（预）可行性研究报告，或初步设计等资料	（1）待评估的采矿权具有独立的获利能力，并能被测算；（2）待评估的采矿权未来的收益和风险能计量	
2	收益法	主要适用于已生产矿山的采矿权评估，其特点如下： (1) 待评估采矿权资源储量已动用，但仍保有资源储量 (2) 待评估采矿权矿山已完成基本建设，评估中没有建设期，也没试生产期。其流动资金和已形成的固定资产在企业中正常运行 (3) 待评估采矿权矿山生产稳定，持续经营		
3	收益权益法	(1) 适用于生产规模和储量规模均小的小型矿采矿权评估，符合矿山生产规模、矿山服务年限与储量规模相匹配的原则 (2) 资源接近枯竭的矿山，剩余服务年限小于5年的采矿权评估		

续表

序号	评估方法	适用范围	选择标准	备注
4	可比销售法	适合于市场发育较完善，能够找到可比的参照案例的采矿权评估	（1）要有一个发育的、公开的采矿权市场，可以找到两个以上参照采矿权； （2）参照采矿权与待评估采矿权必须是同矿种、相同或相似成因类型； （3）参照采矿权与待评估采矿权可比较的技术、经济参数等资料可以搜集到	

（一）采矿权权益系数

采矿权权益系数是收益权益法特有的参数，是选取近年部分采矿权评估价值与销售收入现值之比的统计结果，需要有大量其他评估方法评估的采矿权价值作为统计样本。

（1）矿体埋藏浅，地质构造属简单类型，矿石选冶性能好，开采方式为露采或平硐、水文工程地质条件简单、其他开采技术条件较好的采矿权评估时，采矿权权益系数取高值。

（2）矿体埋藏中等，地质构造属中等类型，矿石选冶性能一般，开采方式为斜井或竖井、水文工程地质条件中等、其他开采技术条件一般的采矿权时，采矿权权益系数取中间值。

（3）矿体埋藏较深，地质构造属复杂类型，矿石选冶性能差（或回收率低），开采方式为斜井或竖井、水文工程地质条件复杂、其他开采技术条件差的采矿权评估时，采矿权权益系数取低值。

采矿权权益系数如表 10-8 所示。

表 10-8 采矿权权益系数一览

矿产	采矿权权益系数（%）		
	原矿	精矿	金属
黑色金属矿产	4~5	2.5~3	
有色金属矿产	3.5~4.5	3~4	
贵金属矿产、稀有、稀散、稀土矿产		6~8	5~6.5

续表

矿 产	采矿权权益系数（%）		
	原 矿	精 矿	金 属
煤炭	3.5~4.5	2.5~3.5	
化工矿产	4~5	2.5~3.5	
建筑材料矿产	3.5~4.5		
其他非金属矿产	4~5		

注：表中原矿、精矿、金属分别表示以原矿、精矿、金属（或合质金）销售并计价的采矿权权益系数。

（二）注意事项

1. 参数来源及依据

收益法与折现现金流法相比，两者参数的来源和依据是不同的，后者的技术、财务指标主要来源于经审批的矿产资源开发利用方案，或（预）可行性研究报告，或矿山初步设计；前者相应指标则主要来源于生产矿山基于评估基准日的财务资料、历史财务资料，或其他财务统计数据，同时结合同行业市场公允水平确定。

2. 成本费用

收益法和折现现金流法采用的成本费用是不同的，前者扣减的是总成本费用，后者流出的是经营成本。

3. 评估方式

收益途径的评估方法中，只给出了评估基准日为年末的公式，对于评估基准日不为年末，如评估基准日为某年 m 月，可先以该年年末为基准日进行计算，在此基础上乘以系数 $1/(1+r)^{(m/12)}$。

4. 折现现金流法

（1）在安排固定资产投资额现金流出时，各年的现金流出额和流出时间应按矿产资源开发利用方案，或（预）可行性研究报告，或初步设计等资料设计的基建工期及工程进度在现金流量表中列示。

（2）固定资产的残值在各类固定资产折旧年限结束年回收，评估计算期末回收固定资产的残余值。

（3）流动资金按生产负荷分段投入。评估计算期末回收全部流动资金。

（4）应划清该现金流量项目系统对外流入、流出的内容。如折旧和摊销等是系统内部的现金转移，不是对外发生的现金流出；现金流出的是经营成本而不是总成本费用。

（5）无形资产及其他资产支出不计入固定资产投资或现金流出中。

5. 收益法

（1）由于收益法与折现现金流法参数选取的来源不同，所以，在使用收益法时，应特别重视区分和甄别企业所提供资料的真实性、可靠性、完整性，要重视应用采矿权评估原则和规范对企业提供的资料进行研究分析，要注意矿山实际生产统计数据与行业平均技术、管理水平的比较利用。

（2）资源储量核实。生产矿山的资源储量已有变化。变化的原因有三类，①因采出矿石消耗了原地质勘查探明储量；②矿山生产勘探增加或减少了资源储量；③技术经济条件变化引起的资源储量变化。所以，必须进行资源储量核实，计算评估基准日剩余资源储量。采矿权评估采用的资源储量必须经由储量评审机构评审，出具资源储量评审意见书，并报主管部门备案。同时，计算可采储量选用参数指标时，要剔除矿山企业因技术水平或管理水平不同所造成的差异。如采矿回采率或采矿损失率指标，矿山历史统计数据或现实数据可能随企业的技术水平或管理水平而变化，采矿权评估时，应采用反映行业平均水平的相应指标。

（3）固定资产。采用收益法评估采矿权，固定资产投资额应以企业评估基准日的资产负债表、固定资产明细表列示的固定资产净值和在建工程账面值作为取值依据，但应当剥离与采矿权评估无关的矿山企业办社会资产和不良资产。正确区分不同类型的固定资产。不同类型的固定资产应采用不同的折旧年限。

6. 收益权益法

（1）确定生产能力时，应遵循矿山生产规模、矿山服务年限与储量相匹配原则。如果矿山生产规模、矿山服务年限与储量规模明显不匹配，评估人员应对生产能力进行调整。但资源接近枯竭的矿山除外。

（2）评估时要注意采用的销售价格是原矿价、精矿价还是金属价，不同类型的产品方案对应不同的采矿权权益系数。

（3）采矿权权益系数的取值应根据地质构造复杂程度、开采技术条件、矿体埋深、矿石选冶（洗选）难易程度定性分析后选取。

三、森林资源资产评估的主要方法

（一）市场价倒算法

市场价倒算法是用被评估林木采伐后取得木材的市场销售总收入，扣除木材经营所消耗的成本（含有关税费）及应得的利润后，剩余的部分作为林木资产评估价值。其计算公式为：

$$En = W - C - F$$

式中，En——林木资产评估值；

W——销售总收入；

C——木材经营成本（包括采运成本、销售费用、管理费用、财务费用及有关税费）；

F——木材经营合理利润。

（二）现行市价法

现行市价法是以相同或类似林木资产的现行市价作为比较基础，估算被评估林木资产评估价值的方法。其计算公式为：

$$En = K \times Kb \times G \times M$$

式中，En——林木资产评估值；

K——林分质量调整系数；

Kb——物价指数调整系数；

G——参照物单位蓄积的交易价格（元/立方米）；

M——被评估林木资产的蓄积量。

（三）收益净现值法

收益净现值法是将被评估林木资产在未来经营期内各年的净收益按一定的折现率折为现值，然后累计求和得出林木资产评估价值的方法。其计算公式为：

$$E_n = \sum_{i=n}^{u} \frac{(A_i - C_i)}{(1+P)^{i-n+1}}$$

式中，E_n——林木资产评估值；

A_i——第i年的收入；

C_i——第 i 年的年成本支出；
U——经营期；
P——折现率（根据当地营林平均投资收益状况具体确定）；
n——林木年龄。

（四）年金资本化法

年金资本化法是将被评估的林木资产每年的稳定收益作为资本投资的效益，按适当的投资收益率估算林木资产评估价值的方法。其计算公式为：

$$E_n = \frac{A}{P}$$

式中，E_n——林木资产的评估值；
A——年平均纯收益（扣除地租）；
P——投资收益率（根据当地营林平均投资收益状况具体确定）。

第三节 资源资产评估实务及风险分析

一、矿业权评估工作要点

（一）评估调查

1. 评估对象和范围

（1）根据矿产资源勘查许可证，确定评估对象、图幅号、勘查面积、发证机关、有效期限、矿权区拐点坐标等。

（2）探矿权证的信息核实。主要包括探矿权首次取得时间、以往该探矿权评估情况、探矿权价款处置情况、矿权登记时间等。

2. 收集及确定评估依据

评估的依据包括行为依据、法律法规依据、产权依据、矿业技术规范依据以及其他取价依据等。

（1）法律法规依据。

评估所依据的评估基准日有效的法律、法规包括：

《中华人民共和国矿产资源法》（中华人民共和国第七十四号）；

《中华人民共和国矿产资源法实施细则》（国务院令第［1994］152号）；

《矿产资源勘查区块登记管理办法》（国务院令第 240 号）；

《探矿权采矿权转让管理办法》（国务院令第 242 号）；

《矿业权出让转让管理暂行规定》（国土资发 [2000] 309 号）；

《矿业权评估管理办法（试行）》（国土资发 [2008] 174 号）；

《关于规范矿业权出让评估委托有关事项的通知》（国土资发 [2008] 181 号）。

（2）取价依据。

取价依据是根据评估人员对当地市场的调查了解。

（3）引用的专业报告。

评估时应尽可能使用由权威机构出具的勘查普查报告、规划设计方案等专业报告，并就资源储量、开发设计等关键问题咨询有关方面的专家，一般需要收集的专业报告有：

《×××勘查区资源普查报告》；

《×××勘查区资源普查报告》审查意见书（国土资矿评储字×××号）及关于对《×××勘查区普查报告》矿产资源储量评审备案的函（国土资字×××号）；

《×××勘查区详查设计》及其评审意见；

《×××勘查区模拟勘探设计》；

《×××勘查区模拟资源开发利用方案》等。

3. 勘查现场

勘查现场包括到勘查区进行实地考察，并对钻孔等工程进行核查，重点包括如下内容：

（1）勘查区位置和交通。

（2）勘查区自然地理与经济概况。

（3）勘查以往地质工作概况，包括何时完成钻探施工，编制完成《×××地区煤炭普查报告》，查明资源面积，估算资源量，提交可供详查的大型矿产地，何时获国土资源部矿产资源储量评审中心审查通过，及资源储量在国土资源部备案情况等。

（4）勘查区勘查现状。

4. 了解勘查区、普查区地质特征

了解勘查区、普查区地质特征具体包括以下内容：

（1）区域地质：地层、构造、岩浆岩、区域矿产、含矿地层及含矿性、矿产资源的物理及化学性质、伴生矿产和其他有益矿产。

（2）矿井开采技术条件：水文地质条件、工程地质条件、环境地质条件、其他开采技术条件。

（二）评估测算

1. 选取评估方法

根据《矿业权评估管理办法（试行）》《评估方法规范》等有关规定，结合评估资料获取程度，对于不同地质类型、开采规模、勘查程度及不同赋存稳定情况的矿业权（探矿权、采矿权），选取相应评估方法。

2. 确定主要参数

3. 确定与验证评估结果

（三）评估有关问题的说明

1. 评估结论使用的有效期

2. 评估基准日后的调整事项

（1）矿业权所依附的矿产资源发生明显变化，或者由于改变生产规模造成矿业权价值发生明显变化，可按原评估方法对原评估结论进行相应的调整。

（2）资产价格标准或税费标准发生不可抗逆的变化，并对评估结论产生明显影响时，要及时重新确定探矿权价值。

（3）贷款率在评估基准日时点、报告出具日期之间发生调整时，分析利率调整对评估结果的影响。

3. 评估报告的使用范围

4. 评估假设条件

5. 其他责任划分

二、森林资源资产评估主要工作要点

（一）森林资源资产评估的资料依据

（1）森林资源资产产权证书，主要是甲种和乙种林权证、林权证清册、山林权分布图及有关协议书。

（2）森林资源调查及档案材料，主要有小班调查簿（也称小班一览表）、各类森林资源统计表、林业基本图、小班档案卡片等。

(3) 森林经营的会计资料（包含造林、护林、主伐、间伐、销售等成本会计材料）。

(4) 有关测树经营的数表［包括立木材积表、原木材积表、地位指数表、主要树种的生长过程表（或收获表）等］。

(5) 有关森林经营的管理资料（主要为附近地区、本单位近年来的各个生产经营管理环节的生产定额材料，木材生产的数量、规格等）。

(6) 本单位及附近地区的有关木材和林产品价格及税金费征收标准材料（主要有各树种、各材种木材和林产品价格表，税务部门、财政部门及有关部门的税费标准、征收比例、各种社会保险、养老保险、医疗保险等经费的收取标准等）。

(7) 森林资源资产中常用的有关参数，如投资收益率等。

（二）森林资源资产评估的估价匹配原则

由于不同标准有不同的价值尺度内涵，不仅在质上是不同的，而且在量上也有很大的差别。所以，在特定森林资源资产业务性质及其特定的评估条件下，必须以特定的估价标准和与之相匹配的基本方法相对应。防护林不适用市场法；成熟龄林木适合剩余法；经济林、竹林、试验林、母树林适合收益法；幼龄林适合成本法。

森林资源资产业务、估价标准和基本方法的匹配原则如表10-9所示。

表10-9 森林资源资产业务、估价标准和基本方法的匹配原则

估价标准	适用前提条件	适用资产业务	决定因素
重置成本标准	投入前提 续用前提：在用续用、转用续用、移用续用	资产保全：价值补偿、实物补偿、财产保险	重置全价 损耗：实体性损耗、技术性损耗、经济性损耗
收益现值标准	投入使用、续用前提、预用前提	整体资产产权变动中、近成熟森林资源资产	收益额 本金化率：行业风险、市场条件、经营风险
现行市价标准	公平市场	单项资产买卖	再生产价值、供求关系、损耗
清算价格标准	非公平市场	抵押典当、清算	变现时限 资产变现条件

（三）需要说明的事项

（1）评估报告以资产占有方和客户经理提供的真实、合法的相关资料以及陈述的情况为前提，由于受到条件的限制，我们无法与相关各方对相关情况进行核实，所以因资产占有方和客户经理对其提供评估的申报资料失实导致评估失实时，由资产占有方和客户经理承担后果责任。

（2）评估对象状况因时间变化对抵押价值可能产生影响。因林木资产属资源资产，杨林随着时间变化不断长大，未来有潜在市场升值前景。

（3）在抵押期间可能产生的信贷风险，评估报告使用者应给予关注：评估对象是否产生存在现状变更及市场环境变化引起的抵押价值减损。评估报告使用者应在贷款发放时同时要求资产占有方对押品按评估值及时投保相关保险险种。

（4）评估报告使用者应合理使用评估价值，关注处置快速变现及费用，当抵押评估报告出具后至抵押登记之前，是否会出现法定优先受偿权利。

三、案例分析

【案例1 煤矿探矿权评估】

本次评估的对象为A矿业有限公司1号煤矿采矿权。采矿权人：A矿业有限公司；矿山名称：A矿业有限公司1号煤矿；开采矿种：煤；开采方式：地下开采；生产规模：18万吨/年；矿区面积：3.548 5平方千米；有效期限：自2006年8月至2016年8月。

评估范围：矿区范围由以下10个拐点坐标圈定（具体坐标略），矿区面积：3.548 5平方公里。开采深度：由+30米至-288米标高。

要求评估1号煤矿在2009年12月31日的抵押价值。

【解析】

其他评估程序略，只重点介绍评估过程。

（一）评估方法

A矿业有限公司1煤矿属于生产矿山。资源储量核实报告（核实基准日2009年12月31日）已评审通过并核准备案。委托评估的采矿权具有一定规模、具有独立获利能力并能被测算，其未来的收益及承担的风险能用货币计量,其资源开发利用主要技术经济参数可参考企业财务资料等确定。因此,评估人员认为本采矿权的地质研究程度较高,资料基本齐全、可靠,基本达到采用折现现金流量法评估的要求。根据国土资源部公告 2008 年第 6 号《国土资源部关于实施矿业权评估准则的公告》、《矿业权评估技术基本准则（CMVS00001—2008）》、《收益途径评估方法规范（CMVS12100—2008）》以及《矿业权价款评估应用指南（CMVS20100—2008）》（以下简称《价款评估应用指南》）,确定本次评估采用折现现金流量法。

其计算公式为:

$$W_P = \sum_{i=1}^{n}(CI-CO)_i \times \frac{1}{(1+r)^{i-1}}$$

式中,W_p——矿业权评估价值;

CI——年现金流入量;

CO——年现金流出量;

r——折现率;

i——年序号($i=1,2,3,\cdots,n$);

n——计算年限。

（二）评估指标与参数选取依据

评估指标和参数的选取主要依据《×××煤矿资源储量核实报告》、《〈×××煤矿资源储量核实报告〉评审意见书》、《关于对〈×××煤矿资源储量核实报告〉矿产资源储量评审备案的函》、×××建筑设计研究院 2006 年 10 月编制的《×××矿业有限公司×××煤矿资源整合矿产资源开发利用方案》、×××矿业有限公司×××煤矿提供的财务资料,以及评估人员掌握的其他资料。

（三）计算过程

1. 评估基准日保有资源储量

根据《〈×××煤矿资源量核实报告〉评审意见书》,截至 2009 年 12 月 31 日,×××矿业有限公司×××煤矿保有资源储量 690.8 万吨全部为贫煤)。各煤层、煤类保有资源储量统计情况见表 10-10、表 10-11 所示。

表 10-10 核实基准日保有资源储量统计　　　　　　　　　　　　　　（万吨）

煤层	储量		经济基础储量				内蕴经济资源量											合计
	111	122	111b		122b		331					332			333			
			正常	条采	正常	条采	井巷煤柱	边界煤柱	村庄煤柱	防水煤柱	向斜煤柱	边界煤柱	水库煤柱	孤立块段	正常块段	办界煤柱	断层煤柱	
3										0.6								0.6
4																	1.4	1.4
9	48.4	8.6	60.5		10.8		14	4.2	17.3	9.7		4.5	20.4	7.9	20.3	3.5	51.9	225
10-1	89.6	10.4	55.6	89.6		20.8	34.9	10	38.3	16.4	21.1	3.8	28.3	17.2	27.8	5.7	94.3	463.8
合计	138	19	116.1	89.6	10.8	20.8	48.9	14.2	55.6	26.7	21.1	8.3	48.7	25.1	48.1	9.2	147.6	690.8
	157		205.7		31.6		166.5					82.1			204.9			
			237.3															

根据《×××煤矿资源储量核实报告》及×××煤矿生产台账，2006 年 10 月 1 日至 2009 年 12 月 31 日，动用资源储量 33.8 万吨，其中采出量 31.9 万吨，损失量 1.9 万吨。

表 10-11　2006 年 10 月至 2009 年 12 月动用资源储量统计　　　　　（万吨）

年　度	动用量	采出量	损失量	回采率
2006 年 10～12 月	3.6	3.6	0	100.00%
2007	6.9	6.3	0.6	91.30%
2008	6.4	5.9	0.5	92.19%
2009	16.9	16.1	0.8	95.27%
合　计	33.8	31.9	1.9	94.38%

根据上述，核实基准日（2009 年 12 月 31 日）的保有资源储量 690.8 万吨，加上 2006 年 10 月至 2009 年 12 月动用的资源储量 33.8 万吨，即为 2006 年 9 月 30 日矿井的保有资源储量 724.6 万吨。

2. 评估利用的资源储量

根据《中国矿业权评估师协会矿业权评估准则——指导意见 CMV 13051—2007 固体矿产资源储量类型的确定》《煤炭工业小型煤矿设计规范（GB 50399—2009）》及《价款评估应用指南》，本井田构造复杂程度属中等至复杂类型，主要可采煤层属较稳定类型，矿井开采技术条件属Ⅲ-4型，本次评估（111b）、（122b）、（331）、（332）全部参与评估计算，（333）取可信度系数0.6折算后参与评估计算。则：

评估利用的资源储量 = ∑（基础储量 + 资源量 × 该类型资源量的可信度系数）

= （111b）+（122b）+（331）+（332）+（333）× 0.6 = （205.7 + 33.8）+ 31.6 + 166.5 + 82.1 + 204.9 × 0.6 = 642.6（万吨）

3. 开采方案

根据山东科技大学建筑设计研究院2006年10月编制的《×××矿业有限公司×××煤矿资源整合矿产资源开发利用方案》和2007年4月编制的《×××矿业有限公司×××煤矿资源整合技术改造初步设计说明书》，整个井田共划分为5个采区，设计生产能力18万吨/年，矿井开采方式为走向长壁式，跨落法管理顶板，根据突水系数，10-1煤层-135m水平以下设计条带开采，其余正常开采。

4. 产品方案

根据《×××矿业有限公司×××煤矿资源整合矿产资源开发利用方案》及《×××煤矿资源储量核实报告》，×××矿业有限公司×××煤矿生产的煤主要供应当地发电厂用作一般燃料，均以原煤供应。据此，本次评估确定产品方案为原煤。

5. 开采技术指标

（1）设计损失量。

根据《×××矿业有限公司×××煤矿资源整合技术改造初步设计说明书》，设计损失的煤柱有：井巷煤柱、边界煤柱、防水煤柱、向斜轴保护煤柱、水库保护煤柱、断层煤柱。另外，边角孤立块段也作为设计损失处理。根据上述情况，本次评估将以上保护煤柱和边角孤立块段列入设计损失（具体分析略）。则设计损失量为287.0万吨。

（2）开采损失量。

2006年10月至2009年12月动用的33.8万吨按实际采区回采率94.38%计算。核实基准日（2009年12月31日）保有资源储量的采区回采率确定如下：9煤层平均厚度1.04m，属薄煤层，10-1煤层平均厚度为1.51m，属中厚煤层，根据《煤炭工业小型煤矿设计规范》（GB 50399—2009）和《煤矿安全规程》2009年版，煤炭矿井开采正常块段采区回采率薄煤层不应小于85%，中厚煤层不应小于80%。《山东省济东煤田×××煤矿资源储量核实报告》设计各煤层正常块段开采回采率取80%，评估人员认为不符合规范要求，本次评估正常块段回采率按上述规范处理，即9煤层为85%，10-1煤层为80%。

《×××煤矿资源储量核实报告》设计"10-1煤层-135m水平以下受水威胁严重，设计采用条带开采，回采率取50%"，评估人员认为其合理。

根据《建筑物、水体、铁路及主要井巷煤柱留设与压煤规程》（煤炭工业小型煤矿设计规范，2009），条带法开采的采矿回采率一般为30%～50%，本次评估确定村庄下采煤设计回采率不分水平统一取值40%，设计损失率60%。

根据上述情况，2006年10月至2009年12月的采矿损失量按实际损失量1.9万吨计算。核实基准日2009年12月31日保有资源储量的采矿损失量计算如下：9煤层正常块段（111b）60.5万吨，（122b）10.8万吨，（333）20.3万吨按可信度系数0.6折算为12.2万吨，合计83.5万吨，设计开采损失率取值15%；10-1煤层正常块段（111b）55.6万吨，（333）27.8万吨按可信度系数折算为16.7万吨，合计72.3万吨，设计开采损失率取值20%；10-1煤层-135m水平以下正常块段（111b）89.6万吨，（122b）20.8万吨，合计110.4万吨，设计开采损失率取值50%；村庄煤柱（331）55.6万吨，设计开采损失率取值60%。据此：

采矿损失量 =（评估利用的资源储量-设计损失量）×（1-采区回采率）
= 33.8×（1-94.38%）+（60.5+10.8+20.3×0.6）×15% +（55.6+27.8×0.6）×20% +（89.6+20.8）×50% +55.6×60% = 117.4（万吨）

6. 可采储量

根据前述，评估利用的资源储量为642.6万吨，设计损失量为287.0万吨，开采损失量为117.4万吨。则可采储量为：

可采储量 = 评估利用的资源储量-设计损失量-开采损失量
= 642.6-287.0-117.4 = 238.2（万吨）

7. 生产规模及服务年限

根据《矿业权价款评估应用指南》（CMVS20100-2008），对延续登记采矿权的生产矿山，应根据采矿许可证载明的生产规模或批准的矿产资源开发利用方案确定生产能力，×××煤矿采矿许可证和开发方案确定的生产能力均为18万吨/年，故本次评估确定生产规模参数为18万吨/年。

根据以上分析确定煤矿的矿井服务年限，具体计算如下：

$$T = Q/(A \times K)$$

式中，T——矿井服务年限；

Q——可采储量，238.2万吨；

A——矿井生产能力，18万吨/年；

K——储量备用系数（1.5）。

根据《矿业权评估参数确定指导意见》，矿井开采储量备用系数取值范围为1.3~1.5。×××煤矿的地质构造复杂程度为中等~复杂类型，水文地质条件属复杂类型，工程地质条件属复杂类型，开采技术条件总体属复杂类型。本次评估确定储量备用系数为1.5。

矿井剩余可采储量为238.2万吨，矿井生产能力为18万吨/年，储量备用系数取1.5，代入上述公式：

$$T = 238.2/(18 \times 1.5) = 8.82 （年）$$

由公式计算，×××矿业有限公司×××煤矿尚可服务8.82年，评估计算期取8年零10个月，即自2010年1月至2018年10月。

8. 销售收入

根据×××矿业有限公司×××煤矿提供的财务资料，2007、2008、2009年原煤销量分别为16.39万吨、14.79万吨、19.72万吨，销售收入分别为4 924.37万元、6 488.37万元、8 597.33万元，各年平均销售单价（不含税）为300.39元/吨、438.68元/吨、431.05元/吨，详见表10-12。

表10-12 前三年销售情况统计 （万吨）

年　份	销售量（t）	销售额（元）	单价（元/t）
2007	163 931.89	49 243 745.65	300.39
2008	147 907.25	64 883 662.19	438.68
2009	197 150.97	85 973 340.41	431.05
平均			390.04

根据《矿业权价款评估应用指南》（CMVS20100-2008），矿业权价款评估确定评估用的产品价格，一般采用当地价格口径确定，可以评估基准日前3个年度的价格平均值或回归分析后确定评估用的产品价格。本次评估评估基准日前3年平均销售价格的算术平均值390.04元/吨（不含税）进行评估。

假设矿井生产的原煤产品全部销售，则：

正常生产年份销售收入 = 年原煤产量 × 产品销售价格
= 18（万吨）× 390.04（元/吨）= 7 020.72（万元）

9. 固定资产投资

根据×××矿业有限公司×××煤矿提供的财务资料，本次评估基准日2009年12月31日生产性固定资产原值为6 779.62万元（表10 – 13），净值2 036.30万元。其中：井巷工程（含井下机械设备）原值5 423.49万元，净值1 115.14万元；房屋建筑物原值1 121.24万元，净值819.90万元；机械设备（含井上机械设备和运输设备）原值234.89万元，净值101.26万元。

表10 – 13　×××矿业有限公司×××煤矿生产性固定资产统计　（万元）

序　号	固定资产分类	固定资产原值	累计折旧	固定资产净值
1	井巷工程	2 05.51	2 221.87	183.64
2	房屋建筑物	1 121.24	301.34	819.9
3	机构设备（井下）	3 017.98	2 086.48	931.50
4	机构设备（进上）	143.25	78.68	64.57
5	运输设备	91.64	54.95	36.69
合　计		6 779.62	4 743.32	2 036.3

根据《收益途径评估方法规范》（CMVS 12100-2008）》，本次评估采用2009年12月31日×××矿业有限公司×××煤矿固定资产账面净值作为固定资产投资额。则本项目评估固定资产投资额为2 036.30万元，其中井巷工程1 115.14万元，房屋建筑物819.90万元，机械设备101.26万元。

上述固定资产投资均为含增值税价格。

10. 回收固定资产残（余）值、更新改造资金及回收抵扣设备进项增值税

根据国家实施增值税转型改革有关规定，2009年1月1日前购进的设备不抵扣进项增值税，其后新购进设备（更新资金投入）按17%增值税税率估算进项增值税，设备原值按不含增值税价估算。本项目机械设备不抵扣进项增值税的原值为234.89万元，抵扣进项增值税34.13万元（234.89 ÷ 1.17 × 17% = 34.13）的原值为200.76万元（234.89 ÷ 1.17 = 200.76）。

根据《采矿权价款评估应用指南》及《矿业权评估参数确定指导意见》，

井巷工程更新资金不以固定资产投资方式考虑,而以更新性质的维简费及安全费用方式直接列入经营成本;房屋建筑物、机械设备、运输设备采用不变价原则考虑其更新资金投入,即房屋建筑物、机械设备、运输设备在其计提完折旧后的下一时点投入等额初始投资。

房屋建筑物按平均20年折旧年限计算折旧,净残值率为5%。在评估计算期末回收余值350.03万元。

机械设备按平均8年折旧年限计算折旧,净残值率为5%。2013年10月末计提完折旧,回收残值10.04万元,2013年11月初投入等额初始投资(更新改造资金)234.89万元(原值200.76万元、进项增值税34.13万元),在评估计算年限末回收余值81.66万元。

则评估计算期内回收固定资产净残(余)值合计为441.73万元。

根据国家实施增值税转型改革有关规定,本次评估在矿山生产期开始,产品销项增值税抵扣当期材料、动力进项增值税后的余额,抵扣设备进项增值税;当期未抵扣完的设备进项增值税额结转下期继续抵扣。

11. 流动资金

流动资金是指为维持生产所占用的全部周转资金。本次评估采用扩大指标估算法估算。根据《矿业权评估参数确定指导意见》,煤矿的流动资金可以按销售收入资金率的20%~25%估算。考虑到该项目未来生产销售环节等的特性以及对未来市场供求关系的预测,本着公平市场原则,参考类似企业平均水平,本项目评估确定销售收入资金率为23%。正常年份销售收入为7 020.72万元,则流动资金为1 614.77万元(7 020.72×23% =1 614.77)。

流动资金在评估计算期初2009年1月投入,评估期末回收全部流动资金。

12. 总成本费用及经营成本

×××矿业有限公司×××煤矿为生产矿井,根据《采矿权价款评估应用指南》及《矿业权评估参数确定指导意见》,可参考矿山企业实际成本、费用核算资料,在了解企业会计政策(资产、成本费用确认标准和计量方法等)的基础上,详细分析后确定。本次评估选取评估基准日前一年度,即2009年度×××矿业有限公司×××煤矿的成本费用平均值,经分析后合理确定。成本核算方法采用制造成本法,总成本费用由生产成本、管理费用、财务费用和销售费用构成。

(1) 生产成本。

生产成本包括外购材料费、燃料和动力费、职工薪酬费、修理费、折旧费、维简费、安全费用和其他制造费用。各项成本费用确定如下：

①外购材料费。×××矿业有限公司×××煤矿2009年度不含税外购材料费976.45万元，原煤产量19.0万吨，单位成本51.39元/吨。评估取单位外购材料费51.39元/吨。

年外购材料费 = 原煤产量 × 单位原煤外购材料费
$$= 18 \times 51.39 = 925.02（万元）$$

②燃料和动力费。×××矿业有限公司×××煤矿2009年度不含税燃料和动力费874.00万元，原煤产量19.0万吨，单位成本46.00元/吨。评估取单位燃料和动力费46.00元/吨。

年燃料和动力费 = 原煤产量 × 单位原煤燃料和动力费
$$= 18 \times 46.00 = 828.00（万元）$$

③职工薪酬费。×××矿业有限公司×××煤矿2009年职工薪酬费1 908.42万元，原煤产量19.0万吨，单位成本100.44元/吨。评估取职工薪酬费100.44元/吨。

年职工薪酬费 = 原煤产量 × 单位原煤职工薪酬费
$$= 18 \times 100.44 = 1 807.92（万元）$$

④修理费。×××矿业有限公司×××煤矿2009年度修理费372.50万元，原煤产量19.0万吨，单位成本9.61元/吨。评估取修理费19.61元/吨。

年修理费 = 原煤产量 × 单位原煤修理费 = $18 \times 19.61 = 352.98$（万元）

⑤折旧费。根据财税有关部门规定、《矿业权评估参数确定指导意见》，除井巷工程计提维简费外，其他固定资产采用年限法计算折旧。

房屋建筑物：原值1 121.24万元，按平均折旧年限20年、净残值率5%计算，正常生产年份折旧费53.26万元（$1 121.24 \times (1-5\%) \div 20 = 53.26$）。

机械设备：含增值税原值234.89万元，不含增值税原值200.76万元（$234.89 \div 1.17 = 200.76$），增值税34.13万元（$200.76 \times 17\% = 34.13$），按平均折旧年限8年、净残值率5%计算，正常生产年份折旧费23.84万元[$200.76 \times (1-5\%) \div 8 = 23.84$]。

经测算，正常生产年份折旧费77.10万元，单位折旧费4.28元/吨。

⑥井巷工程基金。根据《财政部关于调整统配煤矿井巷工程基金提取标准

的通知》的规定,煤矿企业井巷工程基金的提取标准为2.5元/吨,则

$$年井巷工程基金 = 年原煤产量 \times 单位原煤井巷工程基金$$
$$= 18 \times 2.5 = 45（万元）$$

⑦维简费。根据《价款评估应用指南》《矿业权评估参数确定指导意见》,维简费应按财税制度及有关部门的规定提取,并全额纳入总成本费用中。

根据财政部、国家发展改革委、国家煤矿安全监察局财建［2004］119号《关于印发〈煤炭生产安全费用提取和使用管理办法〉和〈关于规范煤矿维简费管理问题的若干规定〉的通知》,山东省煤矿企业维简费提取标准为8.50元/吨(含井巷工程基金)。因井巷工程基金前已单列,本次评估扣除井巷工程基金2.5元/吨后维简费为6.00元/吨,折旧性质维简费及更新性质的维简费各占50%,即更新性质的维简费3.00元/吨列入经营成本、作为井巷工程更新资金,则:

$$正常生产年份维简费 = 年原煤产量 \times 单位原煤维简费$$
$$= 18 \times 6.00 = 108.00（万元）$$

折旧性质维简费和更新性质维简费各54.00万元。

⑧安全费用。根据《价款评估应用指南》《矿业权评估参数确定指导意见》,安全费用应按财税制度及有关部门的规定提取,并全额纳入经营成本中。

×××煤矿最大涌水量742m³/h(见核实报告P24第12行),属于涌水量大的小型矿井。根据财政部、国家发展改革委、国家安全生产监督管理总局、国家煤矿安全监察局财建［2005］168号《关于调整煤炭生产安全费用提取标准加强煤炭生产安全费用使用管理与监督的通知》,涌水量大的小型矿井安全费用提取标准为吨煤不低于10元。根据《矿业权评估参数确定指导意见》,"税费类参数凡涉及'不低于'或'不高于'取值时,本指导意见建议一般按'等于'取值",本次评估确定单位原煤安全费用为10.00元/吨,则:正常生产年份安全费用 = 年原煤产量 × 单位原煤安全费用 = 18 × 10 = 180(万元)

⑨其他制造费用。×××煤矿2009年度其他制造费用719.10万元,原煤产量19.0万吨,单位成本37.85元/吨。评估取其他制造费用37.85元/吨。

$$正常年份其他制造费用 = 原煤产量 \times 单位原煤其他制造费用$$
$$= 18 \times 37.85 = 681.30（万元）$$

⑩生产成本。单位生产成本278.07万元(51.39 + 46.00 + 100.44 + 4.28 + 19.61 + 2.50 + 6 + 10 + 37.85 = 278.07)。

年生产成本 5 005.32 万元 (278.07×18 = 5 005.32)。

(2) 管理费用。

根据×××矿业有限公司×××煤矿成本费用核算资料,2009 年管理费用共计 1 449.70 万元。因全部固定资产应计提的折旧已列示于生产成本中,管理费用中的折旧费 43.05 万元应扣除;因评估采用的价格为评估基准日前三年的平均售价,与 2009 年售价不同,管理费用中的矿产资源补偿费 128.96 万元应按规定标准重新计算。扣除折旧费和矿产资源补偿费后的管理费用为 1 277.69 万元 (1 449.70 - 43.05 - 128.96 = 1 277.69)。2009 年原煤产量 19.0 万吨,则不含矿产资源补偿费的单位管理费用为 67.25 元/吨 (1 277.69÷19.0 = 67.25)。

根据《矿产资源补偿费征收管理规定》(国务院令 [1994] 第 150 号),将矿产资源补偿费重新计算如下:

年矿产资源补偿费 = 年矿产品销售收入×补偿费费率×开采回采率系数
$$= 7\ 020.72 \times 1\% \times 1 = 70.21\ (万元)$$

单位原煤矿产资源补偿费为 3.90 元/吨 (70.21÷18 = 3.90)。

根据上述,按规定重新计算后的矿产资源补偿费 3.90 元/吨,加进扣除原矿产资源补偿费的管理费用 67.25 元/吨,为本次评估确定的单位管理费用,即 71.15 元/吨 (37.25 + 3.90 = 71.15)。

年管理费用 = 年原煤产量×单位管理费用 = 18×71.15 = 1 280.70 (万元)。

(3) 销售费用。

×××矿业有限公司×××煤矿 2009 年度原煤销售市场求大于供,本次评估取单位原煤销售费用为 0。

(4) 财务费用。

根据《价款评估应用指南》《矿业权评估参数确定指导意见》,矿业权价款评估中,财务费用只计算流动资金贷款利息(固定资产投资全部按自有资金处理、不考虑固定资产借款利息),设定流动资金 1 614.77 万元中 70% 为银行贷款,在生产期初借入使用,贷款利率按自 2008 年 12 月 23 日起执行的一年期贷款基准利率 5.31% 计算,按期初借入、年末还款、全时间段或全年计息。则:

$$正常生产年份流动资金贷款利息 = 1\ 614.77 \times 70\% \times 5.31\%$$
$$= 60.02\ (万元)$$

折合单位原煤财务费用 3.33 元/吨。

(5) 总成本费用。

单位原煤总成本费用 = 生产成本 + 管理费用 + 销售费用 + 财务费用,则:

单位原煤总成本费用 352.56 元/吨 (278.07 + 71.15 + 0 + 3.33 = 352.56)。

年总成本费用 6 346.04 万元 (352.56 × 18 = 6 346.04)。

(6) 经营成本。

单位原煤经营成本 = 总成本费用 − 折旧费 − 摊销费 − 折旧性质的维简费 − 井巷工程基金 − 财务费用 = 352.56 − 4.28 − 0 − 3.00 − 2.50 − 3.33 = 339.44 (元/吨)

正常生产年份经营成本为 6 109.92 万元 (339.44 × 18 = 6 109.92)。

13. 税金及附加

根据《价款评估应用指南》,矿业权价款评估中,税金及附加应根据国家和省级政府财税主管部门发布的有关标准进行计算。

本项目的销售税金及附加包括城市维护建设税、教育费附加和资源税。城市维护建设税和教育费附加以应交增值税为税基,根据国发 [1985] 19 号《中华人民共和国城市维护建设税暂行条例》和国务院令第 448 号《国务院关于修改〈征收教育费附加的暂行规定〉的决定》,×××煤矿纳税适用的城市维护建设税适用税率为 5%,教育费附加费率为 3%,地方教育费附加 1%。

应交增值税为销项税额减进项税额,根据《矿业权价款评估应用指南》,矿业权价款评估中,增值税统一按一般纳税人适用税率计算。销项税以销售收入为税基,根据财政部、国家税务总局财税 [2008] 171 号《关于金属矿、非金属矿采选产品增值税税率的通知》,自 2009 年 1 月 1 日起,适用的产品销项税率为 17%;产品进项税率为 17%(以材料费、动力费为税基)。根据国家实施增值税转型改革有关规定,自 2009 年 1 月 1 日起,新购进设备(包括建设期投入和更新资金投入)进项增值税,可在矿山生产期产品销项增值税抵扣当期材料、动力进项增值税后的余额抵扣;当期未抵扣完的设备进项增值税额结转下期继续抵扣。

抵扣完设备进项增值税后的正常生产年份(以 2013 年为例)计算如下:

年产品增值税销项税额 = 年销售收入 × 销项税率
$$= 7\ 020.72 \times 17\% = 1\ 193.52\ (万元)$$

年产品增值税进项税额 = (年材料费 + 年动力费) × 17%

$$= (925.02 + 828.00) \times 17\% = 298.01 \text{（万元）}$$

年抵扣设备进项增值税额 = 34.13（万元）

年应交增值税额 = 年产品销项税额 - 年产品进项税额 -

$$年抵扣设备进项增值税额 = 1\ 193.52 -$$
$$298.01 - 34.13 = 861.38 \text{（万元）}$$

年城市维护建设税 = 年增值税额 × 城市维护建设税率
$$= 861.38 \times 5\% = 43.07 \text{（万元）}$$

年教育费附加 = 年增值税额 × 教育费附加费率
$$= 861.38 \times 3\% = 25.84 \text{（万元）}$$

年地方教育费附加 = 年增值税额 × 地方教育费附加费率
$$= 861.38 \times 1\% = 8.61 \text{（万元）}$$

根据财政部、国家税务总局《关于调整山东省煤炭资源税税额标准的通知》（财税〔2005〕86号），×××煤矿资源税适用的税额标准为原煤每吨3.6元，则正常生产年份：

年资源税 = 年原煤产量 × 单位原煤资源税税额
$$= 18 \text{ 万吨} \times 3.6 \text{ 元/吨} = 64.80 \text{（万元）}$$

年销售税金及附加合计 = 年城市维护建设税 + 年教育费附加 +

$$年地方教育费附加 + 年资源税 = 43.07 +$$
$$25.84 + 8.61 + 64.80 = 142.32 \text{（万元）}$$

根据《价款评估应用指南》，矿业权价款评估中，企业所得税统一以利润总额为基数，按企业所得税税率25%计算，不考虑亏损弥补及企业所得税减免、抵扣等税收优惠。

正常生产年份（以2013年为例）企业所得税计算如下：

年利润总额 = 年销售收入 - 年总成本费用 - 年销售税金及附加
$$= 7\ 020.72 - 6\ 346.04 - 142.32 = 532.36 \text{（万元）}$$

年企业所得税 = 年利润总额 × 企业所得税税率
$$= 532.36 \times 25\% = 133.09 \text{（万元）}$$

14. 折现率

根据《矿业权价款评估应用指南》，矿业权价款评估中，折现率按国土资源部的相关规定直接选取。

根据国土资源部公告2006年第18号《关于实施〈矿业权评估收益途径评

估方法修改方案〉的公告》，折现率取值范围为 8%~10%。对矿业权出让评估和国家出资勘查形成矿产地且矿业权价款未处置的矿业权转让评估，地质勘查程度为勘探以上的探矿权及（申请）采矿权评估折现率取 8%，详查及以下工作阶段探矿权评估折现率取 9%。

根据国土资源部公告 2008 年第 6 号《国土资源部关于实施矿业权评估准则的公告》，矿业权评估准则尚未规定的，矿业权价款评估仍应遵循《矿业权评估收益途径评估方法修改方案》和《矿业权评估指南》。本项目为采矿权价款评估，折现率取 8%。

（四）评估结论

×××矿业有限公司×××煤矿采矿权（评估计算的服务年限 8.82 年、动用可采储量 238.20 万吨）于评估基准日所表现的评估价值为人民币 1 262.45 万元。

（五）其他

案例点评：矿业权评估时，应充分考虑矿区所处的勘探开发阶段、各种方法的使用范围、资料获取的难易程度等，综合选择较为合理的评估方法。评估时，需重点关注资源储量的核实，评估参数计算，比如回采率或损失率计算，应采用反映行业平均水平的相应指标。确定生产能力时，应遵循矿山生产规模、矿山服务年限与储量相匹配原则。对于采用的销售价格，必须区分精确含义，是指原矿价、精矿价还是金属价等。

【案例 2　森林资源评估】

评估背景介绍：丹阳市××农林产业有限公司，性质为有限责任公司，规模为小型，拟办融资业务种类为小企业短期贷款，金额 500 万元，期限为 12 个月。为确定我行林木资产抵押贷款额度提供参考依据而评估抵押物价值。

××农林产业有限公司成立于 2003 年 9 月，属有限责任公司，企业注册资金 250 万元人民币。该公司是一家专门从事南方型杨良种繁育和速生工业用材林基地建设的民营企业。已造林 1 万余亩，种植的意杨树林，品种有南林 895、南林 95、南林 1388 等，都来自国家"七五""八五""九五"科技攻关成果。公司法人代表人本科学历，从事本行业多年，从事生产经营管理多年，经验丰富，品德良好。

由于在抵（质）押关系存续期间，木材市场价格平稳，并且，意杨经过四年的生长，总蓄积量增加，经询证，中国建材在线 2011 年 4 月 6 日杨树原木网上报价，杨木原木直径为 10cm～15cm，长度为 2m 的报价为 800 元/m³ 左右，评估对象实际直径为 15 cm 以上，长度为 4m 以上，评估人员遵循谨慎性原则，取所有原评估参数。

【解析】

其他评估程序略，只重点介绍评估过程。

(一) 木材销售总收入测算

经客户经理和评估人员调查如下。

(1) 在基准日意杨平均胸径分别为 18cm～20cm、25cm～28cm、13cm～15cm，根据谨慎性原则取意杨平均胸径 18.5cm、25.5cm、13.5cm（实际平均胸径分别为 18.9cm、25.8cm、14cm 以上），则根据"江苏省林业局勘察设计院"提供的《材种出材率表》每棵树平均出材率分别为 0.185 2m³、0.403 4m³、0.082 4m³。

(2) 评估对象——意杨销售价格经市场调查：在评估基准日，木材市场价格呈上涨趋势，经评估人员根据中国建材在线 2011 年 4 月 6 日杨树原木网上报价，杨木原木直径为 10cm～15cm，长度为 2m 的报价为 800 元/m³ 左右，评估人员根据遵循谨慎性原则取评估对象市场价格分别为：意杨按平均胸径 18.5cm 取 650 元/m³、25.5cm 取 900 元/m³、13.5cm 取 450 元/m³ 计算，根据每棵树平均出材率为 0.185 2m³、0.403 4m³、0.082 4m³ 计算，即每棵约 120.38 元、363.06 元、37.08 元。

(3) 收入测算过程如资产评估清查明细如表 10-14 所示。

表 10-14 资产评估清查（销售收入）明细

资产占有单位名称：××农林产业有限公司 (元，立方米)

林权证号	林班号	面积（亩）	每亩蓄积量	实际蓄积量	销售单价	销售收入
丹林证字 2006 第 00430 号	吕城 9	176.00	26.624 4	4 685.89	900	4 217 304.96
丹林证字 2006 第 00430 号	吕城 9	354.70	7.745 6	2 747.36	450	1 236 313.94
丹林证字 2005 第 00400 号	司徒 190	672.05	6.111 6	4 107.30	650	2 669 745.51
丹林证字 2005 第 00400 号	司徒 191	149.38	26.624 4	3 977.15	900	3 579 437.58

续表

林权证号	林班号	面积（亩）	每亩蓄积量	实际蓄积量	销售单价	销售收入
丹林证字 2005 第 00400 号	司徒 192	142.73	7.745 6	1 105.53	450	497 488.27
句林证字 2007 第 3200249239 号	解塘 1	211.00	6.111 6	1 289.55	650	838 205.94
句林证字 2007 第 3200249239 号	解塘 2	86.00	6.111 6	525.60	650	341 638.44
句林证字 2007 第 3200249239 号	解塘 3	75.62	6.111 6	462.16	650	300 403.47
句林证字 2007 第 3200249240 号	后庄 1	232.18	7.745 6	1 798.37	450	809 268.03
小　　计		2 099.66		20 698.92		14 489 806.15

（二）木材生产经营成本测算

（1）直接人工费主要包括零星用工的工资计划测算，平均为 2.5 元/立方米。

直接人工费 = 20 698.92 × 2.5 = 5.17（万元）

（2）生产准备费用。按当地的生产作业条件测算，主要包括汽车便道、拖拉机道、担筒道、溜山道开设，维修工棚等费用，因评估对象经济质量为即可及小班，所以假设本项目的准备费为零。

（3）经客户经理和评估人员从丹阳市农林局调查：意杨胸径在 20cm 左右、种植密度为 3×3 米（每亩约 88 棵），采伐成本包括：燃料动力费、运费等约 400 元/亩，取评估对象采伐成本 400 元/亩计算；不可预见费取 80 元/亩，合计为 480 元/亩，根据谨慎性原则取每亩生产经营成本（含税费）为 500 元/亩。税费主要有育林基金、特产税（因政府鼓励、支持农林企业植树造林，育林基金、特产税等税费全免），根据谨慎性原则，育林基金、特产税取销售收入的 4.5%，每亩育林基金、特产税等税费为 1 448.98×4.5% = 65.2 万元。

生产经营成本（含税费）= 2 099.66×500 + 652 000 = 170.18 万元

（4）因杨树为新型树种，江苏省林业局勘察设计院提供的《材种出材率表》（杨、栎）表中无中、小径及非规格材出材率，所以本次评估过程中只计算评估对象大径（杨树主干）出材蓄积量的销售收入，对中、小径及非规格材出材蓄积量未计算销售收入，现经客户经理和评估人员调查：非规格材（杨木净片，主要用途为造纸）市场价格为 1 300 元/吨（可参见中国林业信息网 2011 年 2 月 28 日采购信息），根据松树出材率表，胸径在 22cm 的松树非规格材占总出材率的18%，所以管理费用、销售费用等忽略不计。

（三）意杨生产销售合理利润

经客户经理和评估人员调查：意杨属于生长周期较短的经济型用材林树，杨树树种南林95895，其生长周期为10~15年左右，生长较快。在评估基准日评估对象意杨属未成材树木，生产销售利润取7%以下，待评估对象意杨胸径在35cm以上时才可能给投资者带来超额收益。因此，在评估基准日的利润额为：生产销售合理利润 = 1 448.98 × 7% = 101.43（万元）。

（四）意杨评估值测算

评估值 = 意杨木材销售总收入 – 木材生产经营成本 – 木材生产销售合理利润
= 1 448.98 – （5.17 + 170.18） – 101.43 = 1 172.2（万元）

出于谨慎考虑，本次评估对象——意杨在评估基准日的测算价值为：人民币1 050万元。

案例点评：森林资源评估重点在于对收费和成本费用的确定，对森林资源的抵押风险防控，不仅仅在于评估风险，更应关注市场风险和变现风险。对于未来可能发生的各类不确定性风险，应采取必要的风险防范措施，包括及时到相关部门办理抵押登记手续，按银行规定及时投保相关保险险种，并且第一受益人为银行；密切关注林木价格行情，严格贷后日常管理等。

本章参考资料

1. 中国矿业权评估师协会：《中国矿业权评估准则（2007~2010）》
2. 刘刚，吴家齐. 国外矿资产评估准则比较研究. 资源与产业，2009（3）
3. 王家枢，曹新元. 对矿产勘查工作规律的初步分析和归纳. 国土资源情报，2009（7）
4. 靳长科. 试论林木资产价值评估研究方法和动态模型. 科技情报开发与经济，2007（17）
5. 方兰，沈镭. 基于ARMR模型的矿产资源资产价格走势分析. 中国矿业，2009（19）
6. Barry R. Cobb, John M. Charnes, Real options valuation. *Winter Simulation*

Conference, 2004（12）

7. Luiz E. Brandao, James S. Dyer, Warren J. Hahn, Using Binomial Decision Trees to Solve Real-Option Valuation Problems. 2005

8. Marco Antonio Guimaraes Dias, Valuation of exploration and production assets: an overview of real options models. 2004

9. Adam Borison, Real Options Analysis: Where are the Emperor's Clothes?. 2003

10. M R Samis, G A Davis and D G Laughton, Using Stochastic Discounted Cash Flow and Real Option Monte Carlo Simulation to Analyse the Impacts of Contingent Taxes on Mining Projects. 2007

11. Estrella V. Domingo and Edward Eugenio P. Lopez-Dee, Valuation Methods of Mineral Resources. 2007

12. The Australasian Code for Reporting of Exploration Results, Mineral Resources and Ore Reserves, JORC

13. South African Code for the Reporting of Exploration Results, Mineral Resources and Mineral Reserves）（2006，2007）

第十一章
有关担保物权的法律法规及其解读

了解

与担保物权有关的物权概念,担保物权定义及其特征,商业银行信贷担保管理等知识。

熟悉

《中华人民共和国物权法》的基本原则和担保物权的种类、特征、担保物权基本原则、设立规定及各类担保物权效力的确定等相关规定。

掌握

与商业银行信贷相关的担保物权财产范围、禁止抵(质)押财产的范围、常见的几种特殊抵押(质)方式、法定优先受偿权、抵(质)押权实现、商业银行押品价值评估法律风险审查要点等主要内容。

一、《中华人民共和国物权法》基本原则

2007年3月16日第十届全国人民代表大会第五次会议通过《中华人民共和国物权法》(以下简称《物权法》),自2007年10月1日起施行。《物权法》规范的物,一般是指有体物或有形物,包括不动产和动产,不包括精神产品,但法律规定权利作为物权客体的,依照其规定。物权法作为规范财产关系的民事基本法律,规范和调整市场平等主体之间因物的归属和利用而产生的财产关系,定纷止争和物尽其用,保障市场主体权利,使"有恒产者有恒心",推动经济发展和社会进步。

(一) 物权的概念和基本分类

物权,又称为"绝对权",是权利人依法对特定的物享有直接支配和排他的权利,包括所有权、用益物权和担保物权。物权最主要的特征是它具有一种绝对权,物权的权利人行使权利具有排他性的支配权,对权利人之外的其他人都有约束力。

所有权,又称自物权,权利人对特定财产具有占有、使用、收益和处分的权利。

用益物权,是权利人对特定财产的直接使用和收益,对特定财产的使用价值具有支配权。

担保物权,是为确保债权的实现而设定,以直接取得或支配特定财产的交换价值为内容的权利,不具有使用、收益和处分的权利。

(二)《物权法》的基本原则

1. 物权法定原则

物权法定原则是指物权的设立、种类,各类物权的基本内容,权利人和义务人之间的规范等只能经由法律规定,当事人之间不能自行创立,设立法律规定之外的其他物权或者通过约定变更物权内容。

2. 物权公示原则

物权公示原则是指物权在发生变动时,必须将物权变动即物权的设立、变更、转让和消灭等情况的事实通过法律许可的方式向社会公开展示,以使权利人的权利被社会公众所知悉,保护交易的安全和第三人的合法权益。物权公示原则属于法律强制性规则,其效力也是法定,不允许当事人通过合同加以变更。

(三) 物权变动规则

1. 物权变动基本原则

物权变动基本原则《物权法》规定的物权变动原则,以生效主义为原则,对抗主义为例外。当事人之间订立有关设立、变更、转让和消灭不动产物权的合同,除法律另有规定或合同另有约定外,自合同成立时生效;未办理物权登记的,不影响合同效力,经过登记发生物权效力。动产物权的设立和转让通过交付发生效力。因此,法律赋予不动产登记、登记变更和动产占有交付以公信力从而产生物权效力。不动产物权变动就是登记,动产物权变动就是交付,未办理登记的不动产物权或未交付的动产物权不具有对抗效力，即不得对抗善意第三人，不具有物权效力。

2. 不动产登记制度

不动产登记制度不动产登记，是对不动产公示原则的具体体现。其最基本的效力就是除法律另有规定外，不动产物权的设立、变更、转让和消灭，经依法登记，产生效力；未经登记，不产生效力。法律规定登记的不动产变动，自记载于不动产登记簿时生效。不动产权属证书是权利人享有该不动产物权的证明。不动产权属证书记载的事项，应当与不动产登记簿一致；记载不一致的，除有证据证明不动产登记簿确有错误外，以不动产登记簿为准。权利人、利害关系人认为不动产登记簿记载的事项错误的，可以申请更正登记。不动产登记簿记载的权利人不同意更正的，利害关系人可以申请异议登记。登记机构予以异议登记的，申请人在异议登记之日起 15 日内不起诉，异议登记失效。异议登记不当，造成权利人损害的，权利人可以向申请人请求损害赔偿。当事人签订买卖房屋或者其他不动产物权的协议，为保障将来实现物权，按照约定可以向登记机构申请预告登记。预告登记后，未经预告登记的权利人同意，处分该不动产的，不发生物权效力。预告登记后，债权消灭或者自能够进行不动产登记之日起 3 个月内未申请登记的，预告登记失效。

根据《物权法》第 10 条规定：“不动产登记，由不动产所在地的登记机构办理。国家对不动产实行统一登记制度。统一登记的范围、登记机构和登记办法，由法律、行政法规规定。”了解一项不动产的归属，首要的就是查询其登记簿，登记是谁，谁就是其所有人，该记载具有公示力和排他力。

3. 动产交付规则

动产交付规则根据物权公示原则，动产物权以占有和交付为公示，占有是指在静态情况下的物权公示，交付是指在动态情况下的物权公示。动产物权设立和转让前，权利人已经依法占有该动产的，物权自法律行为生效时发生效力。第三人依法占有该动产的，负有交付义务的人可以通过转让请求第三人返还原物的权利代替交付。动产物权转让时，双方又约定由出让人继续占有该动产的，物权自该约定生效时发生效力。《物权法》第 23 条规定：“动产物权的设立和转让，自交付时发生效力，但法律另有规定的除外。”基于占有的公信力，即使占有人对其占有的动产无处分权，自占有人处受让动产的善意第三人的利益也受法律的保护。

二、常见担保物权概述

(一) 担保物权基本概念和特征

担保物权，是指以担保债权实现为目的而设定的，担保物权人就债务人或者第三人提供的担保财产享有优先受偿的权利。根据《物权法》规定，现行担保物权主要有抵押权、质权和留置三种。本章主要从商业银行贷款担保角度介绍常见的抵押权、质押权两种担保物权形式，对银行贷款中不常见的留置担保不作介绍。担保物权除具有物权的一般特征外，还具有如下主要特征：

(1) 担保物权是以支配标的物的价值为内容，以确保债权人的债权得到完全履行为目的的定限物权。

(2) 担保物权具有从属性、不可分性和物上代位性。担保物权设定后，从属于债权而存在，主债无效或者被撤销的，债权人一般不能取得担保物权。

(3) 担保物权具有优先受偿效力。优先受偿是指债务人到期不履行债务或者出现当事人约定的实现担保物权的情形时，债权人可以对担保财产进行折价或拍卖、变卖担保财产，以所得价款优先实现自己债权。

当担保物权出现下列情形时，担保物权消灭：(1) 主债权消灭；(2) 担保物权实现；(3) 债权人放弃担保物权；(4) 担保物毁损灭失且无代位物的；五是法律规定担保物权消灭的其他情形。

(二) 担保物权的竞合

1. 担保物权竞合的概念和特征

担保物权竞合，是指在同一物权上设立有数个担保物权，构成担保物权竞合。担保物权竞合会影响担保物权之间的优先顺序，次序在先的担保物权在清偿顺序上优先于次序在后的担保物权。

2. 担保物权竞合处理的原则

担保物权竞合造成各竞合担保物权之间优先顺序的确定，直接影响到各担保物权的权利价值，通常由法律规定确定竞合担保物权之间的优先顺序。根据物权法、担保法及其司法解释的规定，当出现同一担保物权存在抵押权与质权、抵押权与留置权等情况时，一般按照法定物权优先于约定物权，登记物权优先于非登记物权，登记的抵押权优先于质权，先设定的物权优先于后设定的物权。留置权为法定担保物权，抵押权、质权为约定担保物权，因此留置权与其他担保物权的竞存原则上留置权具有优先效力，留置权人优先于抵押权人、质权人受偿。留置权之间的竞存以后发生的优先的规则确定受偿权的先后顺序。

3. 抵押权与质权的区别与联系

（1）抵押权与质权的区别联系。通常而言，抵押权与质押权在本质上是一致的，均属于担保物权，两者的显著区别在于是否"转移标的物"的占有，转移质物的占有是质权与抵押权的根本区别，并由此在内容方面有所不同，相应在法律规定上也做了区分，两者主要区别如表 11 - 1 所示。

表 11 - 1　抵押权与质押权之间的简明关系

	抵押权	质押权
特　点	抵押标的物主要是债务人或者第三人提供担保的不动产；不转移对标的物的占有；抵押权原则上是意定担保物权	质押权标的物是动产和可转让的权利，称为动产质权和权利质权，不动产不能设定质权；质权是转移质物的占有的担保物权，以占有标的物为成立要件
设　立	①抵押合同须以书面要式行为订立 ②流押禁止条款 ③登记 一是登记作为生效要件；不动产，但法律另有规定的除外，依法属于国家所有的自然资源，所有权可以不登记 二是登记作为对抗要件：船舶、航空器、机动车、机器设备等抵押权的设立、变更、转让消灭，未经登记，不得对抗善意第三人 三是登记具有绝对效力，其内容与抵押合同约定不一致的，以登记为准	①交付是质权成立的要件 ②交付方式 一是现实交付，二是指示交付，三是简易交付，但不包括占有改定 ③交付标的物与合同约定不一致的，以交付的为准 ④权利质权成立的特别规定 一是以票据与公司债券交付作为成立要件，背书作为对抗要件。二是以上市公司股份、非上市公司股份、依法可以转让的商标专用权、专利权、著作权中的财产权、证券投资基金份额等出质的，以登记为成立要件。三是以票据、债券、存款单、仓单、提单出质的，质权人再转让或质押的无效；以依法可以转让的商标专用权、专利权、著作权中的财产权出质的，出质人未经质权人同意转让或许可他人使用已出质权利的，应当认定为无效。四是以载明兑现或提货日期的汇票、支票、本票、债券、存款单、仓单、提单出质的，其兑现或提货日期后于债务履行期的，质权人只能在兑现或者提货日期届满时兑现款项或者提取货物

（2）最高额抵押权与最高额质押权的区别和联系。最高额抵押权与最高额质押权作为担保物权的两种特殊性担保方式，目的均是为活跃和促进社会经济交易发展，配合连续性交易的发展，扩大社会担保融资。因此，它们具有许多

相同之处，具体表现为❶：①两者在设立、转移和消灭上均在一定程度上独立于主债权；②两者担保的债权都是不特定债权；③两者均有最高额担保额的限制；④两者在实现担保物权时，均需要对担保的债权进行确定。

最高额抵押权与最高额质押权的区别则主要表现为其担保物权的标的性质不同，最高额抵押权的抵押权人不需要占有抵押人的担保财产，本质上属于抵押权的一种；最高额质押权的质权人需要占有出质人的担保财产，本质上属于质权的一种。

三、商业银行押品价值评估法律风险审查要点

商业银行押品价值评估法律风险审查是指商业银行内部押品价值评估审查人员在押品价值评估工作中，遵循一定原则，依据担保物权有关押品权属资料、文件、市场信息、报告等，对抵押资产是否合法、有效，价值是否足额等从法律影响角度分析，判断其对银行信贷资产的保障程度，并作出审慎的内部抵（质）押价值认定。它通常包括但不限于以下几个方面。

（一）押品的合法、合规性审查

商业银行贷款担保物权的合法性主要是指贷款担保物权符合国家法律法规和商业银行的信贷担保管理的规定。商业银行一般根据《物权法》《担保法》和《中华人民共和国商业银行法》等法律法规，结合本行经营的风险偏好，制定本行贷款担保管理办法，规定本行可接受的贷款担保的抵（质）押物（权）。因此，在审查押品的合法性、合规性时，主要看担保物权种类是否符合法律和商业银行贷款担保管理办法的有关规定。对于法律未明确规定可以抵（质）押的财产，如确属债务人或第三人有权处分且不在法律法规禁止抵（质）押范围的，根据民法原理，法律不禁止的，都应当是允许的，一般可以作为抵（质）押标的，但从风险防范角度，商业银行应从严掌握和审批。

首先，是押品权属合法性审查。一般而言，押品产权证明文件符合法定格式且权属证书上记载符合法律要求，即可以认定押品权属来源合法，具有可以抵（质）押的权利。对于认为押品权属合法性存在疑义的，审查人应进一步对抵（质）押人取得权属证明是否履行了法定程序、支付了对价款等到相关部门

---

❶ 全国人大常委会法制工作委员会民法室：《〈中华人民共和国物权法〉条文说明、立法理由及相关规定》，第401页。

第十一章　有关担保物权的法律法规及其解读

进行实质性核查。如对政府的土地储备贷款抵押中，为防止未经法定程序取得土地使用权证，审查人在审查权属证明时，不仅审查其权属证明及记载是否符合法定形式，也要审查其获得是否履行了法定程序和手续，如其中的农用地转为储备建设用地是否已支付了补偿款，是否按国家规定的审批权限办理了法定的审批手续等，防止因权属证书取得存在法律瑕疵影响押品的抵押法律效力和抵押价值。

其次，是押品适格性审查。根据物权法定原则，并非所有具有合法权属的物权均可以作为抵押品，作为贷款押品，还须符合担保物权的法律规定。通过审查担保物权属证明，明确其物权种类及属于哪一类担保物权，判断其作为担保物权是否为法律所明确规定，不属于法律法规限制或禁止的种类物。对法律禁止抵（质）押物，严禁接受作为担保物权。对法律法规限制流通或缺乏可及时、经济、有效处置的物品等，要谨慎接受其作为担保物权。对于非典型担保方式，如立法上未明确的，要根据物权法定原则，判断其是否符合物权法相关规定，如不符合，则不宜接受其做贷款押品。对于法无明文规定时，不属于法律规定可以抵押的财产，如确属债务人或第三人有权处分且不在法律法规禁止抵（质）押的范围，根据法理，法律不禁止的，都应当是允许的，一般可以作为抵（质）押标的，但须经一级（直属）分行审批，并报总行备案。对贷款担保物权合法合规性审查主要关注点如下。

1. 贷款抵押物的范围及禁止抵押物

（1）根据银行贷款担保管理办法规定，贷款行可以接受下列财产抵押：

①建筑物和其他土地附着物（以享受国家优惠政策购买的房屋抵押的，其抵押额以抵押人可以处分和收益的份额为限；有经营期限的法人、其他组织以其有权处分的房屋抵押的，抵押期限不得超过其经营期限；以具有土地使用年限的房屋抵押的，抵押期限不得超过建设用地使用权出让合同规定的使用年限减去已经使用年限后的剩余年限）。

②建设用地使用权。

③抵押人以招标、拍卖、公开协商等方式取得的荒地等土地承包经营权。

④生产设备、原材料、半成品、成品。

⑤正在建造的建筑物、船舶、航空器。

⑥交通运输工具。

⑦商品林中的森林、林木和林地使用权。

⑧海域使用权。

⑨矿业权，包括探矿权和采矿权。

⑩法律、行政法规及我行未禁止抵押的其他财产。

对于拟接受第⑩项规定的财产抵押的，应从严掌握，由其省级分行批准，并就接受的抵押财产类型报其总行备案。

在审查抵押物的合法合规性时，还应审查其他一些辅助要求，具体分析如下：

以依法取得的国有土地上的房屋抵押的，应当将该房屋占用范围内的国有建设用地使用权同时抵押。

以出让方式取得的国有建设用地使用权抵押的，应当将该国有土地上的房屋同时抵押。建设用地使用权抵押后新增的建筑物及构筑物不属于抵押物，抵押权人对其一并拍卖所得价款不具有优先受偿权。

以划拨方式取得的国有建设用地使用权不得单独抵押。以划拨土地上的房屋及其他建筑物抵押的，应当将其占用范围内的建设用地使用权同时抵押，并在核定抵押率时充分考虑应缴纳的建设用地使用权出让金因素。

乡镇、村企业的建设用地使用权不得单独抵押。以乡镇、村企业的厂房等建筑物抵押的，应当将其占用范围内的建设用地使用权同时抵押。未经法定程序，不得改变土地所有权的性质与土地用途。

以在建工程抵押的，应当将在建工程占用范围内的建设用地使用权，连同在建工程的投入资产同时抵押，并在核定抵押率时充分考虑建设工程承包人的工程价款因素。如果已经办理的在建工程抵押价值不足，还应就建设过程中逐渐直至最终形成的财产及其占用范围内的建设用地使用权办理后续抵押。

以上所列房地产抵押，原则上应当将同宗土地上的道路、绿地、天台、走廊、停车场、空余地或者其他设施同时抵押，但属于业主共有的除外。

以账户质押的，即账户的权利人以账户向银行出质，承诺将账户中的资金作为偿还贷款担保。根据《中华人民共和国担保法司法解释》第 85 条规定：出质账户要符合特定化的特户要求，未经质押权人许可任何人不得处置账户中的资金，实质上是以账户中的资金作为担保财产，形成金钱质押。

抵押权存在于抵押物之上，只有合格的抵押物，抵押合同才能生效，债权人才能享有抵押权。对于拟接受第⑩项规定的财产抵押的，可以接受法律、行

第十一章 有关担保物权的法律法规及其解读

政法规和银行未禁止抵押的其他财产设定抵押，但应从严掌握；以浮动抵押方式办理的信贷业务，也应从严掌握，审慎判断抵押物价值和业务风险。

（2）禁止成为贷款抵押物的范围。

下列财产不得接受为贷款抵押：

①土地所有权及其他依法禁止流通或者转让的自然资源或财产。

②耕地、宅基地、自留地、自留山等集体所有的建设用地使用权，但抵押人以招标、拍卖、公开协商等方式取得的荒地等土地承包经营权除外。

③国家机关的财产；学校、幼儿园、医院等以公益为目的的事业单位、社会团体的教育设施、医疗卫生设施和其他社会公益设施，但从事经营活动的非公益事业单位、社会团体除外。

④所有权、使用权不明或有争议的财产。

⑤以法定程序确认为违法、违章的建筑物；依法被查封、扣押、监管或采取其他强制性措施的财产。

⑥租用或者代管、代销的财产。

⑦已存在预告登记的不动产；已出租的公有住宅房屋和未定租赁期限的出租住宅房屋；已依法公告在国家建设征用拆迁范围内的房地产；列为文物保护的古建筑、有重要纪念意义的建筑物。

⑧已经折旧完或者在贷款期内将折旧完的固定资产，淘汰、老化、破损的机器、设备以及专用机器、设备。其中，专用机器、设备是指专用性强、流通性差，难以通过市场交易及时变现的机器、设备。

⑨银行分支机构、所属公司的财产。

⑩依法不得抵押或依法行使抵押权受到限制的其他财产。

根据《担保法》、《物权法》和《中华人民共和国民法通则》的有关规定，现将商业银行信贷抵押常见的部分押品抵押法律风险关注点[1]简单列示如表11-2所示。

---

[1] 中国工商银行股份有限公司广西分行：《法律风险提示》，2010年第07期，2011年8月12日发布。

表11-2 部分常见押品简明抵押法律风险识别要点

	风险点（环节）识别		审查标准
土地使用权抵押	划拨土地使用权抵押	划拨土地使用权抵押应满足的条件	1. 土地使用者为公司、企业、其他经济组织和个人；2. 领有国有土地使用证；3. 具有地上建筑物、其他附着物合法的产权证明；4. 依照规定签订土地使用权出让合同，向当地市、县人民政府补交土地使用权出让金或者以转让、出租、抵押所获收益抵交土地使用权出让金
	集体土地使用权抵押	可以设定抵押的集体土地使用权范围	1. 依法经发包方同意的"四荒"土地承包经营权
			2. 乡（镇）、村企业的厂房等建筑物所占用的集体土地使用权
		法律禁止抵押的情形	1. 耕地、宅基地、自留地、自留山等集体土地使用权禁止抵押
			2. 乡镇、村企业的建设用地使用权不得单独抵押
		"四荒"土地承包经营权抵押的条件	1. 用于抵押的"四荒"土地承包经营权须是以"招标、拍卖、公开协商"等方式取得
			2. 要经发包方同意
			3. 承办人应取得土地承包经营证，土地承包经营证在报经县以上地方人民政府农业行政主管部门（而非土地管理部门）核准后由同级人民政府颁发
		设定抵押应获得的审批同意条件	1. 以"四荒"土地承包经营权抵押的，须经发包方同意
			2. 以乡村企业集体土地使用权抵押，须经被抵押土地的集体土地所有者同意，并出具书面证明。集体土地所有者在出具同意乡村企业集体土地使用权抵押的书面证明前须将土地抵押有关事项在农民集体内部履行合法手续
	无地上建筑物的建设用地使用权抵押	法律规定政府收回土地使用权的情形	1. 以出让方式取得土地使用权进行房地产开发的，必须按照土地使用权出让合同约定的土地用途、动工开发期限开发土地。超过出让合同约定的动工开发日期满一年未动工开发的，可以征收相当于土地使用权出让金20%以下的土地闲置费；满两年未动工开发的，可以无偿收回土地使用权；但是，因不可抗力或者政府、政府有关部门的行为或者动工开发必需的前期工作造成动工开发迟延的除外
			2. 已经办理审批手续的非农业建设占用耕地，一年内不用而又可以耕种并收获的，应当由原耕种该耕地的集体或者个人恢复耕种，也可以由用地单位组织耕种；一年以上未动工建设的，应当按照省、自治区、直辖市的规定缴纳闲置费；连续两年未使用的，经原批准机关批准，由县级以上人民政府无偿收回用地单位的土地使用权
		防控建议	1. 完善合同约定，可在融资合同中约定建设单位如因法定事由拖延开工达到一定期限，银行可以提前收回债权并行使抵押权
			2. 在抵押后指定专人密切关注建设工程项目的审批流程及建设进程，发现风险及时采取措施
		建设用地使用权抵押后新增建筑物	及时根据项目建设情况，通过在建工程抵押等方式，追加新增建筑物作为抵押物，并在项目建成后补充办理新增建筑物为抵押物
	开发区土地使用权抵押	土地使用权出让合同无效的情形	1. 根据相关法律法规的规定，2005年8月1日后开发管理委员会作为出让方与受让方订立的土地使用权出让合同一律按无效处理。因此在办理相关业务时，不应接受由开发区管委会作为出让方的土地使用权抵押
			2. 对于在2005年8月1日前已经接受的由开发区管委会作为出让方的土地使用权抵押，应积极争取市、县人民政府土地管理部门对该土地出让行为的追认，以确保抵押权的效力

续表

风险点（环节）识别		审查标准
在建工程抵押	整体要求	1. 抵押人原则上应是借款合同的债务人，同时也是在建工程所占用土地的使用权人
		2. 在建工程抵押的抵押物必须是债务人"合法方式取得的土地使用权连同在建工程的投入资产"，同时必须是"依法获准尚未建造的或者正建造中的房屋或者其他建筑物"
		3. 签订抵押合同，且依法办理抵押物登记
	抵押范围和价值	1. 范围：原则上应以在建工程整体作为抵押物
		2. 价值：可与抵押人协商确定抵押物价值，也可委托房地产评估机构对拟抵押的在建工程进行评估，在评估的基础上确定在建工程抵押物的市场公允价值
海域使用权抵押	海域使用权证书	1. 在以海域使用权抵押时，应要求抵押人出示有权机关核发的海域使用权证书
		2. 海域使用权按照审批权限实行分级登记，国务院批准的项目用海，由国家海洋行政主管部门登记造册；县级以上地方人民政府批准的项目用海，由批准用海的地方人民政府登记造册，同级海洋行政主管部门负责具体登记工作
	海域使用权期限	不同用途的海域最高使用期限不同。在办理海域使用权抵押时，应注意融资期限不超过海域使用权证书所确定的海域使用期限
	海域使用权使用金	1. 国家实行海域有偿使用制度，单位和个人使用海域，应当按照规定缴纳海域使用金
		2. 对某些特定用途的用海，可以免缴或减缴海域使用金。海域使用权取得免缴或减缴海域使用金的，须在补缴海域使用金后方可抵押
		3. 在办理海域使用权抵押时，应注意核实抵押人是否已经按照规定缴纳或补缴海域使用金
	一并抵押原则	海域使用权抵押时，其固定附属用海设施随之抵押；固定附属用海设施抵押时，其使用范围内的海域使用权随之抵押
	不得抵押的情形	1. 权属不清或者权属有争议的
		2. 未按规定缴纳海域使用金、改变海域用途等违法用海的
		3. 油气及其他海洋矿产资源勘查开采的
		4. 海洋行政主管部门认为不能抵押的
	抵押登记	以海域使用权抵押应当办理抵押登记，登记机关为原核发海域使用权的登记机关。抵押协议签订后，双方当事人应当在30日内到原登记机关办理抵押登记

续表

风险点（环节）识别			审查标准
采矿权抵押	基本条件		1. 符合政府产业政策和银行行业信贷政策
			2. 采矿权所有人依法取得相关行政许可证书或证明文件、按时足额缴纳各项税费
			3. 采矿权对应矿区已经进入规模开采阶段，采矿权所有人管理规范、经营正常、财务状况良好
	合同保护性条款		在借款合同或抵押合同中设立相应保护性条款，包括：
			1. 在信贷业务存续期内，若采矿权价值出现重大贬损，权利有效期限缩短，或借款人发生重大安全事故、环保违法或劳动人事纠纷等不利情况时，银行可要求借款人提前偿还贷款或追加担保
			2. 当采矿权对应矿产品价格发生大幅波动，或国家及地区相关政策法规发生重大改变，可能导致采矿权价值较大贬损的，银行有权聘请符合规定资质要求的中介机构对采矿权价值重新评估，相关费用由借款人承担。经评估采矿权价值发生较大贬损的，银行有权要求借款人另行提供其他担保或提前收回贷款
	其他担保管理		1. 尽量与借款人签订应收账款质押合同和账户监管协议，有效监控采矿权对应矿产品的生产销售收入
			2. 尽量要求借款人同时以采矿权对应矿区范围内的土地使用权和采矿设施一并抵押
			3. 要求由借款人股东或第三方补充保证担保，约定在贷款期限内，若因借款人被国家有权机关吊销采矿许可证，导致贷款无法按时足额收回的，由该股东或第三方补充提供连带责任担保
林权抵押	抵押财产范围	可用于抵押的林权范围	1. 森林、林木资产，主要指用材林、经济林和薪炭林
			2. 林地使用权，主要指用材林、经济林、薪炭林的林地使用权；用材林、经济林、薪炭林的采伐迹地、火烧迹地的林地使用权
		对不得用于抵押的森林、林木和林地使用权范围	1. 生态公益林
			2. 权属不清或存在争议的森林、林木和林地使用权
			3. 未经依法办理林权登记而取得林权证的森林、林木和林地使用权
			4. 属于国防林、名胜古迹、革命纪念地和自然保护区的森林、林木和林地使用权
			5. 特种用途林中的母树林、实验林、环境保护林、风景林
	林权权属证明		1. 林权证由县级以上地方人民政府核发
			2. 办理林权抵押贷款时，注意核对林权证与林权登记簿，保证抵押物记载的真实、准确

续表

风险点（环节）识别			审查标准
林权抵押	保险		1. 投保险种的选择，应以森林火灾保险等常发险为主
			2. 投保金额能完全覆盖信贷风险
			3. 贷款期限在林业保险期限内
			4. 对已投保林业之后进行抵押的，应要求抵押人及时变更保险条款，明确约定保险赔偿的优先受益人为抵押权人，并书面告知保险公司
	林区采伐限制	办理抵押前，抵押人是否已经取得林木采伐许可证	1. 如已取得，应要求抵押人将该林木采伐许可证交由抵押权人保管，并共同向林业行政管理部门办理登记备案
			2. 在担保合同中设立相应保护性条款并约定：林权抵押期间，未经抵押权人同意，抵押人不得办理林权转让、承包、再抵押，不得向林业管理部门申请发放采伐许可证，不得对森林、林木进行采伐；确需采伐的，采伐收入必须用于归还贷款本息
特殊主体提供的抵押	国家机关不动产抵押担保		不应接受以国家机关以其财产设定的抵押。
	学校、幼儿园、医院不动产抵押		1. 拟用于抵押的不动产属公益设施，不应接受其作为抵押担保
			2. 拟用于抵押的不动产不属于公益设施，且系为自身债务设定抵押的，可以接受其作为抵押担保
	夫妻共有不动产抵押		1. 核实确认相关不动产是否为夫妻共同财产
			2. 对于认定属于夫妻共有的不动产，在接受其作为抵押担保时，根据《物权法》等相关法律规定，应取得共有人的书面同意，并由共有人共同申请抵押登记
	未成年人不动产抵押		1. 加强对代理人资格的审查
			2. 确认该抵押行为是为未成年人利益而为
			3. 注意抵押登记手续是否完备
			4. 16周岁以上不满18周岁的公民，以自己的劳动收入为主要生活来源的，视为完全民事行为能力人。在办理抵押时，应要求其提供单位收入证明或劳动合同或工作证等证明材料

2. 贷款质押物范围及禁止质押物

（1）可以接受的动产贷款质押范围。

①可以接受符合下列条件的动产质押：一是出质人享有所有权或依法处分权，二是易变现、易保值、易保管，三是法律、行政法规及该行未禁止转让的动产。

②贷款行可以接受以保证金等形式特定化的金钱质押。

③贷款行可以接受符合一定条件的黄金质押，白银、铂等其他金属品种参

照黄金质押相关规定办理。

④贷款行可以接受能够移交经其认可的、具有合法主体资格的仓储公司、物流监管公司或现货交易市场保管,并开具以贷款行为受益人的收据的形式特定化的存货质押。前款所指存货一般应以大宗、高流动性的原材料为主,主要包括石油、煤、成品金属及其他矿产品、等级粮油制品、木材、通用化工原料等。

(2) 可以接受的贷款权利质押范围。

①汇票、支票、本票。

②国债、金融债券、AA级(含)以上企业的债券。

③存款单。

④提单;仓单,包括标准仓单,以及与其认可的仓储公司、物流监管公司、现货交易市场出具的仓单。

⑤普通应收账款,即权利人因向义务人提供货物、服务等而要求义务人付款的权利。

⑥可以转让的基金份额、股份、股票。

⑦收费权,包括公路收费权(含公路桥梁、公路隧道或者公路渡口等收益权)和农村电网建设与改造工程电费收费权。

⑧依法可以质押的具有现金价值的人寿保险单。

⑨依法可以转让的商标专用权,专利权、著作权中的财产权。

⑩法律、行政法规规定可以出质的其他财产权利。

在办理贷款质押担保时,原则上应当优先选择金钱、存款单、国债、银行票据等价值相对稳定、变现能力较强的质物;对存货、股权、商标专用权、专利权和著作权中的财产权及其他价值波动较大、不易监测、不易保管、不易变现或不易办理登记手续的质物应当从严掌握。对应收账款质押,并非所有债权性质的应收账款都可出质,必须是具有可让与性的金钱债权,并且是已经发生的,以尚未发生的应收账款作为出质的必须具有稳定的收费基础法律关系。比如公路、桥梁、隧道、渡口等不动产收费权,《国务院西部开发办关于西部大开发若干政策措施意见》规定的基础设施项目收费权,《关于进一步解决学生公寓等高等学校后勤服务设施建设资金问题若干意见》规定的学生公寓收费权等,均具有收费基础法律关系,经营权确定,收费稳定,可以作为应收账款出质。对于以已经发生的应收账款质押的,特别应注意应收账款债权未超过诉讼时效。

此外，对于不在法律规定可以质押的权利，如确属债务人或第三人有权处分且不在法律法规禁止质押的范围，一般可以作为质押标的。

(3) 禁止按受质押的动产或权利质押。

①依法禁止流通、转让，或依法不能强制执行和处理的。

②所有权有争议的。

③已挂失、失效或被依法止付的，被依法查封、冻结、扣押或采取其他强制性措施的。

④在质押期间易腐烂、易虫蛀、易变质的。

⑤难以判断实际价值或难以变现、保值和保管的。

⑥票据或其他权利凭证上记载"不得转让""委托收款""质押"字样的。

⑦已经质押的存款单、仓单和提单转质的。

⑧不在本行托管的银行柜台交易系统购买的记账式债券。

⑨法律、行政法规未明确规定可以出质的权利。

⑩具有不宜质押的其他情形的。

3. 押品权属合法性证明材料的完备性审查

押品权属合法性证明材料的完备性审查主要是审查抵押（出质）人的押品权属所有权文件是否齐全，押品权属证书及其记载内容是否规范或者存在瑕疵，押品权属复印件与原件是否已进行核对，押品是否已抵押（出质）登记，押品是否有购买合同，押品是否有购买发票，经济行为需经有权部门批准的是否已经合法批准等，初步确认押品产权清晰、合法有效，可以依法抵（质）押。

(1) 房地产类押品。

房地产类押品主要包括：《房地产证》（红证、绿证）或《房屋所有权证》和《国有土地使用权证》、总平面图、《国有土地有偿出让合同》《房屋购买合同》、已支付土地出让金或房屋款额的全部票据等证明权属的文件及附件等。对于已出租房屋，必须提供《房屋租赁合同》。已部分抵押的房屋，也须提供《抵押合同》。对于在建工程类房地产，主要分为土建工程和设备安装工程两类，其中：

①土建工程类，主要包括《国有土地使用证》《建设用地规划许可证》《建设工程规划许可证》《建筑工程施工许可证》、项目批准文件、开工证明、

工程预决算书、阶段性工程决算书、建筑工程图纸等证明权属的文件及附件，还包括已投入在建工程的工程款、施工合同等书面材料。出让的土地还应有《土地使用权出让合同》及交纳土地使用权出让金凭证、用于销售的还应有《商品房销售许可证》《商品房登记备案证》及商品房销售情况表。对于已部分抵押在建工程，还须提供《抵押合同》。

②设备安装工程类，主要包括设备安装工程合同、设备购置发票、设备购买合同等证明权属的文件及附件。

(2) 土地使用权押品。

土地使用权押品主要包括：《建设用地国有土地使用权证》（绿证、黄证)、《国有土地有偿出让（或转让）合同》、支付土地改良或受让费用的有关票据、当地政府有关部门下发的国家建设用地批准文件、建设规划许可证、用地规划许可证等证明权属的文件及附件。对于已出租土地，必须提供《土地租赁合同》。已部分抵押土地，也须提供《抵押合同》。

(3) 机器设备押品。

机器设备押品主要包括购置合同、有关凭证和发票。以尚在海关监管期间的设备进行抵押的，需有该设备的原始产地、买卖合同、付款凭证、运输单据、主管海关审批单据及核准抵押的书面证明。对于已出租机器设备，必须提供《机器设备租赁合同》；已部分抵押机器设备，也须提供《抵押合同》。

(4) 交通运输设备押品。

交通运输设备押品主要分为下列三类：

①车辆类，主要包括买卖合同、有关凭证和发票、保险单（金额、险种、期限)、行驶证和车辆登记证等证明权属的文件及附件。

②民用航空器类，主要包括民用航空器所有权证书、国籍登记证书、国籍登记标志、适航证书及民用航空器所持有的各项证书、保险单（金额、险种、期限）等证明权属的文件及附件。

③船舶类，主要包括国籍证书、所有权证书、登记证书、货船安全设备证书、船级证书、载重线证书、检验证书及其他相关证书、报告、保险单（金额、险种、期限）等证明权属的文件及附件。

(5) 资源资产押品。

资源资产押品对于探矿权和采矿权类（权利类）押品，主要包括探（采）矿许可证、审批机关批准的地质勘探报告或储量审批机关批准的矿产储量报告，探矿或采矿经营项目各投资人或项目公司董事会或股东会、股东大会依公司章程作出的同意探（采）矿权质押的书面决议。已开采矿山，还应提供储量审批机关核准的矿产保有储量报告；初建矿山需提供矿山建设项目可行性研究报告。此外，对于森林资源、矿产资源押品，按有关政府主管部门要求确定其质押文件资料。

（6）无形资产押品。

无形资产押品主要包括商标专用权、著作权、专利权等，要根据国家相关法律法规确定其质押的必备文件资料。

（7）长期投资押品。

长期投资押品对于股权类押品，主要包括股权证明、法律规定的有权组织和人员同意质押的决议或证明，投资协议书或合同，被投资企业近三年的资产负债表、损益表和现金流量表，历年分红记录，被投资企业公司章程等。对于金融债券、企业债券等押品，主要包括其债券凭证、所有权证明文件等文件资料。

（8）流动资产押品。

流动资产押品一般主要有存货类和出口退税类等，其中：

①存货类，主要包括证明存货所有权的文件及附件，与存货有关且能证明保管存货的仓库或企业拥有专业的管理设备和技术、完善的管理制度、合格的管理人员及高效的进出库信息传递系统等事项的书面材料。购买的存货还应提供《购买合同》、出厂证明、增值税发票、付款凭证、有关发票、检验报告单、入库单、生产记录等凭证，判断商品的权属是否真实有效，同时应结合借款人所处行业的交易惯例、交易背景以及销货方主体特点等要素合理选择要件并进行审慎判断。

②出口退税类，主要包括出口经营权证、相关会计账目、相关税收政策、出口退税登记证、税收（出口货物专用）缴款书、出口报关单、外汇收汇核销单、收入退还书或免退调税通知书等证明权属的文件及附件。

对于其他具有现金价值的人寿保险单、仓单、提单等押品，按相关行业规定取得资料。

（9）收费权类押品。

收费权类押品对公路收费权，主要包括公路建设项目立项、评估、批准开工的批文，省级人民政府及其职能部门批准的公路收费文件（公路收费站数量、站点批文、公路收费标准批文），公路建设经营项目各投资人或项目公司董事会或股东会、股东大会依公司章程作出的同意公路收费权质押的书面决议，省级人民政府及其职能部门同意公路收费权质押的批文。有关各方签署的建设承包合同、融资协议、技术咨询合同、保险合同等。

对电信网络收费权、城市基础设施收费权、售电收费权和其他收费权质押，要取得政府有权部门审批的收费文件、资产所有人的产权证明书、相关项目的建设承包合同等文件资料。

（二）押品的有效性审查

贷款担保的有效性主要是指在合法性前提下贷款担保的各项手续完备，无论是抵押权还是质押权，其成立均须遵守法律法规规定的形式，要注意完善相关抵（质）押法律手续。一是抵押人的主体、抵押意思表示合法性审查。对于拟设担保物权，审查其有权处分人的主体是否适格、担保意思表示是否真实、担保行为不违反法律和社会公共利益等，确认其担保民事法律行为真实有效。二是担保物权法律手续的完善性审查。根据法律法规相关规定，不动产抵押须办理抵押登记，动产或浮动抵押没有登记不得对抗善意第三人。对于法律规定必须移交占有的质物，须履行交付质押物的手续。不得约定由出质人或其代理人代为占有质物，也不得在质权存续期间将质物返还出质人。法律规定登记成立的权利质押，必须到相关部门履行登记手续。

（1）是否有明确的法定抵押物登记部门开展登记。

①以建设用地土地使用权抵押的，为核发建设用地使用权证书的土地管理部门。

②以城市建筑物（含正在建造的建筑物）或者乡（镇）、村企业的厂房等建筑物抵押的，为县级以上地方人民政府规定的部门；县级以上地方人民政府对登记部门未作规定或者规定不清的，贷款行可以在土地管理部门或者房地产管理部门办理抵押物登记。县级以上地方人民政府规定房地产抵押登记分散在多个部门的，应当就土地与其地上建筑物分别到土地管理部门和房产管理部门办理抵押物登记。对地方政府法规规定只办理建筑物抵押的，可在确保抵押足值有效的前提下仅办理建筑物抵押登记。

以预售房屋或者其他不动产作为抵押的，应要求抵押人向登记机构办理预告登记。

③以商品林中的森林、林木、林地使用权抵押的，为县级以上地方人民政

府林业主管部门。

④以海域使用权抵押的,为批准用海的人民政府海洋行政主管部门。

⑤以矿业权抵押的,为县级以上人民政府地质矿产主管部门。

⑥以民用航空器抵押的,为国务院民用航空主管部门。就两架以上民用航空器设定一项抵押权或者就同一民用航空器设定两项以上抵押权时,贷款行应当与抵押人就每一架民用航空器或者每一项抵押权分别办理抵押登记。

⑦以船舶抵押的,为船籍港船舶登记机关。

⑧以机动车辆抵押的,为车辆注册登记地公安机关车辆管理所。

⑨以机器、设备和其他动产抵押的,为财产所在地的工商行政管理部门。抵押物分别存放于两个以上不同工商行政管理部门辖区时,应当到主要抵押物所在地的工商行政管理机关办理抵押物登记。

⑩以企业现有的以及将有的原材料、半成品、产品设定浮动抵押的,为抵押人住所地的工商行政管理部门。

⑪以法律未明确抵押物登记部门的其他财产❶抵押的,为抵押人所在地公证部门。

(2) 是否有法定质押物的登记部门开展登记。

对于下列权利质押,必须办理质押登记手续,质权自有关部门办理出质登记时设立:

①以银行间债券市场托管的记账式债券质押的,为中央国债登记结算公司;以证券交易所托管的记账式债券质押的,为中央证券登记结算公司;以银行柜台交易系统购买的记账式债券质押的,为作为二级托管机构的承办银行。

②以标准仓单质押的,为开具标准仓单的期货交易所。

③以基金份额、证券登记结算机构登记的股权质押的,为证券登记结算机构;以其他股权质押的,为工商行政管理部门。

④以公路收费权质押的,为地市级以上交通主管部门和人民银行征信中心

---

❶ 根据司法部发布的《公证机构办理抵押登记办法》第3条、《担保法》第43条规定的"其他财产"包括:1. 个人、事业单位、社会团体和其他非企业组织所有的机械设备、牲畜等生产资料;2. 位于农村的个人私有房产;3. 个人所有的家具、家用电器、金银珠宝及其制品等生活资料;4. 其他除《担保法》第37条和第42条规定之外的财产。以上述财产抵押的,抵押权人自公证机构出具《抵押登记证书》之日起获得对抗第三人的权利。

应收账款质押登记系统。

⑤以农村电网建设与改造工程电费收费权质押的，为各省（自治区、直辖市）发改委（或相关物价行政主管部门）和人民银行应收账款质押登记系统。

⑥以普通应收账款质押的，为中国人民银行征信中心应收账款质押登记系统。

⑦以商标专用权质押的，为国家工商行政管理局商标局。

⑧以专利权中的财产权质押的，为中国专利局。

⑨以著作权中的财产权质押的，为国家版权局。

⑩以动产及上述规定以外的权利质押的，质权自质物移交贷款行占有或权利凭证交付贷款行时设立。对于以汇票、本票、记名股票、企业债券出质的，出质人应当在出质权利凭证上正确背书记载"质押"字样并签章。

根据《担保法司法解释》第87条规定："出质人代质权人占有质物的，质押合同不生效；质权人将质物返还于出质人后，以其质权对抗第三人的，人民法院不予支持。"因此，出质人或者出质人的代理人代替债权人占有质物的，不符合动产质权公示要求，质权不成立。

（3）对于依法必须办理质押登记（或备案或登记）手续的，质押合同签订后，贷款行应当与出质人在签订质押合同及时到有关机关办理质押登记手续，取得质押登记证书，质权自有关部门办理出质登记时设立。质押登记手续办妥的日期一般不得迟于质押贷款的实际发放日期。以动产及必须办理质押登记手续以外的权利质押的，质权自质物移交贷款行占有或权利凭证交付贷款行时设立。以动产质押的，应当在质押合同签订后要求出质人到有关保险机构办理质物的财产保险手续。

（4）对于无明确法律法规规定担保登记机构的，要审查其是否具有银行内部法律部门审查出具的允许其作为贷款抵押物（权）担保的法律意见。

（三）押品的可靠性审查

贷款担保的可靠性主要是指拟设定抵（质）押的贷款担保物（权）确有代偿能力并易于实现，涉及担保物的顺利执行和变现价值确定。担保物权设立的目的是为了保障债权人债权的实现，在债务人不履行债务时，抵（质）押权人通过行使抵（质）押权获得清偿。因此，担保物权是否包含有法定优先权，是否具有可流通性，价值的稳定性和变现能力强弱等，押品权属是否存在瑕疵可能对担保物权价值的影响，如押品权属是否属部分所有权、限制所有权等权属形式，是否存在取得瑕疵，是否具有完全处分权、是否已经有权机关批准同意抵（质）押等。上述情况应在审查时予以高度关注，确保担保物权具备良好的流动性和可变现能力，担保价值充足，对债权保障具有可靠性。主要分析要点有以下几点。

1. 押品法定优先受偿款审查

法定优先受偿款是指假定在押品价值估价时点实现抵押权时，法律规定优先于本次银行抵押贷款受偿的款额。根据《物权法》第170条规定，"担保物权人在债务人不履行到期债务或者发生当事人约定的实现担保物权的情形，依法享有就担保财产优先受偿的权利，但法律另有规定的除外。"条款中的但书规定表明了担保物权优先权的除外规则。这些例外规定只能由法律强制性规定而不能由当事人约定，但目前尚未形成统一的法律规则。

综合《物权法》、《担保法》及最高人民法院司法解释等规定，押品价值优先权利受限制的情况主要有以下几种。

（1）《中华人民共和国企业破产法》实施前发生的某些类型职工债权优先于抵押权。《中华人民共和国企业破产法》第132条规定，"本法施行后，破产人在本法公布之日前所欠职工的工资和医疗、伤残补助、抚恤费用，所欠的应当划入职工个人账户的基本养老保险、基本医疗保险费，以及法律、行政法规规定应当支付给职工的补偿金，依照本法第一百一十三条的规定清偿后不足以清偿的部分，以本法第一百零九条规定的特定财产优先于对该特定财产享有担保权的权利人受偿。"

（2）特别规定的国家税收权。《中华人民共和国税收征收管理法》第45条规定，"纳税人欠缴的税款发生在纳税人以其财产设定抵押、质押或者纳税人的财产被留置之前的，税收应当优先于抵押权、质押权、留置权执行。"

（3）建筑工程领域的工程款。《中华人民共和国合同法》第286条规定，建筑工程承包人对工程款享有优先权。最高人民法院在2002年6月20日发布的《关于建设工程价款优先受偿权问题的批复》中规定，建筑工程承包人的优先受偿权优先于抵押权和其他债权，但规定了优先权的行使期限为6个月，自建设工程竣工之日或者建设工程合同约定的竣工之日起计算；但消费者交付购买商品房的全部或大部分款项后，承包人就该商品房享有的工程价款优先受偿权不得对抗买受人，消费者权益也优先于银行贷款抵押权。

（4）船舶优先权。《中华人民共和国海商法》第25条规定，船舶优先权优于船舶留置权受偿，后者优先于船舶抵押权，因此，船舶优先权优先于船舶抵押权受偿。

（5）担保物权竞合时的特别规定适用。

（6）抵押人以已购公有房（房改房）抵押的，因购买人并不享有完全产权，其抵押价值要考虑剔除原出售产权单位依政策规定共享的价款部分，以抵押人可支配的价值为限。

（7）承租人依法享有的优先购买权优于担保物权，有可能影响担保物权的变现价值。

（8）划拨土地使用权和储备土地使用权的政府出让金优先于抵押担保的银行债权。

《城市房地产管理法》第50条和《土地储备管理办法》（国土资发[2007]277号）第25条均规定抵押权人的土地抵押价值为扣缴应上缴政府的土地出让金后的收益确定，比照划拨土地使用权抵押程序执行。对于上述抵押权例外，审查时应确认是否存在，判断其法定优先受偿权对押品担保价值的影响情况，综合确定抵押物（权）评估价值应扣除法定优先受偿款后的抵押价值，确保押品抵押价值足额有效，能覆盖贷款损失风险。

在日常担保实践中，要特别关注房地产抵押法定优先受偿款的法律风险防范，如在建筑工程抵押中发包人与承包人串通，虚构发包人工程欠款或者倒签协议将未支付工程价款日期先于约定抵押权的事实等形式排斥银行贷款抵押权行使。在房地产抵押中，抵押人通过倒签租赁协议日期的方式，利用"买卖不破租赁"的规则对抗银行贷款抵押权行使。凡此种种法律风险均会对抵押权人的担保物权价值产生重大影响，危害抵押权人利益。

2. 是否存在影响押品担保可靠性的一些特殊规定限制

在担保活动实践中，对于担保物权的优先权行使存在一些特殊规定，影响着抵押权的顺利实现。如根据最高人民法院《关于审查涉及国有土地使用权合同纠纷案件适用法律问题的解释》规定，以开发区管委会为国有土地使用权出让方的土地使用权抵押的，或已抵押的土地使用权出让金低于合同订立时标定的相应类别土地最低土地使用权出让价的，或抵押的土地使用权被抵押人擅自改变土地用途的，上述情形均可能存在担保落空风险。在商品房抵押中，最高人民法院发布的《关于审理商品房买卖合同纠纷案件适用若干问题的解释》规定，对于开发商故意隐瞒所售房屋已抵押的事实销售的房屋或商品房买卖合同订立后，开发商未告知买受人将该房屋抵押等情况，有可能导致商品房买卖合同无效或可被解除、撤销，并进而解除银行抵押贷款合同，增加使银行贷款抵押悬空风险。

3. 押品价值变现能力审查

押品价值变现能力，主要是指押品在实现抵（质）押权时的变现处置能力。抵押的目的，以支配担保物的交换价值为内容，以取得押品价值受偿债权为目的，可以促使抵押人慎重处理债权债务关系，及时履行债务。因此，变现能力分析重点在于谨慎评估各类押品贷款担保手续是否存在影响变现的产权瑕疵，是否存在影响变现能力的流动性风险等，保障押品担保的有效性。

不动产抵押，要注意审查其产权是否存在瑕疵或限制处分的情况，防止押品瑕疵因素影响其变现能力，产生变现能力风险。

动产质押，要重点审查其下列方面：（1）出质人享有所有权或依法处分权。（2）易变现、易保值、易保管；对于其中的存货质押，应以大宗、高流动性的原材料为主，如石油、煤、成品金属及其他矿产品、木材、通用化工原料、等级粮油制品等，并符合移交经其认可的、具有合法主体资格的仓储公司、物流监管公司或现货交易市场保管，开具以贷款行为受益人的形式特定化的收据。（3）法律、行政法规及商业银行未禁止转让的动产。

权利质押，要审查权利取得的合法性和有效性，防止因权利本身存在瑕疵或过期等情况丧失权利保护，影响押品的价值，产生变现能力风险。

4. 押品价值跟踪管理

在贷款担保物权存续期间，银行押品评估人员应按照商业银行有关管理规定，对贷款担保押品进行持续跟踪管理，定期或不定期对担保物权价值变化情况进行评估认定，确保抵押担保有效和足值，在抵（质）押担保管理过程中一旦发现任何不利于商业银行债权的情况，要及时采取相关的措施消除风险。

参考文献

一、著作论文

1. 全国人大常委会法制工作委员会民法室.中华人民共和国物权法条文说明、立法理由及相关规定.北京：北京大学出版社，2007
2. 曹士兵.中国担保制度与担保方法——根据物权法修订.北京：中国法制出版社，2008
3. 黄松有，最高人民法院物权法研究小组.中华人民共和国物权法条文理解与适用.北京：人民出版社，2007
4. 王耀明.银行法律实务报告（第1卷）.北京：法律出版社，2006
5. 姜明波，单明执行.担保纠纷新型典型案例与专题指导.北京：中国法制出版社，2009
6. 胡康生.中华人民共和国物权法释义.北京：法律出版社，2007

二、法律法规

1. 中华人民共和国民法通则

1986年4月12日第六届全国人民代表大会第四次会议通过，1986年4月12日中华人民共和国主席令第37号公布，自1987年1月1日起施行。

2. 最高人民法院关于贯彻执行《中华人民共和国民法通则》若干问题的意见（试行）

1988年1月26日最高人民法院审判委员会讨论通过，1988年4月2日发布施行，法（办）发［1988］6号。

3. 最高人民法院关于审理民事案件适用诉讼时效制度若干问题的规定

2008年8月11日最高人民法院审判委员会第1450次会议通过，2008年8月21日公布，自2008年9月1日起施行，法释［2008］11号。

4. 中华人民共和国物权法

2007年3月16日第十届全国人民代表大会第五次会议通过,2007年3月16日中华人民共和国主席令第62号公布,自2007年10月1日起施行。

5. 中华人民共和国合同法

1999年3月15日第九届全国人民代表大会第二次会议通过,1999年3月15日中华人民共和国主席令第15号公布,自1999年10月1日起施行。

6. 最高人民法院关于适用《中华人民共和国合同法》若干问题的解释(一)

1999年12月1日最高人民法院审判委员会第1090次会议通过,1999年12月19日公布,自1999年12月29日起施行,法释〔1999〕19号。

7. 最高人民法院关于审理商品房买卖合同纠纷案件适用法律若干问题的解释

2003年3月24日最高人民法院审判委员会第1267次会议通过,法释〔2003〕7号。

8. 最高人民法院关于审理建设工程施工合同纠纷案件适用法律问题的解释

2004年9月29日最高人民法院审判委员会第1327次会议通过,2004年10月25日公布,自2005年1月1日起施行,法释〔2004〕14号。

9. 中华人民共和国担保法

1995年6月30日第八届全国人民代表大会常务委员会第十四次会议通过,1995年6月30日中华人民共和国主席令第50号公布,自1995年10月1日起施行。

10. 最高人民法院关于适用《中华人民共和国担保法》若干问题的解释

2000年9月29日最高人民法院审判委员会第1133次会议通过,2000年12月8日公布,自2000年12月13日起施行,法释〔2000〕44号。

11. 中华人民共和国著作权法

1990年9月7日第七届全国人民代表大会常务委员会第十五次会议通过,根据2001年10月27日第九届全国人民代表大会常务委员会第二十四次会议《关于修改〈中华人民共和国著作权法〉的决定》修正。

12. 中华人民共和国著作权法实施条例

2002年8月2日中华人民共和国国务院令第359号公布。

13. 最高人民法院关于审理著作权民事纠纷案件适用法律若干问题的解释

2002年10月12日最高人民法院审判委员会第1246次会议通过,2002年

10月12日公布，自2002年10月15日起施行，法释［2002］31号。

14. 中华人民共和国专利法

1984年3月12日第六届全国人民代表大会常务委员会第四次会议通过，根据1992年9月4日第七届全国人民代表大会常务委员会第二十七次会议《关于修改〈中华人民共和国专利法〉的决定》第一次修正，根据2000年8月25日第九届全国人民代表大会常务委员会第十七次会议《关于修改〈中华人民共和国专利法〉的决定》第二次修正，根据2008年12月27日第十一届全国人民代表大会常务委员会第六次会议《关于修改〈中华人民共和国专利法〉的决定》第三次修正。

15. 中华人民共和国专利法实施细则

2001年6月15日中华人民共和国国务院令第306号公布，根据2002年12月28日《国务院关于修改〈中华人民共和国专利法实施细则〉的决定》修改。

16. 最高人民法院关于审理专利纠纷案件适用法律问题的若干规定

2001年6月19日最高人民法院审判委员会第1180次会议通过，2001年6月22日公布，自2001年7月1日起施行，法释［2001］21号。

17. 中华人民共和国商标法

1982年8月23日第五届全国人民代表大会常务委员会第二十四次会议通过，根据1993年2月22日第七届全国人民代表大会常务委员会第三十次会议《关于修改〈中华人民共和国商标法〉的决定》第一次修正，根据2001年10月27日第九届全国人民代表大会常务委员会第二十四次会议《关于修改〈中华人民共和国商标法〉的决定》第二次修正。

18. 中华人民共和国商标法实施条例

2002年8月3日中华人民共和国国务院令第358号公布。

19. 最高人民法院关于审理商标民事纠纷案件适用法律若干问题的解释

2002年10月12日最高人民法院审判委员会第1246次会议通过，2002年10月12日公布，自2002年10月16日起施行，法释［2002］32号。

20. 中华人民共和国土地管理法

1986年6月25日第六届全国人民代表大会常务委员会第十六次会议通过，2004年8月28日第十届全国人民代表大会常务委员会第十一次会议修正，自2004年8月28日起施行。

21. 中华人民共和国农村土地承包法

2002年8月29日第九届全国人民代表大会常务委员会第二十九次会议通过，自2003年3月1日起施行。

22. 中华人民共和国森林法

1998年4月29日第九届全国人民代表大会常务委员会第二次会议通过，自1998年7月1日起施行。

23. 中华人民共和国草原法

1985年6月18日第六届全国人民代表大会常务委员会第十一次会议通过，2002年12月28日第九届全国人民代表大会常务委员会第三十一次会议修订，自2003年3月1日起施行。

24. 中华人民共和国矿产资源法

1986年3月19日第六届全国人民代表大会常务委员会第十五次会议通过，1996年8月29日第八届全国人民代表大会常务委员会第二十一次会议修订，自1986年10月1日起施行。

25. 中华人民共和国海域使用管理法

2001年10月27日第九届全国人民代表大会常务委员会第二十四次会议通过，自2002年1月1日起施行。

26. 中华人民共和国商业银行法

2003年12月27日第十届全国人民代表大会常务委员会第二十三次会议通过，自2004年2月1日起施行。

27. 中华人民共和国公路法

1997年7月3日第八届全国人民代表大会常务委员会第二十六次会议通过，2004年8月28日第十届全国人民代表大会常务委员会第十一次会议修正，自1998年1月1日起施行。

28. 中华人民共和国城市房地产管理法

1994年7月5日第八届全国人民代表大会常务委员会第八次会议通过，自1995年1月1日起施行。

29. 中华人民共和国电力法

1995年12月28日第八届全国人民代表大会常务委员会第十七次会议通过，自1996年4月1日起施行。

30. 中华人民共和国著作权法

1990年9月7日第七届全国人民代表大会常务委员会第十五次会议通过，2001年10月27日第九届全国人民代表大会常务委员会第二十四次会议修正，自2001年10月27日起施行。

31. 中华人民共和国商标法

1982年8月23日第五届全国人民代表大会常务委员会第二十四次会议通过，2001年10月27日第九届全国人民代表大会常务委员会第二十四次会议修正，自2001年12月1日起施行。

32. 最高人民法院《关于适用〈中华人民共和国担保法〉若干问题的解释》

2000年9月29日最高人民法院审判委员会第1133次会议通过，自2000年12月13日起施行。

33. 林木和林地权属登记管理办法

2000年11月2日国家林业局第3次局务会议审议通过，自2000年12月31日起施行。

34. 城市房地产抵押管理办法

1997年5月9日建设部通过，2001年8月15日修正，自2001年8月15日起施行。

35. 提存公证规则

1995年5月16日司法部部务会议通过，自1995年6月2日起施行。

36. 企业动产抵押物登记管理办法

1995年10月18日国家工商行政管理局通过，2000年12月1日修订，自2000年12月1日起施行。

37. 公证机构办理抵押登记办法

2002年2月20日司法部部长办公会议通过，自2002年2月20日起施行。

38. 森林资源资产抵押登记办法（试行）

2004年7月5日国家林业局通过，自2004年7月5日起施行。

39. 机动车登记规定

2004年4月30日公安部部长办公会议通过，2004年5月1日起施行。

40. 证券公司股票质押管理办法

2004年11月2日中国人民银行、中国银行业监督管理委员会、中国证券监督管理委员会通过，自2004年11月2日起施行。

41. 著作权质押合同登记办法

1996 年 9 月 23 日国家版权局通过，自 1996 年 9 月 23 日起施行。

42. 专利权质押合同登记管理暂行办法

1996 年 9 月 19 日专利局通过，自 1996 年 10 月 1 日起施行。

43. 商标专用权质押登记程序

1997 年 5 月 6 日国家工商行政管理局通过，自 1997 年 5 月 6 日起施行。